国家社科基金重点项目
"人文社会科学汉英动态术语数据库的构建研究"
(11AYY002)

人文社科汉英术语知识库构建探索：理念与方法

魏向清 刘润泽 王东波 等 著

南京大学出版社

图书在版编目(CIP)数据

人文社科汉英术语知识库构建探索：理念与方法 / 魏向清等著. —南京：南京大学出版社，2022.12
ISBN 978-7-305-23039-4

Ⅰ.①人… Ⅱ.①魏… Ⅲ.①人文科学－英语－名词术语－知识库－研究②社会科学－英语－名词术语－知识库－研究 Ⅳ.①C53-61

中国版本图书馆CIP数据核字(2020)第043564号

出版发行　南京大学出版社
社　　址　南京市汉口路22号　　　邮　编　210093
出 版 人　金鑫荣

书　　名　**人文社科汉英术语知识库构建探索：理念与方法**
著　　者　魏向清　刘润泽　王东波　等
责任编辑　张淑文　　　　　　　编辑热线　(025)83592401
照　　排　南京开卷文化传媒有限公司
印　　刷　南京爱德印刷有限公司
开　　本　718 mm×1000 mm　1/16开　印张 25.75　字数 519千
版　　次　2022年12月第1版　2022年12月第1次印刷
ISBN 978-7-305-23039-4
定　　价　90.00元

网　　址：http://www.njupco.com
官方微博：http://weibo.com/njupco
微信服务号：njuyuexue
销售咨询热线：(025)83594756

* 版权所有，侵权必究
* 凡购买南大版图书，如有印装质量问题，请与所购
　图书销售部门联系调换

前　言

近年来,由国家相关部门主持或发起的大型术语库建设实践方兴未艾,如由教育部与国家语委作为召集单位的"中华思想文化术语传播工程"(2014 年启动)、全国科学技术名词审定委员会倾力打造的"术语在线"服务平台(2016 年上线)、中国外文局与中国翻译研究院主持建设的"中国特色话语对外翻译标准化术语库"(2017 年上线)等。这一系列建库实践旨在满足信息时代相关领域的术语信息存储与检索需求,具有突出的现实意义。与此同时,值得注意的是,在学术、文化与外宣领域,术语库的建设还被赋予了更为深刻的价值意涵,这一点在上述三个代表性术语库的官方介绍中体现得尤为明显。例如,"中华思想文化术语传播工程"旨在"传播好中国声音,讲好中国故事,让世界更多了解中国国情、历史和文化","术语在线"与"中国特色话语对外翻译标准化术语库"的定位分别是"权威的术语知识服务平台"与"服务国家话语体系建设和中国文化国际交流的基础性工程"。这不禁让人发问,本土语境下的术语库建设缘何会同知识服务、文化传播乃至话语构建等诸多宏大诉求产生勾联？仔细想来,术语库建设工作总有其学理依据,且很大程度上是由术语的知识属性与话语功能所决定的。

百余年前,中国近代著名思想家与翻译家严复曾在《普通百科新大词典》(1911)序言中写道,"言之必有物也,术之必有涂也,非是且靡所托始焉……识之必有兆也,指之必有櫽也,否则随以亡焉……"寥寥数语,严复从翻译情境出发论述了术语的知识表达与传播功能。具体来说,从"言之"到"识之"实为术语应用的过程,同时伴随着主体视角的转换。从译者视角来看,首先需要通过语言符号来表征原语概念,以实现术语知识的再表达,故曰"言之必有物";而从受众视角来看,受众通过翻译后的术语认识新事物,从而实现术语知识的传播,故曰"识之必有兆"。严复此处论断的学理价值之一在于打破了术语的静态观,直指术语在(跨语)应用中所展现出的知识属性,这恰恰也是术语本体特质的核心构成。当我们把目光转向当代术语学的理论视域,就会发现,严复百余年前的哲语睿思在现代的术语理论丛林中巧妙地得到呼应与深化。现代术语学认为,认识术语的视角应该是立体多元的,术语不单单是语符单位,还是知识单位与交际单位。术语在使用中实现知识的传播与话语的生产,具有构建性,与此同时,术语的使用"潜势"也会在由语境要素与主体认知构成的矩阵中得到不同程度的激发甚至发生延异，具有可塑性。由此可见，作为研究对象的术语其实具有多元属性与应用复杂性，而术语库以术语知识及其使用信息为核心内容，其功能定位自然也应与术语的属性与功能相匹配。

从术语信息存储与检索，到术语知识传播乃至话语构建，新时期的术语库建设承载着多方面、多层次的功能期待。要实现术语库在知识与话语构建意义上的深层功用，绝非一时之功或一事之成，而是要立足于循序渐进的建库过程。当下，国内有关术语库构建方法论的探讨仍处于起步阶段，尚在积极探索之中。但有一点可以肯定的是，建库的重要前提是对相应领域的术语知识系统及其(跨语)使用现状做充分的调查与研究，以期在此基础上明晰术语实践规律，提炼优质入库数据推广使用。要言之，术语库的建设是研究型实践，与相应领域的术语系统研究相辅相成。这也是本书拟传达的核心要义之一。

本书的主题是中国人文社会科学术语知识库构建，系南京大学双语词典研究中心"术语与翻译跨学科研究"团队自 2011 年以来在国家社科基金重点项目("人文社科汉英动态术语数据库的构建研究"(11AYY002))资助下开发国内首个人文社科领域大型术语库 NUTerm 的实践总结与学理阐发。为什么会关注中国人文社会科学领域的术语资源建设？这其实牵涉到一个自 20 世纪初中国学术现代化序幕开启以来备受关注的宏大议题，那便是中国人文社科领域学术话语体系的构建。该议题指涉一个广博的问题域，若深入其中就会发现，如何有机融合外来学术话语、如何处理中西学术关系、如何激发本土知识生产与话语创新等一系列问题的解析，终究离不开术语的阐释与使用这一基础向度的思考。NUTerm 术语库建设的初衷，正是从术语出发回应中国当代学术话语体系构建这一时代课题，其背后的理据同样指涉术语、知识与话语之间的有机联动。

在建库过程中，NUTerm 遵循阶段化的顶层设计思路，这或许可为中国当代其他领域术语库的建设带来方法论意义上的有益借鉴。具体而言，该库建设的第一阶段以明晰各学科话语实践中的术语问题表征为目标。从知识来源来看，中国人文社科领域的学科知识体系具有鲜明的杂糅性，是外来与本土学术话语博弈共生的产物。由此带来的问题也是多样的，如外来术语汉译的失范现象、本土术语资源的缺位与蛰伏、传统术语的误读误译等。要厘定这些术语实践问题并非易事，需要我们深入各学科的话语肌理，就其术语系统构成与(跨语)使用情况做详细梳理。为此，课题组充分利用南京大学作为综合性大学的全学科优势，成立专家顾问团队，完成了 13 万余条的术语审核工作，并由"术语与翻译跨学科研究"基地在职与兼职研究员分工合作，详细调研了 22 个学科领域汉语术语系统及其英译实践现状。这一调研过程与 NUTerm 一期数据的准备工作是同步进行的。

如果说第一阶段的要务是实现术语问题自觉，那么接下来则是术语研究自觉阶段,即通过专项术语研究寻求解决现存术语实践问题的方法,形成术语实践方法论。例如,经研究发现,在教育学、心理学、社会学等社会科学领域,传统术语资源同样有进一步挖掘与阐释的空间,它们关乎中国社会科学学术史的书写逻辑与话语方式;又如,传统核心术语实则有其独特的知识系统性,往往可表征一个微缩概念系统,可通过知识图谱可视化的方式予以呈现。在研究过程中,课题组先后提出了"术语批评""术语考古""术语自塑"等一系列原创理念,初步搭建了面向中国学术话语体系构建的术语实践方法论框架,这也是下一步反哺优化各学科术语数据的方法依据。

一门学科成熟化发展的重要标志在于其对他学科的研究与发展能够产生积极的促进作用与借鉴意义。这方面,术语学无疑有着广阔的作为空间。十余年的建库过程中,我们笃信笃行,不断探究学科术语及其系统建构的方法,旨在助力解决各学科领域的话语实践问题,同时推进中国学术话语权构建所需的术语资源建设工作。目前,在现有术语调研与术语研究的阶段性成果基础之上,项目组创造性地提出了"中国学术话语基因库"的构建理念与思路,强调在中西共现的视域中记录各学科术语的知识类型特征,并动态追踪中外术语概念跨语交互与实际应用情况。这一构想是对现阶段课题组建库实践经验的提炼总结,也是对中国当代术语库建库方法论的原创贡献。

在NUTerm建设过程中,南京大学双语词典研究中心积极寻求合作,形成了包括人文社会科学22个一级学科领域的知名专家顾问、全国高校师生志愿者在内的数百人规模的课题研究共同体。在各学科术语报告撰写期间,核心课题组成员不畏挑战,勇于探索,最终共同完成了对中国当代人文社科术语实践现状的全景式描写,他们分别是(按姓氏拼音排序):冯雪红(政治学)、郭启新(历史学)、胡叶(语言学)、江娜(经济学)、梁鹏程(教育学)、刘润泽(哲学)、刘谕静(法学)、卢华国(人文地理)、乔丽婷(社会学)、秦曦(体育学)、仇蓓玲[文(艺)学]、时闻(新闻传播学)、孙文龙(宗教学)、陶李春(统计学)、陶灵等(环境科学)、王东波等(图书情报学)、魏美强(考古学)、杨娜(心理学)、叶莹(民族学)、殷健(管理学)、虞旷怡等(马克思主义)、赵连振(艺术学)。学无止境,行以致远。因时间和精力所限,本书所呈现的只是中国人文社会科学学术语库构建研究的阶段性成果。事实上,若要真正努力化解中国当代学术的"集体话语焦虑",学科术语研究应大有可为,而服务于中国人文社会科学领域学科、学术和话语体系构建的术语库建设则需进一步加强,我们非常期待与学界同仁共同努力,携手并进。

目　录

第一部分　总　论 ·· 1
1　引　言 ··· 3
2　学术话语"基因图谱"绘制的路径隐喻 ······················· 9
3　学术话语"基因库"的构建理念与NUTerm术语库的组织架构 ······· 14
4　NUTerm术语库的构建流程与具体方法 ························ 22
5　NUTerm术语库术语编纂与检索平台 ························· 33
6　基于NUTerm术语库的人文社会科学核心术语系统及其英译研究
　　概述 ·· 48
7　结　语 ·· 62

第二部分　分学科研究报告 ·································· 67
1　汉语人文地理学术语系统及其英译现状分析 ················· 69
2　汉语心理学术语系统及其英译现状分析 ····················· 84
3　汉语环境科学术语系统及其英译现状分析 ··················· 96
4　汉语管理学术语系统及其英译现状分析 ····················· 110
5　汉语马克思主义学科术语系统及其英译现状分析 ············· 123
6　汉语哲学术语系统及其英译现状分析 ······················· 137
7　汉语宗教学术语系统及其英译现状分析 ····················· 153
8　汉语语言学术语系统及其英译现状分析 ····················· 171
9　汉语文(艺)学术语系统及其英译现状分析 ··················· 184
10　汉语艺术学术语系统及其英译现状分析 ···················· 198
11　汉语历史学术语系统及其英译现状分析 ···················· 216
12　汉语考古学术语系统及其英译现状分析 ···················· 231

- 13 汉语经济学术语系统及其英译现状分析 …… 245
- 14 汉语政治学术语系统及其英译现状分析 …… 258
- 15 汉语法学术语系统及其英译现状分析 …… 271
- 16 汉语社会学术语系统及其英译现状分析 …… 286
- 17 汉语民族学术语系统及其英译现状分析 …… 302
- 18 汉语新闻传播学术语系统及其英译现状分析 …… 316
- 19 汉语图书情报学术语系统及其英译现状分析 …… 333
- 20 汉语教育学术语系统及其英译现状分析 …… 350
- 21 汉语体育学术语系统及其英译现状分析 …… 364
- 22 汉语统计学术语系统及其英译现状分析 …… 378

参考文献 …… 391

主要著者简介 …… 404

第一部分
总　论

1 引言

21世纪以来,随着我国综合国力日趋增强,政治、经济和文化等方面的对外交流不断拓展和深化,文化软实力建设问题已被提上重要议事日程。当今世界,由于政治权力多极化、经济利益一体化以及民族文化多样性诉求并存,全球化的综合国力竞争不仅限于以经济、科技和军事等为主的"硬实力"比拼,而且也体现在政治、文化和外交等诸多"软实力"方面的较量。相对于硬实力这种"硬性的指挥权力",作为"软性的同化权力"的软实力,其实质是一种"同化式(co-optive)实力"。美国著名软实力研究者约瑟夫·奈曾将软实力的三大组成部分阐释为"文化吸引力""意识形态或政治价值观念的吸引力",以及"塑造国际规则和决定政治议题的能力"。而一些东亚软实力研究者则认为,"软实力的核心是人文精神和价值观念,是从人文伦理的角度对人的深刻感动和深度的感召"。(花建,2013:6-10)《周易·贲卦·象传》中也指出,"刚柔交错,天文也。文明以止,人文也。观乎'天文',以察时变;观乎'人文',以化成天下"。这其中所阐述的"文化"理念,可谓世界范围内有关文化软实力思想最早的东方表述。从这个意义上说,我国文化软实力建设目标的提出是当今全球"战国"时代背景下一种国家战略层面的积极应对。追根探源,其思想之基因应可溯至我国诸侯称雄的春秋战国时期的"文化"概念。在当下,该目标亦可视为对中华优秀传统思想智慧的承继与生发,既审时度势,又继往开来。

就国家文化软实力建设战略目标的具体实施而言,"同化式实力的获得是一个国家思想的吸引力或者是确立某种程度上能体现别国意愿的政治导向的能力"(同上:6)。归根结底,这正是一个国家在全球政治、文化和外交等权力场域中的综合影响力。它需要借助核心文化思想的国际传播与平等交流,而且还应该是全方位和体系性的。这其中,话语权的建设在综合性的国际竞争中至关重要。与此同时,随着我国"一带一路"倡议的逐步实施,以人文交流促进相互理解和包容将成为打造沿线国家"命运共同体"目标的关键,实现国际互联互通也有赖于话语体系的国际交流与传播实践。其中,人文社会科学领域学术话语的交互与融通均有着最为直接的思想影响与文化关切。目前,人文社会科学研究领域的学者对中国学术话语体系建设重要性的理论和思想共识业已形成,但行之有效的实践路径仍有待探索。就中国学术话语体系构建以及话语权建设问题而言,本研究正是从"坐而论道"迈向"起而行之"阶段的积极努力。

"学术话语是一种文化体系中最核心的核心。它的演变昭示着该种文化体系的走向。"(辜正坤,2011:序 2)反之亦然。文化体系的特殊性往往是阐释学术话语异质性的最好注脚。中国近现代学术话语体系建构的复杂性正是中国近现代文化体系形成与发展过程复杂性的折射。亦如胡适先生所言,"我们今日的学术思想,有这两个大源头:一方面是汉学家传给我们的古书;一方面是西洋的新旧学说"(陈少明,2001:16)。就后者而言,"从 19 世纪 60 年代起,中国人开始翻译西方书籍,在自然科学、社会科学方面引入的大量西学论著,开启了中国学术近代化的进程。近代中国学术思想的重大变化,与西方思想的输入直接相关"(陈来,2015:109)。如果说,中国近代学术的形成与发展受西方学术思想及话语系统的植入性影响,在很大程度上有被动性,那么,中国现当代学术发展进程中,尤其是改革开放 40 多年来,我们对西方现代学术思想与话语系统的译介性输入则更为积极主动。这期间"塑造中国心智的人文社会科学成就,主要不是对传统典籍的传承和研习,也非立足本国的当代研究,而是表现为西学译介,表现为对西方学术名著经久不息的翻译、学习、研究和传授。而这种成就具体来讲基本就是汉译西方现代学术名著,尤其是汉译西方现代社会科学著作"(凌斌,2009:44)。由此可见,中国近现代学术文化在西学东渐的宏阔历史语境下不断演化,中华传统文化知识谱系不断被改写,最终在内在理路和表征形态上均呈现出独特的复杂性。

术语作为表征学科概念的语言符号,其系统构建与发展事关学科知识谱系演化的形态,其完善与否直接影响学术话语体系的总体建设。如果我们将术语视为学术文化生命体传承与发展的基因,那么,中国现当代学术话语体系中,底层术语系统本土与外来组分杂糅混成的样貌便是外来学术文化基因长期大规模输入影响的结果。众所周知,过去一个多世纪以来,构成中国学术话语体系基础的各学科术语系统大多依赖西方术语体系不同程度的跨语移植,主要借助术语翻译这一话语实践而得以演化成形。这方面,由于人文社会科学鲜明的文化属性特征,其学术文化基因的合成抑或变异更是难以避免。"在学术话语体系中,哲学、政治学、伦理学方面的概念更新意味着深层次的变革。因此,每一个这种新概念的翻译引进都潜存着变革的基因。"(辜正坤,2011:序 3)中国人文社会科学学科术语系统的建设问题,关系到中国学术文化基因谱系的分析及其遗传演化路径的选择,最终将影响中国文化和思想体系的未来走向。

事实上,有关"中国学术话语(权)建设"的话题,国内学界一直有学者在持续关注和讨论。最近几十年,该话题更是逐步成为人文社会科学研究领域广受关注的热点,相关研究与探讨日趋活跃。从"中国知网"(CNKI®)①可以发现,"中国学术话语建设"相关文献数量逐年攀升。与此同时,同类或相关主题的学术研讨会也趋于增多,2000年以来几乎每年都有。就会议论文发表来看,自2001年以来每年均有数百篇涉及该问题。此外,据知网数据统计分析,上述文献的学科类型分布几乎涉及人文社会科学研究的所有领域。相比之下,自然科学学科领域内的相关探讨极少。显然,人文社会科学研究领域的学者更关注学术话语权建设的问题,而这归根结底主要是与人文社会科学学术话语自身的特殊性及其研究的必要性和重要性密不可分。

从发生学意义上来说,话语的产生可谓人类语言形成之始,也是人际交流之发端。文字的发明则为话语的传播提供了书写载体,从而有效促进了人类文明的传承与发展。话语作为人类思想的表述工具,其言说主体的意图毋庸置疑。话语总是有目的指向的,个体抑或是群体层面。人类的言语行为,无论是作为语言应用还是话语实践,都会涉及有效性的问题,这既是功用也是权力。对此,我们追溯一下"话语"(discourse)的词源便明了。现代汉语中的"话语"一词源自英语的汉译。在古代汉语中,"话"和"语"是两个单字词,分别有不同的语义内涵。根据《说文解字》的解释,前者"话,会合善言。从言,昏声"(许慎,2016:234)。这里的"话"是指美好言辞的汇集。《诗经·大雅·抑》中的"慎而出话,敬而威仪"(同上),强调君王的言语尤其是政教号令方面更应谨慎,因其对民众影响巨大。而"语"即"辩论。从言,吾声"(同上)。《诗经·大雅·公刘》:"于时言言,于时语语。"《毛传》有"直言曰言,论难曰语"的阐释。此外,"话"字的字义有三,即"言语;告,告谕;谈论,议论"(何九盈等,2015:3810);"语"与"话"的主要区别在于"自言为言,与人谈论为语"(同上:3816)。显然,古代汉语中"话"的重要性和"语"的权力性可以为现代汉语译词"话语"提供适当的概念转换语义理据。而在英文中,discourse一词的词源也有明确的权力内涵,即所谓"话语权"(conversational power)(Trumble and Stevenson,2004:696),两者实有相通之处。

话语虽指实际运用中的语言及其体系,但其重要影响绝不仅限于狭义或浅层的语言应用方面,而在于言语实践背后的意识形态及其发生与演化机制。对此,福柯在其《知识考古学》中有非常精深的分析,他强调了话语作为"隶属于同一的形成系统的陈述整体"(福柯,1999:137)的整体性特征。与此同时,福柯也指出了话语的实践性本质,即话语"基本上是历史的……是由人们不能在话语展开的时间范围以外对它进行分析的真实和连续的事件构成"(同上:256)。

---

① 检索表达式为su='中国'*'学术话语'*('构建'+'建设'+'建构')。检索日期为2020年4月30日。

而且,更为重要的是,"话语实践也反过来改变着它将它们之间建立起关系的那些领域"(福柯,1999:94)。这其中,人文社会科学领域所受的影响或制约毋庸置疑,这是由其学术话语实践的"意义与价值"取向所决定的,"我们是文化的人类,并具有意识地对世界采取一种态度和赋予它意义的能力和意志"(韦伯,1999:31)。这方面,"社会科学与人文学科的确连成一片",因为两者都"包含自我理解与相互理解",其行为"涉及价值、动机、意图"(陈嘉映,2015:71),它们均"不得不进入符号的领域,在不同程度上具有诠释学的性质"(同上:70)。当然,就广义而言,自然科学的学术话语并非没有构建张力与阐释空间,只是它自身的话语构建旨趣对人类社会"意义与价值"的依赖性不及人文社会科学研究那么强烈。

人文社会科学研究领域的学术话语,其整体性与实践性特征都离不开其历史性建构。就整体性而言,学术话语体系的形成并非一蹴而就,需要经历从生发到衍化的过程,其中也就暗含了承继与发展的机制。这种话语的"整体性陈述"既有历时历代的延续性,也有主体范式的不可通约性。在此基础上,学术话语才可能有错位断裂式的谱系化拓展与延伸。就实践性而言,学术话语体系都是在一定的时空维度中立体孕育的,需要特定社会语境的实际需求催生,总是面向历史文化的诸多现实问题,甚至是重大社会命题或难题。在一定意义上说,人文社会科学学术话语体系的稳定性与其话语实践的复杂性密切关联。人文社会科学研究所面临的实践问题越复杂,话语实践的复杂性程度越高,其话语体系构建过程中进行适应性变革的可能性就越大。否则,人文社会科学学术话语的变革就无法成为人类社会精神进步的强有力推手。因此,人文社会科学的学术话语构建作为话语实践行为,要有明确的历史观,正所谓"坚持不忘本来、吸收外来、面向未来"。

与此同时,对人文社会科学学术话语的研究,还需要有历时和共时的综合考察与分析,方能洞悉其内在复杂的成因与机理。这方面,现有文献主要关注中国近现代学术话语体系构建的历时探讨,研究路径分别从学科史、学术史、思想史、哲学史、翻译史、文化史、语汇史等切入,研究成果较为丰富,充分体现了学术话语研究的宏阔空间与重要价值。然而,就共时研究来说,有关构建中国特色或本土哲学社会科学学术话语体系以及加强中国学术话语权和软实力建设的讨论非常活跃,聚焦于中国当代人文社会科学学术话语的探讨也多以分支学科学术话语建设为主要内容。① 相比之下,针对当代中国人文社会科学学术话语体系构

---

① 相关研究可参见由全国哲学社会科学话语体系建设协调会议办公室编辑的中国哲学社会科学话语体系研究辑刊第1辑:《中国学术与话语体系建构》(总论·人文科学卷)(2015)与《中国学术与话语体系建构》(社会科学卷)(2015);第2辑:《中国学术与话语体系建构》(2016)。

建的整体性描述研究则较为少见。这在很大程度上是相关研究内容所需素材获取以及方法论意义上的局限所致。具体来说,这种对当代人文社会科学学术话语生态的共时性描述不同于历时性分学科文献考据研究。它既要有多学科全方位的整体性审视,又要有直接真实的实践性记录,这对学术话语相关语料的调查获取提出了较高要求。换言之,如何有效展开当代中国人文社会科学学术话语体系构建的田野调查研究至关重要。

"话语是由表达方式和基本概念组成的动态系统"(彭发胜,2011:13),学术话语也不例外。在学术话语体系中,表征学科领域基本概念或核心概念的术语系统是其基础与根本。对于人文社会科学学术话语而言,其术语系统又有着不同于自然科学术语系统的诸多特殊性。其中,最本质的差别在于,"人文/社会科学的研究对象是人和人为事物,人是有价值取向的,其活动是由意义指引的,人为事物(精神—文化对象),从墓葬到游行,都体现着价值和意义。物理学的研究对象,物理事物,则不是如此"(陈嘉映,2015:65)。所以说,"意义和价值对于社会科学的研究对象来说具有构成性"(同上:72)。尽管有研究者认为,"研究者的价值取向则对研究不具有构成性",也强调为了研究的科学性,"必须悬置其价值取向"(同上),然而,事实上,这种人文社会科学研究要"把研究对象所包含的意义与价值本身客体化"(同上)很难而且不可能完全做到。这也正是其特殊的复杂性根源所在。鉴于此,术语作为表征概念的语言符号,其语言价值取向与意义蕴含往往受到相关概念客体属性的直接影响。人文社会科学领域的学科术语无疑有着丰富的人文性与社会性,它们既具有表征专业概念的知识价值,又具有传递意义的文化价值。这种双重价值属性使得人文社会科学术语系统的生态较自然科学术语系统更为复杂。

学科术语凝结着专业领域重要的概念与知识,是学术话语表征的最小单位。学科术语系统的构建可谓其学术话语体系建设的基石。在人文社会科学学术话语传播的过程中,术语作为知识单元或文化基因,其模因性主要体现为术语及其概念使用过程中的模仿与传递现象。相同术语系统的使用意味着对基本或核心概念的认同与承袭,在此基础上产生的学术话语应具有相似的价值取向与文化意义。不同的术语系统代表了不同的概念系统和知识体系,所彰显的价值取向与文化意义则会有差异。我们将术语视为学术话语基因,一种文化基因,意在将其与自然生物基因之间进行跨认知域的隐喻性类比。从这个意义上说,它在学术话语传播过程中往往能够携带具有"文化"遗传信息的DNA序列,通过模仿把"文化"遗传信息传递给下一代,使得后代与亲代表现出相同的"文化"性状。[①]

[①] 此处参考了生物学"基因"概念的相关表述进行相应的隐喻类比描写,详见胡最、刘沛林等(2009)。

在生物学研究中,"人类基因图谱的绘制是人类揭示自身怎样从单细胞的微生物在经历无数的艰辛后进化为地球上最具有智慧的动物的历史,同时,这种基因图谱的绘制和深入研究以及细节的研究也能够帮助我们在不太长的时间内认识我们进化过程之中的几乎每一个片段和每一个细节"(王承东,2008:38)。因此,在人类文化相关研究中,文化基因图谱的绘制同样意义重大,它有助于揭示特定文化由浅至深、由简至繁的形成与发展过程中的总体演化趋势与具体构建细节。文化基因图谱绘制所涉及的各文化要素之间的关系与自然基因图谱绘制所体现的"基因在一个DNA分子上的相对位置、连锁关系或物理组成"(王士舫、董自励,2015:222)十分类似。具体到学术话语构建研究,学术话语体系形成与发展的过程考察分析也可以借鉴生物学研究的这一原理与方法。所不同的是,生物学研究中,"基因是生命的中介物——蛋白质复制的基础,(基因)更是细胞和生命复制的基础"(王承东,2008:38)。而学术话语研究中,术语作为学术文化基因,它是思想的中介物——学术话语复制传播的基础,更是重要的概念、理论和思想复制传播的基础。鉴于术语是表征专业领域概念的语符,其作为专业学术话语基因的DNA构成包括三个层面,即语言符号层面、概念系统层面以及交际语境层面。毋庸置疑,绘制体现学术话语体系构建的话语"基因图谱"也是一项有难度的系统复杂工程,需要全方位、多维度的考察分析与深入细致的研究与思考。

2
学术话语"基因图谱"绘制的路径隐喻

人类的基因图谱被誉为"人体的第二张解剖图",其绘制有助于人类记录和了解自身基因"遗传"与"变异"的特点,考察基因多态性差异,从而有效破解人类遗传密码,积极预测和防治遗传疾病,造福于人类生命的健康延续。"迄今建立的基因图谱大致有三类,物理图谱(physical map)、遗传图谱(genetic map)、转录图谱(transcript map)。综合三类图谱的信息已经构成较为完整的人类基因图谱。"(刘迎、朱平,1997:1)上述三种基因图谱的功能或作用是相异互补的,要有效完成人类基因图谱的绘制与研究工作,需要将"三者结合应用、互相补充和参考"(同上:3)。实际上,这种基因图谱绘制模式不仅仅适用于人类生命研究,对于整个生物界各类物种的生命现象来说,基因图谱的绘制与研究都具有十分重要的意义与价值。如此,取象比类,我们也可将术语视作学术话语生命体的基因,通过学术话语"基因图谱"的绘制研究,更加清楚地考察学术话语体系的生命体征,预测和应对其演化过程中可能出现的问题,从而最终有利于学术话语体系的有序构建和健康发展。

具体而言,结合我国人文社会科学领域各学科学术话语体系构建的历史特殊性,我们有必要考虑绘制相应的三大类话语"基因图谱"。首先,绘制类似生物学基因图谱中物理图谱功能的话语基因"物理图谱"。具体来说,我们可以在获取学科核心术语基因数据的基础上,确定其构成类型与特征,对其进行系统性的物理描述。其次,绘制类似生物学基因图谱中遗传图谱功能的话语基因"遗传图谱"。具体来说,我们可以基于话语基因"物理图谱"的数据分析工作,对其进行术语基因间的"连锁关系"构建,涉及包括语言符号、概念系统以及交际语境在内的三个"连锁"维度,考察其中的基因多态性差异,并分析不同话语"基因型"背后的"环境"要素影响情况。最后,绘制类似生物学基因图谱中转录图谱功能的话语基因"转录图谱"。具体来说,在前面两项基因图谱绘制研究工作基础上,比较不同术语"表达型"对学科话语体系建设的不同制约,从而探究有利于学术话语生命体健康发展的转录调节机制,即不同学科学术话语体系构建与发展进程中术语跨语传播的策略调节控制。如此,我们才能够基本完成学术话语体系构建研究所需的话语基因图谱绘制工作,才能对当代学术话语体系的演化生态有较为全面的把握,也才能对其未来的发展走向做到有效的预测与调节,使其更加健康发展,有更强的生命力。

2.1 学术话语基因"物理图谱"的绘制

生物学基因,作为带有遗传信息的DNA片段,通常具有物质性(存在方式)和信息性(根本属性)双重属性。术语作为一种学术文化或思想基因,也同样具有这两种类似的基本属性特征。要完整描绘出反映中国当代人文社会科学研究领域学术话语生命体征的话语基因"物理图谱",应对学科核心术语的基因"物质性"和"信息性"进行必要的全面考察与分析。

首先,生物学中,基因"物理图谱"的绘制,主要是针对基因"存在方式"的描写,即"把整个庞大的DNA先'敲碎'成片段再拼接为模板进行克隆"(彭健伯,2010:303),从而分析基因组中所有基因片段相关的结构与分布情况。而要成功绘制"物理图谱","必须找到一个通用的路标",即"序列标签位点"(STS),它的应用"可以使得不同实验室、不同来源的信息库得以沟通,进行统一的分析"(刘迎、朱平,1997:1)。同样,对于话语基因"物理图谱"的绘制,也需要找到一个通用而客观存在的"路标"作为起点,从而有利于对大规模的术语数据进行统一有序的分析和描述。这个"路标"本质上应具有标准的参照功能,可以根据分析的需求与目标进行设置,比如从术语的"语言形式""语义内涵""历史特点"以及"功能特点"(格里尼奥夫,2011)等具有普遍分析意义的维度切入。

其次,生物学中,基因"物理图谱"的绘制,除了对基因"存在方式"的记录外,更为重要的是针对基因"根本属性"——信息性的描写。这些负载于基因上的生命体"生老病死"的密码信息,将有助于解开生命演化之奥妙。同样,对于话语基因而言,我们除了关注其结构性存在方式外,还应对其所蕴含的丰富知识与文化信息进行探究,从而更清楚地揭示学术话语生命体的发展趋势或未来走向。从这个意义上说,我们更应重视不同类型术语作为学术文化基因的本质特征,尤其应关注到基因多态性的差异信息。如前文所述,中国近现代学术体系及知识系统的构建,除了有赖于源自中华学术传统与知识体系的思想血脉给养,还在很大程度上得益于外来学术传统与知识体系的新鲜血液输入与滋补。前者以中华儒学的一脉相承为代表,后者则以西学东渐的多次推进为体现。两者互补交融,形成了中国学术发展史上传统本土知识系统与近代西方外来知识系统不断接触、冲突和融合的独特话语生态景观。这其中,无论是晚清之前以传统经史子集为基本框架的"四部之学"知识系统的承袭,还是晚清之后伴随着近代西方"七科之学"学科体系与知识系统的引入,中国学术话语体系中都因多次转型重置而留存了多源丰富的话语基因。这些异质杂糅的术语基因信息成为我们解读中国学术话语体系独特演化过程与特点的重要思想密码。

2.2 学术话语基因"遗传图谱"的绘制

生物学意义上,基因的"遗传图谱"主要依托基因之间的连锁关系构建来绘制。具体而言,"它是以在某个遗传位点上具有多个等位基因的遗传标记作为'路标',以遗传学上的距离①即两个遗传位点之间进行交换、重组的百分率作为'图距',反映了基因的遗传效应"(裘娟萍、钱海丰,2008:155)。其中,"选用与目的基因紧密连锁的多态性标志,该标志(或标志群)的缺失或者存在的变化,可以代表这个目的基因的变化"(刘迎、朱平,1997:2)。因此,生物基因"遗传图谱"的绘制有利于发现和确定影响遗传特征的突变基因或缺失基因,其工作机制是参照区域化②的多态性遗传标记,借助基因连锁的原理,来确定目的基因在基因组中的相对位置。相应地,我们将术语作为学术文化基因,也可以依据特定的思想范畴,基于概念系统的连锁关系来呈现术语的表征系统及其在学科话语网络中的节点位置。具体来看,中国当代学术话语体系是中国传统学术话语资源、西方近现代学术话语资源以及两者多次交融互动过程中新创生的学术话语资源共同构建的结果。在这样一个复杂度较高的学术话语体系中,作为思想或文化基因的术语之间的"遗传性"连锁关系,往往不是非常显见,需要进行认真的分析和比较。这其中,要充分考虑到中国与西方学术文化传统差异所带来的"遗传图谱"绘制的难点,从而有效确定同源术语基因之间隐存的连锁关系,揭示这些基因所呈现的相应学术话语体系实际演化发展的复杂脉络。以我国人文社会科学研究来说,其根源性的思想基因就蕴含于中国传统哲学话语之中。那些负载中国人文社会科学传统思想的基本或核心概念,是其他人文社会科学研究的思想之源,影响着各分支学科术语系统的生成与演化。正如张法(2009:48)在《中国现代哲学语汇从古代汉语型到现代汉语型的演化》一文中指出的,"所谓定型,主要体现在,哲学的基本概念不但成了讲哲学的基本语汇,而且成了现代汉语整个学术思想的基本语汇"。

学术话语基因"遗传图谱"绘制的价值还在于发现基因"复制"与"变异"的特点与规律,从而预测整个学术话语体系演化的总体趋势。人文社会科学研究,相

---

① 这一点同物理图谱有本质不同。"物理图谱上的距离是 DNA 序列上两点之间的实际距离,通常以碱基对数目表示。"(谭晓风、张志毅,2008:15)

② "自 1991 年遗传标记实现自动化操作以来,遗传图谱的构建速度大大提升。至 1996 年初,所建立的遗传图谱中已含有 6 000 多个遗传标记。相应地,以此为路标,可以将人类基因组分成 6 000 多个区域。"(刘月蕾、段聚宝,2012:182)

较于自然科学研究,其本质或者说是根本的差异在于其对文化的依赖程度,前者与文化水乳交融,不可剥离,钱穆先生所言"文化异,斯学术亦异"(钱穆,2011:序1)主要是就人文社会科学学术研究而论的。对于中国现代学术体系及话语系统的构建,钱穆先生有诸多深刻的见解,有些也是针对不同的学科进行阐述的。但总体来看,他着重探讨的是中外文化差异对学术异质性的深度影响。他曾强调"中国重'和合',西方重'分别'。民国以来,中国学术界分门别类,务为专家,与中国传统通人通儒之学大相违异。循至返读古籍,格不相入。此其影响将来学术之发展实大,不可不加以讨论"(同上)。由此可见,在中国现代学术话语体系构建的过程中,中外学术文化的本质差异是其学术话语生态复杂性的最根本动因,而要考察学术话语生态的复杂性及其成因,中外术语作为学术文化基因的"复制"或"变异"的过程与机制则不可不究。这方面,依托各分支学科的核心术语数据,不仅可以考察具体学科的话语体系建构,而且可以总观我国人文社会科学领域整体学术话语建设的基本特征。这其中如何看待术语数据分析所反映出的有效"复制"传播的"遗传特征"与非理性"变异"传播的"突变特征",值得学界认真思考。

2.3 学术话语基因"转录图谱"的绘制

"在人体某一特定的组织中并非全部基因都表达,仅有 10% 的基因被表达。"(刘月蕾、段聚宝,2012:186)这其实是一个普遍存在的生物现象,因为在生物学中,基因转录有正负调控之分,其结果影响到基因型的表达。这其中有起正调控作用、促成基因转录的转录因子(激活蛋白),也有起负调控作用的反式作用因子(阻遏蛋白)。前者会激活基因的活性,后者则会关闭基因表达活性。(张卫兵 等,2014:174)"转录图谱是通过表达序列标签来反映基因的表达情况的图谱。"(蔡绍京 等,2004:224)基因转录图谱的绘制,"可得到大量对人体有用的蛋白表达基因"(刘迎、朱平,1997:2),"有助于发现新的蛋白质和细胞因子,了解不同组织器官中基因表达的不同情况"(刘迎、朱平,1997:3),"可有效地反映正常或受控条件下基因表达的时空图,为基因的功能分析、基因在特定时期和特定组织器官的特异表达检测奠定了基础"(谭晓风、张志毅,2008:15)。生物基因"转录图谱"的绘制已被证明有利于人类致病基因以及新基因的发现,无疑对人类生命体健康延续有着非常积极的意义与重要应用价值。就学术话语基因的"转录图谱"绘制而言,这种跨域认知隐喻机制的重心在于强调不同学术基因"表达型"的对比研究,同时也有助于发现新的学术基因"表达型"。类似于基因转录所存在的两种不同调控机制,我国人文社会科学学术话语体系构建过程中,也存在两种不同的调控因素。当今世界,在全球经济一体化和世界文化多样性双重诉求博弈之下,术语跨语应用早已成为常态。这其中,不同的术语翻译取向与策略势必会影响到术语作为学术话语基因的最终"表达"情况。这便是我国人文社会科学学术话语体系构建过程中的两种现实调控因素。

考虑到人文社会科学术语的特殊性,其基因"转录图谱"的绘制,有助于我们考察不同源头术语作为学术话语"基因"被转录而实现"表达"的实际情况。一方面,要关注术语"转录"过程中的调控因素,有效促使正向调控的实现,避免负向调控的问题。至于术语"转录"的调控因素,也非常复杂。这其中,除了术语个体属性差异的影响,还有术语系统整体特征的制约,需要仔细分析。术语个体属性是指术语自身的内在属性要求,术语整体特征是指术语系统的复杂性特征。另一方面,生物基因的"表达"强调环境因素的制约影响。同样,术语基因的"表达"性状也必须考察其环境因素的影响。简言之,术语跨语转换的策略调控不可简单化地评价其优劣得失,而应该参考其"环境"因素,即人文社会科学术语跨语"表达"的有效参数,其中仍应紧扣术语的语言符号、概念系统以及交际语境来分析和思考。因此,学术话语基因"转录图谱"的绘制是在前两类图谱绘制基础上更加重要的工作,因为它关系到学术话语体系构建的最终演化性状。

3

学术话语"基因库"的构建理念与 NUTerm 术语库的组织架构

如前文所述,生物基因图谱的绘制与研究,需要基因库的资源建设支持。同样,要绘制学术话语的"基因图谱",必须构建相应的学科话语"基因库",即术语知识库。为更好地阐明我国当代人文社会科学各学科领域学术话语体系建设的现状,考察和分析其中的问题,构建全学科核心术语汇集的学术话语"基因库"是前提条件。要构建中国人文社会科学学术话语"基因库",我们可以借鉴生物学"基因库"的构建理念与思路。这种方法论的隐喻思维来源于术语作为学术话语"基因"的跨域映射机制的合理性。当然,人文社会科学学术话语"基因库"的具体建设内容有其自身的特殊性,需要有针对性的思考与设计。

在生物学前沿研究领域,建设各层级各类"基因库"的做法已较为普遍和成熟。这方面,国家级"基因库"的建设非常重要且有最佳示范作用。目前,除美国、日本和欧洲以外,我国已经建成了世界范围内第四个国家级基因库(自2011年起于深圳建设),该基因库涵盖了包括人类、动植物、微生物等在内的多类生物资源的基因数据[1],该项目的建设实施"有利于保护我国珍贵且特有的遗传资源,实现样本资源、基因及数据资源共享开发利用,提高我国遗传资源样本和基因信息数据的储存、分析、管理和应用能力,进而推动生命科学和生物产业发展。这对于我们国家抢占未来生物经济的战略制高点、掌控生物遗传资源、基因战略资源,具有极其重要的战略意义"(张勇,2014:111)。同样,在人文社会科学研究领域,学术话语"基因库",即术语知识库的建设也具有国家文化软实力发展战略实施意义上的重要资源建设作用,对于保护我国人文社会科学领域各学科核心概念和文化思想的有效传承和对外推广,增强我国在人文社会科学研究领域的国际学术话语权,维护世界学术文化多样性有着非常积极的意义与重要的价值。对此,我们可以从国家生物基因库的建设中获取有关建库理念与思路的经验,得到有益的启发。

---

[1] 详见国家基因库官网 http://www.cngb.org/。

3.1 国家基因库的构建理念与组织架构借鉴

"国家基因库的主要任务及发展方向是建立整合生物样本存储、处理流程和基因数据存储、分析流程，打造具有国际影响力和公信力的，可为我国生命科学研究和生物产业发展提供基础性和公益性服务的平台。……国家基因库采取资源样本库、生物信息库以及生物资源信息网络（联盟）相结合的运营模式，统筹规划、管理和利用遗传资源和生物信息。"（张勇，2014:112）要确保国家基因库建库目标的有效实现，合理的组织架构非常关键。图3-1呈现了国家基因库的组织架构①：

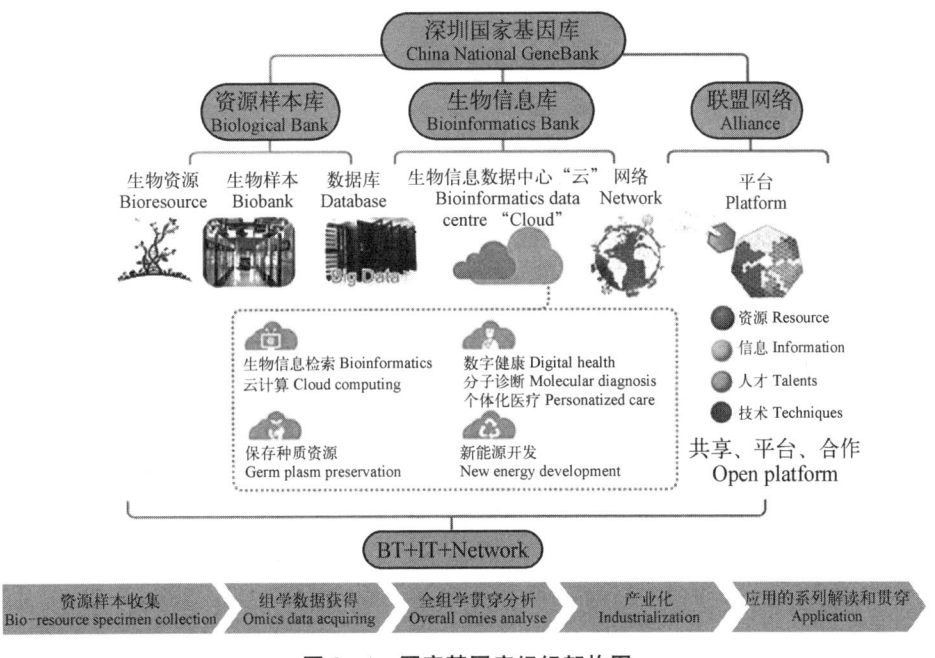

图3-1 国家基因库组织架构图

如上图所示，"国家基因库以生物资源样本为依托，以基因信息数据为基石，以大联盟网络为纽带，形成资源到科研到产业的全贯穿、全覆盖模式，最终将实现大资源、大数据、大科学、大产业的整合与应用"（张勇，2014:115）。具体而言，资源样本库是面向多样性的自然生态获取的真实生物资料，在此基础之上，经深入的专业分析与研究，可从中获得相关的基因信息数据，用以构建生物信息库。

---

① 见《深圳国家基因库简介》，http://www.cngb.org/topic/Newsletters/1st/index.html。检索日期2017年3月2日。

这其中就包括对生物基因图谱的绘制与加工,并借助信息管理技术,面向不同领域的实际需求,挖掘具有相应功能类型的基因数据,由此形成生物信息开发的"云"机制。这种"云"信息资源,还需进一步借助网络化平台,在多方资源整合过程中打造产研一体化的运作模式。由此可见,国家基因库的建库理念宏大,组织架构全面而周密,这对人文社会科学术语知识库这样一个学术话语"基因库"的建设应该可以有所启发。

3.2 学术话语"基因库"的构建理念与组织架构设计

我们将术语视为学术话语的基因,基于我国人文社会科学 22 个一级学科的核心术语数据构建大型术语知识库,其作用和价值无异于建设一个中国学术话语的"基因库"。构建这样一个大型术语知识库,其目的在于对负载丰富人文社会科学思想信息的人文社会科学术语资源进行有效整合、存储甚至干预。中国学术话语"基因库"的生态样本选自真实的话语情境,其中以术语的使用语境为核心,目的在于反映我国人文社会科学学术话语体系构建的实际状貌。以此路径采集和存储的多学科术语"基因"数据,将有助于充分描绘其物理图谱,并在此基础上分析其生态演化的遗传关联,考察其文化基因家族的"复制"与"变异"过程和特点,进而绘制其遗传图谱。与此同时,通过重点比较不同来源术语"基因"的"表达型"特征,有利于揭示其跨语言文化"环境"因素的影响,思考术语"基因"转录过程中的正向与负向调控问题,从而绘制出术语"基因"的转录图谱。通过学术话语这三大"基因图谱"的完整描绘,可以进一步打造具有规范效力和权威性的术语"基因"表达型标准,为术语"基因"的后续优化确立目标。这种术语"基因"的优化将无疑对中国人文社会科学学术话语体系构建有实质性的重要推进作用,同时也对中国人文社会科学国际学术话语权的建设有实际帮助。学科话语"基因库"建设相关的组织架构设计也将体现这些具体的建库目标与方向。我们在借鉴国家生物基因库组织架构设计的基础上,尝试对我国人文社会科学学术话语"基因库"的组织架构做如下设计思考,见下页图 3-2。

由图 3-2 的中国人文社会科学学术话语"基因库"组织架构不难看出,中国人文社会科学话语"基因库"包括三部分,即"学术话语样本库""学术话语基因信息库"以及"学术话语基因资源研究与应用平台"。其中,汇聚各学科领域辞书、教材、专著、期刊等学术资源形成的学术话语样本,是用以绘制学术话语"基因图谱",亦即构建"学术话语基因信息库"的重要基础。这其中,主要包括两大类型术语库,即数据型术语库与知识型术语库。所谓"数据型"和"知识型",主要是就术语数据的颗粒度、准确度和关联度而言。"数据型"术语库以大规模的数据描写为主,可以看作用以呈现学术话语"物理图谱"的尝试,具体包括各学科汉语术语库、英译术语

```
                    中国人文社会科学学术话语"基因库"
   ┌────────────┐   ┌────────────┐   ┌──────────────┐
   │ 学术话语   │   │ 学术话语   │   │学术话语基因资源│
   │ 样本库     │   │ 基因信息库 │   │ 研究与应用平台│
   ├─────┬──────┤   ├──────┬─────┤   ├──────┬───────┤
   │纸质 │电子  │   │数据型│知识型│   │跨学科│多领域 │
   │资源 │资源  │   │术语库│术语库│   │术语研究│术语应用│
   └─────┴──────┘   └──────┴─────┘   └──────┴───────┘
```

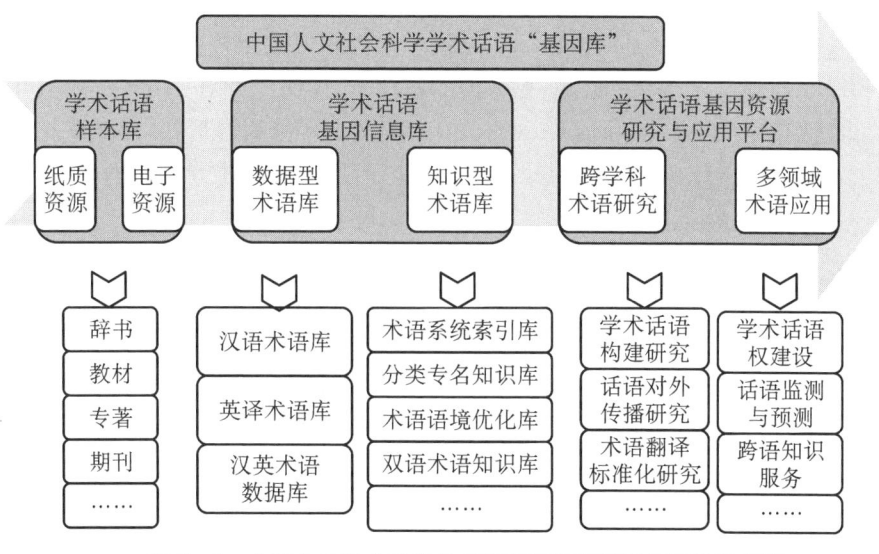

┌─────┐ ┌────────┐ ┌──────────┐ ┌──────────┐ ┌──────────┐
│辞书 │ │汉语术语库│ │术语系统索引库│ │学术话语构建研究│ │学术话语权建设│
├─────┤ ├────────┤ ├──────────┤ ├──────────┤ ├──────────┤
│教材 │ │英译术语库│ │分类专名知识库│ │话语对外传播研究│ │话语监测与预测│
├─────┤ ├────────┤ ├──────────┤ ├──────────┤ ├──────────┤
│专著 │ │汉英术语 │ │术语语境优化库│ │术语翻译标准化研究│ │跨语知识服务│
├─────┤ │数据库 │ ├──────────┤ └──────────┘ └──────────┘
│期刊 │ │   │ │双语术语知识库│
├─────┤ │   │ ├──────────┤
│…… │ │   │ │   ……   │
└─────┘ └────────┘ └──────────┘

图 3-2 中国人文社会科学学术话语"基因库"组织架构示意图

库(以收集术语译名为主)、汉英术语数据库(包含术语的应用语境和翻译语境);而"知识型"术语库则侧重系统化、网络化与类型化的知识构建,是由"物理图谱"向"遗传图谱"和"转录图谱"的进一步发展,其中的子库类型主要包括基于知识本体的术语系统索引库、分门别类的专名知识库、优化版的术语语境库、面向跨语知识比较与关联的双语术语知识库等等。同时,借助数据库管理技术与信息网络平台的搭建,可以进一步实现学术话语"基因信息",即术语数据的动态更新、高效管理与实时检索,从而为相应的学术研究与实际应用提供良性的运作环境。

值得注意的是,中国人文社会科学学术话语"基因库"的系统构建是一个循序渐进的过程,在此过程之中也伴随着学术话语研究路径的深化与转型。这一点其实同生物基因图谱系统绘制的路径本质上如出一辙。生物学中,物理图谱是对基因组内部静态结构的客观转录;遗传图谱重在标识基因之间的功能关联,可以看作对基因组内部"逻辑"的探析;而转录图谱则面向外部生命体征,关注基因表达动态的规律性、有效性与具有特殊功能基因的应用价值。整体而言,我们可以将生物基因图谱的系统绘制看作一个由描写基因结构转向探究基因功能的过程,一个由基因资源之基础建设转向基因信息之专门应用的过程,这也正是图3-2所体现的中国人文社会科学学术话语"基因库"深化与转型的整体走向。

3.3 NUTerm 术语库的组织架构概述

NUTerm 术语库的构建主要由南京大学双语词典研究中心的国家社科基

金重点项目"人文社会科学汉英动态术语数据库的构建研究"课题组承担,并与国内其他高校研究人员协同完成。鉴于此,该术语知识库命名为"南京大学人文社会科学汉英动态术语库",其英文名为 NUTerm BASE,略作 NUTerm,其中字母 NU 为南京大学(Nanjing University)的英文首字母缩合形式,以此来标记南京大学的软件著作权和相应的知识产权保护信息。为表述方便,该术语知识库简称为 NUTerm 术语库。

NUTerm 术语库项目可以说是一次构建中国人文社会科学学术话语"基因库"的尝试。需要说明的是,本项目作为 NUTerm 术语知识库建设的一期工程,重在完成基本的建库架构与初步功能实现,现阶段所采集的核心术语英译及相关语境对照信息仅供现状描写用,暂不涉及这些英译数据的规范性审订和优化加工。在 NUTerm 术语库的设计构想中,"学术话语基因信息库"是核心;"学术话语样本库",顾名思义,是各学科术语数据采集的来源;"学术话语基因资源研究与应用平台"则是针对术语信息展开的系统性研究与后续开发和应用。下面对这三个组织构成分而述之。

3.3.1　NUTerm 学术话语样本库

在 NUTerm 术语库的构建过程中,最基础的工作,或者说是建库起点,就是"学术话语样本库"的创建。该库主要采集人文社会科学 22 个一级学科领域中的核心术语数据,旨在为学术话语"基因"样本筛选采集打下重要基础。

随着现代学科的不断发展以及相关研究的日益深化,学科划分日趋精细,如果完全依赖学科专家个人提供基础数据或确定数据采集范围有很大的主观局限性,也缺乏实际的可操作性。为确保各学科术语采集的代表性、均衡性和系统性,本研究主要借助优质权威的各学科专科辞书来确定基础数据采集的范围。这是因为专科辞书主要针对学科专业词汇和术语进行概念和语义描写,通常由学科专家和专业人士集体或合作编纂,经由专业出版社编辑加工和专家集中审订出版,具有较好的专业代表性和权威性。具体来说,依据专科词典的出版机构、词典编纂者、词典凡例介绍、用户反馈(真实用户反馈兼网上用户评价)和专家推荐等因素来综合评价所选词典的可靠性和权威性,以用户真实反馈和专家推荐为最终依据。最终每个学科所选专科词典的数量一般不少于三本(少量学科因辞书资源所限也有一本或两本的情况),纸质版和电子版均可。如此,依托专科辞书编纂的科学性与规范性,人文社会科学 22 个学科核心术语筛选所需的基础数据范围可以初步确定。

此外,考虑现有专科辞书(尤其是纸质辞书)数据自身有时效局限性,比如,所收录学科术语条目往往与实际使用的核心术语相比有一定的滞后性,动态更新不够及时;现有专科辞书大多仅提供学科术语的定义或解释性说明,一般不提供相应的语境信息;双语专科辞书主要提供跨语对译词,其他术语翻译相关信息较为缺乏等等。考虑到上述局限性,为确保 NUTerm 术语库的数据项信息较为充分,有助于考察、分析和最终解决现实语境下术语应用及其翻译的实际问题,我们在构建"学术话语样本库"的过程中,还同时参考了 22 个学科领域中最新出版的部分教材和代表性专著,并借助计算机技术获取了部分学术期刊文献的在线数据作为补充,以体现数据获取的多样化和开放性,从而满足描述性研究的最新数据需要。

3.3.2 NUTerm 学术话语基因信息库

学术话语基因信息库是 NUTerm 术语库的主体部分,存储了所采集的我国人文社会科学 22 个一级学科的核心术语及其英译与应用数据,是基于术语库开展相应研究的主要数据基础。如前文所述,现阶段 NUTerm 术语库中收录的学术话语"基因信息"为初步构建的数据型术语系统信息。根据其构建过程和存储数据的类型,可分为以下三个子库:(1) 分学科汉语术语库;(2) 分学科英译术语库;(3) 分学科汉英术语数据库。

分学科汉语术语库是指基于前述 NUTerm 学术话语样本库采集得到的学科术语集合。各学科汉语术语的采集工作是基于代表性、均衡性和系统性三个基本原则开展的。在采集过程中,课题组还多次咨询各学科专家,征求数据增删意见,并请各学科专家指导解决术语疑难问题。需要说明的是,在分学科汉语术语库的构建过程中,积累形成了不同类型的术语数据,其中包含尚处于术语化过程之中的学科关键词以及各学科领域中的专有名词。但最重要的是基本确定了覆盖人文社会科学 22 个一级学科的核心术语条目。学科关键词反映的是学科研究当下的热点和重点,其中既包括学科的核心术语,也涉及学科的新概念表达,而后者经过一段时期的术语化应用也可能会进入学科概念系统的核心而成为核心术语。因此,收录那些尚处于术语化过程之中的学科关键词数据十分关键,是 NUTerm 术语库的学术话语基因信息动态性和开放性的体现。这些关键词数据主要利用计算机技术从当代人文社会科学各学科的汉语核心期刊论文库中抓取。至于分学科专名数据,则是在 22 个分支学科核心术语库词目审定过程中特别筛选并存储的,主要包括人文社会科学研究领域中比较重要的人名、地名和著作名等专名。最终筛选获得的学科核心术语则是现阶段 NUTerm 汉语术语库的核心部分。学科核心术语的应用情境相对稳定,它们能够代表且表征各分支学科研究最基本的概念,是学科话语体系建构的底层概念符号。同时,这些确定下来的核心术语条目还是下一建库阶段中采集英译术语信息是构建英译术语库的重要基础。在译名数据采集过程中,NUTerm 术语库课题组专门成立了术语翻译审查小组,负责对所采集的汉语术语对应的英译术语信息进行初步核查,审查内容主要涉及英译的真实性、代表性和完整性这三方面,旨在满足对核心术语英译现状开展描述性研究的实际需求。接下来,基于英译术语子库中的双语术语,进一步编写相关数据项,并按学科归属存储数据,形成汉英术语数据库的雏形。

3.3.3　NUTerm 术语库学术话语基因资源研究与应用平台

NUTerm 术语库学术话语基因资源研究与应用平台的构建,旨在充分利用优质的双语或多语术语数据,系统开展面向中国学术话语构建的跨学科研究,实现面向知识服务的信息化应用,并以此构建可持续的"产研一体"化知识生产模式。推进术语翻译研究的范式化发展,同时深化术语翻译库的多维度构建,是保障这种术语资源平台建设与研究工作顺利开展的关键。

实际上,在该项目课题开展期间,得益于我们基于 NUTerm 现有汉英双语术语数据,就 22 个人文社会科学一级学科所做的描述性报告(详见后文分学科部分),我们已经对术语翻译的复杂性本质以及术语翻译研究在学术话语构建这一宏大课题中的方法论意义形成了全新认识。术语翻译归根结底可以理解为术语概念的跨时空衍异。这种概念"衍异"往往伴随着整个认识场域的系统性变化。这也就不难理解,术语翻译研究往往牵连着学科史、概念史、传播学与知识社会学等基于不同学科范畴、不同学理层面的研究视阈。换言之,术语翻译研究是多界面研究,是在多种学术范式碰撞、互动与综合创新过程中生发的跨学科研究。术语翻译研究能够在很大程度上汇聚与综合利用学术话语构建所需的多元视角。这是术语翻译研究之方法论意义的基本体现,也是其范式结构形成的缘起。

术语翻译研究的范式化,强调的是对"该词应如何翻"等狭义问题取向的批评与反思,是转而对术语翻译的话语实践本质、知识功能和文化传播价值的系统性阐发。这对于 NUTerm 术语库向知识型术语翻译库的深入构建来说,是不可或缺的理论参照。与此同时,范式化的术语翻译研究也需要基于具有多维度数据结构的术语翻译库来开展。实际上,在该项目开展期间,我们已经尝试设计了NUTerm 术语编纂与检索平台(详见总论部分第五章),旨在打造术语研究与术语应用交互的资源整合平台。但就目前其内容与功能而言,与本节构想的"学术话语基因资源研究与应用平台"这一建设目标还有一定差距。其中,术语数据结构的维度是现有平台优化的关键所在。例如,术语概念演化的时间跨度、术语概念跨语使用的语域范畴、术语概念传播中的变异表达、话语实践中实际存在的概念网络等,都是一个成熟化术语翻译库中必备的数据项。这就需要对后台的术语数据结构进行系统设计与完善,从而有针对性地进行文本挖掘、处理与呈现。不难看出,所谓多维度数据结构,正是术语翻译实践复杂性的反映。

总体来看，NUTerm 学术话语基因资源研究与应用平台所倡导的是对语言研究"第四范式"的实践（魏向清，2014）。其中，术语系统构建研究的新理念与新思路是开发知识型术语翻译库的关键理论基础，是实现 NUTerm 术语库在我国学术话语权建设、学术话语监测、跨语知识服务等实践领域中的资源战略价值的前提条件。

3.4　小结

从以上关于 NUTerm 术语库的组织架构概述可见，NUTerm 术语库的构建深受中国人文社会科学学术话语"基因库"理念的影响。这一点，其实不仅仅体现在该库的组织架构这一宏观规划方面，还深入 NUTerm 术语库的构建实践当中。"基因库"的理念对于明晰 NUTerm 术语库的类型特殊性至关重要，进而会影响到整个术语库建设的实施流程与方法。下文将具体说明 NUTerm 术语库现阶段的构建实践情况。

4

NUTerm 术语库的构建流程与具体方法

4.1 动态描写型汉英术语库的类型特殊性

"术语库是一种借助计算机面向专门知识领域存储概念信息及其相应术语指称的数据库。"[①] 术语概念可以说是术语库数据结构的核心。而如何确立术语概念,亦即话语"基因"的定位问题,这本身就是一个值得探究的课题。目前,从国内外术语库建设的具体实践来看,传统做法往往是借助专家知识的资源优势,施以规定性审核手段,以确立术语概念的收录范围和具体表达。这样一种自上而下的术语规范路径有助于统一解决术语概念收录的系统性及表述准确性问题。然而,从以往相关工作的实践经验来看,这种方法需要依托于长期的审订流程。[②] 这样一来,术语审订工作往往时效性不足,尤其是在当今知识爆炸、新术语频出的大众传播时代,此类工作模式往往难以满足术语规范应用的实践需求。而且,这种术语审订模式的工作重心往往在于"标准化"或"规定性",难以适应人文社会科学领域术语概念在实际使用情境中的诸多复杂性问题(详见各分学科研究报告中的具体数据分析与阐述内容)。在这样一个背景下,基于自下而上的描写构建与规范应用目标,动态描写型术语库的构建理念和应用价值有其独特优势,能够与传统规定性的术语资源建设形成有效互补。本项目研究正是对这样一种全新的动态描写型术语库的构建探索。

实际上,NUTerm 术语库项目自启动以来,就不断尝试探究契合中国人文社会科学领域术语应用现实状况的术语库构建新理念。如前文所述,NUTerm 术语库作为学术话语"基因库",其数据主体聚焦于中国人文社会科学 22 个一级学科的学术话语资源。而人文社会科学是一种极具特殊性的知识领域,其话语

[①] 原文为:"A term base can be defined as a computer data base containing information of domain specific concepts and the terms that designate them",转引自 Kockaert, Hendrik J., and Frieda Steurs (2015:224)。

[②] 例如,由全国科学技术名词审定委员会公布的《语言学名词》(2011)收词 2 939 条,名词审订历时 10 年之久。

复杂性远远超出自然科学。与此同时,中国人文社会科学知识体系与话语系统形成与演化又有其自身的历史复杂性。也就是说,中国学术话语"基因库"的构建有其自身的特殊复杂性,这也成为 NUTerm 术语库建库的重要特征。换言之,明确 NUTerm 术语库这一动态描写型数据库的特殊类型,对其合理定位非常关键。

一般而言,相较于自然科学研究,由于对象客体的特殊性,在人文社会科学知识领域,主体价值具有更为显著的合法效力。加之不同理论范式之间的错综关联,自然会产生出更为复杂的学术话语样态,这在学科术语的应用方面有较为直观而集中的体现。而中国人文社会科学学科体系作为中国近现代学术发展史上中西视阈共现之下的产物(详见分学科研究报告中的学科史概要部分),其话语形态始终处于国际化与民族化的悖论博弈之中,形成了具有中国特色的话语地方性特征。相关汉语术语概念应用的不确定性自然也不言而喻。也正是在种种不确定性之中,蕴藏着用以记录中国学术话语基因的宝贵资源。不难理解,对于 NUTerm 术语库而言,汉语学科术语的使用现状,特别是汉语术语化过程中相关类术语甚至非术语化的表达,恰恰是建库以及后期研究中需要重点关注的内容。

此外,值得注意的是,术语的跨语应用是近现代以来中国人文社会科学学术话语实践中一直存在的现象。一方面,这是中国近现代学术史发展的结果——中国人文社会科学的学科体系化很大程度上得益于始于明末清初以及清末民初的西学汉译传统。而当代情境下,外来(主要是英语)术语汉译也仍是中国学术话语实践中的常态。另一方面,随着中国学术话语权建设意识的不断提升,当代学术话语的跨语传播需求日益凸显,以汉语学科术语英译为主的术语外译实践也逐渐成为一种新常态。这便形成了学科术语汉译和英译交织的复杂应用情形。因此,在关注汉语学科术语动态数据的同时,NUTerm 术语库还立足于汉英跨语维度,尝试收录汉语术语英译的动态数据。通过汉英术语数据之间的对比,可以探究中西术语互译实践现象背后复杂的知识生产、消费与再生产的互动影响与制约机制。其中,大量的术语回译、新词英译等案例还能够为开展翻译研究工作,以更好地服务于中国当代学术翻译实践和跨语知识服务提供丰富的研究素材。

不难看出,不同于学科术语库"标准化构建"的传统旨趣,NUTerm 术语库的构建研究是在努力探索一种"描写型构建"的新路径。所谓"描写型",其一是其建库过程以转录式的数据描写为基础,力求客观地反映学术话语的基底现状;其二是指为进一步挖掘现有数据的有效价值,在建库过程中辅以内省式的数据清洗、分类与补充等信息加工流程,丰富术语翻译信息的呈现维度。正是在这个客观转录与人工内省相结合、数据描写与信息加工往复的"构建"过程之中,NUTerm 术语库的独特价值得以彰显。这种术语库构建新路径体现的是一种自下而上的开放式的大数据理念,并兼顾主体介入的现实需求与价值,在很大程度上能够同传统意义上的"标准化构建"研究范式形成优势互补,以期共同推动中国人文社会科学学术话语资源的整体建设。

4.2 NUTerm术语库构建的整体流程

在理论上明确术语库的类型特殊性对于实际的建库工作至关重要。NUTerm术语库的构建流程与具体方法正是参照前文所述的动态型和描写型构建特征及其类型特殊性逐步实施的。总体而言,NUTerm术语库的构建是一个从汉语数据集合向汉英术语信息系统有序发展的动态过程,其构建流程具体涵盖三个阶段。首先,借助人机互助的方式构建形成包含学科关键词、学科专名等不同类型汉语数据的单语数据库,我们称之为"分学科汉语术语库",亦即NUTerm术语库的雏形。其次,在汉语单语数据的基础之上,收集汉语术语的英译表达,使最初的汉语术语库发展成为"分学科英译术语库"。最后,通过系统的术语编纂工作,丰富用以描写术语概念的数据项类型,并着重增加术语翻译相关的语境信息,形成"分学科汉英术语数据库",也就是最终拟面向研究与应用实践的NUTerm汉英术语数据体系。而在建库的各阶段,又会在数据描写与信息加工的过程中依次形成字段类型不断更新与丰富的数据表单,如以下简图4-1所示:

```
阶段一:              阶段二:              阶段三:
分学科汉语术语库  →  分学科英译术语库  →  分学科汉英术语数
构建                 构建                 据库构建

表1:关键词总表       表4:术语翻译表       表7:汉英基础语料表

表2:汉语术语表       表5:系统计量表       表8:汉英核心术语编
                                              纂表
表3:汉语专名表       表6:译法统计表
```

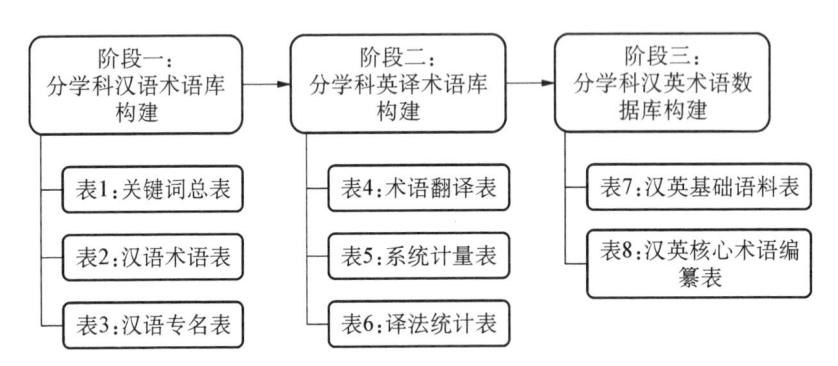

图4-1 NUTerm术语库构建流程简图

NUTerm术语库的构建是一个"有序发展的动态过程",在建库的每一阶段内,以及相邻阶段之间,新的数据工作都需要以前一步骤中完成的相关数据表单为基础。具体而言,在阶段一中,"汉语术语表"和"汉语专名表"是以"关键词总表"为基础整理而来的;在阶段二中,"系统计量表"和"译法统计表"是基于"术语翻译表"做进一步信息加工的结果;在阶段三中,"汉英基础语料表"为"汉英核心术语编纂表"的加工与形成提供了重要参照。而在不同建库阶段之间,"术语翻译表"以"汉语术语表"为底表,其本身又作为下一阶段汉英语料挖掘工作的基础数据。如此,NUTerm 术语库数据的动态更新正是先后基于各阶段的数据表单逐步实现的。在具体工作中,以上 8 个数据表单之间的关系可通过下图 4-2 简要呈现。

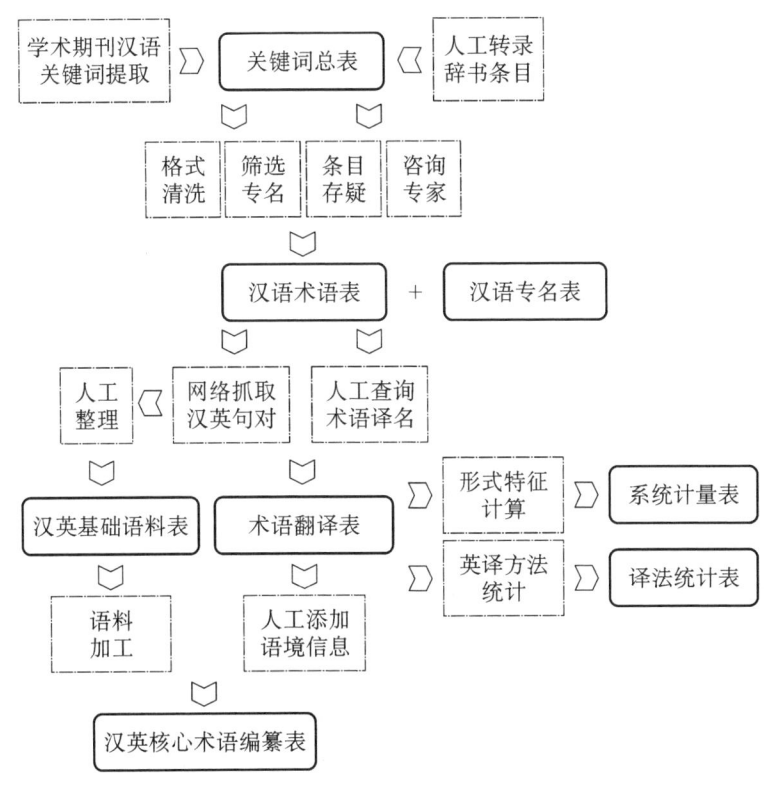

图 4-2 NUTerm 术语库数据表单关系图

实际上,除了数据构建过程中的系统开放性和线性关联之外,上述各数据表单在数据功能方面自始至终保持着独立性。也就是说,它们均能独立发挥各自的数据功能,适用于不同的数据检索需求。这 8 个数据表单之间的具体关系及其各自的功能究竟如何,需要从 NUTerm 术语库构建各阶段实施的具体方法步骤说起。

4.3 NUTerm 术语库构建的具体方法

NUTerm 术语库的构建涉及我国人文社会科学 22 个一级学科的术语系统数据,因各学科分支庞杂,数据量大,从数据采集、整理到初步加工,各项工作都非常繁重。这一点,从上节图 4-1 与图 4-2 中已有所体现。具体而言,一方面,NUTerm 术语库的构建需要一定的计算机数据采集技术支持,以基于网络获取真实数据。例如,不同专业知识领域中常用关键词的原始语料就需要借助数据挖掘技术来获取。另一方面,在获取真实数据的同时,NUTerm 术语库的构建还需要相关学科专业人才与双语人才的跨学科合作,为生成"智慧数据"创造条件,这一点在 NUTerm 术语库的构建实践中至关重要。据不完全统计,NUTerm 术语库建库历时六年,先后参与数据工作的人数多达 800 有余。这样一个庞大的工作团队,必然对建库方法的整体规范与工作机制有较高要求。下面将基于 NUTerm 术语库的建库流程,介绍各学科汉英术语数据采集与加工的具体方法。

4.3.1 分学科术语库汉语数据采集与加工

为提高获取各学科汉语术语这一核心数据的效率,我们的技术团队首先基于中文社会科学引文索引(CSSCI)数据库,自动获取各学科领域中文学术期刊的关键词字段。然后,将这些原始关键词数据储存为 UTF-8 编码格式的本地文本文件,并经人工核查后,转存为期刊关键词 Excel 底表。建库需要的部分术语数据从中进一步筛选出来。需要说明的是,学术期刊关键词数据是动态的网络资源,必须依靠实时数据监控和抓取实现本地数据的更新,这对相应的硬件和技术条件均有很高的要求。考虑到该项目现阶段的目标主要是探究建库方法,同时囿于数据安全与数据知识产权等客观现实因素,我们暂时将关键词的数据来源限定在部分期刊以及一定时间范围内。例如,语言学关键词数据源于 2012—2013 年 CSSCI 中规定的 23 种核心期刊、8 种扩展版期刊,数据抓取的时间范围为 1979—2012 年。

实际上,对于面向中国人文社会科学学术话语构建的 NUTerm 术语库而言,学术期刊关键词并非入库记录的唯一数据源。辞书作为一种传统意义上的纸媒数据库,也是用以记录学术话语真实数据的重要载体。某种程度上,专科辞书是用以描写、传播甚至构建学术话语的重要工具。一般而言,辞书的收词立目具有较高的专业性、权威性和系统性,恰好能够有针对性地弥补期刊关键词数据本身存在的诸多局限性问题。因此,专科辞书理应作为 NUTerm 术语库的重要数据源。参照权威性、代表性和均衡性的原则收集各学科领域中的专科辞书资源,并人工转录辞书条目,也就成为初期构建汉语术语库的另一个重要环节。据不完全统计,NUTerm 术语库各学科汉语术语数据采集与加工期间,共参考了 204 部辞书。例如,在遴选和确定语言学专业辞书参考资源时,我们初步选取了 7 本辞书,具体包括《语言学名词》(商务印书馆,2011)、《王力语言学词典》(山东教育出版社,1995)、《现代语言学词典》(商务印书馆,2000)、《牛津语言学词典》(上海外语教育出版社,2000)、《牛津英汉双解语言学词典》(上海外语教育出版社,2006)、《新编英汉语言学词典》(上海外语教育出版社,2007)和《英汉语言学词典》(商务印书馆,2005)。为了更加全面地覆盖各语言学学科分支,并兼顾中西语言学研究特色,我们又重点研究了上述几本辞书的凡例,同时综合考虑相关专家的指导建议,最终确定将《语言学名词》《王力语言学词典》和《现代语言学词典》作为数据采集样本。

在获取期刊汉语关键词和辞书条目数据之后,将二者合并去重,排序编号,以 Excel 格式储存,并以"编号""学科""汉语关键词"以及"备注"为字段名导入 MySQL 数据库中,便形成了"关键词总表"。目前,NUTerm 术语库中,"关键词总表"的记录数已高达 142 011 条。这些数据在很大程度上能够反映相关学科概念在汉语学术语境中的真实使用情况。但是,鉴于期刊和辞书的载体特点以及现阶段关键词提取技术的局限性,入库的关键词记录中仍会存在一些格式混杂、信息冗余等"噪音"问题,例如,编号为 74004172 的语言学关键词条目最初为"音节两栖性[音节两栖(的),音节两栖化]",这不完全符合常规术语库中数据记录始于单一术语概念的基本原则,同时也不利于准确发挥术语库的知识索引功能。那么,基于"关键词总表"进一步做格式和内容清洗就十分必要,以获取表达更为准确、收录更为全面系统的数据表单,也就是所谓的各学科"汉语术语表"。为此,我们特邀了 22 个人文社会科学学科领域中的相关专家(每个学科 2—3 名教授级专家),专门就经过清洗、标记和筛选过的关键词表进行初审和复审。学科专家的主要审核工作是标记出建议删除的非核心术语,勘察存疑条目,增补新术语,并在复审阶段针对调整校对后的数据,就概念收录的全面性、均衡性和系统性做出整体评价。据统计,经过复核后的汉语术语表的记录量为 130 075 条。总体来看,这些数据大多是学科话语结构底层的基础或核心概念表达,具有较好的系统稳定性和学科代表性,总体符合人文社会科学领域学科基础性术语表达的属性特征。

在上述术语数据筛选过程中,我们同时还从学科关键词中筛选出专名记录,如语言学关键词表中的"《说文解字》""法国保尔-罗亚尔学派"等,另存为"汉语专名表"。不同于一般意义上的理论术语,专名概念往往能够较为准确地对应实际存在的物理客体或内涵义完整、外延义稳定的概念客体,因此也经常充当着概念索引与知识索引的重要角色。在"汉语专名表"的基础上构建分学科专名数据子库,因而也有其独特的功用和价值。实际上,这已然成为 NUTerm 术语库项目组目前筹划的主要工作之一。[①]

[①] NUTerm 构建至今,我们在从关键词中筛选专名的同时,还不间断地从多种学术资源中收集新的专名条目。目前,"汉语专名表"的数据记录已累计 39 407 条。在"汉语专名表"的基础上,项目组还完成了部分专名的英译补译工作,同时尝试对部分汉英专名添加了双语语境信息。

4.3.2　分学科术语库英译数据采集与加工

对于旨在服务于汉英学科术语翻译与学术话语构建研究的 NUTerm 术语库而言,在"汉语术语表"的基础上展开术语数据的双语化工作,构建汉英双语术语资源,可谓重中之重。经慎重考虑,项目组再次尝试人机结合的构建路径。在初始阶段,项目组技术团队以前述的"汉语术语表"为底表,借助网络抓取工具 Wget,尝试从常见学术网站上按照学科类属抓取原生语料素材,并通过信息抽取技术获得汉英短语对、句子对和段落对。这些集中抓取的双语网络资源能够为汉语学科术语数据的双语化编纂工作提供重要参照。但是,就各学科术语数据抓取的总体情况来看,批量获取网络学术资源的渠道十分有限,有相当一部分术语的双语信息无法通过这种方式获取。例如,语言学学科汉语术语总量为 6 015,通过多次数据抓取捕获的双语信息累计只有 2 133 条。而且,受到网络数据环境复杂性以及技术局限性等其他客观因素的影响,这些计算机数据的有效性也会有所削弱。其中,汉英语料对应错位、英文信息缺失与错误等是较为常见的现象。在这种情况下,就必须专门组织人力以跨学科合作的方式开展英译术语的收集与补充工作。

在 NUTerm 术语英译数据的采集过程中,除了上述借助数据抓取技术获取的双语信息之外,我们还广泛参考了类型丰富、来源多元的学术资源,如双语专科辞书、专业教科书、学术论文双语摘要、外文学术著作、相关主题的译丛文本等。但实际上,人文社会科学领域英译术语的勘察与收集并非易事。特别是相比外来术语的回译过程,中国本土术语的英译现象更加复杂。一方面,这可能是由译名多样性带来的结果。例如,"字形"作为中国本土语言学术语,目前查询得到的译名就有 4 个,分别为 character forms、character patterns、forms、word forms;"句读"的译名有 3 个,分别为 caesura、make pauses in reading unpunctuated ancient writings、judou。而在多个译名中,往往又会存在错译的情况,需专门甄别。另一方面,英语学术话语中相关概念指称的缺失同样会给汉语特有术语英译的收集工作带来不少困扰。这也就不难理解,同"汉语术语表"的数据量相比,用以记录各学科英译术语表达的"术语翻译表"中,数据记录往往明显减少。例如,6 015 条汉语语言学术语中,目前已获取英译术语信息的记录有 4 543 条。

迄今为止,"术语翻译表"的数据记录已累计 123 779 条,这意味着 NUTerm 术语库汉英基础数据已初具规模。在此基础之上,我们逐步将工作重心转移到针对术语英译的信息加工这一方面。例如,对各学科汉英术语系统分别进行计量统计,其中包括单词型术语和词组型术语的标注与比重核算、汉英术语分词及构词单元统计、汉英术语的长度及其系统平均长度计算等,以此形成"系统计量表"(数据记录数为 81 149 条)。又如,我们尝试以包含英译术语的字段为基点,厘定具体的术语翻译方法,并以此反观英汉概念系统之间的关系,构建"译法统计表"(数据记录数为 93 089 条)。这些汉英数据和统计信息同样也是 NUTerm 汉英术语库中的重要检索内容。关于各学科数据的计量特征和英译信息,在稍后展开的分学科研究报告中会有具体呈现和说明。"系统计量表"和"译法统计表"的构建只是在英译术语信息加工过程中所做的初步尝试。相比之下,基于类型多样的数据项展开系统的术语编纂工作更为关键,这是 NUTerm 由英译术语库转型为汉英术语数据库的核心环节。

4.3.3 基于分学科英译术语库的数据项内容设置与编纂

在汉语人文社会科学学科术语英译实践过程中,术语翻译的复杂性普遍存在,在一定程度上反映出这种客观复杂性,其实也正是 NUTerm 术语库的建库目标。这也促使我们在建库过程中不断反思双语术语的学术价值与应用潜力。我们不妨把术语库中的英译术语条目看作一种去语境化的概念标签,一种知识表征的简化形式。在 NUTerm 术语库的构建过程中,若要基于英译术语这一概念标签再现术语翻译的复杂语境,就需要尝试通过增设数据项以及相应的术语编纂工作来实现。

根据《中华人民共和国国家标准——建立术语数据库的一般原则与方法》(GB/T 13725—1992 以及 GB/T 13725—2001),"术语库的数据项应从以下五类项目中选择"[①]:

一、描述术语的数据:术语主条目、简称(缩略语)、全称、同义词、其他语种对应词、符号、词类、其他语法信息、注音、术语的注释、参见;

二、描述概念的数据:概念的定义、概念的描述、语境、示例等;

三、描述概念体系的数据:分类、叙词、上位词、下位词、同位词等;

四、用于管理的数据:记录标识、语种代码、文献来源代码、记录生成日期、数据修订日期、责任者代码等;

五、表示文献的数据:文献类型(如标准、词典、百科全书、手册等),文献信息(著者、题目、出版日期、出版机构、出版物的卷号和期号、标准号、术语信息在文献中的页码等)。

显然,以上罗列的五大数据项是对术语库中可能存在的数据类型的全面描述。而"一个多功能的术语库应具备灵活性应考虑到不同类型的术语库要求不同的数据项"[②]。所谓"不同类型的术语库",往往强调对不同用户群体检索需求

[①] 见国家标准 GB/T 13725—2001 小节 6.3.2"数据类目的选择"。
[②] 见国家标准 GB/T 13725—2001 小节 6.3.2"数据类目的选择"。

的观照。因此,术语库数据项的选择性设置对于构建用户友好型的术语数据结构体系至关重要。与此同时,术语库的类型特殊性也构成了如何选择设置相关数据项内容的理据性前提。

如前文所述,NUTerm 术语库的核心建库目标是服务于术语翻译实践与研究,就其功能特征而言,应隶属面向翻译的术语库类型。相应地,NUTerm 术语库的构建也主要是面向术语翻译实践中具有相关语言转换需求和翻译研究需求的用户群体。这一点同典型的概念取向的术语库有显著差异,后者以概念内涵与关系的厘定以及术语表达的标准化为建库重心。关于面向翻译的术语库同面向概念的术语库之间的类型差异,在上述关于术语库构建原则的国家标准文件中早有明确说明。文件指出,面向翻译的术语库中,术语对应词是必备数据项,并应含有较多的语言学信息(如词性、语境、用例等),这显然已同面向概念的术语库中以术语定义为核心的数据项结构明确区分开来。[①]

鉴于此,在现阶段 NUTerm 术语数据的编纂工作中,我们参照上述国标中的数据项体系,从中挑选并灵活调整了部分数据项内容,形成了能够初步满足建库宗旨同时具有可操作性的数据项体系。其中具体包括汉语术语条目、(多个)英译术语、词性、术语分词、术语长度等用以描述术语的数据;汉语术语上下文语境、英译术语上下文语境、搭配信息等用以描述概念的数据;学科类属、关联术语表达等用以描述概念体系的数据;术语编号、编纂者、编纂日期等用以管理信息的数据。

而系统实现双语术语数据的编纂,需要按照既定程序,并辅以制度化的管理手段。为此,我们专门搭建了 NUTerm 术语库在线编纂平台(详见总论部分的第五章)。如果说此前以收集英译术语为要旨的英译术语库建构是一项"去语境化"的系统工作,接下来的信息加工则可称为"再语境化"工程。所谓"再语境化",一方面是指通过在线术语编纂平台,分别为汉英术语提供相应的知识性语境,即相关术语概念在汉英学术话语情境中的使用信息;另一方面是指根据术语编纂平台中的字段提示,将分散于不同话语情境中的相关信息单元,如术语概念的搭配信息、关联术语等,整合至同一数据记录中,从而进一步扩充相关术语概念的语境空间。"汉英核心术语编纂表"正是在这一过程中逐步完善起来的,现阶段累计数据记录总量为 72 039 条。在这一"再语境化"过程中,除了辞书、书籍、期刊等不同学术资源之外,上一阶段基于"汉语术语表"抓取的汉英段落对同样能够起到一定的补充作用。为了提高相关信息的检索效率及语料利用率,我们按照数据库管理的方法,专门对这些段落对文本进行了系统的整理,形成了以"序号""学科""汉语语料""英语语料""来源期刊"为字段的"汉英基础语料表",

---

[①] 见国家标准 GB/T 13725—2001 小节 5.1 "术语库的类型"。

其中的数据记录总量为 318 274 条。

需要特别说明的是,在 NUTerm 术语库目前的数据项设置中,尚未采用传统定义模式来直接陈述术语概念内涵及其关联,而是有意凸显术语应用的双语语境信息。这一点,除了源于 NUTerm 术语库作为术语翻译库的类型特殊性之外,主要还出于对术语库构建理念之发展前沿的考虑。国际视野下面向翻译的术语库构建实践与研究中,语境信息的重要性已经成为一个基本共识。这种语境信息类似于 Nkwenti-Azeh(1998:168)所说的"用户在翻译情境中更加需要的推断性与(或)评价性信息(information of an inferential / evaluative nature)"。例如,由西班牙维戈大学(Universidade de Vigo)开发的 Termoteca 数据库中,便基于维戈大学语言语料库(CLUVI)形成了只含有双语术语和语境实例的数据结构(Moreira,2014);与此同时,Moreira(2014)以此为基础,借助 Turigal 双语语料库,提出构建具有类似双语数据结构的旅游术语库①,并将术语语用信息作为该库的首要数据项。这一构建路径同欧盟国际术语库 EuroTermBank 的建库理念十分契合,即发挥术语库的翻译功用,需要充足的术语使用信息予以支撑(Henriksen et al,2005)。

实际上,在术语库构建的类型化以及术语库使用的大众化这一双重背景之下,所谓术语定义,正逐渐发展成为一个弹性范畴。例如,由国际术语信息中心(Infoterm)、联合国教科文组织(UNESCO)与互联网名称与数字地址分配机构(ICANN)联合颁布的《互联网管制词库构建手册》[Internet Governance Glossary (IGG) Methodology]②就直接指出,传统意义上的术语定义具有一定的现实局限性,并倡导将术语定义本身解读为一种用户友好型的概念描述。③从这个意义上讲,术语语境其实可以理解为术语定义的一种特殊类型。Gibbon 等(2012:246)就曾从定义的概念描述功能本质出发,提出了"语境定义"(contextual definition)这一说法,也就是说,"对术语使用语境的转述"(paraphrase of a term in use in a given context)也是一种定义形式。

整体而言,术语库数据项的设置在建库实践中具有多样性和过程性的典型特点,同相关术语库的构建宗旨及其所处构建阶段目标密切相关。NUTerm 术语库旨在服务于我国本土术语翻译实践与研究,在该项目开展期间中尚处于一期工程阶段。随着 NUTerm 术语库构建实践的深入开展,丰富数据项类型及其内容自然也是术语库优化工作的关键所在。例如,制定国际术语库通用的文献数据格式,补充"表示文献的数据";同时,或也可效仿德国联邦语言局 LEXIS 术

---

① 其中并未含有术语定义,详见 Moreira(2014)文中 palace 一词的条目展示。
② 见 http://en.unesco.org/sites/default/files/internet_governance_glossary_methodology.pdf.
③ 请参阅该文件第 37 页,章节 2.4,"Definition or Description?"。

语库的构建路线,在建库后期面向部分术语条目选择性地补充术语定义[①],形成科学定义同语境信息并列的综合型数据项格局等等。关于 NUTerm 术语库的深入构建,还有待相关课题研究或合作项目的后续推进。

4.4 小结

综上所述,在 NUTerm 术语库的构建过程中,先后形成了 8 个功能独立且彼此关联的数据表单,分别为"关键词总表""汉语术语表""汉语专名表""术语翻译表""系统计量表""译法统计表""汉英基础语料表"和"汉英核心术语编纂表",累计术语数据记录总量为 999 823 条,可以说已经基本达到了现阶段 NUTerm 术语库作为一个描写型术语库的预定构建目标。

同时,我们以此为基础,尝试从两方面继续开展 NUTerm 术语库构建工作。一方面,基于"汉英核心术语编纂表",优化译名及其语境信息,丰富相应的"同义术语""反义术语""参见术语"等数据项,以期通过优化双语数据更大程度地发挥该库在翻译实践与话语构建实践特别是中国学术话语对外传播中的实际作用。目前优化完成的数据记录总量已一万有余。另一方面,参照 NUTerm 术语库的建库经验,尝试以知识主题为聚类,构建主题驱动的双语学术话语基因信息库,同学科视阈下的术语库构建形成良性互补。实际上,NUTerm 术语库的构建是一个长期而又不断深化发展的数据工程、学术工程与文化工程。以上构建尝试正是在目前该项目课题的开展过程中逐步明确起来的,旨在以此推动 NUTerm 术语库向知识库的学术化转型,为未来中国人文社会科学学术话语"基因库"这一文化工程的构建奠定基础。

---

① 根据 Hoffman(1983),LEXIS 项目肇始于 1966 年,在建库第三阶段仍以术语的加注解释(explanatory addition)工作为主,直至 1981 年开启的建库第四阶段,才针对三分之一的术语条目开展术语定义的补充工作。

5

NUTerm 术语库术语编纂与检索平台

对于面向翻译的术语库构建而言,基础人力资源和参与者的双语能力是影响术语库构建进展的重要因素。在这种情况下,服务于术语数据编纂的制度化工作平台将有助于提升术语库构建的质量和效率。为此,在 NUTerm 术语库的实际构建过程中,我们参照国际术语库构建的规范与惯例,遵循国内术语库构建的标准化要求,同时从 NUTerm 术语库核心数据结构的设计目标出发,专门设计搭建了 NUTerm 术语库在线编纂平台。与此同时,为尽可能充分发挥术语库独特的应用价值,我们面向未来用户又独立开发了 NUTerm 术语库检索平台。

5.1 NUTerm 术语库在线编纂平台

NUTerm 术语库在线编纂平台是一个基于"浏览器/服务器模式"(B/S)的网络平台,以客户端程序和服务器端程序为支撑。借助这一平台,项目工作人员能够突破地理位置的约束,实现线上实时编纂与管理。工作人员只需借助 PC 端的浏览器[①],根据 URL 地址(http://219.219.114.100:8080/DictionaryWorkspaces/)[②]即可登录进入工作平台。随后,浏览器可通过网页服务器同后台数据库进行数据交互。

为实现术语数据编纂的制度化运作,我们根据工作人员的角色分工专门设置了两种不同权限类型,即编纂者和管理员。二者的登录界面如图 5-1 所示:

编纂者进入术语编纂界面(图 5-2)后,能够查看到任务分配情况。这些初始数据由管理员按照术语编号进行有序分配,默认状态为"未完成"。编纂者只需点击"未完成"选项卡中的术语,随后在界面右侧的"基本信息""语境信息""搭

[①] 通常情况下,低版本 IE 内核浏览器的渲染漏洞较多。访问 NUTerm 工作平台时,不建议使用低版本的 IE 浏览器。NUTerm 工作平台客户端程序兼容到 IE8+。

[②] 因服务器内存原因,该术语编纂平台暂时关闭。

配信息"" 参见信息"和"管理信息"这五大信息项中,按照字段类别依次添加或选取相应的数据信息。

图 5-1 NUTerm 术语库在线编纂平台登录界面

图 5-2 NUTerm 术语库在线编纂平台编纂界面

具体编纂过程中,上述五大信息项共包括以下字段,见表 5-1:

表 5-1　NUTerm 术语库在线编纂平台信息字段及其说明

信息项	字段	字段描述
基本信息	学科	参照由教育部颁布的《学位授予和人才培养学科目录》(2011)①,并遵循学科分类与代码国家标准(GB/T 13745—2009)设置了人文社科领域的 22 个一级学科。
	条目编号	统一为八位制,即"学科代码(三位制)+术语音序顺序(五位制)"。例如,语言学术语子库中,按音序排列,首位术语的编号为"74000001"。
	汉语术语	来自"汉语术语表"(NUTerm 术语库数据表单 2)。
	词性	指汉语术语的常见词性。
	名词委推荐术语	指由全国科学技术名词审订委员会历年审订发布的相关学科规范术语。②
	名词委推荐译名	指由全国科学技术名词审订委员会历年审订发布的相关学科规范术语的英文译名。③
语境信息	英译术语	指现阶段汉语术语常见的英文译名。
	汉英语境信息	主要指汉英对照的知识语境。
搭配信息	术语词组	指含有该汉语术语的常见词组表达。
	词组英译	指上述术语词组的英文表达。
参见信息	同义术语	指同该汉语术语概念义相同或相近的其他汉语术语。
	反义术语	指同该汉语术语概念义相反的其他汉语术语。
	关联术语	指同该汉语术语隶属同一范畴或概念系统,或具有其他相关性的汉语术语。
管理信息	责任人	指编纂者姓名。
	编录日期	由编纂平台自动呈现。
	完成状况	共有"未完成""已完成""编纂中"三个选项,由编纂者选择。
	是否审查通过	共有"未审查""通过""未通过"三个选项,由管理员选择。
	问题反馈与审查建议	作为编纂者与管理员的互动窗口。
	更新日期	由编纂平台自动呈现。

---

① 参见 http://www.moe.edu.cn/publicfiles/business/htmlfiles/moe/moe_834/201104/116439.html.
② "名词委推荐术语"与"名词委推荐译名"旨在用于今后 NUTerm 术语库优化工作中规定性术语信息的完善,暂不作为当前术语编纂的主要数据项。
③ 同上。

上述字段的数据信息添加完成后,编纂者在"管理信息"界面将"完成状况"改为"已完成",并点击"保存"按钮,数据即可提交至在线编纂平台管理界面(图5-3),进入审查阶段。管理员登录系统后,在"未审查"选项卡中接收待审查的术语条目,并根据实际编纂情况,在"管理信息"中判定相关术语数据质量是否达标。修改说明可直接通过"问题反馈与审查意见"一栏反馈给编纂者。任务分配以及新用户的添加工作同样在这一界面中完成。

图5-3 NUTerm术语库在线编纂平台管理界面

以上编纂者和管理员的工作界面主要是基于客户端程序实现的。该平台客户端程序的技术选型为"HTML 超文本标记语言+CSS 层叠样式表+JavaScript 脚本语言"。其中,为提高 JavaScript 代码的可读性和清晰度,同时方便代码编写和维护,我们尝试集成 jQuery 库和 SeaJS 模块加载框架器,进行模块化 JavaScript 编程。

在线术语编纂平台的核心功能依靠服务器端的程序来实现。该部分的技术选型为"Java 服务器页面(JSP)+MySQL 数据库+Apache 服务器"。上述客户端与服务器端程序的编程界面如图5-4所示。

MySQL 数据库系统在上述工作平台服务器端发挥着极为重要的作用。在服务器端的数据库中,主要有两个数据表单,分别命名为 user 和 word dictionary,均为 InnoDB 类型。其中,user 表单结构较为简单,主要包含

username、password 和 role 三个字段,用以储存编纂者和管理员这两类编纂主体(role)的用户名(username)和密码信息(password),如下图 5-5 所示。

图 5-4　NUTerm 术语库在线编纂平台编程界面

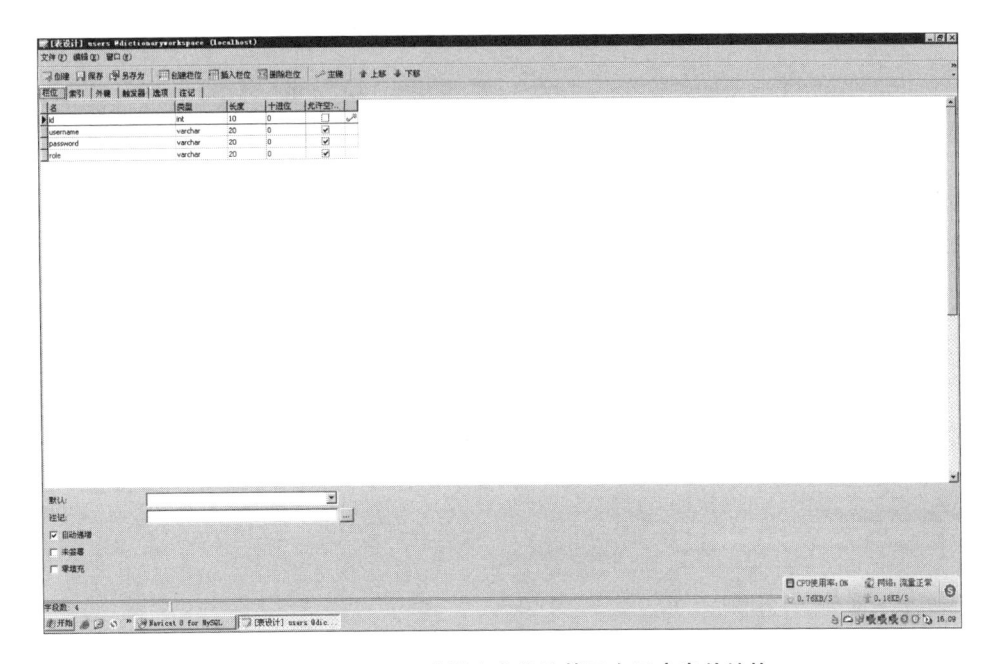

图 5-5　NUTerm 术语库在线编纂平台用户表单结构

word dictionary 表单的结构相对复杂,其中的字段类型与分布同编纂平台中的五大信息项大体对应,主要用以记录 NUTerm 术语库的核心术语数据。图 5-6 和图 5-7 分别呈现了该表单的字段信息,图 5-8 则呈现了数据内容。

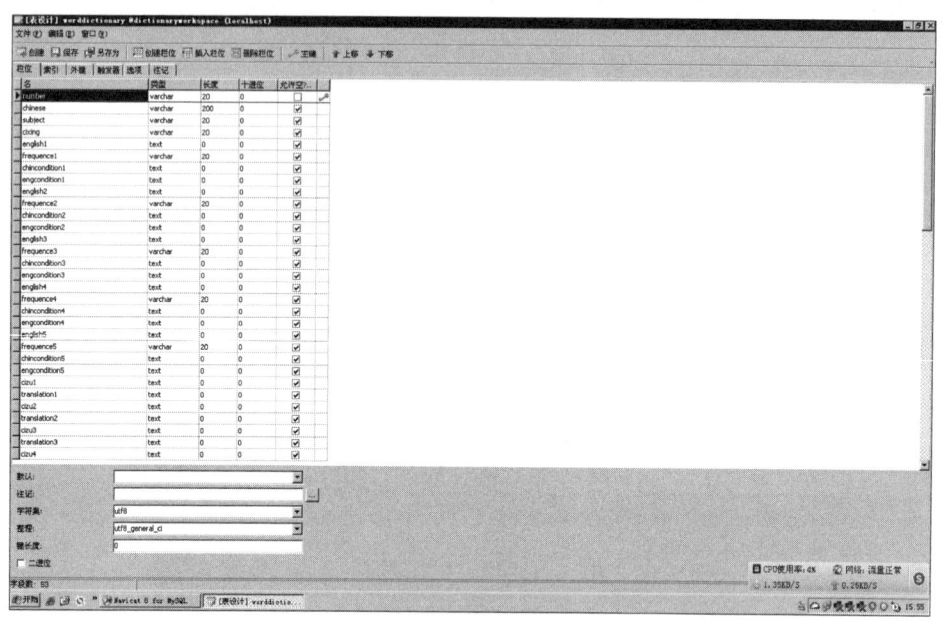

图 5-6　NUTerm 术语库在线编纂平台术语数据表单结构(1)

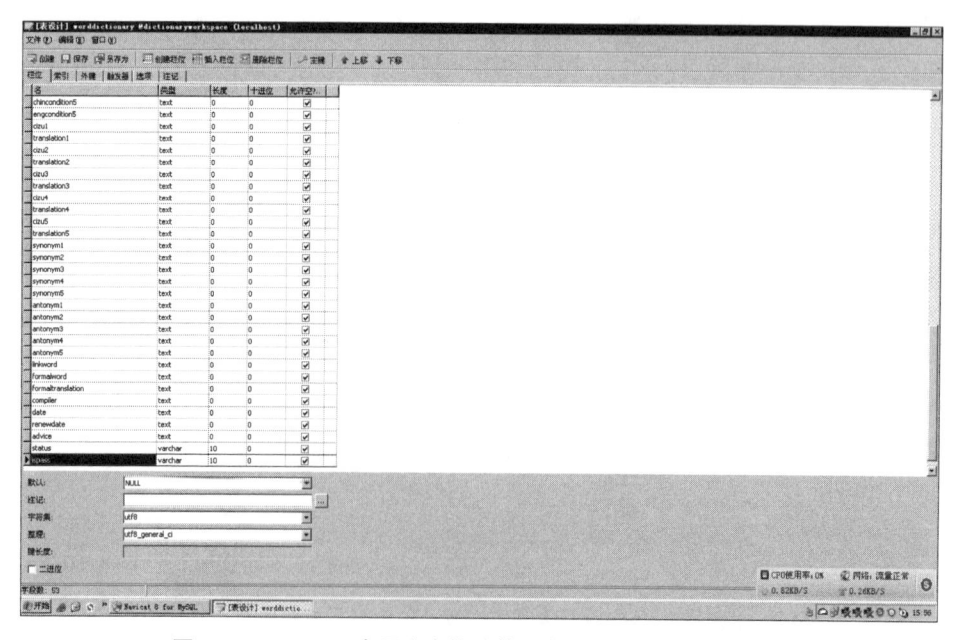

图 5-7　NUTerm 术语库在线编纂平台术语数据表单结构(2)

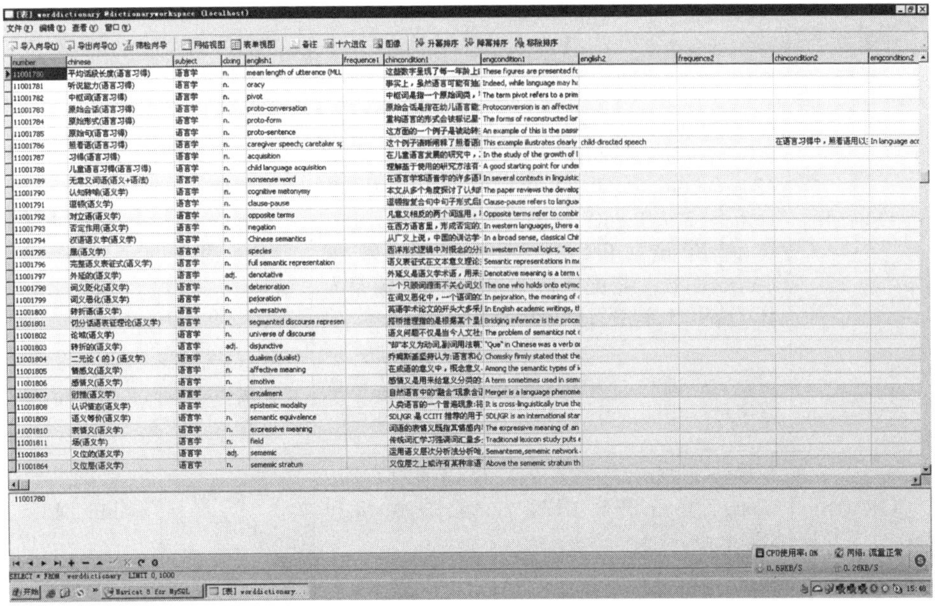

图 5-8　NUTerm 术语库在线编纂平台术语数据表单内容示例

经编纂和初步审核后的数据会系统地储存在 NUTerm 术语库在线编纂平台服务器端的数据库中。经进一步优化和完善①后,工作人员会将这些数据另行分批导入 NUTerm 术语库检索平台,供检索使用。

5.2　NUTerm 术语库检索平台

NUTerm 术语库检索平台同样是一个基于"浏览器/服务器模式"(B/S)的网络平台(网址:http://121.40.104.38/nuterm/)。其中,前台客户端程序的技术选型仍采用"HTML 超文本标记语言＋CSS 层叠样式表＋JavaScript 脚本语言",后台同样基于 MySQL 数据库和 Apache 服务器开发。

就术语检索功能而言,NUTerm 术语库检索平台可实现分学科核心术语检索以及分类子库检索。其中,前者同时支持检索词输入检索以及汉语术语音序检索;后者主要包括关键词语料检索、专名检索以及以典籍英译为主题的术语检索。这五个检索项分别对应后台中的五个 MySQL 数据表单。相应的表单结构如下表 5-2 所示:

---

①　主要指清除不规则的数据格式以及冗余的字符串等(如编纂过程中的备注信息等)。在此基础之上,我们还对汉语术语进行人工分词,计算术语长度,并补充了相应的数据项。

表 5-2 NUTerm 术语库检索平台数据表单信息

表单名称	字段名	术语平台检索项	表单类型
Dsearch	学科(Subject)、术语编号(Number)、汉语术语(CN_Term)、词性(PoS)、术语分词(Segmentation)、术语长度(Term_Length)、英译术语(EN_Term)、汉语语境(CN_Context)、英语语境(EN_Context)、关联术语(Association)、搭配信息(Collocation)、编纂人(Compiler)、编纂日期(Date)	学科核心术语检索（检索词）	InnoDB
Termlist	学科(Subject)、术语编号(Number)、汉语拼音首字母(Initial_letter)、汉语术语(CN_Term)	学科核心术语检索（音序）	InnoDB
Csearch	学科(Subject)、序号(No.)、汉语语料(CN_Text)、英语语料(EN_Text)、来源期刊(Source)	关键词检索	InnoDB
Pnsearch	学科(Subject)、专名编号(Number)、汉语专名(CN_Term)、英译专名(EN_Term)、汉语语境(CN_Context)、英语语境(EN_Context)、编纂人(Compiler)、编纂日期(Date)	专名检索	InnoDB
Tsearch	术语编号(Number)、汉语术语(CN_Term)、主题(Subject)、术语分词(Segmentation)、术语长度(Term_Length)、英译术语(EN_Term)、汉语语境(CN_Context)、英语语境(EN_Context)、关联术语(Association)、搭配信息(Collocation)、编纂人(Compiler)、编纂日期(Date)	主题检索	InnoDB

借助服务器端的程序设计，可以实现由以上数据表单组成的 SQL 数据系统同前台客户端的有效交互，从而实现 NUTerm 术语平台的检索功能。前台客户端相应的初始检索界面如图 5-9 和图 5-10 所示。

同 NUTerm 术语库在线编纂平台不同，NUTerm 术语库检索平台的服务器端选用了不同于 JSP 技术的 PHP 脚本语言(5.5 版本)。PHP 脚本语言能够有效嵌入 HTML 页面。在编程过程中，借助 PHP 集成开发工具 PhpStorm，可以实现客户端与服务器端程序的同步开发。其中，学科核心术语检索对应的 PHP 文件主要有"首页页面"(index.php)、"学科核心术语数据检索页面"(Dsearch1.php 和 Dsearch2.php)和"汉语术语音序检索页面"(Termlist.php)；分类子库检索对应的 PHP 文件主要有"子库选项页面"(index_.php)、"关键词检索页面"(Csearch.php)、"专名检索页面"(PNSearch1 和 PNSearch2)和"主题

图 5-9　NUTerm 术语库学科核心术语初始检索界面

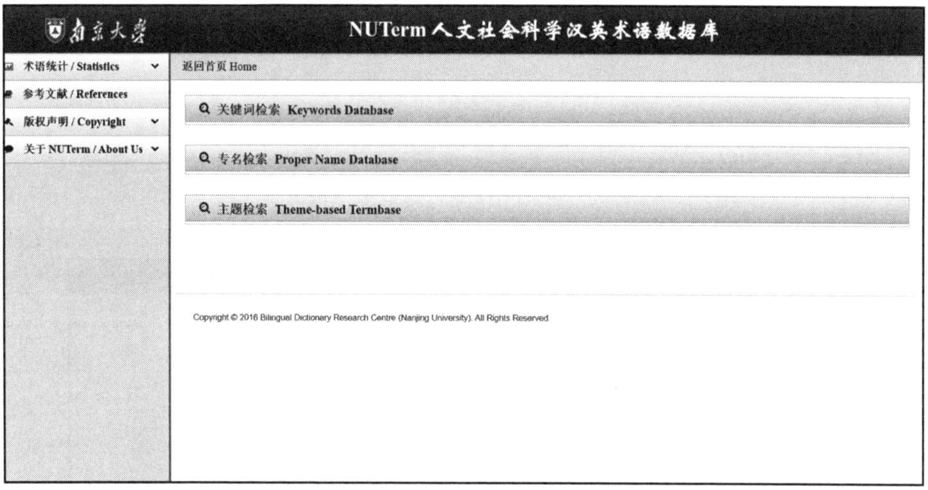

图 5-10　NUTerm 术语库分类子库初始检索界面

检索页面"(Tsearch1.php 和 Tsearch2.php)。在检索过程中,未查询到的检索词会自动添加至服务器端的数据表单 unknown word 中,由管理员后期组织编纂并审核后陆续入库。这一功能主要基于 MySQL_Query 中的 insert 语句实现。

对于 NUTerm 术语库检索平台的构建而言,现阶段的核心任务是实现分学科核心术语检索功能。前期基于在线术语编纂平台完成的数据也主要通过该检索项呈现。用户只需选择相应的检索条件,输入汉语或英文检索词[①],执行检索操作即可。在检索得到的"学科术语查询结果列表"界面中,点击高亮的汉语术语,便会转至"学科术语记录完整信息"界面。例如,以"文化"为检索词,在学科核心术语检索过程中会产生如图 5‑11 至图 5‑13 所示的界面:

图 5‑11　NUTerm 术语库学科核心术语检索提示界面

图 5‑12　NUTerm 术语库学科核心术语查询结果列表界面

---

① 出于数据安全考虑,暂未将全部术语数据上传至 NUTerm 术语库检索平台。输入检索词时,检索框会自动提示包含相应检索词的可检索术语(提示词数量默认为 10 个以内)。专名检索和主题检索具有类似的提示功能。

图 5-13　NUTerm 术语库学科核心术语记录完整信息界面

与此同时，NUTerm 术语库检索平台的子库部分能够帮助用户获取其他类型的数据，从而与学科核心术语数据的检索形成互补。现阶段，NUTerm 术语库分类子库支持关键词检索、专名检索和主题检索。

首先，关于关键词检索。用户基于检索词能够获取包含相关学科关键词的双语文本片段。如前文所述，在术语编纂过程中，我们借助信息抽取技术从当代各分支学科的汉语核心期刊论文库中抽取了部分汉英摘要素材，并经过系统整理，形成了含有部分学科关键词的基础语料。在 NUTerm 术语库检索平台，这些双语生语料同样面向用户开放。我们可以再次将"文化"作为检索词，输入 NUTerm 术语库子库检索界面的关键词检索项中，查阅相关信息。相关界面如

图 5-14 和图 5-15 所示：

图 5-14　NUTerm 术语库关键词初始检索界面

图 5-15　NUTerm 术语库关键词检索结果界面

其次，关于专名检索。这里的专名，主要是指各学科领域中的著作名、人名、地名等非理论性概念的专用概念指称。用户输入检索词时，可根据检索框提示，查询术语库中现有专名条目的语境信息。相关检索界面如图 5-16 和 5-17 所示。

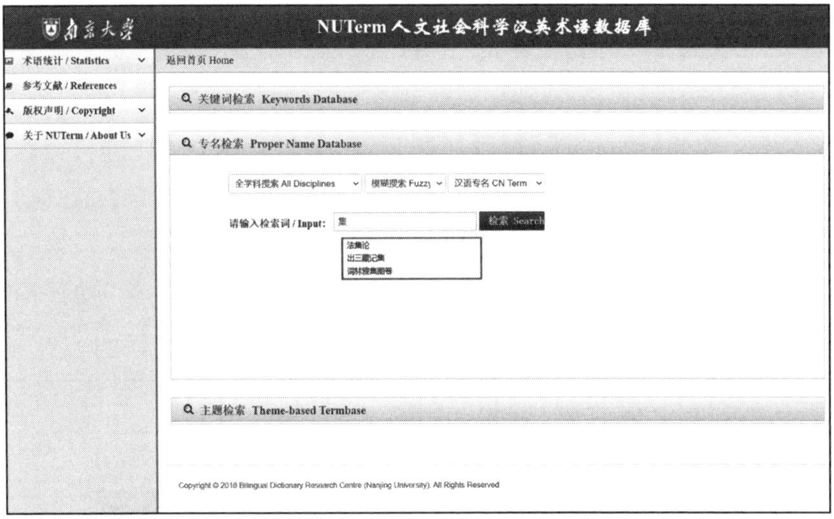

图 5-16　NUTerm 术语库学科专名检索提示界面

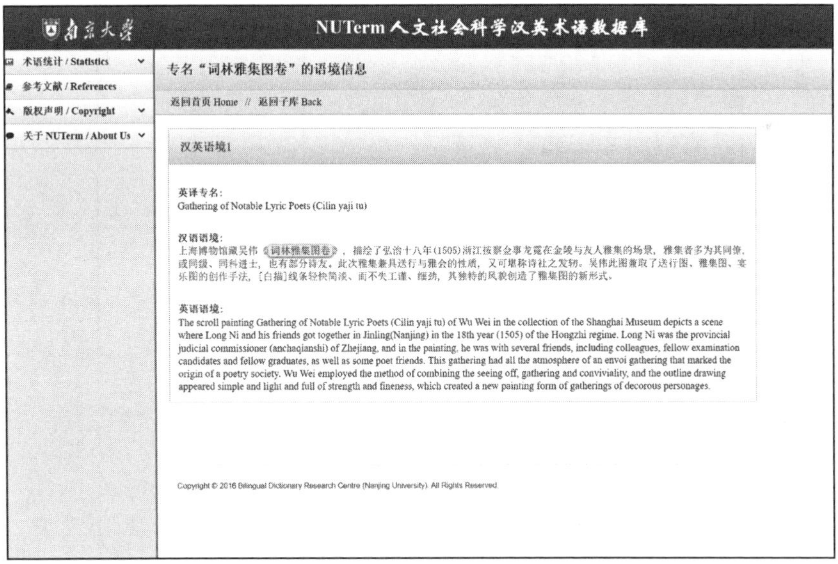

图 5-17　NUTerm 术语库学科专名语境信息界面

最后,关于主题检索,即以主题为概念聚类,进行术语数据查询。目前,NUTerm 术语库检索平台上可供检索的主题选项为"典籍英译"。在设计"主题检索"对应的表单结构和检索功能时,我们采用了同前述学科核心术语检索类似的表单样式和编程路径。图 5-18 和图 5-19 是相应的检索界面示例:

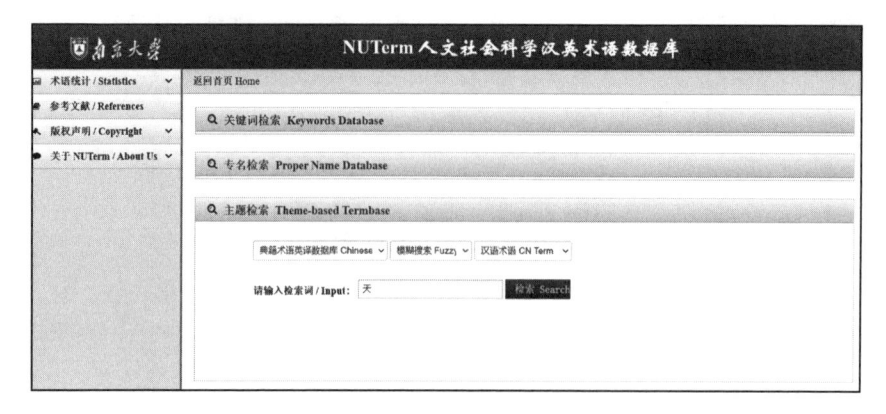

图 5‐18　NUTerm 术语库主题检索提示界面

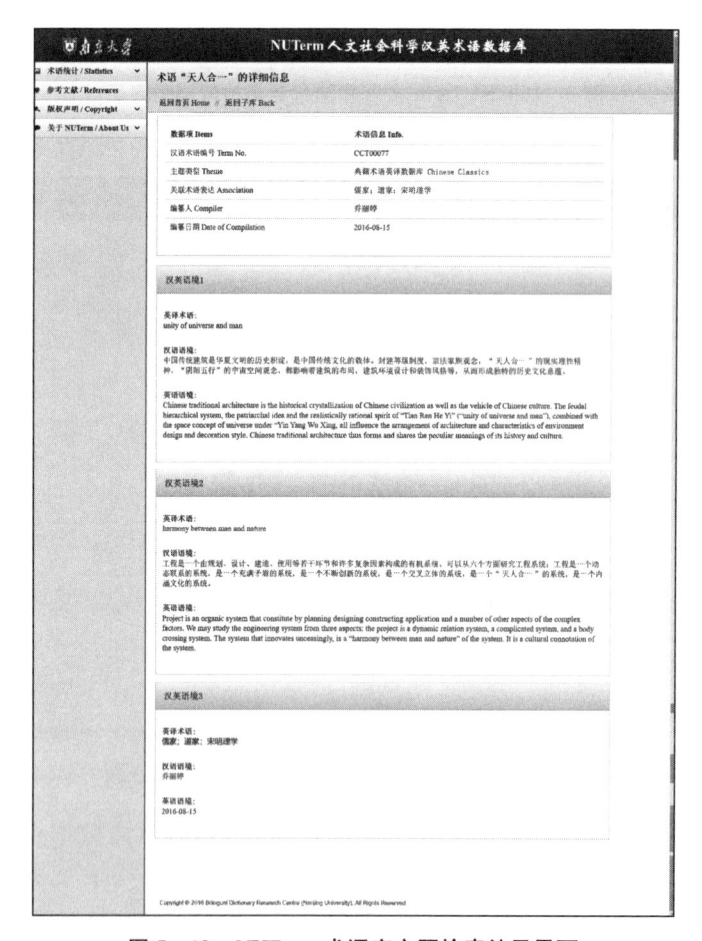

图 5‐19　NUTerm 术语库主题检索结果界面

整体而言,NUTerm 术语库检索平台是对前期编纂平台中相关数据内容以及后续加工数据的系统呈现。与此同时,我们还根据现有术语数据,按学科分别进行了系统的量化分析与研究,并作为研究数据共享于 NUTerm 术语库检索平台(见导航侧栏中的"术语统计"一栏)。这种数据信息与研究信息相整合的模式,是以"基因库"的构建理念为观照所做的初步尝试,并希望以此为基础,面向中国人文社会科学话语"基因库"的构建进行深入探索。

鉴于现阶段面向用户全面开放网络版术语检索平台的客观条件尚不成熟,同时考虑到 NUTerm 术语库构建后多样化应用的现实需求,我们根据术语检索平台的基础功能特征,面向分学科核心术语数据同时开发了单机版"NUTerm 人文社会科学术语检索软件(1.0 版本)"。这一软件程序基于 Microsoft.NET Framework(4.5.2 版本)和 C++ 语言(C sharp)开发。编程环境是在 Windows 10 操作系统(64 位)中借助 Microsoft Visual Studio 2015 搭建的。相应的数据库管理系统采用的是移植性很高的 SQLite Data Provider(Version 1.0.101.0)。独立开发单机版检索软件,其目的不仅在于满足 NUTerm 术语库脱机安装与使用的基本需求,更重要的是,基于这样一个初步搭建的软件开发平台,我们可以在 NUTerm 术语库的深入构建过程中,适时调整数据库结构,自主更新软件功能特征,旨在打造能够反映人文社会科学术语应用复杂性的术语软件。此外,如何在单机版检索软件和网络版检索平台之间建立数据库关联,通过网络平台的单机化实现术语软件中数据的实时更新,这是今后 NUTerm 术语库应用研究中需进一步关注的技术性课题。

6

基于 NUTerm 术语库的人文社会科学核心术语系统及其英译研究概述

6.1 NUTerm 术语库的双重应用研究价值

NUTerm 术语库中的数据记录是基于当前我国人文社会科学领域一级学科设置体系,以术语概念为起点逐步展开形成的,是不断丰富中的学术话语基因采集记录。将术语作为数据构建的线索,究其根本,是因为术语系学术话语系统构建中非常重要的形式与内容双重中介物。不同学科的学术话语形态都有赖于术语系统的底层构建,这同基因作为生命表征的基础是同样的道理。从这个意义上讲,NUTerm 术语库的构建践行的正是前文所阐述的中国人文社会科学学术话语"基因库"的理念。

相比于自然科学而言,在人文社会科学研究领域,术语的话语功能尤为凸显。德国哲学家狄尔泰(Wilhelm Dilthey)曾将人文社会科学称为"精神科学"。他认为,"精神科学的研究对象是人和人所创造的世界,而人是一种有目的、情感、价值和意义等的极为复杂的存在物",并且"人是精神科学分析的起点和终点"(涂纪亮,2007:47-48)。显然,人文社会科学研究具有鲜明的知识人文性和知识地方性。相应地,其话语表征的概念往往具有强大的语义张力与丰富的阐释空间。因此,人文社会科学术语可以成为把握人文社会科学学术话语动态的重要工具。在中国人文社会科学学术话语构建研究中,对 NUTerm 术语库这样一个基于术语系统构建的学术话语资源库,其应用价值究竟如何,值得进一步思考。

中国人文社会科学领域有学术话语构建的现实问题,很大程度上是源于中国人文社会科学领域中的学科发展需求。"一般认为,一门独立学科的形成需要如下几个要素:一是研究的对象或研究的领域,即这门学科具有独特的、不可替代的研究对象,具有特殊的规律。二是理论体系,即形成特有的概念、原理、命题、规律,构成严密的逻辑系统。三是研究方法。"(谭荣波,2002:114)可以看出,这当中每一个要素都与学术话语构建有着紧密的关联。众所周知,我国现代学术以及教育体系中的"学科"概念舶自西方,是西学东渐大潮影响下中国传统知识系统转型与学术话语体系重塑的思想性与制度性双重变革的产物。对于中国人文社会科学领域,这种变革实际上是一个外来学科本土化的探索过程。所谓学科本土化,就是在中西学术话语交汇中通过批评性反思与学术创新重塑相关汉语学科的意义、身份和价值的过程。这需要依托于大量的学术话语实践与构建经验。正如 NUTerm 术语库所采集的 22 个人文社会科学一级学科核心术语数据总体所反映的,当前我国人文社会科学学术话语实践已非常丰富。在此基础上系统开展学术话语构建研究,对于中国人文社会科学领域学科的成熟发展具有十分重要的意义。

其实,从普遍意义上讲,学科的形成本身就离不开学术话语的构建。"任何一门学科在其未成'学'(科)之前,都是不成系统的,杂合着感性认识或部分理性知识,但一旦成为'学'(科),就成为一个由不同的知识单元和理论模块组成的具有内在逻辑关系的知识系统。"(王国席,2007:73)这里所说的"不成系统"的知识正是以学术话语的形态存在的。从结构主义的视角来看,学术话语可以理解为一种知识性言语。一方面,学术话语的表层结构具有类似于言语的无序性与语境依赖性。人文社会科学领域中的学术话语作为经主体介入的思维产物,很容易受到学术环境与个人意志的影响,自然会有差异化的表征样态。另一方面,学术话语的底层结构具有知识聚类性。这是学术话语同日常普通言语的本质区别。如果说日常普通言语是对现象世界的自然反映、描述或者说是现象本身,学术话语则是透过现象探究其背后理性脉络的知识表达。不同的现象也意味着会有不同主题聚类的知识存在。也就是说,在看似"无序"的学术话语表征之下,还隐含着一定的知识关联性,即所谓"有序异质性"存在。这也正是学术话语之所以可能构建成为"具有内在逻辑关系的知识系统",进而促进学科产生的前提。而从后结构主义的视角来看,学术话语构建是社会与文化时空之中进行知识生产、消费与再生产的活动,可以说是一种具有实践性和过程性的知识社会行为。从这个意义上讲,学术话语除用以表征学科知识之外,同时还参与知识的构建,推动学科知识系统以及学科理念的更新发展。

清楚认识学术话语与学科发展的本质关联,有助于明确中国学术话语构建的方向,服务于相关汉语学科的自主发展。如果说学科之名是学术话语"去语境化"之后的结果,学科的长远发展则还有赖于学术话语深入构建中的"再语境化"。所谓"去语境化",就是透过学术话语的表层结构,就其典型知识语境进行抽象和归纳,发掘出研究对象、理论体系、研究方法等学科要素,并以此形成学科类型标签。这样一来,"学科构成了话语产生的一个控制系统,它通过统一性来设置边界"(华勒斯坦等,1997:35)。这样一个受控的学术研究语境格局也为典型话语的范式效应以及学术话语的规范化奠定了基础。但是,这一"控制系统"

并非封闭的体系,其设置的边界也并非一成不变。在学术话语这一实践性与过程性活动中,基于相对非典型的知识语境,往往能从系统边缘或边界之外的视角为反思与重构学术研究的语境格局带来独特的启示。这种"再语境化"的话语构建视角能够为学科视阈的拓展带来新的可能性。相对于"去语境化"的抽象与归纳,学科"再语境化"是一种话语批评与反思,以此形成对学术话语既有范式乃至相关学科成立之本质的再思考。在中国人文社会科学学科本土化变革过程中,面对西方学科体制这一处于中心位置的"控制系统",所谓的"中国话语"往往沦为边缘话语群落的标签。在这种情况下,从"学科"到"话语"的描述路径,连同从"话语"到"学科"的反思路径,对于现阶段中国人文社会科学学术话语构建研究与学科发展来说,显然都必不可少。而这种双重路径的研究非常需要借助学术话语资源平台有序开展。

如前文所述,作为中国人文社会科学学术话语"基因库"的雏形,NUTerm术语库的主体信息是按照当前22个一级学科设置体系,对相关学科术语跨语应用实践进行数据集成和整理加工的结果。该术语库的两大主要特色在于学科术语收录的整体系统性以及术语数据的动态开放性。前者强调的是所收录中文核心术语经学科专家审读的系统均衡性,而后者凸显的是所搜集的英文对译结果为具体跨语使用记录的过程真实性。也就是说,这些术语数据不仅能够反映现有汉语学术话语内部的基本样态,同时能够反映当下我国学术话语对外传播的实践常态。后者的跨语视角同时又能为反观汉语学术话语内部的相关问题及其对策带来新的启示。总之,NUTerm术语库是用以开展中国人文社会科学学术话语描述性研究与反思性研究的资源平台。下面就目前开展的两方面初步研究,即"分学科术语系统及其英译研究"和"话语类型特征比较研究"做扼要概述。

6.2 分学科术语系统及其英译研究

基于NUTerm术语库的核心数据,我们对人文社会科学22个学科术语初步进行了分学科系统描述,对各分支学科话语底层术语系统特点与英译现状及主要问题进行基本分析与探讨,形成了分学科术语系统及其英译的研究报告。这些分学科术语系统及其英译现状的描述使我们对中国人文社会科学学术话语"基因"的表达,即学术话语的基本样态有了较为全面细致的了解,有助于为相关学科领域的学术话语体系建设以及对外话语传播工作明确努力的方向。

在充分考虑学术话语基因库的构建旨趣以及NUTerm术语库自身的特点之后,我们将22个分学科研究报告的内容设计为以下四个方面:(1)汉语术语系统构建的学科史背景概述;(2)汉语术语系统的构成类型及特点;(3)汉语术语系统英译的方法特点;(4)汉语术语系统英译的形式特征与经济律。这四部分内容环环相扣,能够在术语实践向度上系统反映中国人文社会科学领域各学科学术话语实践的过程性。下文将就报告各部分所包含的核心内容及其逻辑关联做概要阐述。

6.2.1 汉语术语系统构建的学科史背景概述

"术语和文化如影之随形,须臾不离。"(周有光,1992:62)学科核心术语与学术文化的密切关系亦复如是。较之于生物基因,术语作为学术话语基因,同样具有构成与演化的形态兼功能复杂性。其中最为显著的当属术语作为学术文化生命体基因的"记忆基质"这一基础功能。所谓"记忆基质",即"一切有机事变的易变性中的保存原则"(卡西尔,2013:85)。具体而言,"作用于有机体的每一刺激都在有机体上留下了一个'印迹'","并且有机体一切未来的反应都依赖于这些印迹的系列"(同上)。NUTerm 术语库现阶段收录的核心术语数据可以说是构成了一个不断壮大的中国人文社会科学"记忆基质"库。就目前而言,借助这些"记忆基质"虽尚不足以全面而细致地探微中国人文社会科学学术生命体的生发机理与知识性状,但足以追寻学科史中的"印迹",大致反映出各学科历时发展的整体特征,从而有助于深入认识相关汉语学科本土化发展历程中逐步形成的特殊现代性。

"学科"本质上可以看作一种特定于历史时空的形式(章清,2007:107;杨匡汉,2012:25)。中国人文社会科学研究所处的历史时空有其自身的特殊性,故而也有其独特的记忆储存和发展前景。在很大程度上,"中国现代学科的建立,乃涉及全方位文化迁徙的现象,并且与'西学'传播的各个阶段密切相关"(章清,2007:110)。这种知识迁徙现象往往以丰富的话语实践为表象,以译介活动为枢纽,其实质是在本土学术传统、现实情境和西学体系三者共同博弈之下形成的知识再生产活动。NUTerm 术语库正是基于这样的学科史研究背景构建的。基于目前入库的汉语术语系统的整体分布特征,揭示这些"记忆基质"背后的"中国印迹",以"知其变迁、发展之由",是本研究中各分学科研究报告需交代的必要前提。

6.2.2 汉语术语系统的构成类型及特点

在中国学术文化谱系化发展过程中,知识生产及认知方式的流变有其相应的话语纹理。汉语学科术语作为中国学术思想文化基因,其物理图谱的多样性、遗传和转录路径的复杂性不言自明。这也就不难理解辜正坤先生在谈论外来术语翻译与中国学术问题时,着重强调汉语学术术语的整理对于中国学术建设的深刻意义,"为了学术研究本身的精密性和准确性,我们的首要的工作就是对所有的学术术语(尤其是经过翻译而来的术语)进行甄别、校正,否则,根本就谈不到在学术和理论建设上有什么贡献"辜正坤(1998:52)。实际上,汉语学科术语的系统复杂性在 NUTerm 术语库分学科汉语术语数据中已有初步显现。因此,基于各学科的学科史特点,就 NUTerm 术语库各学科汉语术语数据做微观层面的系统性分析非常必要。

术语系统复杂性的显性表征在于不同类型术语的语言特点。国际著名术语学家格里尼奥夫(2011:65-72)曾根据术语的形式、语义、历史和使用四个不同参数,从概念和符号层面建构了较为成熟的术语类型体系,为该部分的数据分析提供了可靠的理论参照。具体而言,各报告在梳理相关学科的学科史之后,基于 NUTerm 术语库现阶段收录的汉语术语数据,首先针对具有不同"记忆基质"亦即不同概念来源特征的术语,就其分布特征进行大体描述[①]。与此同时,对 NUTerm 术语库中现有的汉语术语系统进行分词[②],并统计单词型术语和词组型术语的构成比率。这些不同长度类型其实正是学术话语底层的符号形态,其所表征的差异性概念特征也值得深入分析。

该部分面向汉语学科术语系统的分析报告旨在揭示汉语学术话语"基因"——学科术语的存在方式,亦即其物质性和信息性的具体表征形式,可以看作进行学术话语基因"物理图谱"分析的初步尝试。这同时能够为进一步开展各学科术语的英译实践研究奠定基础。

6.2.3 汉语术语系统英译的方法特点

"术语翻译与中国学术研究具有极密切的关系,一名之立,可谓影响深远,绝不容小视。"(辜正坤,1998:45)实际上,对于中国学术文化的谱系化发展而言,这里的"术语翻译"不仅仅包含周有光(1992)和辜正坤(1998)此前重点探讨的术语汉译现象。与中国学术发展的当下情境更为紧密相关的是以英译为主的汉语学科术语外译问题。相比于中国学术发展史中术语汉译行为凸显的精英化和阶段性特征,中国当代学科术语的英译现象具有鲜明的大众化和传播性特征。相应地,这也对中国学术话语的构建维度提出了新的要求。在这一情况下,术语作为学术话语"基因"不仅仅是"记忆基质",同时还扮演着"传播基质"的角色。对此,NUTerm 术语库的双语术语数据提供了一个很好的应用研究资源。

---

① 学科术语的历史和语义溯源及判定需要非常精深的学科专业知识和翔实的考据过程,需后续课题进行专门研究。这里我们暂不就各学科汉语术语系统的历史构成做全面的量化分析与统计,仅结合 NUTerm 术语库现阶段收录的部分数据,举例说明各学科相关类别汉语术语及其主要特征,目的在于勾勒各学科汉语术语系统结构的整体特征,并为下文针对相应类别术语的英译研究奠定基础。

② 各学科汉语术语系统的分词工作采用机器分词和人工审校的复合模式。

对中国当代学科术语英译现状进行系统全面的描述与学理反思,离不开对外来术语汉译历史实践和相关理论的参照与总结。佛经翻译时期的"音译选词"、明清科技翻译实践中的"意译造词"、新文化运动期间的"直译—意译"之辩等,足以说明术语翻译实践任务之艰巨。究其本质,这同汉语学科术语作为一种地方性和知识性语言类型所具备的独特术语属性紧密相关。在一定程度上,汉语术语可以看作集音、形、义、用于一体的学术话语符号,具有语符、概念与语境三个层面上的多重复杂性。这对于思考用以描述中国当代学科术语英译实践的方法范畴有重要启示意义。本书中,我们在充分考虑汉语学科术语特殊性的基础之上,将针对术语英译实践的描写方法初步确定为"音译""直译""意译"和"释译"这四个范畴。其中,"音译""直译"和"意译"的方法分别将汉语术语的"语音义""语符义"(或字面义)和"概念义"(或学术义)作为优先传递的意义单元。在此,"释译"可以看作"意译"的一种类型,用以指代借助短语阐释等非术语化方式实现概念义跨语传递的英译方法。

在某种程度上,中国当代术语英译现象可以看作继西学东渐这一大规模知识迁徙之后的又一次迁徙,其复杂程度可想而知。这一点,可以通过在各学科语境中上述四大英译方法范畴复杂的使用情境体现出来。该部分报告基于NUTerm术语库所采集的真实双语数据,尝试对上述四大翻译方法范畴出现的频率及其具体使用情境做系统性描写和相应的描述性评价,这或许能够为中国当代学术话语的规范化构建,乃至日后中国学术话语基因"转录图谱"的研究提供有益的重要参考。

6.2.4　汉语术语系统英译的形式特征与经济律

基于汉语学科术语系统开展的英译实践实际上是借助术语的"传播基质"属性,产生汉语学术话语跨语"镜像"的过程。这一话语"镜像"的形态直接影响汉语学术话语的传播效果,自然也是中国学术话语构建中的重要内容。当然,不同翻译方法的介入会在不同程度上改变学术话语的基础形态。如果辅以系统性的计量尺度,这种跨语传播情境下学术话语形态的变化更易于观察。针对学科英译术语系统展开的统计、分析与计算有助于预测中国当代学术话语对外传播的实际有效性与发展走向,能够为学术话语构建实践提供动态的话语监测服务。鉴于此,在系统描写NUTerm术语库汉语学科术语英译方法的基础之上,还需要进一步勘察英译学科术语系统的形式特征,从而描述由英译方法的综合应用对学术话语基础形态带来的直接影响。其中涉及的形式参数主要包括英译术语系统中术语的长度分布及其平均值、用以构成英译术语的单词总数及其平均构词频率。

上述形式参数有其各自独立的指示内容和参考价值。与此同时,它们彼此关联,共同形成用以检测和评价术语系统合理性的量化参考系,即术语的系统经济律。"术语系统经济指数"的概念及相应计算公式由中国学者冯志伟先生提出(2011:366 - 377),可以说是在以理论思辨为主的传统术语学研究基础之上的一个重要突破,大大推动了术语学的应用实践。具体而言,就一个具有固定术语数量的术语系统而言,其经济指数(也称作经济率)是术语总数同自由词素[①]总数的比值,同时也是自由词素的平均构词频率同术语平均长度的比值。作为一个系统性评价指数,术语系统经济指数的临界值为 1。自由词素的有效应用频率越高,术语形式越简明,其经济指数也就越高。需要说明的是,经济指数是一个基于术语系统形式特征的动态指标。随着术语数量的增多以及不同术语形式类型的叠加,术语系统的经济指数也会发生变化。

在本书中,我们在对 NUTerm 术语库各学科英译术语的形式特征进行系统统计之后,尝试将术语系统经济律理论应用于跨语研究情境,分别就汉英术语系统各自的经济律特征进行系统分析与比较,提出汉英术语系统"经济指数差"的设想。单语情境下术语系统的经济指数是用以衡量术语系统体系化发展程度的重要指标,而在双语情境下,术语系统的"经济指数差"则可作为评价与反思术语系统英译实践的参照。其中,翻译方法的个案选取以及系统应用都可能会对"经济指数差"产生直接影响。这或许有助于进一步反思学科术语英译方法的系统合理性及其可能带来的话语效应问题。

6.3 学术话语类型特征比较研究

以上是在现有中国学科设置体系下,基于 NUTerm 术语库中的学术话语"基因"及其表达,尝试呈现中国人文社会科学领域中各学科术语系统及其英译的整体情况。与此同时,通过这些双语术语数据,我们对各汉语学科语境中学术话语由内部系统构建到对外跨语传播的实践过程能够形成初步的认识。我们不妨将这种系统性的术语及其英译研究看作一种针对学科话语的描述性研究,这为厘定中国人文社会科学的特殊复杂性奠定了重要基础。

所谓中国人文社会科学的特殊复杂性,主要是就汉语学科本土化过程中所形成的特殊学术话语类型而言。事实上,就普遍意义来说,人文社会科学学术话语本身就具有一定的类型复杂性。如果深入人文社会科学学术话语群落内部就会发现,人文科学与社会科学在具体研究对象方面存在一定程度的异质性。这种差异对其各自的话语形态演化以及研究方法选择都有所影响。"人文学科是

[①] 就汉语术语系统而言,自由词素是指汉语术语构成中用以表征最小相关意义单元的单字或词汇;就英译术语系统而言,自由词素是指英文单词。

关于人和人的特殊性的学科群,主要研究人本身或个体精神直接相关的信仰、情感、心态、理想、道德、审美、意义、价值等的各门科学的总称。"(李醒民,2012:8)至于人文学科的学术话语特点,"人文学科基本上使用日常语言,常常以情感性、体悟性、意会性的语句表达思想或体验,抒发内心世界的感悟,具有模糊性、隐喻性、多义性、歧义性"(同上:18)。相比之下,社会科学研究所面对的研究对象是社会客体。"社会客体包括社会的内在本质、规律、机制、运行、结构以及关于社会的组织、制度、管理和调控等问题,它具有刚态性、整体性、经验性和规范性等客观特征……它们一般应该具有不同于日常生活语言的语义确切性、语词的单一性和语言的国际性,公理化、形式化、定量化应该是它追求的基本目标。"(同上:19)由此可见,人文社会科学学科群内部的类型差异有着较为显见的"基因"表达特征。术语是学术话语"基因"表达的载体,相关的术语研究对于认识人文社会科学话语的类型特征也有重要的方法论意义。而在中国人文社会科学领域,普遍意义上学术话语"基因"表达的类型差异性又会遭遇新的历史复杂情境,从而进一步形成特殊的本土学术话语类型。明晰这一特殊复杂性究竟如何的问题,对于中国人文社会科学学术话语构建研究来说非常关键。对此,我们可以借助上述分学科术语系统及其英译数据,借助横向比较的方法进一步分析,以期通过对中国人文社会科学学术话语类型特征的考察,推进对相关汉语学科学术文化身份与价值的再思考。

一般而言,话语比较研究需要大量的原始数据为依托。对于本研究来说,面向中国学术话语的类型特征研究,不仅需要大量的汉语术语数据,相应的英译术语数据同样不可或缺。鉴于 NUTerm 术语库是一个双语动态话语资源库,目前收录的英译数据如前文所述尚以真实性为主,同对应的汉语术语数据相比,部分学科的英译数据在系统性与均衡性方面有待在未来的二期工程中进一步完善。综合考虑现阶段术语数据的局限性和比较研究的有效性,我们在该部分研究中采取了个案比较法,即尝试筛选出具有一定话语类型代表性的汉语学科,就其中的系统数据进行比较研究,以此初步探究中国人文社会科学学术话语特殊的内部类型差异特征。

关于如何判断现有汉语学科数据的话语类型代表性,我们初步拟定了两个筛选步骤。首先,我们仔细参阅比较了上述 22 个中国人文社会科学学科的学科史发展背景,根据西学东渐对中国人文社会科学学科发展的整体影响,初步总结出三大类汉语学科。其中,对于以历史学、民族学、艺术学、宗教学等为代表的汉语学科,本土丰富的现象素材与经验材料是学科形成过程中非常关键的基础资源;而以环境科学、统计学、心理学、新闻传播学等为代表的汉语学科,在很大程度上是西学横向移植的产物。此外,以教育学、文学、语言学、政治学等为代表的汉语学科在形成过程之中,除了在不同程度上受到西学理念的影响,同时也保留了部分本土相关知识资源。不同学科史走向对相关汉语学科的学术话语样态有决定性影响。也就是说，可以分别从以上三类学科群中选取可供比较的汉语学科个案。随后，我们对NUTerm术语库各学科的双语术语数据量进行了统计，参照上述汉语学科群类别，从中选出数据量较为充足且数据规模彼此相当的学科，最终将比较研究对象确定为艺术学、心理学和教育学这三个有类型代表性的汉语学科①。就NUTerm术语库现阶段数据收录的情况来看，基于这三个汉语学科个案尝试探讨中国人文社会科学学术话语特征的类型差异不失为一个较为合理且可行的途径。

我们从比较这三个学科的汉语术语系统出发，尝试总结相应的话语类型特征。直观来看，以上学科个案在术语系统形式方面表现出一定的差异性。这一点，可以直接通过比较单词型汉语术语和词组型汉语术语的构成比例(图6-1)呈现出来。

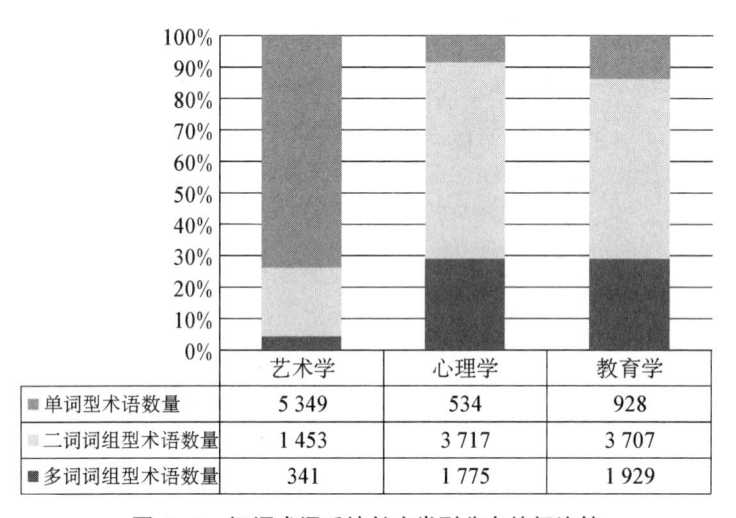

	艺术学	心理学	教育学
■单词型术语数量	5 349	534	928
■二词词组型术语数量	1 453	3 717	3 707
■多词词组型术语数量	341	1 775	1 929

图6-1 汉语术语系统长度类型分布特征比较

通过比较可以发现，在这三个学科当中，艺术学中的单词型汉语术语所占比例最大，其次为教育学。其中，单词型术语的数量优势在艺术学汉语术语系统内部也是非常明显的。这种情况下，艺术学汉语术语的平均长度值自然也是最小的(图6-2)。这种长度分布特征最终还会影响到整个汉语术语系统的经济指数。如图6-3所示，心理学术语系统的经济指数最高，且较为理想，而艺术学的经济指数还不足临界值1。

---

① 三者的双语术语数据记录总量分别为7 143条、6 026条、6 564条。

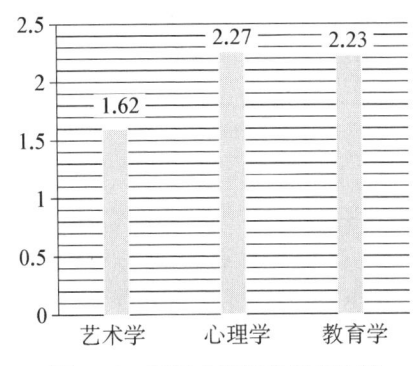

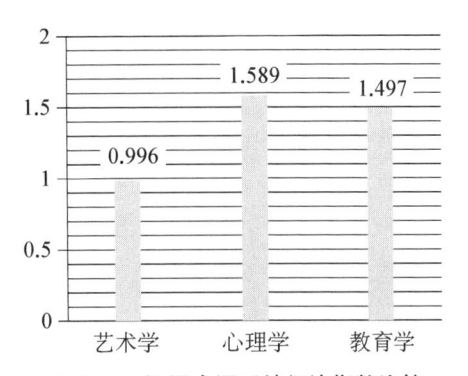

图 6-2　汉语术语平均长度比较　　　图 6-3　汉语术语系统经济指数比较

术语系统经济指数直接反映的是其术语化程度的高低。而术语化程度也是学术话语稳定与否的一个重要标志。从这个意义上讲,术语系统的经济指数能够直观体现学术话语系统的形式特征。

所谓的术语系统经济指数其实是对自由词素的数量情况及其术语构成有效性的综合说明。从术语学的角度来看,这里的术语词素作为自足的语符单元与概念单元,其形式分布动态其实同术语概念的形成有紧密的关联。借助这一线索,我们可深入术语系统的概念层面,试比较分析以上三个代表性术语系统的知识来源构成,以进一步认识相关话语系统的知识类型特征。比较结果表明,艺术学术语概念系统中的本土知识类型最为丰富,在涉及的 16 种艺术门类中,除话剧、摄影、电影、电视这四个门类以西方概念的植入为主外,中国传统术语概念在其他门类中均占有一定的分量(详见艺术学研究报告)。其中,书法、曲艺、杂技作为中国特有艺术门类,几乎全部由中国传统术语概念构成。而对于中西话语交汇的门类如绘画、音乐等,中国传统术语概念也占据主体。例如,我们在文中以绘画这一艺术门类为例做了具体统计,发现该术语子系统中,75.57% 均为中国传统术语概念。而相比之下,中国传统术语数量在心理学和教育学中较为有限,教育学中有 1 379 条,占术语总量的 21%,而心理学中相关术语则不足 20 条。

中国传统术语往往言简意赅,构成术语的不同词素之间往往需要互为依照,才能构成完整的概念语境,因此也常常不能作为自由词素使用。相应地,传统术语的长度值一般会比较小,重复出现的词素也比较少见,自然不利于术语系统经济指数的提升。这同上述形式统计的结果基本一致。也就是说,我们实际上可以根据术语系统的形式分析大致预测相应的知识构成类型。这一从语符到概念的术语研究方法同样适用于其他学科的话语比较研究。

但是,对于话语特征研究来说,术语形式的比较分析也有其自身的局限性。

例如,从术语形式的分布情况看,心理学和教育学的话语特征较为一致。但实际上,根据前述的学科史分析,这两个汉语学科知识体系的发展路径并不相同,也就是说,二者话语系统的知识类型特征很可能也会存在差异。为此,进一步对这两个汉语学科的术语概念类型做更为细致的统计和比较就很有必要。据统计,心理学中,除极少量本土术语之外,其他均为汉译的西方术语。而在教育学的6 564条汉语术语中,除上文提及的本土传统术语和3 509条(53.5%)左右的汉译西方教育学术语之外,还有1 676条(25.5%)现代新创汉语教育学术语。这些新创术语通常是通过自由词素组合的方式形成的词组型术语,在形式特征上同汉译的西方术语并无显著差别,却代表另一种不同知识性状的话语类型。

以上借助语符和概念层面展开的术语比较分析,有助于从话语的表达形式和知识内容两个方面认识相关学科话语的系统性类型特征。具体而言,中国传统艺术学话语的活跃度较高,在形式和内容上均具有鲜明的文化特殊性。相比之下,汉语教育学和汉语心理学的学术话语则在不同程度上依赖外来术语翻译的植入性补充,具有不同程度的杂糅性特征。其中,心理学话语类型更为单一,本土话语原创性较差,话语西化程度也最高。而教育学话语在吸收中西话语资源的情况下,结合中国本土情境生发出创新型的话语变体,具有更为丰富的知识类型,其话语杂糅性的特点也因此更为突出。

上述术语比较路径从汉语术语系统构成特殊性及其与外来术语汉译的关系入手,旨在对学术话语的系统性特征进行类型分析。对于中国学术话语构建尤其是当代话语实践来说,除了系统性之外,学术话语的传播性是中国人文社会科学学术话语特殊复杂性的另一个重要方面。特别是借助跨语的维度,我们会对中国学术话语的类型特征有进一步的认识。

通过图6-4可以明显看出,以上三个代表性学科的术语系统在英译方法的应用方面也存在相应差异。而不同英译方法的系统应用往往与话语的传播过程直接相关,进而会在一定程度上影响到各相关学科话语传播的效果。

就使用频率而言,直译法在这三个学科中均占有相当大的比重,在心理学和教育学中尤为明显。直译法的广泛应用很大程度上是由术语的属性决定的。但也正是由于术语的特殊属性,与文本翻译中的直译现象相比,术语直译往往会涉及更为复杂的情况。例如,在艺术学术语的直译案例中,就有"直译音译结合""直译加注""直译音译结合并加注"等多种具体情况。关于这一翻译方法范畴的应用复杂性,在教育学术语英译实践中也有较为明显的体现(详见教育学分学科研究报告)。而相对来讲,心理学术语直译的应用情境则较为单一,以词素对译的回译现象居多。

与此同时,如果我们反观其他类型译法的使用频次,就会发现,这种英译方

第一部分 总 论

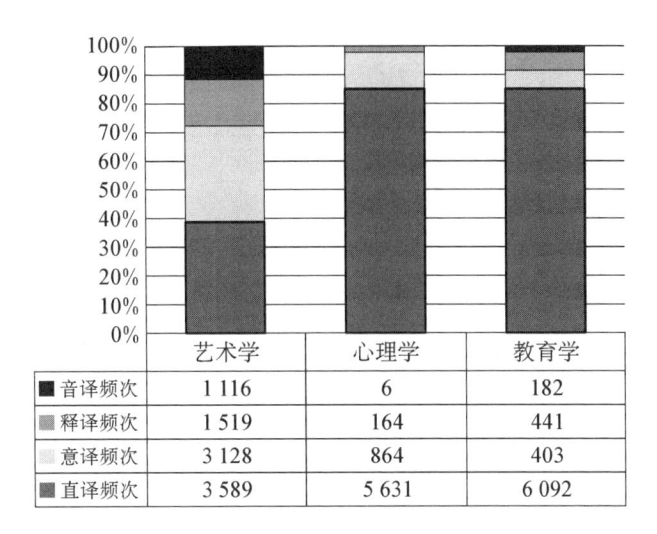

	艺术学	心理学	教育学
■音译频次	1 116	6	182
▨释译频次	1 519	164	441
□意译频次	3 128	864	403
▨直译频次	3 589	5 631	6 092

图 6-4　术语英译方法类型分布特征比较

法系统应用的类型差异性与各术语系统中的知识来源类型及其分布特征密切相关,反映的正是话语传播过程的差异性。具体而言,艺术学术语英译方法的应用情况较为均衡,除直译、意译这一对典型的方法范畴之外,释译和音译也有相当可观的使用频次;在教育学术语英译系统中,直译之外的其他译法就应用频次而言也呈现出显著的层级特征。就这种基于译法类型的比较结果来看,释译和音译作为规范化术语翻译中非典型的翻译方法,之所以会在艺术学和教育学术语翻译实践中呈现出一定的应用价值,很大程度上源于这两个汉语学科中传统术语的多途径跨语传播需求。

　　正是在不同翻译方法的综合应用中,英语语境下的汉语学术话语"镜像"得以形成。之所以称之为"镜像",是因为其中可能存在话语形态的变化,亦即学术话语传播中的过程性衍异。关于这一点,汉英术语平均长度的变化就是最为直接的印证(见图 6-5)。其中,艺术学和教育学术语长度的增幅非常明显,分别为 41.65% 和 39.32%,而心理学术语长度的变化却非常微弱。某种意义上,英译方法的分布特征同术语长度的变化幅度是对话语传播实践活跃程度的一个侧面说明。这就会进一步促进形成不同类型的话语传播样态,最终可以通过各学科术语系统经济指数不同程度的变化呈现出来(图 6-6)。这种由传播过程到传播结果的术语系统英译研究路径对于其他学科的话语比较研究同样具有一定借鉴意义。

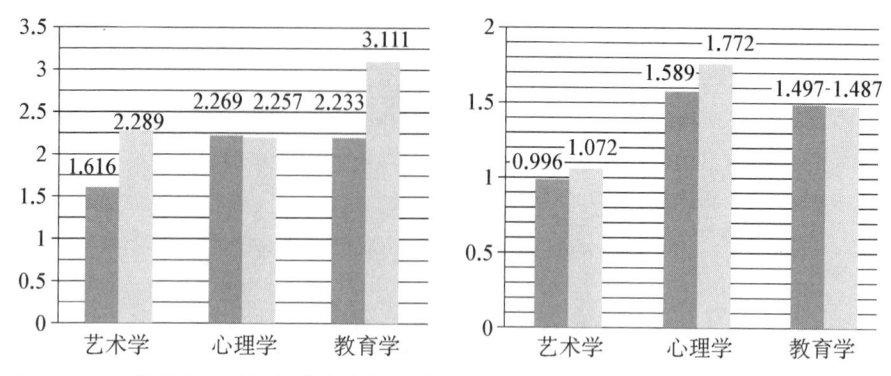

图 6-5　汉英术语系统平均长度变化比较　　图 6-6　汉英术语系统"经济指数差"比较

如上,根据图 6-6 呈现的各学科术语系统经济指数的变化趋势及其幅度,不难看出,现阶段艺术学、心理学和教育学这三个汉语学科的话语传播样态已经存在较为显著的类型差异。其中,在艺术学话语跨语传播过程中,其术语系统经济指数有微弱提升。这其实也是对传播效果的一个积极反映。但是总体来看,艺术学英译术语系统的经济指数仍处于较低水平。对于存在大量文化特殊性概念的艺术学话语来说,这也是话语传播活跃期中的正常样态。而心理学话语的传播在很大程度上可以看作面向西方话语的还原过程,其传播趋向受到回译原则的良性制约。因此,正如其正向显著的经济指数差所反映的那样,英译心理学话语的底层样态具有较高的系统性与稳定性。至于教育学,微小的经济指数差说明跨语中的教育学话语延续了杂糅的特点,但其传播的过程性与有效性究竟如何,还另需借助个案或术语子系统的历时研究做详细追踪和探讨。

以上对不同"基因"类型学科物理图谱数据的比较均是围绕双语术语系统展开的。具体而言,这是一个基于中国人文社会科学学术话语实践的过程特征,循序探究相关话语系统类型特征与传播类型特征的术语路径。某种程度上,以上基于艺术学、心理学和教育学这三个代表性汉语学科个案得出的研究结果,也是对现阶段中国人文社会科学学术话语整体类型特征的大致反映。

从当前学术研究的整体气候来看,相对于西方主流学术共同体,中国学术传统很大程度上代表的是一种"非典型"话语。这种所谓的"非典型"实际上是一个主体驾驭的认知标签,一个由学科"控制系统"运作的产物。在中国人文社会科学的发展过程中,若一味地按照普遍意义上的学科类型框架"规范"中国本土学术话语,实则同人文社会科学的精神本质背道而驰。某种程度上,我们之所以会有意识地将中国人文社会科学的发展同话语构建联系在一起,就是需要直面这种以西方学术话语建构为参照系的"非典型性",以"描述"的方法回归中国本土真实话语实践语境,以反思本土汉语学科的学术文化身份与知识价值。这或许就是本研究从中国学科史出发,基于双语术语数据筛选学科个案的初衷所在。而从本研究的初步成果来看,从术语系统这个学术话语"基因"中介物去逆向考察学术话语类型特征,不失为一个可行的描述性与建构性路径。随着 NUTerm 术语库双语术语数据日益丰富,在个案比较研究的基础上,系统性的比较研究还将进一步深化和拓展。

7 结　语

近年来,面向话语权建设的中国学术话语体系构建问题备受热议。一方面,该问题得到了国家领导层面的高度重视,成为文化软实力建设的战略目标之一。另一方面,该问题作为中国学界,尤其是人文社会科学领域学者由来已久的集体话语焦虑,已历经半个多世纪的"坐而论道",基本达成了理论和思想共识。而当下学界所面临的首要任务则是如何"起而行之",中国学术话语体系构建的具体实践方法亟待探索。

NUTerm 术语库构建研究的项目组成员与多方协作团队历经 6 年、800 余人次的不懈努力,初步构建了首个中国人文社会科学双语动态术语数据库,并已正式申请计算机软件著作权保护。这实质上是对中国人文社会科学学术话语"基因库"的初步构建。该术语库的建设基于国际术语库建设的通用标准与规范,借助计算机大规模数据挖掘技术,辅以大量专业人工的筛选与审校,先后形成了 8 个结构独立、功能关联且字段信息不断丰富的数据表单,亦即 NUTerm 术语库的动态数据体系,其中包括"关键词总表""汉语术语表""汉语专名表""术语翻译表""系统计量表""译法统计表""汉英基础语料表"和"汉英核心术语编纂表(含术语概念应用的汉英双语语境等信息)",累计数据记录总量为 999 823 条。与此同时,本项目研究还基于 NUTerm 术语库构建的实践探索,对中国当代人文社会科学学术话语体系基础构建的相关问题进行了初步分析与思考,尝试提出了面向中国学术话语体系基础构建实践的术语路径与研究方法,供学界同仁一起探讨。从构建中国学术话语体系并建设中国学术话语权的重大文化战略目标来看,本项目研究的工作只是迈出了中国学术话语体系基础构建的第一步。但这一学术话语体系构建的实践路径探索非常具有建设性意义,因为它是我们回应中国学术话语体系构建这一重大时代命题的实际行动。

当然,由于该课题任务的艰巨性与长期性,加之项目组成员在理论水平和实践能力(包括技术和人力)诸多方面的现实局限性,以及课题完成周期的客观要求,现有成果仍有待后续研究的不断延伸和拓展,中国学术话语体系以及中国学术话语权建设确实任重而道远。本项目研究将基于所开展的理论与实践探索,对今后的相关研究略作以下展望。具体而言,我们希望 NUTerm 术语库的构建研究能够进一步完善,尤其是在学科术语代表性基础上的数据的动态更新以及持续优化,定期维护并按照实际的应用需求展开智慧数据的优化工作,使之更具应用价值,为学术话语体系的实际构建以及跨语知识服务提供优质的数据资源。在此基础上,本项目研究拟对基于术语库的中国学术话语体系构建研究提出一些建设性方案。

学术话语权的建设是一项长期而复杂的系统性工程,这项工作涉及"学科体系、学术体系、话语体系"的综合建设。而学术话语体系的生成则主要依赖于学科概念、命题与理论的有效表述。术语作为表征学科概念的语言符号、学术话语及思想的基因,其系统建构的完善与否直接影响学术话语体系建设的基础或根本。当下,中国学术话语体系基础构建的主要任务在于对现有人文社会科学学科术语进行全面系统的检视与重塑,使其在符合学术规范的前提下,更具中国话语特色和优势。从实践层面来看,中国学术话语体系的基础构建,当务之急是解决学科术语系统优化的根本问题。

总体而言,中国学术话语体系的基础构建,即学术话语"基因库"初步建成之后,应积极开展基于术语库的应用型研究,尤其应重视系统方法、多重路径和动态评价这三方面。现阶段的初步研究发现,中国学术话语体系基础构建存在如下实践问题:(1)如何加强外源学科术语汉译的系统兼容。"马克思主义、宗教学、民族学、外国文学、管理学、经济学、政治学、法学、社会学、心理学、新闻学与传播学、图书馆学、情报与文献学、体育学、环境科学和人文地理"这些外源学科,其术语系统的创建与发展大多依赖西方术语体系的持续汉译移植。对此,我们在理性吸收西方术语符号及其所负载知识的同时,应重点解决外来术语汉译的系统兼容问题,其中术语汉译规范是重中之重。(2)如何促进本土学科术语英译的系统传播。"中国文学、历史学、哲学"这些传统学科,其术语系统中本土传统术语占有较大比例,中国特色鲜明。它们承载了中华学术思想与文化的重要知识内容,应重点思考其现代转型并跨语传播的有效路径与策略。对此,中国古代术语现代转型与跨文化传播的系统定位非常关键。中国学术话语权建设在很大程度上有赖于优秀中华传统学术思想的有效挖掘、整理与传播。(3)如何提升融合型学科术语创译的系统竞争力。"语言学、考古学、艺术学、教育学"这些融合型学科中,中外知识体系相互渗透,其术语系统的构成杂糅并蓄,实际上暗含着学术话语权的竞争性。对此,需探究如何始终保持平等互动,融通古今中外的知识和话语体系,并注重我国原创研究基础上知识再生产的话语符号创新,以新术语的生发与传播凸显中国学术话语权的持续增长值得深究。

中国当代学术话语是近现代以来在西学东渐和改革开放历史大潮的持续影响之下不断演化生成的。伴随着中国近现代学术史的独特发展进程,本土传统文化知识谱系不断被改写,中国学术话语体系的内在理路和表征形态呈现出独特的复杂性。因此,要对中国当代学术话语体系进行基础性重塑和优化,借助术语库的研究,应该注意以下方面:

(1) 注重术语体系构建的系统方法

所谓系统方法,既是术语自身系统属性的必然要求,同时也是话语体系构建的实践需要。借助术语库研究方法,从考察学科术语的语言形式系统特征入手,可以进一步实现术语概念层面的系统性构建。这其中,需要着重解决术语系统构成要素之间的关联性和层级性两方面的问题。在学科术语的跨文化传播实践过程中,这个问题也同样值得重视。这与以往借助少量个案进行理性推演的探讨相比,更能切实解决学科术语体系内以及相关学科术语系统间的系统性优化的实际问题,整体重塑的效果更好。与此同时,学科术语跨文化传播的系统性方法也有助于话语传播有效性的整体提升。

(2) 采取术语系统构建的多重路径

所谓多重路径,即针对中国当代学术话语体系基础构建现状与问题复杂性采取的多样化应对策略。首先,要对外源学科术语的汉译进行系统性优化,以解决外来汉译术语与本土概念知识体系以及语言文化系统的有机兼容。这其中,外来术语汉译的规范化问题非常重要,要避免食洋不化而造成的汉语术语系统污染。其次,要对本土学科传统术语进行系统性的规范化英译,以完善中国特色学术和文化思想跨语传播的话语工具。这其中,注重他者接受的跨文化传播策略非常必要,即在强调本土概念传递的自主性原则基础上,重视他者语言与文化接受的适应性原则,以避免主观单向传播的诸多局限。最后,要对融合型学科术语进行系统性比较和研究,吸纳外来术语所承载的有益知识,重视本土新术语的积极创新,形成中国学术话语权持续建设的话语工具优势。

(3) 坚持术语系统构建的动态评价

学术话语体系的基础构建非一蹴而就,也不可能一劳永逸。得益于大型动态术语库的研究范式,学科术语的在线动态更新得以实现,学术话语体系基础构建的持续性得以保证。具体来说,用户检索人文社会科学各学科术语数据的过程也是动态评价的过程。借助术语库在线应用的互动功能,可动态获取术语应用的实际需求,借助后期专家委员会的审定机制,能够确保已收录术语相关数据的不断完善和新术语的持续补充。在大众网络传播时代,术语库构建与应用的"众筹"机制能够使学术话语基础工具建设保持常态化,不断优化与完善,最终为中国学术话语体系构建服务。

在中西学术研究领域,谈及学术话语体系构建,人们往往以体现人类最高智慧的"哲学"学科话语作为风向标。从哲学学科话语体系构建及其话语权建设的状况通常可以窥见人文社会科学学术话语权之强弱。正如 2010 年李泽厚与刘绪源对谈中曾提出的一个重要学术话语权问题,即"该中国哲学登场了?"他还指出,"海德格尔之后,该是中国哲学登场出手的时候了。我以前讲虽然海德格尔喜欢过老子,但不应拿老子来附会类比,而应由孔子及中国传统来消化海德格尔,现在似乎是时候了?也许还太早了一点?也许,需要的是要编造一套西方哲学的抽象话语,否则就不算'哲学'"(李泽厚,2011:5)。显然,其时他也是不确定的。这一番话,与其说是回答,不如说是一种思考。这或许也可以用来结束本项目研究的初步总结。我们所做的这个探索,应该有助于推动中国学术话语(包括哲学话语)早日在世界性学术场域或舞台登场。但要能够真正获取中国学术话语应有的话语权,确实还要更多的理性思考与实践努力。

第二部分
分学科研究报告

1

汉语人文地理学术语系统及其英译现状分析

1.1 汉语人文地理学术语系统构建的学科史背景概述

人文地理学又称人生地理学,与自然地理学共同构成地理学的两大分支。人文地理学以人地关系理论为基础,旨在探讨各种人文现象的地理分布、扩散和变化,以及人类社会活动的地域结构的形成和发展规律(王辉,2005:113)。根据研究对象的性质和范围不同,人文地理学可分为理论人文地理学、区域人文地理学和部门人文地理学(陈慧琳,2001:4)。

一般认为,真正意义上的人文地理学于15、16世纪在欧洲兴起。地理大发现促使西方地理新思想产生,达尔文《物种起源》的出版以及亚历山大·洪堡、卡尔·李特尔等人对地理学的重要贡献把西方地理学带入了一个新时期。随着社会的发展和人类认识水平的不断提高,人文地理学也不断发展,逐渐形成许多新的分支研究领域(金其铭,1994:8)。农业、工业、交通、政治、军事等领域中的术语开始进入人文地理学,成为后者术语系统的重要组成部分。二次大战以后,计算机的诞生和信息通信手段的发展为传统地理学向现代地理学的转化奠定了技术基础。现代的科学方法论为传统地理学向现代地理学的转化奠定了方法论基础。对人口、资源和环境问题的重视和解决,拓展了传统地理学的研究内容,现代人文地理学出现了社会化、计量方向、应用方向和行为研究倾向(陆林,2004:8)。自二战以来,随着人文地理学研究视阈不断拓展,研究方法不断创新,大量新概念、新模型和新理论被陆续引入,从而引发了一场语言爆炸(linguistic explosion)(Gregory et al,2011:vi),极大地丰富了人文地理学的术语系统。

我国近代人文地理学的创立基本上走的是一条引进之路。20世纪二三十年代,第一批从欧美回国的留学生将西方近代地理学思想和科学研究方法传入国内,培养了一大批地理学人才。近代地理学奠基人竺可桢1921年在东南大学创办地学系。1933年他与学生胡焕庸等翻译了《新地学》,全面介绍了欧美等国的新地理学思想,促进了我国人文地理学研究。此后一些学者开始以新的观点编写人文地理学的著作,如胡焕庸的人口地理学论著,翁文灏和黄国璋等的政治地理学论著,王成祖的人文地理学理论著作等(翟有龙、李传永,2004:33)。相关研究引进了一套西方地理学的术语体系,最终确立了人文地理学在我国的学科地位。中华人民共和国建立后,受苏联影响,人文地理学被完全否定,唯有经济地理学一枝独秀。自改革开放以来,人文地理学得到复兴,至今势头依然强劲(王恩涌等,2000:23)。这一时期的人文地理学发展虽然在改革开放以前经历了一些波折,但是并没有改变其移植西方地理学学术话语的整体特点。

值得注意的是,虽然我国学者注重从欧美借鉴人文地理学研究成果,但是鉴于人文现象具有鲜明的区域特色,学界也比较重视对相关理论的本土化研究。我国现代人文地理奠基人李旭旦就呼吁创建有中国特色的人文地理学,吴传钧(1988)等人提出了学科建设的具体设想。相关工作可以分为如下两类:(1)发掘和整理传统人文地理学思想。例如,刘盛佳(1990)从九州边界的确定、九州的区域研究模式、治山和治水的辩证关系与圈层地带结构模式的朦胧设计四个方面梳理了古籍《禹贡》中的人文地理学思想。(2)结合我国的政治、经济、社会特色提出人文地理学原创观点和理论。例如,针对我国区域经济由纵向运行系统向横向运行系统转变过程中出现的新情况,刘君德(2006)提出了"行政区经济"这一学术新概念。因此,我国学者基于但不囿于西方同行的研究成果,在借鉴相关观点的同时还注意消化和创新,为中国人文地理学学科发展做出了自己的贡献。

从前述对人文地理学发展的简要描述可知,中国人文地理学的知识体系由引自西方的现代人文地理学思想、现代本土人文地理学思想和中国传统人文地理学思想组成。在中国人文地理学术语体系构建过程中,这三方面的知识来源在学术话语体系微观层面上的术语系统中得到了相应体现。本报告下一节将结合术语系统的构成类型及特征来分析汉语人文地理学学术话语体系发展的现状和趋势。

1.2 汉语人文地理学术语系统的构成类型及特点

人文地理学术语是人文地理学专业知识的载体,是人文地理学思想在学术语言中的沉淀,是学科概念词汇化的结果。从这个意义上讲,人文地理学术语系统可以看作该学科知识体系在微观层面上的语言表征。从理论上讲,人文地理学术语系统与其学科体系具有一定的同构性。因此,前述对中国人文地理学学科历史沿革及知识体系形成阶段的描述在一定程度上可为考察汉语人文地理学术语系统的构成类型及特点提供重要参考。

比照中国人文地理学知识体系,中国人文地理学术语系统的构成也可以分为三大类型,即由西方译介而来的人文地理学术语、中国现代人文地理学术语以及中国传统人文地理学术语。其中,第一类人文地理学术语主要由我国学者在译介西方人文地理学思想和理论的过程中引入,已经成为中国人文地理学话语体系不可或缺的组成部分。第二类术语既指在第一类术语本土化过程中衍生出的新术语,也包括针对我国经济、政治、文化等特色概念提出的原创术语。第三类术语主要是指我国学者在发掘和整理我国传统人文地理学思想的过程中从古代文献中借用的术语,也包括由现代学者为指称古代人文地理学相关概念而创造的术语。

前述对术语类型的划分仅仅是基于学科术语系统及其知识体系同构性做出的一种假设或预测,是否完全契合我国现代人文地理学术语系统的构成实际还需要结合 NUTerm 术语库中收录的相关数据进行验证。需要指出的是,NUTerm 术语库是以描写为导向的共时型术语数据库,其人文地理学术语子库现阶段共收录 1 368 条汉语核心术语数据,基本上能够反映出中国现代人文地理学术语系统的构成类型及其分布特征。本研究对这些数据进行了逐一考察,尚未发现一例中国传统人文地理学术语[①]。这表明,我国古代虽然已经产生了人地关系的思想萌芽,但并未形成知识体系和话语体系。"九州""五服"等是从古代文献中流传下来的名词(刘盛佳,1990),它们虽然有着重要的历史价值,但其概念指称功能已退居次位,使用范围非常有限,在现代人文地理学术语系统中处于相对边缘的位置。总体而言,NUTerm 术语库人文地理学术语子库中的数据可大致分为由西方译介而来的人文地理学术语和中国现代人文地理学术语两大类,如表 1-1 所示:

表 1-1　汉语人文地理学术语系统的构成类型举例

汉语人文地理学术语系统构成类型	代表性术语示例
西方人文地理学术语	托拉斯、劳里模型、君主立宪国、磁滞、时空行为模式、工业惯性、城市热岛效应、等费线、不平衡增长理论、三海里宽度原则、种植业地理、专属经济区、最惠国待遇、最近邻点指数、承袭海、地理回归分析、反事实解释法、厚描、敬地情结、矿产储备、满意化行为、内飞地
中国现代人文地理学术语	土楼住宅、农民工、一国两制、自治旗、龙山文化、引洪漫地、商品粮基地、东北边境地区、村镇用地布局

[①] 目前收词规模最大的《人文地理学词典》(宋家泰、金其铭,1990)同样没有收录传统术语。

在汉语人文地理学术语中，绝大部分为汉译外来术语，即从西方引入的人文地理学概念。就内涵而言，这一类术语的跨学科特征非常明显，涉及多个领域，具有西方学术典型的分析性特征。例如，表1-1中例举的"君主立宪国"就属于典型的政治学术语，"工业惯性"与经济相关，"城市热岛效应"涉及城市环境，"种植业地理"则横跨农业学和地理学两个领域。在人文地理学术语子库中，还有少量的现代人文地理学原创术语。它们大多是基于近现代中国社会特有的情况而创造出的新术语，有些表征主体身份（如"农民工"）和政治制度（如"一国两制"），有些与地理位置（如"东北边境地区"）、经济现象（如"商品粮基地"）相关。

这两大类人文地理学术语不仅在内涵上表现出不同的特点，在形式上也存在一些明显的差异。一般来讲，术语被视为概念的语言标签，发挥了为概念命名的重要功能。因此，简明性是术语应该满足的一个基本要求。术语的这个特点表面上看与术语的长度存在一定的关联，从根本上讲是术语词汇化程度的体现。从西方引进的人文地理学术语长度不一，既有单词型术语（如"托拉斯""磁滞""等费线"），也有词组型术语（如"君主立宪国""不平衡增长理论"等），总体都满足了术语命名对简明性的要求。有的四字术语高度凝练，已经成为现代汉语不可或缺的重要词汇（如"矿产储备"）。但是也有部分术语形式较为冗长，还有进一步简化的空间。例如，"贫困的循环""增长的极限""积极的歧视"和"空间的生产"均含有助词"的"，不够简洁，都不是理想的概念符号。比较而言，基于本土现实产生的新创术语虽然在形式上有长短之分，但是词汇化程度较高，较为简明。例如，"农民工"和"自治旗"均属单词型术语，"商品粮基地"和"东北边境地区"则属词组型术语，但是都符合汉语表达习惯，满足了知识传播中对术语"简明、上口"的基本要求。

术语需要满足的另一个要求是理据性，即"术语的学术含义不应违反术语结构所表现出来的理据，尽量做到'望文生义'和'顾名思义'"（冯志伟，2011：36）。术语的理据性既与术语所指称的概念的复杂性相关，也与术语使用者的认知水平相关，难以做到完全的透明。前述两类术语在理据性方面也存在不同。例如，在从西方引进的人文地理学术语中，"厚描"和"反事实解释法"不符合现代汉语的表达习惯，字面上也难以为使用者理解该术语提供必要的提示。相比之下，源自我国社会现实的原创术语则大多具有较高的概念透明度。例如，"农民工"概括了该社会群体在我国特有的城乡二元体制下所拥有的双重职业身份，"一国两制"更是从字面直接体现出"一个国家，两种制度"的核心内涵。这两个术语都具有较高程度的理据性，降低了理解的难度，易于知识的传播和应用。

1.3 汉语人文地理学术语系统英译的方法特点

汉语人文地理学术语类型与具体翻译方法的选择有着密切的关系。NUTerm 术语库中现有汉语人文地理学术语数据可大致分为两类。第一类术语伴随着西方人文地理学理论或思想的传播由学者翻译输入，占绝对多数。能否把它们回译至最初的英文术语是检验这类术语翻译质量的关键。然而，汉语术语的理据性和词汇化程度影响着译者的理解和表达以及对翻译方法的选择，往往使汉语术语英译的溯源之路充满了变数。第二类术语指在西方人文地理学理论的本土化应用过程中衍生出的新术语，或是基于中国现代社会情境原创的术语表达，它们在术语库中的数量较为有限。这类术语要么与西方地理学术语存在派生关系，要么具有一定的中国文化或地域独特性。它们表现出不同的形式或内容特点，直接影响着术语英译实践中对不同翻译方法的选择，译名的规范化是该类术语英译中需要处理的一项重要工作。为了揭示汉语人文地理学术语类型与具体翻译方法之间的关系，可以基于术语库中汉语人文地理学术语系统的英译数据，在系统分析和考察英译方法的基础上，对汉语人文地理学术语英译现状进行尝试性的描述研究。

在 NUTerm 术语库人文地理学术语子库现阶段收录的汉英双语数据中，汉语术语共 1 368 个，其英语译名共计 1 422 个[①]。对汉语术语及其英语译名进行整理和分类后发现，汉语人文地理学术语英译主要使用了以下四种方法：直译、意译、释译以及音译。值得注意的是，上述四种方法并非彼此独立，其中有些方法在翻译实践中需结合使用。为了统计的方便，姑且将它们视为四种相互独立的翻译方法。例如，在人文地理学术语子库中，部分包含专有名词的词组型术语在英译时习惯上需要通过部分音译来实现（如"劳里模型"英译为 Lowry model），该类翻译方法在此统一视为直译。在很多情况下，借助形式上的对译就可以同时实现术语概念的有效传递（如"行为分析"英译为 behavior analysis，"城市管治"英译为 city governance，等等）。对于这种情况，本研究以术语英译中的形式特征为参照，同样将其归为使用直译的结果。

在人文地理学术语子库中，上述四大类译法的数量和所占比例情况如表 1-2 所示。

---

① 一词多译导致英语译名数量超过了汉语术语。据统计，在 NUTerm 术语库中，共有 54 个汉语人文地理学术语有两个以上译名，占全部术语总数的 3.95%。

表1-2 汉语人文地理学术语英译的方法统计

英译方法	使用频次	所占比例
直译	1 291	90.79%
意译	126	8.86%
释译	3	0.21%
（完全）音译	2	0.14%

显然，汉语人文地理学术语英译时，对直译法的使用在四种方法中占绝对多数，其他三种方法所占比例极小，合计不超过总译名数量的10%。在人文地理学术语子库中，完全音译的情况只发现2例，即"乌托邦"和"托拉斯"，分别被译为Utopia和trust，是对汉语术语的正确回译。人文地理学术语子库中采用直译法的典型例证如表1-3所示。

表1-3 汉语人文地理学术语直译法举例

汉语术语	直译译名
布局	allocation
港口	port
多元主义	pluralism
反工业化	deindustrialization
边区	border area
领海	territorial sea
标准语	standard language
区位相互依赖	locational interdependence
标准化死亡率	standard mortality rate
厚描	thick description
一国两制	one country, two systems
自治旗	autonomous banner

直译法虽然以形式对应为主要特点，但采用直译的汉语术语与其英语译名在结构类型上未必相同。换言之，汉语单词型术语可能被译作英语词组型术语（如"边区"译作border area），汉语词组型术语也可能被译作英语单词型术语（如"多元主义"译作pluralism）。但是无论在结构类型上是否不同，采用直译的汉语术语与其英语译名之间构成的对应关系多数情况下都依稀可辨。例如，"多元

主义"和pluralism虽然属于不同的结构类型,但是组成前者的字(如"主义")与组成后者的词缀(-ism)之间也存在基本对应的关系。值得注意的是,汉语单词型术语词汇化程度高,且具有较高的使用频率,往往是构成词组型术语的基础。

从概念类别看,直译法在汉英翻译实践中常用于对西方植入型术语的翻译。外来汉译术语在汉语人文地理学术语中占相当大的比重,因而在实际的英译实践中,直译法的应用频次占相当高的比例。实际上,形式上的对应关系不仅仅限于对外来术语的汉译。对人文地理学术语子库中的具体例证进行梳理后发现,虽然现代创新型汉语术语的数量较少,但是在翻译中使用直译法的也不在少数。如表1-3所示,"自治旗"被直译为autonomous banner,"一国两制"被译为"one country, two systems",汉语术语与其英译形式的对应关系非常明显。

在汉语人文地理学术语的英译实践中,直译方法的大量使用对汉英双语术语词汇系统的形式特征产生了重要影响,使得汉语术语与其英译术语之间在系统层面上形成了一种超越具体术语的对应关系。我们分别统计了人文地理学术语子库中汉语术语系统及其英译术语系统中用以构成术语的单词,并对比呈现了频次最高的前6个单词,如表1-4所示。

表1-4 汉英对译人文地理学术语词汇系统高频单词对比

序号	汉语术语系统		英译术语系统	
	单词	频次	单词	频次
1	城市	108	of	195
2	人口	86	population	92
3	旅游	53	urban	74
4	文化	50	city	53
5	农业	48	tourism	46
6	社会	40	cultural	41

由表1-4可知,在汉语人文地理学术语系统及其英译术语系统中,高频单词的概念匹配度相当高。汉语人文地理学术语系统中排名前四的词汇分别为"城市""人口""旅游"和"文化"。如果不考虑介词of,且把urban和city看作表征同一概念的不同语言指称[①],那么英译术语系统中排名前四的单词分别为urban、city、population、tourism和cultural,与汉语中排名前四的词汇完全对

---

① of不表达具体的含义,但是受句法的影响,不少英译词组型术语需要使用of连接不同的概念。汉语术语中的"城市"与英语术语中的形容词urban及名词city之间的"一词多译"关系,也可以看作受英语句法影响对表达相同概念的不同词性进行选择的结果。

应。这些汉语词汇和英语单词所指称的概念对汉语术语系统与其英译术语系统的构建至关重要。它们之间的高度匹配既是直译方法的大量使用在术语系统形式层面上造成的必然结果,也是术语系统在跨语层面上对应度最直接的体现。

值得注意的是,直译法在术语翻译中被大量使用,但也有其适用的范围。学界普遍认为直译最宜保持原语特色(刘先刚,1993:33),"是一种直接以原术语为本的客观性译法"(沈群英,2015:29),因而主张把直译作为科技术语翻译的主要方法(邱大平、胡静,2016:7)。然而,术语字面义与其学术含义并不总是完全对应的。过分偏好直译法有时不仅产生生硬的术语表达,破坏目的语的语言生态,而且难以传达术语指称的概念,使术语使用者不得要领,甚至导致误译的发生。

在术语库现阶段收录的英译数据中,有这样一条记录,汉语术语"寻根旅游"被直译为 root searching tourism。但将 root searching tourism 作为检索词,在 Google Scholar©中没有检索到直接包含该检索词的文献。类似的表达 root seeking/searching literature 也只出现在由中国学者撰写的学术论文中。扩大检索范围,从 Google 中发现 roots tourism 和 genealogy tourism 是西方学者习惯使用的术语表达。这说明,就"寻根旅游"汉英翻译而言,直译并不是理想的处理方法。相反,不拘泥于形式对应关系的 roots tourism 以及借由意译产生的 genealogy tourism 在概念上具有更高的跨语透明度和可接受性。这说明在汉英术语翻译实践中,应始终坚持术语学概念优先的基本原则,避免因依赖直译而产生"死译"乃至"误译"。

在现有数据中,我们将这些不拘泥于汉语术语形式,同时又兼顾术语翻译简明性原则的英译实践统一归为意译的范畴,表 1-5 中是相应的典型例证。

表 1-5　汉语人文地理学术语意译法举例

汉语术语	意译译名
移居	diaspora
等费线	isodapane
卧城	residential town
免耕法	zero tillage
共享资源	common pool resources
智力外流	brain drain
社会反常状态	anomie

续 表

汉语术语	意译译名
城市特殊人口聚居区	ghetto
农民工	migrant worker
土楼住宅	fortified village

如表1-5所示,在汉语人文地理学术语英译实践中,意译法涵盖了汉语人文地理学术语系统的两大主要构成类型。某些西方外来术语借由意译进入汉语术语系统,原英语术语与其汉译之间已不存在形式对应关系或仅存部分对应关系。对于这类汉语术语,在英译实践中,正确的做法当然是追根溯源,借助意译法把汉语术语回译为最初的英语术语。这样一种基于回译的翻译方法不仅可以保证汉语术语的英译名在西方知识语境中可接受的准确性,而且能够避免产生不必要的术语变体,提高术语知识传播的有效性,防止对译语生态造成破坏和污染。中国现代创新型术语的命名时常涉及我国的政治、经济或文化特色,在跨语传播的早期阶段,特别有必要比照已经为西方读者熟悉的近似概念,采用意译方法确定译名,以提高术语概念在西方知识语境中的可接受性。例如,表1-5中例举的"土楼住宅"指福建地区的一种供聚族而居且具有防御性能的民居建筑,西方并无对应概念。使西方读者大致了解其内涵,译者在汉英翻译中只能挑选出"防御功能"这一西方读者能够理解的特征在译名中予以反映。

术语通常被视为概念的语言符号,应该做到"简单明了,避免不必要的表达冗余",以"便于理解记忆和推广使用"(魏向清,2010:165-167)。在术语翻译实践中应该坚持以术语译术语的基本原则,使译语术语与源语术语一样具有简明性。然而,个别汉语人文地理学术语言简意赅,内涵较为丰富,无论是直译还是意译都不能较好地转达术语的概念内涵。作为权宜之计,只能打破术语形式上的束缚,牺牲汉语术语英译的简明性。具体而言,是利用英语对汉语术语进行阐释,以达到有效传递汉语术语概念的目的。这种翻译方法本研究称之为释译。在对人文地理学术语子库的英译数据进行统计时,我们发现了2例翻译可归为释译的范畴,为2个现代汉语术语,即"直辖市"和"栈道",其英译情况如表1-6所示。

表1-6 汉语人文地理学术语释译法举例

汉语术语	释译译名
直辖市	municipality directly under the Central Government
栈道	plank road built along the face of cliff

在上表中,"直辖市"是"直接由中央政府所管辖的建制城市"的简称,主要被

中国、朝鲜、韩国、越南等汉字文化圈国家所采用,具有明显的东方行政区划特点。在汉语术语英译实践中,难以找到与之对应的名词,同时也为了传达区域特色,只能采用"属概念+种差"的方式以英语对该术语进行定义。"栈道"也是一个具有东方特色的术语,采用了与"直辖市"类似的释译方法。释译法以定义的形式对术语进行翻译,往往导致汉语术语的翻译结果较为冗长,译名的词汇化程度较低,对英语译名的形式特征会产生较为显著的影响。但在概念传播初期,释译减少了术语内涵在翻译中的损失,能够避免术语用户对概念产生误解。在没有合适译名的情况下,释译不失为一种可操作的翻译手段。

不同翻译方法的使用往往会产生形式特征不同的英译术语译名。不同翻译方法使用的比例和频次又会对英译术语系统的整体形式特征产生影响。整体性和系统性是术语翻译有别于其他类型翻译的特色之一。因此考察译名系统的形式特征也是用以衡量译名系统的术语性特征,进而评价术语翻译实践的重要参数。

1.4　汉语人文地理学术语系统英译的形式特征与经济律

该部分拟从整体上对人文地理学术语子库中英译数据的形式特征进行系统性描述,以此为基础计算人文地理学术语汉语术语和英译术语的系统经济指数,并对二者进行初步的对比分析,具体涉及以下两方面:(1) 汉语人文地理学术语系统英译的形式特征分析;(2) 人文地理学术语汉英翻译的系统经济律分析。前者旨在从整体上考察英译方法的综合应用对汉语人文地理学术语系统英译的形式特征产生的影响,后者拟为进一步分析术语翻译方法的系统合理性提供一个形式参数。

1.4.1　汉语人文地理学术语系统英译的形式特征

不同英译方法的应用在跨语传播中对术语系统的形式特征产生了一定的影响。对汉语人文地理学术语及其英译术语系统中术语类型进行统计和比较可以初步揭示前述影响。反映汉语术语系统英译形式特征的重要参数包括长度类型、术语平均长度、单词的术语平均构成频率、术语系统经济指数等。

术语长度是反映术语构成形式特征的重要参数之一,其判断的主要依据是术语中包含的单词数。一般而言,如果该术语包含 n 个单词,其术语长度就计为 n,其中当 $n=1$ 时,称为单词型术语;当 $n>1$ 时,则称为词组型术语[①]。人文地理学

[①] 英语由于其语言形式特征鲜明,英译术语长度的划分,以单词个数直接判断即可。相反,汉语术语长度的计算较为复杂,本采用冯志伟(2012:170 - 193)在《自然语言处理简明教程》中提到的测定汉语"切分单位"的方法,对汉语术语进行单位切分,并根据胡叶和魏向清(2014:19)文中提到的"吸单拒双""替代测定法""黏附性测定法"和"插入测定法"四条分词原则进行人工核对。

术语子库中汉语术语及其英译术语的长度类型相关统计结果如表1-7所示。

表1-7 汉语人文地理学术语及其英译术语长度类型统计与对比

术语类型	汉语术语数量	英译术语数量
单词型	273	237
二词词组型	816	802
三词词组型	263	229
多词词组型①	16	154
总数	1 368	1 422

如表1-7所示,汉语人文地理学术语以二词词组型、单词型和三词词组型为主,三者共计1 352个,占汉语术语总数的98.83%。在人文地理学英译术语系统中,二词词组型、单词型和三词词组型同样构成了术语的主体,三者共计1 268个,共占英译术语总量的89.17%。直译法以术语与其英译在词素或字以及词汇之间的对应关系为主要特征。因此,汉语术语系统和英译术语系统在术语结构类型分布方面的共性与直译法的大量应用有着直接的关系。

值得注意的是,英译之后,多词词组型术语的数量增加了近10倍,增幅非常明显。其中,在154个多词词组型英译术语中,长度最大值高达8。表1-8列出了部分英译术语以及与之对应的汉语术语的词长数值。

表1-8 汉语人文地理学术语及其英译术语长度统计与对比

汉语术语	汉语术语长度	英译术语	译名长度
引洪/漫地/	2	flood diversion for irrigation and land reclamation	7
栈道/	1	plank road built along the face of cliff	8
历史/文献/研究法/	3	methodology in the study of historical literature	7
首府/	1	capital of an autonomous region or prefecture	7
村镇/用地/布局/	3	allocation of village and town land use	7
直辖市/	1	municipality directly under the Central Government	6

---

① 此处将长度大于3的术语及译名分别统称为多词词组型术语和多词词组型译名。

表1-8列出的6个术语以中国本土汉语术语为主。从词长看,它们有的由1个词构成,有的则长达3个词,但是在英译之后长度都显著增加。例如,单词型术语"栈道"的英译术语由8个词组成;多词词组型术语"村镇用地布局"的英译术语由7个词组成,长度是原来的2.3倍。从翻译方法看,"栈道"和"直辖市"使用了释译这一特殊的翻译方法,其他几个术语译名主要采用意译方法,但带有一定的释译色彩,词汇化程度低,其概念命名功能已经被弱化了。在英汉翻译实践中,译者要么使用较多的英语词汇传达汉语术语的丰富内涵,要么需要使用英语虚词在英译术语中明示汉语术语各成分之间的句法关系。这些都导致英译术语长度的显著增加,体现了人文地理学汉语术语英译的复杂性。

基于上述有关人文地理学汉语及英译术语长度以及类型的对比和统计,可以初步得出以下结论,即使用不同英译方法对汉语术语译名的长度有着直接的影响。二者之间的影响关系还可以在系统层面上进一步加以印证。对此,本研究基于人文地理学术语子库中的汉英双语数据,针对每一种英译方法[①],就其对应汉语术语与译名的平均长度做了统计与对比。

表1-9 汉语人文地理学术语与其英译术语平均长度对比

英译方法	汉语术语平均长度	英译术语平均长度
直译	2.02	2.24
意译	2.02	2.07
释译	1.00	7.00

从表1-9可以发现,在汉语人文地理学英译实践中,意译法并未明显引起术语长度的变化,英译术语的平均长度只有0.05的增幅。梳理人文地理学术语子库中相关数据后,我们发现有的单词型汉语术语被译作词组型术语,有的词组型术语则被译为单词型术语。术语长度增加和减少的幅度在一定程度上相互抵消,使得术语平均长度在系统层面上变化不大。直译法对英译术语系统的形式特征产生的重要影响相对比较明显(平均长度增加了0.22)。虽然采用直译法的汉语术语与其英译之间在形式上具有一定的对应关系,但英语语法往往要求英译术语使用介词of把组成术语的单词连接起来[②],这是导致术语平均长度有所增加的原因之一。释译法对术语长度的影响最为显著,译后的术语平均长度增幅为6.00,其原因很明显:使用释译法的汉语术语往往言简意赅,但在跨语传播

[①] 音译的情况由于本库中收录较少,本处暂不进行统计。
[②] 在表1-4中,of在英译术语系统中的使用频率最高,达195次,对术语长度的增加产生了一定的影响。

中需要使用更多的词汇才能较准确地传达出这些汉语术语的丰富内涵。总的来讲,英译术语系统中译名的平均长度是直译、意译和释译这三大主要译名方法共同作用的结果。据统计,汉语人文地理学术语系统的术语平均长度为 2.02,英译术语的平均长度为 2.26。

1.4.2 人文地理学术语汉英翻译的系统经济律

"术语系统经济律"指的是在系统的术语总数保持不变的情况下,单词的构词能力越强,术语系统的经济指数越高(冯志伟,2011:375)。对于一个特定的术语系统而言,术语数量(用 T 表示)与不同单词数量(用 W 表示)之间的比值就是术语系统的经济指数(用 E 表示)。从源语术语命名的角度,术语系统经济律符合语言使用的经济原则,这一条规律同样适用于目的语术语系统。随着学科不断向前发展,一定会涌现出新概念、新术语,在术语系统规模不断增大的情况下,能够体现出语言使用的经济原则就显得尤为重要。分别计算源语术语系统和目的语术语系统的经济指数并进行对比,以此来衡量术语系统翻译的整体质量是一种相对客观的系统评价方法。换言之,如果源语术语系统和目的语术语系统都符合术语系统经济律的要求,那么从语言使用是否经济的角度来看,该学科术语翻译具有一定的系统合理性。

在术语系统的英译过程中,术语长度的变化往往导致英译术语系统中单词总数以及单词的构词频率的变化。基于术语分词,我们统计发现,汉语人文地理学术语系统与英译术语系统中的单词总数分别为 1 129 和 1 124。以单词总数作为计算参数,可计算得出汉语术语系统和英译术语系统中单词的平均构词频率以及这两个系统各自的经济指数,具体计算结果如表 1-10 所示。

表 1-10 人文地理学术语汉英翻译的系统经济指数

系统参数	汉语术语系统	英译术语系统
术语平均长度	2.02	2.26
单词平均构词频率	2.44	2.86
经济指数	1.21	1.27

从表 1-10 中所列数据可以发现,在汉语人文地理学术语英译过程中,随着术语平均长度的增加,单词的平均构词频率也呈现出较为明显的增势,增幅有 0.42,明显超过了术语长度的增幅。这说明,英译人文地理学术语系统的构词能力要高于汉语人文地理学术语系统。因此也就不难理解,在系统英译过程中,英译术语系统的经济指数有升高的趋势。

需要指出的是,从人文地理学术语子库的现有数据统计结果来看,汉语人文地理学术语系统的经济指数达到 1.21。根据术语系统经济律理论,对于一个发展较为成熟的术语系统而言,其经济指数需高于 1。在某种程度上,这一指数同时也可视为该学科发展现状的一个直观反映。汉语人文地理学术语系统经济指数达到 1.21,表明我国的人文地理学发展通过引进西方人文地学思想和理论,已建立起相对成熟的知识体系。汉语人文地理学英译术语系统的经济指数达到 1.27,略高于汉语人文地理学术语系统的经济指数。这说明,虽然人文地理学术语翻译实践中还存在一些问题,需研究和探索更具体可行的英译方法,但是就经济指数而言,英译术语系统具有整体上的合理性。这种合理性是人文地理学对外传播话语结构性本质特征的直观体现,为进一步优化我国人文地理学对外传播话语体系提供了必要的基础。

前文结合经济指数从整体上考察了人文地理学汉英术语系统的"合理性"现状。需要进一步说明的是,术语系统经济指数是一个弹性的话语评价参数。相应地,其表征的"合理性"也是一个可量化指数。就本文中的人文地理学术语汉英双系统来看,其各自的经济指数还有进一步提升的空间。这就需要基于汉语人文地理学术语系统本身的特点,研究汉语术语形成及外译中存在的具体问题,探讨这些问题及解决方案与术语系统整体合理性之间的关联性。具体讲,汉语人文地理学术语的形成机制(西学汉译与衍生)、当代汉语术语英译实践中的难题(如回译中应该避免的"创新"乃至"误译"、本土术语跨语传播中的"去词汇化"倾向等)都是人文地理学术语汉英翻译实践中需要重点考虑且亟待解决的问题。

1.5 小结

本报告简要追溯了中国人文地理学发展的历史渊源,以现阶段 NUTerm 术语库人文地理学术语子库中的双语数据为基础,尝试对汉语人文地理学术语的英译现状进行初步描写与分析。其中,在汉语人文地理学术语系统中,汉译外来术语占多数,同时有少量的中国现代新创术语。这两类术语在知识内容、语言特征和术语形式方面有其各自的特点,很大程度上影响了当代汉语人文地理学的英译实践中采用的翻译方法及其效果。

人文地理学英译术语系统是汉语人文地理学术语英译的整体结果,其系统特征取决于英译实践中各种翻译方法的使用频率与使用规律,这在人文地理学术语系统英译的形式特征方面体现非常明显。本报告基于人文地理学术语子库中的双语数据进行统计发现,释译的使用使人文地理学英译术语的平均长度增幅最大,直译次之,意译最不明显。三种方法的综合使用从整体上增加了人文地理学英译术语的平均长度。

英译术语的系统经济指数作为对译名系统本身的评价指数,同时也是用以衡量英译系统实践的一个重要参数(胡叶、魏向清,2014)。对于人文地理学这样的植入型学科而言,现阶段人文地理学术语子库中英译术语系统的经济指数表明该系统整体上具有一定的合理性,前述各种翻译方法在知识体系跨语传播层面上对我国人文地理学发展发挥了重要作用。

　　如前所述,中国人文地理学的学术话语或者术语系统建构由西方译介而来的人文地理学术语、中国现代人文地理学术语以及中国传统人文地理学术语三部分组成。就人文地理学术语子库现阶段收录的数据看,中国传统人文地理学术语还处在一个非常边缘的状态,相关的翻译工作还未真正展开;由西方译介而来的人文地理学术语和中国现代人文地理学术语在跨语传播中虽然取得了一定的成绩,但是在翻译实践中还存在许多问题亟待解决。随着研究的深入,传统术语的现代内涵将得到逐步挖掘,西方术语及本土术语的译法和译名也会做出必要的调整,作为动态术语数据库的 NUTerm 术语库的数据将因此得到进一步的完善,从而能够更全面地反映出我国汉语人文地理学术语及其英译术语系统的形式特征,使我国人文地理学学术话语建构走上独立和自主的道路。

2

汉语心理学术语系统及其英译现状分析

2.1 汉语心理学术语系统构建的学科史背景概述

"心理学"是在西学东渐浪潮中译介而来的一个学科名称,其学科定名本身就经历了一个比较复杂的术语翻译过程。"心理学"对应的原英文术语 psychology 由 psycho-和-logy 两部分构成,前者指"精神"或"心灵",后者指"知识"或"学问"。顾名思义,心理学即为关于心灵的学问。这也就不难理解,在早期传入中国的心理学相关译作中,常用"心灵学"作为 psychology 的译名[①]。现代心理学研究大多认同心理学是"对行为和心理过程的科学研究"(赵坤等,2009:1)或"研究心理活动的科学"(张春兴,2005:1)。

心理是人类基本的生理和思维活动,自然也是人类知识发展史中一个普遍存在的研究对象。世界范围内来看,心理学思想源远流长,早在古希腊与我国春秋战国时期就已出现心理学萌芽,长久以来被纳入哲学研究范畴。就我国古代心理学思想而言,已然发展形成了一套完整而独特的范畴体系(杨鑫辉、赵莉如,2000:13)。其中,"单拿关于心理的实质的基本理论来讲,就是十分丰富的,例如,先秦的心性说,汉晋的形神说,唐代的佛性说,宋明的性理说,清代的脑髓说等等"(杨鑫辉,1983:289-293)。但是,在这一中国传统心理学范畴体系中,"思想家们使用的概念很不统一,甚至同一个概念在同一篇文章中也被赋予不同的含义[②]"(同上)。也就是说,中国传统心理学术语在概念层面往往具有一定的不确定性,这在很大程度上不利于相关传统话语发展成为具有学科特征的专门研究[③]。

---

① 据任继愈(1998:912):"从 17 世纪初和 19 世纪末至 20 世纪初,大凡由来华传教士所著译的心理学书籍都用'心灵学'这个带有神秘色彩的名称。清光绪二十二年(1896),康有为和梁启超编辑《日本书目志》时才启用'心理学'名称。"

② 对此,杨鑫辉(1983:289-293)简要例举了"性""知""情""欲"四个术语概念予以论证。

③ 潘菽(1958:3-9)指出:"把心理学作为一门独立的研究或者对它写出专门的著作,在旧时代中国原来是没有的。"

一般认为,心理学作为一门独立的学科始于19世纪初期,以1879年冯特(Wilhelm Wundt)在德国莱比锡大学创建世界上第一个心理实验室为标志,迄今不到150年的历史。西方心理学学科的形成主要得益于方法论的革新。具体而言,"实验方法使得心理学思想成为心理学学科,并以此建构起了西化的科学心理学体系"(喻丰等,2015:520-533)。这种科学主义研究取向必然会直接影响到西方心理学学科话语特征,尤其是其话语底层的术语系统。可以说,西方心理学术语系统自诞生之初就带有不同于我国传统心理学术语的属性特征。当然,学科发展同其创建一样,也需要方法论的不断革新。西方心理学学科的发展正是在科学主义与人文主义的相互制约与推动中开展的(彭彦琴,1999:22)。在这一过程之中,西方心理学术语复杂体系得以成型。

某种意义上,"西方心理学属于自然科学,而中国心理学则属于人文科学"(钱穆,2001:71)。这种知识类型的本质差异也使得中西心理学话语的接触过程尤为复杂。在不同的历史时期内,中西心理学话语的交汇实践有各自的特点,这直接关系到汉语心理学术语的形成与发展动态,对于中国心理学的学科化发展有至关重要的影响。

16世纪末至17世纪初,这一时期是西方心理学思想传入中国的开端,其间有几部传教士著述的心理学相关著作问世。"这些著作虽然没有得到广泛的传播,但与中国传统的心理学思想结合方面,在一定范围发生了影响。"(杨鑫辉,1994:63-67)例如,《性学粗述》和《灵言蠡勺》二书,便是"引用中国古书上的有关论述说明或解释心理现象"(赵莉如,1996:24-29)。关于这种"中西并列或结合"的知识跨语传播与本土话语构建模式,在中国心理学发展的第二个活跃期即19世纪末20世纪初的心理学术语汉译实践中,有更为显著的体现。例如,颜永京在其译作《肄业要览》和《心灵学》中,就汲灵感于本土传统心理学相关话语,创制了不少汉语心理学术语,其中有些沿用至今,成为汉语心理学基本词汇,如"欲"(desire)、"良心"(conscience)、"习惯"(habit)、"意念"(idea)等。但是,在中国近代心理学向现代心理学的过渡时期,这种借助本土术语翻译实践形成的"新创称谓"①大部分被日语汉字新词所替代。

究其本质,中西心理学话语的历史接触可以看作西方心理学在中国的本土化过程。所谓"心理学本土化"是"当本土心理学在外来心理学的冲击下,并有可能被削弱乃至被取代的情况下而提出的一种说法",是"在特定条件下对建设本土心理学的一种强调"。(李铮,1999:19)近现代时期,中国学者对日语汉字新词的直接借用与广泛传播对于中国的心理学本土化发展无疑有着重要

---

① "其中许多心思,中国从未论及,亦无各项名目,故无称谓以达之。予姑将无可称谓之字,勉为联结,以新创称谓。"[颜永京,《心灵学》(上本)1889,上海:益智书会,第1页,转引自闫书昌,2012:116-120]

的推动意义。但与此同时,这也标志着一种话语自主与自信的削弱,那种早期学者面向本土传统心理学话语资源进行自主构建与应用的自觉性与探索意识日益式微。历史表明,这其实正是中国心理学本土化模式逐步转向照搬与西化的序幕,心理学术语汉译也随之成为一种指向话语横向移植的语符转换活动。最终的结果便是,"中国近现代心理学史特别是现代心理学史,具有与西方现代心理学相同的科学概念体系"(杨鑫辉,1994:13)。直至今日,中国心理学话语仍呈现依附有余、原创不足的发展态势(燕国材,2012:281-282)。

在新的时代背景下,中国本土传统心理学话语的缺场终于引起本土学者的关注。其中,以潘菽、高觉敷等开拓的中国心理学史研究范式最具影响力。这可以看作中西心理学话语接触过程复杂性的当代体现。一方面,这样一个兼顾话语内省与创新的本土范式,有意凸显中国传统心理学范畴与概念的学术价值。例如,高觉敷(1985:77)就强调,我国古代心理学思想中蕴藏着心理学研究中的普适范畴,如"天人""人禽""形神""性习"和"知行"等。另一方面,这一范式提倡通过概念创新构建心理学本土化之新模式,以谋求一种"本土性契合"的话语状态,即"研究者的研究活动及知识体系与被研究者的思想观念与当地之被研究者的心理行为之间的密切配合、贴合、接合与契合"(杨国枢,2004:27),具体而言,"所采用的概念、理念及方法要能切实反映当地民众的心理与行为"(同上:34),"不要轻易地、盲目地或习惯地直接套用他国(特别是美国)学者研究该国人民之心理与行为所建构的现成概念、理论、方法及工具,以防丧失创造本土性概念、理论及方法的契机"(同上:35)。其中呈现出的本土话语实践理念势必会对汉语心理学术语系统的演化轨迹产生深刻的影响。

2.2 汉语心理学术语系统的构成类型及特点

学科知识的谱系化发展构成了其话语体系,也是推动该学科术语系统构建的根本驱动力。同样,学科术语的构成类型与特征也能够在一定程度上反映出该学科当前的知识体系。基于中国心理学的历史发展轨迹,通过观察 NUTerm 术语库中的现有数据,可大致将汉语心理学术语划分为三大类型,即中国本土传统心理学术语、经日语间接传入或直接译自西方的汉译西方心理学术语以及中国本土新创心理学术语。关于此三类术语的部分示例,如表 2-1 所示。

表 2-1　汉语心理学术语系统的构成类型举例

术语类型	例　证
本土传统心理学术语	人贵论、性习论、习与性成、情二端、化境、渐染、气功、童心失、七情六欲、潜移默化
西方汉译心理学术语	吗啡、内化、情结、原型、潜意识、记忆树、人格冰山、慢波睡眠、格式塔疗法、隔离综合征、斯德哥尔摩综合征、斯坦福-比内量表、ABA 实验设计、CIPP 模式、PN 空间、布卢姆掌握学习模式、奥尔波特-弗农-林德西量表、不调和—认可反应模式、TOTE 单元、Ⅰ型空间定向障碍、吉尔福特智力三维结构模型
本土新创心理学术语	三棱智力理论、一导三维多元法、本土性契合、农民工市民化心理适应、留守儿童城市孤独症

具体而言,中国本土的传统心理学术语蕴含着丰富的文化、学术与思想资源,对人的心理行为有着独到的解说与评价,为中国现代心理学的发展与创新提供了强大的后援(葛鲁嘉,2004:3-8)。该类术语目前亟须恰当的翻译策略实现文化传播,以推动中国心理学的本土化发展,从而以独立的姿态与西方心理学鼎足而立,可称其为"本土传统心理学术语"。经日语间接传入或直接译自西方的心理学术语始见于清朝末年并延伸至近现代时期,由于多采用直译甚至逐字翻译方式介入汉语,欧化程度往往较高,可称其为"汉译西方心理学术语"。在现阶段,这些外来术语的汉语译名仍面临着使用规范化与标准化的问题。例如,其中常常出现同义术语并存的现象(如"格式塔疗法"和"完型疗法")。为了实现汉语心理学术语的系统化构建,该类术语亟待统一,同时在当代常态化的术语英译实践中,还面临系统化回译的问题,这也是避免由于术语使用混乱而造成中国现代心理学发展障碍的内在要求。本报告所统计的"本土新创心理学术语"主要有两个来源。一方面是中国现代心理学发展过程中由本土学者理论创新产生的理论型术语,另一方面是基于中国当代社会文化背景产生的用以反映本土人群心理样貌的原创心理学术语。与外来心理学术语相比,该类术语和本土传统心理学术语的英译需求更为迫切。

从对 NUTerm 术语库心理学术语子库的数据观察与统计分析可以发现,在汉语心理学术语中,汉译西方心理学术语占绝大多数,其次为本土传统心理学术语,最后为现代新创心理学术语。就表征内容而言,外来心理学术语主要关注西方心理学研究成果,术语体系较为完备,涉及医学心理学(如"吗啡""格式塔疗法""隔离综合征"等)、教育心理学(如"内化""抽象模仿""行动研究"等)、社会心理学(如"美丽商数""社会角色""个体社会化"等)、认知心理学(如"原型""记忆树""潜意识"等)、实验心理学(如"交互作用""双盲研究""期望效应"等)、生理心理学(如"反射""脑电图""慢波睡眠"等)、儿童心理学(如"童年期""学习迟滞儿童""儿童人格发展"等)等多个领域。作为汉语心理学术语系统的必要组成部分,这些外来心理学术语的词汇化程度有所不同。有的汉化程度较低,汉译时大多采用音译和直译手段,形式较为冗长,例如"荣格联想测验""格式塔组织原则""韦弗-布雷效应""斯德哥尔摩综合征""斯坦福-比内量表""布卢姆掌握学习模式"等;有的甚至保留了原西方术语中的字母,属于字母词,如"ABA 实验设计""CIPP 模式""PN 空间""NEO 人格调查表""TOTE 单元""Y 型迷津"等。据统计,字母词类术语在 NUTerm 术语库心理学术语子库中共有 137 条。很显然,这些具有显著西化特征的术语对汉语心理学术语的书写系统会造成一定的负面影响。当然,也有不少外来心理学术语已然实现了与汉语的融合,经归化成为汉语心理学话语中高频使用的基础术语,如"错觉""人格""失调""自我调节"等。

相较之下,本土传统心理学术语的数量较少,就概念类型而言,除少量理论性术语之外,如"人贵论""性习论"等,其他传统术语更偏重中国传统心理学思想的实践性,如教育心理学思想中的"身教""早智""潜移默化"等,社会心理学思想中的"渐染""童心失""习与性成"等,医学心理学思想中的"气功""养生""四诊心法"等,审美心理学思想中的"言志""神思""心源"等。它们大多彰显了中国古代的经典心理学思想,语言形式高度凝练,语义内涵极为丰富,这也给相关术语英译实践带来了挑战。

除以上两类心理学术语类型外,NUTerm 术语库心理学术语子库中还有部分本土新创心理学术语。其中,有些术语如"三棱智力理论""一导三维多元法"等,是中国心理学本土化过程中话语反思与创新的结果。此外,还有部分是当代中国社会文化背景所催生的新型心理学术语,反映了新时代中国本土的各种特殊心理现象。目前,在 NUTerm 术语库心理学术语子库所收录的 6 140 条心理学术语中,此类术语尚不足 10 条。以上不同类型术语数据在数量方面的差异一定程度上能够侧面说明,中国当代心理学学术话语在某些方面或许还存在一定的失衡,有待借助 NUTerm 术语库数据的不断完善做进一步研究。

2.3 汉语心理学术语系统英译的方法特点

从上文对现有汉语心理学术语的构成类型及其特征的描述可见,汉语心理学术语系统的话语生态环境较为复杂,其中以汉译西方心理学术语的应用为主,与此同时,结合中国传统心理学话语和中国当代社会群体心理现状分别产生的术语子系统也在不断发展之中。这种系统复杂性对汉语心理学术语系统的英译以及汉语术语的跨语传播均有直接影响。对于汉译而来的心理学术语而言,英译通常也是回译的过程;而现代心理学术语作为新创术语类型,最常见的构成方式是基于已有概念元素创生而来,如"本土契合性"可以看作对概念"本土性"与

"本土化"的延伸构建,"留守儿童城市孤独症"是"城市孤独症"的特殊子概念类型,这种术语生成的理据性为术语的意译提供了条件;本土传统心理学术语在很大程度上保留了古汉语的词汇特征,形式简短,内涵丰富,因此成为汉语心理学术语英译的难点。

基于汉语心理学术语的类型与特征,根据NUTerm术语库心理学术语子库的相关英译数据,本报告对所收录术语的英译方法进行了较系统的考察与分析,以期呈现汉语心理学术语英译现状的概貌。据统计,在NUTerm术语库心理学术语子库现阶段所收录的汉英数据中,汉语术语共计6 026条,英语对应术语共计6 665条[①]。根据术语英译实际情况,结合心理学术语的构成特征,本报告将汉语心理学术语系统的英译方法分为四大类,即音译法、意译法、直译法和释译法。

由于术语翻译的复杂性,单个汉语术语的英译或可不止一种方法。从现有的英译数据来看,在心理学术语英译中主要涉及"音译+意译"(6)、"音译+释译"(1)、"音译+直译"(189)、"直译+意译"(45)、"直译+释译"(3)等五种组合形式[②]。为便于统计,本文根据占主导地位的翻译方法将其分别并入"意译法""释译法"和"直译法"的范畴。NUTerm术语库心理学术语子库中四大译法的数量及所占比例的统计结果如表2-2所示。显然,在翻译汉语心理学术语时,直译法使用频率最高,所占比例高达84.49%;其次是意译法,所占比例为12.96%;再次是释译法和音译法,所占比例相对极小,分别仅为2.46%和0.09%。以下将就各类译法的使用情境做简要说明。

表2-2 汉语心理学术语英译的方法统计

英译方法	使用频次	所占比例
音译	6	0.09%
意译	864	12.96%
直译	5 631	84.49%
释译	164	2.46%

2.3.1 音译法

汉语心理学术语的音译主要用于本土传统心理学术语的翻译,以及部分西方心理学术语的回译,多以独立的汉语拼音或威妥玛拼音形式呈现。在

[①] 汉语术语和英语对应术语的数量不统一是存在一词多译现象之故。据统计,在NUTerm术语库心理学术语子库中,具有两个及两个以上英语对应词的汉语术语共计516条,占术语总量的8.56%。

[②] 括号里的数字为采用该复合式英译法的术语数量。

NUTerm 术语库心理学术语子库中,发现有 6 例完全音译的情况,其中,术语回译的情况占 4 例,具体为"塞纳托斯"—Thanatos、"力比多"—libido、"蒙太奇"—montage 和"曼陀罗"—mandala;其余 2 个为本土传统术语的音译,即"禅"—Zen 和"写意"—xieyi。

此外,另有 6 条术语为"音译+意译"、1 条术语为"音译+释译"以及 189 条术语为"音译+直译"的组合翻译形式,考虑到所用翻译方法的主次性与统计的便捷性,分别将其归入"意译法""释译法"和"直译法"范畴,此处不再赘述。

2.3.2 直译法与意译法

直译法通常用以翻译外来心理学术语。如前所述,源自西方的心理学术语在汉语心理学术语中所占比重极大,这也就不难理解在汉语心理学术语的英译中,直译法的应用比例会如此之高。采用直译法的心理学术语在形式上既有单词,也有词组,在此分别称为"单词型术语"和"词组型术语"。其中,单词型术语通常为心理学的基础术语,其词汇化程度较高,通常所含词缀在形式上也与英语对应术语中的词缀具有一定的对应关系,如"超极化"—hyperpolarization、"成年期"—adulthood 等。相较于单词型术语的词素对应,词组型术语的单词对应更为直观,如"热/暴露"—heat exposure、"条件性/辨别"—conditional discrimination、"微观/交往"—miniature intercourse、"舒适/健康/指数"—comfort-health index 等。

直译法在心理学术语英译中的广泛使用对英译术语系统形式特征的形成具有重要影响。本文在术语分词的基础上分别统计了 NUTerm 术语库心理学术语子库中汉语术语系统与英译术语系统中构成术语的单词,并汇总出使用频率最高的 10 个单词。根据表 2-3,其中汉语高频单词基本均能找到对应的英语单词[①],如"心理"—mind、"疗法"—therapy、"自我"—self 等。这说明汉语和英译心理学术语词汇系统的高频单词具有较高的概念匹配度。

表 2-3 汉英对译心理学术语词汇系统高频单词对比

序号	汉语术语系统		英译术语系统	
	单词	频次	单词	频次
1	心理	424	self	222
2	疗法	231	therapy	209

---

① 汉语高频词"犯罪"的英文对应词 convict 和 crime 分别位于英译术语系统单词频次表的 19 位和 31 位,累计频次同样为 129。"人格"的对应词 personality 位于第 14 位,出现频次为 108,二者非常接近。

续 表

序号	汉语术语系统		英译术语系统	
	单词	频次	单词	频次
3	自我	202	behavior	183
4	行为	195	test	174
5	测验	149	method	148
6	犯罪	129	mind	146
7	发展	125	learning	128
8	学习	116	social	125
9	社会	109	development	116
10	人格	103	psychological	114

由于字面义与概念义并非总能同时实现完全对应,术语的过度直译不仅会降低翻译质量,而且存在误译的风险。例如,汉语术语"集体潜意识"具有两个直译而来的对应术语,即 collective unconscious 和 collective unconsciousness。根据英语语法规则的要求,形容词通常不能做形容词的修饰语,因此前者属于错误译文。但是表面上看,用 unconscious 表示"潜意识"也没有错,只是搭配不当。由此可见,术语翻译需要以"概念优先"为基础。在汉语心理学术语的英译实践中,也往往需要借助意译的方法实现正确回译,避免出现术语污染现象,如"忏悔"—hypnosis、"依恋"—attachment、"本我"—id 等。

2.3.3 释译法

心理学术语的释译以阐释汉语术语的概念为要义,因此词汇化程度普遍偏低。释译法在 NUTerm 术语库心理学术语子库中共有 164 例,占术语总量的 2.46%,既可用以翻译本土心理学术语(如"性习论"—theories on the interactions between personal character and environment),也可用以回译形式较为冗长的词组型外来心理学术语(如"异性/组合/训练/激活/效应/"—activation effect of opposite sex when training together、"儿童/数概念/发展/阶段/观/"—thought on the development phrase of children's mathematical conception 等)。

总体来看,汉语心理学术语系统的英译情境比较多样。从系统视角来看,不同翻译方法的使用会直接影响英译术语的系统特征。其中,英译术语系统的形式特征是这一影响的直观体现,也是衡量英译术语系统科学性以及评价术语翻译质量的重要参数,因此有必要从形式特征着手,对汉语心理学术语英译做进一步分析。

2.4 汉语心理学术语系统英译的形式特征与经济律

为考察汉语心理学术语英译方法的应用对英译术语系统的形式特征所产生的影响,本节将对 NUTerm 术语库心理学术语子库中英译数据的形式特征进行系统性描述,继而通过计算心理学术语汉英翻译的经济指数,对该学科汉语术语英译方法的系统合理性进行简要分析。

2.4.1 汉语心理学术语系统英译的形式特征

据统计,在心理学术语子库中,汉语术语共有 6 026 个,平均长度为 2.27;英译术语共有 6 665 个,平均长度为 2.26(如表 2-4 所示)。

表 2-4 汉语心理学术语及其英译术语系统平均长度对比

	汉语术语系统	英译术语系统
术语总数量	6 026	6 665
术语平均长度	2.27	2.26

如表 2-5 所示,从术语的具体构成来看,在汉语心理学术语系统中,单词型术语共 534 个;词组型术语共 5 492 个,是单词型术语的 10.28 倍,占所有汉语术语总量的 91.14%。其中,二词词组型术语共 3 717 个,占所有词组型术语的 67.68%;三词词组型术语 1 457 个;多词词组型术语 318 个(包括 265 个四词词组型、48 个五词词组型、4 个六词词组型和 1 个八词词组型术语)。与此类似,在英译心理学术语系统中,单词型术语共 942 个;词组型术语共 5 723 个,是单词型术语的 6.08 倍,占所有英译术语总量的 85.87%。其中,二词词组型术语共 3 755 个,占所有词组型术语的 65.61%;三词词组型术语 1 070 个;多词词组型术语 898 个(包括 601 个四词词组型、204 个五词词组型、71 个六词词组型、12 个七词词组型、7 个八词词组型和 3 个九词词组型术语)。

表 2-5 汉语心理学术语及其英译术语长度类型统计与对比

术语类型	汉语术语数量	英译术语数量
单词型	534	942
二词词组型	3 717	3 755

续 表

术语类型	汉语术语数量	英译术语数量
三词词组型	1 457	1 070
多词词组型①	318	898
总数	6 026	6 665

此外,心理学英译术语的长度类型还能够折射出不同翻译方法对译名的影响。例如,单词型、二词词组型与三词词组型英译术语共 5 767 个,占所有英译术语的 86.53%,是多词词组型术语的 6.42 倍。这些术语形式简明,词汇化程度较高,大多为纯粹的音译法、直译法与意译法应用的结果。相较之下,898 个多词词组型英译术语则主要是运用释译法。由此可见,运用不同的翻译方法将直接影响到英译术语的长度,如表 2-6 所示。

表 2-6 汉语心理学术语与其英译术语平均长度对比

英译方法	汉语术语平均长度	英译术语平均长度
音译	1.00	1.17
直译	2.26	2.35
意译	2.19	1.97
释译	2.83	4.77

根据表 2-6,在汉语心理学术语英译实践中,音译后的术语平均长度出现 0.17 的增幅,译名大约为一个单词的长度;直译后的术语平均长度增幅为 0.09,译名大约为两个单词的长度;意译后的术语甚至出现了负增长,为 -0.12,但译名长度也基本为两个单词;释译后的术语平均长度增幅最大,为 1.96,译名为四到五个单词的长度。由此可见,经音译、直译与意译的心理学英译术语词汇化程度较高,释译后的心理学英译术语较长,大约是对应的汉语术语长度的 1.69 倍。

2.4.2 心理学术语汉英翻译的系统经济律

计算术语系统经济指数时,除了术语平均长度以外,单词总数与单词平均术语构成频率也是一个重要参数。

---

① 多词词组型术语指长度大于 3 的术语或译名。在本调查中,汉语多词词组型术语主要包括四词、五词、六词和八词词组,英语多词词组型译名主要包括四词、五词、六词、七词、八词和九词词组。

表 2-7　心理学术语汉英翻译的系统经济指数

系统参数	汉语术语系统	英译术语系统
单词总数	3 792	3 762
术语平均长度	2.27	2.26
单词平均术语构成频率	3.61	4.00
经济指数	1.59	1.77

本文在术语分词的基础上统计得出汉语心理学术语系统及其英译术语系统的单词总数分别为 3 792 和 3 762 个,并进一步计算得出两者的单词平均构词频率与术语系统经济指数。如表 2-7 所示,汉语术语系统及其译名系统的经济指数分别达到 1.59 和 1.77,与大多数术语系统经济指数大于 1 的趋势相吻合。在经过术语翻译形成的英译术语系统中,英文单词的平均术语构成频率增长显著,增幅达到 0.39。这说明在术语构成能力方面,英译术语系统明显高于汉语术语系统。这也解释了经系统英译实践后英译心理学术语系统的经济指数升高的原因。总体来看,术语系统的经济指数说明汉语心理学术语系统的英译实践符合术语翻译系统经济律的要求,基本具有术语翻译的系统合理性。

2.5　小结

本文主要结合中国心理学的学科史发展背景,以 NUTerm 术语库心理学术语子库中的双语术语为语料,对汉语心理学术语的英译现状进行了初步描写与分析,共分为四个部分。第一部分从中国心理学研究的历史沿革出发概述了汉语心理学术语系统构建的背景。以此为基础,第二部分从历史源头将汉语心理学术语分为三种类型,即本土心理学术语、外来心理学术语和现代心理学术语,并以 NUTerm 术语库心理学术语子库为样本,对不同类型汉语心理学术语的具体特点加以说明。

基于汉语心理学术语的类型与特征,第三部分根据心理学术语子库的相关英译数据,对所收录术语的英译方法进行了较为系统的考察与分析。首先,根据术语英译的实际情况,同时结合心理学术语的构成特征,将汉语心理学术语系统的英译方法分为四类,即音译法、意译法、直译法和释译法,对每个术语的翻译方法进行标注,统计出每种翻译方法的使用频次与所占比例。其次,通过举例分析说明每种方法的实际运用情况,以描绘出汉语心理学术语英译的概貌。

第四部分着重从术语翻译系统经济律视角对汉语心理学术语英译的系统合理性做出评估。统计分析结果显示,汉语心理学术语的一词多译现象较为显著;

汉语术语及其英译术语均以词组型术语（尤其是二词词组型术语）为主，且两者平均长度相当，这对术语的实际使用与理解记忆有一定助益。此外，在构词能力方面，英译术语系统明显高于汉语术语系统，呈现出更高的经济指数。鉴于汉语心理学术语系统的植入性特点，现有数据所反映出的心理学术语英译实践特征基本符合术语翻译的系统合理性。

需要说明的是，在统计以上系统数据时还发现，心理学术语翻译实践中普遍存在的一词多译现象不仅会直接影响整个术语系统的形式特征，也会波及其底层概念系统跨语传播的走向。据统计，在 NUTerm 术语库现有数据中，393 个汉语心理学术语有 2 个英译术语，123 个汉语术语有 3 个英译术语，与此同时，也有 130 个英译术语可对应 2 个或 3 个汉语术语。这一问题的解决同汉语心理学术语的规范化以及中国当代学术构建背景下心理学术语英译实践标准的建设工作紧密相关。对此，在本文系统性描述数据的基础上，还需借助双语数据的动态更新与细化，深入具体的英译语境另行研究。

3

汉语环境科学术语系统及其英译现状分析

3.1 汉语环境科学术语系统构建的学科史背景概述

环境科学是以复杂环境系统为研究对象、以各种环境问题为研究内容、以多学科融合交叉为典型特征、以揭示"人类-环境"相互作用规律为核心任务、以"人类-环境"协调和可持续发展为最终目标的学科群(宋豫秦等,2002:26-27)。环境科学的基本任务,从宏观上来说,是研究人类-环境的发展规律,调控人类与环境间的相互作用关系,探索两者可持续运行的途径和方法;从微观上来说,是研究环境中的物质在环境中的迁移转化规律及它们与人类的关系(杨志峰,2004:10)。由于环境科学是一门新兴的学科,其学科体系尚处在快速发展中,其学科分类还未完全定型(李本纲、冷疏影,2011:1121-1132)。具体来说,环境科学是自然科学(地学、化学、物理学、生物学、医学等)、社会科学(法学、经济学、社会学、管理学等)和工程科学(材料、土建、机械等)相互交叉的边缘科学,这些学科可以整合为自然环境科学、社会环境科学和应用环境科学三大类(左玉辉等,2010:1-4)。总之,环境科学是一门综合性很强的交叉学科,其愿景是通过揭示环境系统的规律以实现人类与环境的和谐共处。

环境科学肇始于20世纪60年代的欧美国家。1962年,美国海洋生物学家蕾切尔·卡森(Rachel Carson)的《寂静的春天》(*Silent Spring*)出版,作品中的环境思想驱使多个学科的专家关注环境问题,并逐步在跨学科的基础上产生了独立的环境科学。20世纪70至80年代,环境科学得到了迅速发展。1987年,世界环境与发展委员会发表关于人类未来的报告《我们共同的未来》,环境科学对环境保护实践的影响逐渐增加。20世纪90年代,环境科学学科体系趋于成熟。21世纪,环境科学在广度和深度上得到了更全面的拓展。回顾环境科学的产生和发展史,不难发现这门年轻的学科所借鉴的学科数量大,研究对象开放性、复杂度和不确定性程度高,这些因素决定了该学科整体上的综合性和复杂性。

中国最早的环境思想可见于《诗经》:"旱既大甚,蕴隆虫虫""作之屏之,其菑其翳。修之平之,其灌其栵。启之辟之,其柽其椐。攘之剔之,其檿其柘"等,这些诗句生动地描述了人与环境的关系。我国已知最早的环境保护思想见于《伐崇令》的"毋填井,毋伐树,毋动六畜,有不如令者,死无赦"(乌东峰,2005:4-7)。然而中国古代环境思想却鲜见于现代中国环境科学学科术语体系,这其中有个主要原因,即中国现代环境科学学科体系的构建深受西方环境科学理论和实践的影响,系统开展的环境科学研究工作是从1972年开始的(尚忆初,1986),很多术语及概念均译自西方环境科学学科。

我国的环境科学研究一开始过于偏重环境技术的研究,仅仅关注污染防治的技术措施和管理措施,在实践中也过度依赖技术手段和政策手段,而忽视了深层次的人与环境的关系这一环境科学研究中的根本关系。环境科学本属自然科学、社会科学和工程科学相互交叉的学科,这三大科学资源同样重要。环境科学以探讨人类社会持续发展对环境的影响及其环境质量的变化规律、揭示人类活动同自然环境之间的关系、帮助建立和谐的人类与环境关系为目标,显然社会科学在处理这些问题上有得天独厚的优势。美国、日本等发达国家在社会环境科学、环境社会学等领域已有建树,而在我国这些研究才刚起步,其原因在于研究者未能认清我国环境问题的综合性和复杂性,还与学术环境和话语方式的差别有关。李本纲(2011)在《二十一世纪的环境科学——应对复杂环境系统的挑战》一文中比较了英美以及中国多所大学的环境科学专业。他指出,美国和英国的环境科学专业关注生态系统健康和全球变化等重大的宏观环境问题,体现了多学科交叉的复杂学科特性,而中国的环境科学研究则明显侧重于环境污染方面的内容。

综上所述,无论是站在全球还是中国的视角来看,环境科学都是一门十分年轻的学科。因其建立在多学科的研究成果基础之上,并以开放性、非线性、不确定性高的"人与环境"关系作为主要研究对象,该学科的学科综合性和复杂性显而易见。我国的环境科学侧重于具体的污染治理问题,以技术成果更为多见,社会环境科学发展不良,体现了我国环境科学体系的不平衡性,这也是我国环境科学未来应更加完善的目标所在。

3.2 汉语环境科学术语系统的构成类型及特点

任何一门学科话语体系的形成都以其核心概念、基本范畴和主要观点的确立为基础。术语表征学科领域的专业概念,术语系统的构建与学科知识谱系的演化与发展密切相关。因此,一定程度上,学科术语系统的构成类型与特征能够反映出一个学科发展过程中不断扩展形成的知识体系内容及特点。环境科学术语是表达或限定环境科学领域专业概念的约定性符号,它们是环境科学理论与实践知识的词汇化表征结果。结合上述有关中国环境科学学科历史沿革与发展特殊性的概要描述,可以考察并大体描述出汉语环境科学术语系统的基本构成特点。

环境科学研究具有鲜明的学科交叉特性,其学科话语体系由自然科学、社会科学及应用科学构成。因此,中国环境科学术语系统的构成主要包括三大类型:自然环境科学术语、社会环境科学术语和应用环境科学术语。其中,自然环境科学术语涉及生态学、生物学、植物学、气象学、化学等交叉学科,大多描述自然环境中的现象和物质,所占环境科学术语比重较大。社会环境科学术语则主要涉及社会学等交叉学科,着重关注人类与环境的相互作用关系,对社会与人进行阐释,在环境科学术语中所占比重较小。而应用环境科学术语则以环境工程术语为代表,主要涉及各项专业技术、处理仪器及方法等,反映了现在国内及国际社会解决实际环境问题迫切的应用需求。同时,随着环境问题的日益加剧,环境科学学科的实用取向也日益凸显,应用环境科学术语在环境科学学科中所占比重也随之增大。

在 NUTerm 术语库环境科学术语子库中,现阶段收录的 3 416 条汉语术语数据已经能够基本呈现出中国环境科学术语系统的构成类型及其分布特征。我们结合环境科学术语子库现阶段收录的部分数据,举例说明上述三大类汉语环境科学术语(见表 3-1)及其主要特征,并以此为相应类别的术语英译研究奠定基础。

表 3-1　汉语环境科学术语系统的构成类型举例

汉语环境科学术语系统构成类型	代表性术语示例
自然环境科学术语	有机污染物、城市污染源、城市固体废物、气流、活性炭、本底放射性、产气细菌、转基因食品、无菌培养、大气层、无配生殖、物种生态学、向氧性、岩溶水
社会环境科学术语	消费资料、消费人口系数、民族乡、生态道德原则、城市化模式、城市流动人口、城市最佳规模
应用环境科学术语	烧蚀材料、热沉淀法采样、离子交换树脂、曝气沉砂池、燃料废渣、烧蚀隔热涂料、污水厌氧处理、烧蚀隔热涂料、无液气压计

根据术语库数据分析,在汉语环境科学术语中,自然环境科学术语所占比重较大,其主要构成形式为单词型术语及二词词组型术语。由于环境科学的自然科学特性,除了一些中国或是欧美特有的自然现象之外,如中国特有的"岩溶水",汉英术语构成形式基本一致。又因环境科学起源于美国,很多汉语基础术

语均译自英语术语,所以绝大部分为汉译外来术语。然而,随着中国环境科学学科的不断发展,汉译外来术语在跨语应用过程中也相应有所变化。有些术语的形式并不一一对应,却指代同样的事物、现象或是表征类似的概念。作为外来术语汉译而形成的术语系统,术语的词汇化程度参差不齐。有些术语汉化程度较低,术语形式大多较为冗长,如"污染物直接产生系数";或者语言生硬,不太符合现代汉语表达习惯,如"静气保温空间";有些甚至部分或完全保留了西方原术语中的字母,语符形态混杂,如"D声级""Q热病",这些具有显性西化标志的术语对汉语环境科学的话语系统尤其是书写系统无疑会产生一定负面影响。与此相反,有些外来汉译术语,其汉化程度较高,比较契合汉语表达习惯,逐渐成为汉语话语中的基本词汇,如"大气层""产气细菌""转基因食品"等。这些汉化程度较高的术语使用频次往往也较高,易于促进西方环境科学知识跨语传播与本土化应用。

社会环境科学多关注人与自然的联系,将人作为其研究对象,此类术语具有社会科学特性,基本由二词及三词词组构成。如前文所述,中国学术界目前对环境科学的研究偏重应用型和科学技术,对社会环境科学研究重视不够。尽管有一些外来汉译社会环境科学术语,但源自中华民族古代环境思想的本土传统术语基本缺失,学术界对此也关注甚少。由于社会环境科学术语主要译自西方,大多在英语中都可找到源术语且形式多一一对应,因此,准确地回译是实现汉语社会环境科学术语有效跨语传播的重要方式。

应用环境科学近年来在国内越来越受到重视,很多高校和企业开展产学研结合,将学术研究与环境治理有机结合,因此更多应用环境科学术语得以传播。此类术语多为二词及以上词组,术语长度值较大,且具备科技术语属性,单义性和透明性鲜明,其英译在形式上多一一对应。如表 3-1 中的"烧蚀材料"对应 ablation material,"热沉淀法采样"对应 sampling by thermal precipitation。只是很多应用环境科学术语受众很小,仅为某些领域的专家所熟知,而在很多权威论文、辞典和专著上都难以查询到有关资料。因此,如何准确地翻译这类术语,保证学术研究及技术应用交流中汉语和英语术语指称同一事物,这应是目前应用环境科学术语翻译实践的重中之重。

3.3 汉语环境科学术语系统英译的方法特点

在环境科学术语子库现阶段收录的汉英双语数据中,汉语术语共 3 416 个,其英译译名共计 3 689 个[①]。经过进一步整理和分类,我们发现,汉语环境科学

---

① 汉语术语同英文译名数量不统一的原因在于一词多译的现象。据统计,在 NUTerm 术语库中,共有 232 个汉语环境科学术语有两个以上译名,占全部术语总数的 6.79%。

术语英译方法主要包括四种：直译、意译、释译以及音译。实际上，从现有数据呈现的情况来看，在英译实践中，上述英译方法的应用情境并非完全彼此独立。但为了统计的方便，我们将其视为四个独立的英译方法范畴。例如，带有人名的词组型术语在英译中往往需要通过部分音译来实现（如"哈龙类灭火剂"英译为 halon fire extinguishing agent），在此一律统计为直译；而在很多情况下借助形式上的对译就可以同时实现术语概念的有效传递，达到意译的效果（如"城市污染源"英译为 urban pollution source，"海洋污染"英译为 marine pollution），对此，我们以术语英译中的形式特征为参照，同样将其归为直译的范畴。

在环境科学术语子库中，上述四大类译法的数量和所占比例情况如表 3-2 所示。

表 3-2 汉语环境科学术语英译的方法统计

英译方法	使用频次	所占比例
直译	3 145	85.25%
意译	539	14.61%
释译	2	0.05%
（完全）音译	3	0.08%

显然，英译汉语环境科学术语时，直译法占绝大多数。意译法所占比例较小，而释译法和完全音译法的比例极小，两者合计也只达到总译名数量的 0.13%。在环境科学术语子库中，释译的情况只出现 3 例，均为具有典型汉语特色的词组型术语，即"退田还湖""封山育林"及"粮棉集中产地"。完全音译的情况只发现 3 例，分别是"苯并芘"英译为 Benzoapyrene，"哈布尘暴"英译为 haboob，"哈龙"英译为 halon，三者均为成功的回译。

在汉语环境科学术语英译实践中，大多数汉语术语都可以找到形式上一一对应的英文术语，这类术语透明度高，字面义即可传达术语的概念。前文提到，由于环境科学起源于美国，很多汉语术语译自英语，且大多数汉语术语均来自对英语术语的直译，这也在一定程度上解释了环境科学术语子库中直译法这一翻译方法占比最大的原因。环境科学术语子库中采用直译法进行英译的典型例证如表 3-3 所示。

表 3-3 汉语环境科学术语直译法举例

汉语术语	直译译名
空气	air
环境	environment

续 表

汉语术语	直译译名
海洋污染	marine pollution
生物效应	biological effect
细菌抑制剂	bacteria inhibitor
大气压	atmosphere pressure
超微量分析	ultra microanalysis
城市排水	urban drainage
出生季节	birth season
地理学	geography
废气流	exhaust flow
带菌者	germ carrier

采用直译法的汉语术语既有单词型术语，又有词组型术语。其中，汉语单词型术语往往是环境科学中的基础术语。这些术语词汇化程度高，且具有较高的使用频率。对于含有前后词缀的单词型术语，在形式上也基本是汉英对应的关系，如"地理学"中的"学"同 geography 中的-graphy 对应。汉语词组型术语在环境科学术语子库中占比较大，极大地丰富了环境科学的概念系统，其中以二词词组为主。汉英词组型术语的一一对应关系则更为直观。

汉语术语尤其是词组型术语，在采用直译法译至英语时，也应考虑英语源术语的影响，此时回译为英语受众通用及熟知的术语十分重要，一方面保证术语系统的标准化和纯洁性，另一方面也利于学术思想的传播。因此，翻译过程中存在选词的问题，如将表 3-3 中的"废气流"直译为 exhaust flow 而非 polluted air current，"带菌者"直译为 germ carrier 而非 bacteria carrier。此二例说明英译环境科学术语时，若形式一一对应的术语不止一个，选取译名时应遵循约定俗成的原则。

在汉语环境科学术语的英译实践中，直译的普遍应用对于汉英双语术语词汇系统的形式特征产生了重要影响。对此，我们基于术语分词，分别统计了环境科学术语子库中汉语术语系统及其英译术语系统中用以构成术语的单词，并对比呈现了出现频率最高的前 20 个单词，如表 3-4 所示。

表3-4 汉英对译环境科学术语词汇系统高频单词对比

序号	汉语术语系统		英译术语系统	
	单词	频次	单词	频次
1	污染	147	of	177
2	环境	143	pollution	141
3	热	130	air	127
4	大气	88	water	94
5	生态	85	heat	84
6	空气	82	environment	77
7	系统	72	atmospheric	66
8	生物	71	environmental	61
9	作用	58	system	55
10	城市	51	waste	52
11	吸收	48	thermal	51
12	污染物	42	gas	50
13	水	36	absorption	48
14	农业	35	urban	42
15	资源	32	ecological	40
16	全球	31	pollutant	40
17	工业	31	global	36
18	绝对	31	industrial	36
19	处理	30	absolute	35
20	废物	30	hot	35

由表3-4可知,在汉语环境科学术语系统及其英译术语系统中,除去介词 of 外,高频实词的概念匹配度较高。在上表所列的20个汉语高频单词中,有15个能在该表中找到对应的英文单词,如"污染"与 pollution 对应,"环境"与名词 environment 及其形容词形式 environmental 对应,"热"与名词 heat、形容词 thermal 和 hot 对应。其余5个单词"生物""作用""农业""资源"和"处理"在英语译名系统中也有较高的出现频次,"生物"与 biological 对应,频次为20;"作用"与 effect 对应,频次为26;"农业"与名词 agriculture 及其形容词 agricultural 对应,频次分别为25和7;"资源"与 resource 对应,频次为21;"处理"与

treatment 对应,频次为 30。由此可见,就系统层面而言,环境科学术语英译中基于字面义转换的直译方法占相当大的比重。

需要指出的是,由于术语字面义与其学术含义并不总是完全对应的,在一些情况下,过分依赖直译法容易落入术语翻译的形式对应窠臼,从而降低英译质量,造成读者困扰,甚至导致误译。例如,在 NUTerm 术语库现阶段收录的英译数据中,有这样一条记录:汉语术语"亲缘种"被直译为 allied species。我们将 allied species 作为检索词,在 Google 中检索,几乎无法找到完全对应的检索结果。这说明,对于英语使用者来说,allied species 是一个完全陌生的词汇,英语受众无法从此英语词汇联想到"亲缘种"的概念。从这一方面来说,allied species 为不可接受的英语译名。实际上,在英语语境中,sibling species 是比较常见的表达,用以表征同"亲缘种"类似的概念。因此将"亲缘种"译为 sibling species 实现了准确的回译。这也说明在英译实践中应注重术语概念优先的基本原则。我们将现有数据中这些不拘泥于汉语术语形式,同时又兼顾术语翻译简明性原则的英译实践统一归为意译的范畴,表 3-5 中有相应的典型例证。

表 3-5 汉语环境科学术语意译法举例

汉语术语	意译译名
纤维滑石	agalite
盐生植物	halophyte
耐温性	durothermic
热导计	catharometer
适钙植物	calcicole
生态适应性	annidation
异质同品现象	allomerism
吸尘油	dust palliative
吸热层	heat sink
有机废气	volatile organic compound

如表 3-5 所示,在汉语环境科学术语英译实践中,一些汉语术语的翻译不囿于形式,在字面义透明度不高的情况下,采取意译法,追求术语概念的对等。此类术语大多在英语中有源表达,有些具备典型英文术语形式,尤以词根词缀法构词为主,如 halophyte 由前缀 halo- 与后缀 -phyte 组成,"耐温性"的英文对应词 durothermic 由前缀 duro- 与单词 thermic 构成。这类术语的主要特点为二词汉

语术语译为一词英文术语,如"纤维滑石"译为 agalite,"适钙植物"译为 calcicole。有些二词汉语术语虽译为二词英文术语,但是形式不对应,将概念的对等作为术语翻译的首要目标,如"吸尘油"译为 dust palliative。

对于西方外来术语而言,当通过汉英语言形式匹配无法得到原始知识语境中的英文术语时,意译法是在英译实践中实现正确回译,并防止术语误译现象的有效途径。以"有机废气—volatile organic compound"为例,二词汉语术语被译为三词英文术语,术语形式不对应,字面义也不对等,但是此译名却有效地传达了术语的概念,易于英语使用者认知,并符合约定俗成的原则。《工程索引》的一篇标题为《有机废气(VOC)生物处理研究现状与发展趋势》(王丽燕等,2004:732-735)的文章指出,汉语术语"有机废气"译自英语术语 volatile organic compound。尽管 VOC 有一个更为大众熟知的译名"挥发性有机气体",但是"有机废气"这一汉语译名却也在很多中文权威文献中被广泛使用。也就是说,"挥发性有机气体"和"有机废气"同时对应于英语术语 VOC。考虑到术语传播的有效性和译名的规范性,将"有机废气"回译为 volatile organic compound 不仅有效地实现术语概念对等,还保证了英译术语系统的纯洁性。从这一角度上来说,在术语翻译中,除直译外,意译也是行之有效的翻译方法。

但是,对于具有鲜明汉语特色的术语表达,尤其是非英译汉语术语而言,在英译实践中时常会出现形式与内容的冲突。在一些情况下,即便通过意译也不能有效地传达相关汉语术语的核心概念。如汉语四字词语以言简意赅著称,译至英语时多以解释为主,即彻底打破术语翻译的形式束缚,基于术语翻译的二次命名实质,借助阐释进行释译是权宜之法,重在术语概念的有效传递。在对环境科学术语子库的英译数据进行统计时,我们发现了 2 例该类情况,将其归为释译的范畴。具体英译情况如表 3-6 所示。

表 3-6 汉语环境科学术语释译法举例

汉语术语	释译译名
退田还湖	restore farmland reclaimed from lakes back to its original state
粮棉集中产地	areas that grow grain and cotton on a large scale

"退田还湖"为汉语二词词组,是并列结构,由两个动宾词语组成。此术语是典型汉语四字词的代表,具有简明性。其英文对应译名则进一步阐释了"田"与"湖"的关系,farmland reclaimed from lakes 反映了"围湖造田"的过程,再以 restore to its original state 来表达"退"和"还"的动作。由于汉语与英语构词及表达的差异性,此处借助阐释来进行释译,以明晰地传达汉语术语的概念。"粮棉集中产地"为汉语三词词组,为名词短语,其英文译名并未与其汉语词一一对

应,而是采用解释的表达方式,将"粮棉集中"的概念传达出来。从意义的传播层面来说,释译在此两种情形下是较为有效的翻译方式。但释译倾向于显化相关术语概念的外延特征,不可避免地会导致术语翻译结果相对冗长,即译名的词汇化程度较低,从而会对英语译名的形式特征产生较为显著的影响。

实际上,从系统的视角来看,不同英译方法的运用会直接影响到术语译名的系统特征。对于术语翻译而言,译名系统的形式特征是这一整体性影响的最直观体现,同时也是用以衡量译名系统的术语性特征,进而评价术语翻译实践的重要参数。

3.4 汉语环境科学术语系统英译的形式特征及经济律

该部分拟就环境科学术语子库中英译数据的形式特征进行系统性描述,以此为基础计算环境科学术语汉英翻译的系统经济指数,并尝试进行初步对比分析。该项工作拟从以下两方面进行:(1)汉语环境科学术语系统英译的形式特征;(2)环境科学术语汉英翻译的系统经济律。前者旨在考察汉语环境科学术语英译方法的综合应用对英译术语系统的形式特征产生的整体影响,后者是对汉英术语系统经济指数及其差值的计算,可用以进一步分析术语翻译方法的系统合理性。

3.4.1 汉语环境科学术语系统英译的形式特征

为从整体上大致描述不同英译方法的应用对术语系统跨域传播的形式特征产生的影响,我们可以首先统计并对比汉语环境科学术语及其英译术语系统中单词型术语词汇与词组型术语词汇的数量及其比例。基于环境科学术语子库现有数据的相关统计结果如表3-7所示。

表3-7 汉语环境科学术语及其英译术语长度类型统计与对比

术语类型	汉语术语数量	英译术语数量
单词型	524	693
二词词组型	2 149	2 215
三词词组型	632	551
四词词组型	93	146
多词词组型	18	84
总数	3 416	3 689

从表 3-7 呈现的统计结果可以发现,汉语环境科学术语以词组型为主,其中二词词组型术语和三词词组型术语共计 2 781 个,占汉语术语总数的 81.41%。而在对应的英译术语系统中,也以二词词组型术语和三词词组型术语居多,二者共占英译术语总量的 74.98%。这一形式特征是直译法普遍应用的结果。

相比之下,英译之后四词词组型术语和多词词组型术语的数量与汉语术语相比差距较大。其中,汉语长术语(即四词词组型术语和多词词组型术语)的总量为 111 条,而英译长术语的数量是 230 条,是汉语长术语数量的两倍多。其中在 230 个英译长术语中,长度最大值为 10。表 3-8 列出了一些长度数值比较突出的英译术语。

表 3-8 汉语环境科学术语及其英译术语长度统计与对比(1)

汉语术语	汉语术语长度	英译术语	译名长度
退田/还湖	2	restore farmland reclaimed from lakes back to its original state	10
粮棉/集中/产地	3	areas that grow grain and cotton on a large scale	10
封山/育林	2	closing off hillsides to facilitate afforestation	6
东海/大陆架	2	continental shelf of the East China Sea	7
放射性/污染/防治法	3	law on prevention and control of radioactive pollution	8

表 3-8 所列的术语都是汉语术语长度值小而英译术语长度值大的情况,这一方面是由于采用了释译的翻译方法,将高度凝练的汉语术语的内涵清晰地用英文表达出来,表 3-8 中前 2 条术语皆属此种情况。另一方面是由于汉语术语中存在一些精练的语言元素,比如"防治法"是"预防和治理法案"的简化形式。以上两种原因皆造成汉语术语和英译术语长度相差悬殊。

通过梳理环境科学术语子库现有数据,可以发现数据库中很多条目跟上述情况恰恰相反,即英译术语长度明显小于汉语术语长度,具体情况如表 3-9 所示。

表 3-9 汉语环境科学术语及其英译术语长度统计与对比(2)

汉语术语	汉语术语长度	英译术语	译名长度
文化/生态/女权/主义	4	cultural ecofeminism	2
空气/热/化学	3	aerothermochemistry	1
综合性/全球/海洋/服务/系统/观测/系统	7	IGOSS Observing System	3

续 表

汉语术语	汉语术语长度	英译术语	译名长度
氨基/分解/作用	3	aminolysis	1
地球/生物/化学	3	geo-biochemistry	1
生物/地质/化学	3	biogeochemistry	1
有害/悬浮/颗粒	3	fumes	1
产/谷物/地区	3	bread-basket	1
慢性/砷/中毒	3	arsenism	1
新/月形/沙丘	3	barchan	1
致/突变/作用	3	mutagenesis	1
煤矿/坑/煤气	3	afterdamp	1
免疫/组织/化学	3	immunohistochemistry	1
农业/综合/企业	3	agribusiness	1
热/光/弹性	3	photothermoelasticity	1
受/水/面积	3	basin	1
溯/河/产卵	3	anadromous	1
盐生/生物/群落	3	halobiome	1
综合/水产/养殖业	3	aquabusiness	1
深海/植物/群落	3	bathyphytia	1

表3-9中所列英译术语比对应的汉语术语长度要小很多，一个主要的原因是这些汉语术语原先是从英文术语翻译而来，即环境科学这个学科中的术语是先有了英文术语，而后才通过翻译产生了汉语术语，因此再译回去就显得很精简，是成功回译的结果。如果按照汉语术语的字面意思翻译，则会出现冗长的错译。造成英译术语短小精悍的另一个原因是采用了词缀构词法，很多词缀翻译成汉语就至少是两个字，如 agri-、aqua-、eco-、thermo-、aero-、-ism 等对应的汉译。很多此类术语存在两个甚至三个词缀并存的现象，其对应汉语术语的长度值也就相对较大了。

以上两种情况说明，在表达的简明性这一特征上，汉语和英语两种语言有各自的优势。同时也应该看到，要表达内涵丰富的术语概念，汉英术语同时都比较精练相对难以达到。一般而言，术语源起于哪种语言，该语言表述的术语就相对简洁一些。

本研究基于环境科学术语子库中的汉英双语数据,针对每一种英译方法,就其对应汉语术语与译名的平均长度做了统计与对比,见表3-10。

表3-10 汉语环境科学术语与其英译术语平均长度对比

英译方法	汉语术语平均长度	英译术语平均长度
直译	2.10	2.18
意译	2.06	1.76
释译	2.5	10

从表3-10可以发现,在汉语环境科学术语英译实践中,直译法并未引起术语长度的明显变化,术语译名的平均长度只有0.08的增幅。而意译法和释译法对术语译名的形式特征产生了较大影响,尤其是通过释译法进行翻译后,术语的平均长度增幅明显。但是根据环境科学术语子库的整体数据统计结果,汉语术语系统术语平均长度为2.10,英译术语平均长度为2.12,两者相差无几。这主要是因为绝大部分的术语采用了直译法,而意译法和释译法的应用则很少。

3.4.2 环境科学术语汉英翻译的系统经济律

在术语系统的英译过程中,术语长度发生变化的同时,术语系统中单词总数以及单词的构词频率也发生了变化。基于术语分词情况统计,我们发现汉语环境科学术语系统与英译术语系统中的单词总数分别为3 416和3 689。据此我们可以进一步计算出汉语术语系统和英译术语系统中单词的平均构词频率以及这两个系统各自的经济指数,具体计算结果如表3-11所示。

表3-11 环境科学术语汉英翻译的系统经济指数

系统参数	汉语术语系统	英译术语系统
术语平均长度	2.10	2.12
单词平均构词频率	2.63	3.00
经济指数	1.25	1.41

从表3-11所列数据可以发现,在汉语环境科学术语英译过程中,随着术语平均长度的增加,单词的平均构词频率也呈现较为明显的增势,增幅有0.37,是术语平均长度增幅的18.5倍。这足以说明,英译术语系统的构词能力要高于汉语环境科学术语系统。因此也就不难理解,在汉语术语系统英译过程中,英译术

语系统的经济指数有升高的趋势。

根据术语系统经济律理论,对于发展较为成熟的术语系统而言,其经济指数需高于1。从环境科学术语子库的现有数据统计结果来看,汉语术语系统经济指数和英译术语系统经济指数均高于1,这说明两个术语系统发展都较为成熟。比较而言,英译术语系统的经济指数要高于汉语术语系统,说明很多环境科学的术语在英文中出现得较早,因此整个系统的成熟度相较于汉语术语系统而言也要高一些。在某种程度上,这一指数也可视为对该学科发展现状的一个直观反映。

3.5 小结

本文首先简要回顾了环境科学发展的历史和中国环境科学学科发展特点,结合现阶段环境科学术语子库中的双语数据,对汉语环境科学术语的英译现状做了尝试性描写与初步分析。中国环境科学术语系统的构成主要包括三大类型,即自然环境科学术语、社会环境科学术语和应用环境科学术语。其中,自然环境科学术语所占环境科学术语比重较大;社会环境科学术语在环境科学术语中所占比重较小;随着环境问题的日益加剧,应用环境科学术语在环境科学学科中所占比重也随之增大。

作为汉语环境科学术语英译的整体结果,环境科学英译术语的系统特征取决于英译实践中不同英译方法的应用频率与规律。英译汉语环境科学术语时,直译法占绝大多数。意译法所占比例较小,而释译法和完全音译法的比例极小。直译法并未引起术语长度的明显变化,而意译法和释译法对术语译名的形式特征产生了较大影响,术语的平均长度增加。NUTerm 术语库环境科学术语子库中绝大部分术语采用了直译法,而意译法和释译法的应用则很少。数据统计结果显示,汉语术语系统术语与英译术语系统术语平均长度相差无几。

环境科学术语汉英翻译的系统经济指数可以反映中英文在表示某环境科学概念时的效率以及术语系统发展的成熟度。英译术语系统的经济指数要高于汉语术语系统,说明很多环境科学的术语在英文中出现得较早,因此整个系统的成熟度比汉语术语系统要高一些。环境科学这一学科源于西方,到目前为止,发展较为成熟。从环境科学术语子库的现有数据统计结果来看,术语系统的汉化还是比较成功的,这一学科在中国的发展也是比较成熟的。而术语系统汉化的成功则是基于有效汉译英文术语以及回译源于英文的汉语术语,而后者也是今后汉语环境科学术语英译工作的关键所在。

4

汉语管理学术语系统及其英译现状分析

4.1 汉语管理学术语系统构建的学科史背景概述

管理学是研究人类经营和管理活动客观规律的综合性交叉学科。(苏勇,2011:1)管理学的目的是研究在一个具体组织内,如何通过计划、协调、控制等管理职能和相关活动,以尽可能少的资源实现组织的目标(黄群慧、刘爱群,2001:63-64)。就学科体系来说,管理学主要包括工商管理、公共管理、管理科学与工程、农业经济管理等分支学科,这些学科分别研究不同领域的管理活动及其客观规律。

管理学作为现代社会科学的一个分支学科,诞生于20世纪初的美国。目前,学界通常以美国的弗雷德里克·温斯洛·泰罗(Frederick Winslow Taylor)所著的《科学管理原理》(*The Principles of Scientific Management*)(1911)一书的问世作为现代管理学创立的标志(苏勇,2011:1)。这位现代"科学管理之父"将实证研究方法引入管理思想研究领域,使得现代管理学在学科创立之初就兼具了实证科学和人文思辨的双重方法论特征,具有研究范式的多样性和复杂性。现代西方管理学在其一百多年的发展演化过程中,学派林立,理论众多,形成了哈罗德·孔茨(Horold Koontz)所称的"管理理论丛林"(the management theory jungle)。孔茨(Koontz,1980:175-188)认为,管理学术语使用中的复杂语义现象是造成这种理论"丛林战"的重要原因,也是一个长期存在的学术话语问题。显然,西方管理学理论生态驳杂,学术话语体系的系统建构也面临多重理论与方法的价值取向博弈,呈现出诸多话语异质性。相应地,术语系统作为学科话语系统的基础,在概念及其表征层面也会呈现出复杂性。

就现代意义上的管理学学科建设与发展而言,中国的管理学学科有着非常鲜明的植入性特点。其主要的学科理论和学术概念均来自西方,甚至一度呈现出"西方中心论一统天下"(张乃英,1998:57-60)的话语生态,以至于"很多组织的管理者都已经被武装成现代西方管理学术语的熟练操作者"(韩巍,2005:386-391)。需要说明的是,中国当代社会政治、经济等诸多领域快速发展,伴随而来的是产生了不同于西方的中国管理情境。经过数十年的发展历程,我国管理学研究的学术创新系统已然呈现(武建奇,2015:24-29),主要体现在中国现代管理学理论话语的显性化发展。学者们对近代以来的中国管理学发展(王圆圆,2014)、当代中国管理学的最新发展(苏勇,2011)等进行了深入的研究。其中,西方管理理论的中国化、中国传统管理思想的现代化、中国现代化建设过程中管理经验与理论的系统化无疑是中国当代管理学学科理论建设与实践探索应有的题中之义。日益增多的汉语管理学术语的创新性表达与应用便是这一学科发展趋势的直观体现。

中国现代管理学的学术话语体系在构建过程中,其术语资源除了借自西方的概念和表述之外,也吸收了表征中国本土数千年来的传统管理思想和实践经验的学术话语。例如,顾文涛等(2008:6-9)就曾提炼出以"法""忠""道"为核心的中国传统管理学思想的重要内容,其中还有不少传统术语值得深入挖掘并进行现代阐释,如"德治""善治""顺道""人本""重术"等。这些宝贵的中国传统管理学思想与实践经验正是管理学研究中的国别特色的主要体现,也是中国管理学研究创新的思想之源。换言之,中国的管理学研究应建立在"洋为中用"与"古为今用"共存的复合型话语机制之上,在吸纳西方学术资源的同时,重视并探索中国长期管理实践中所发现的普遍规律、原则和方法。就目前来看,国内外对中国传统管理学的关注都已明显增多,关于"中国管理""中国式管理""东方管理"等方面的著述有不断增多的趋势。

从以上对中西方管理学学科发展的一个总体描述可以看出,中国管理学的学科发展主要有三方面知识来源,即引自西方的现代管理学思想、基于现代中国特殊情境而产生的本土管理学思想以及中国传统管理学思想。关于这方面,汉语管理学术语系统的构成及特征分析能够较好地反映出中国管理学学科建设的现状与发展趋势。

4.2 汉语管理学术语系统的构成类型及特点

任何一门学科话语体系的形成都以其核心概念、基本范畴和主要观点的确立为基础。术语表征学科领域的专业概念、术语系统的构建与学科知识谱系的演化及发展密切相关。因此,学科术语系统的构成类型与特征一定程度上能够反映出一个学科发展过程中不断扩展形成的知识体系内容及特点。管理学术语是表达或限定管理学领域专业概念的约定性符号,它们是管理学理论与实践知识的词汇化表征结果。结合上述有关中国管理学学科历史沿革与发展特殊性的概要描述,可以考察并大体描述出汉语管理学术语系统的基本构成特点。

具体来说,中国管理学术语系统的构成主要包括三大类型,即由西方译介而来的管理学术语、中国现代管理学术语以及中国传统管理学术语。其中,西方管理学术语是通过系统的术语汉译实践进入中国管理学学术话语体系的。这类术语在中国当今的学术研究情境下面临着系统回译的问题,如何做妥善的回译处理是重点与难点。而所谓的"中国现代管理学术语"是在西方管理学理论的本土化应用过程中衍生出的新术语,或是基于中国现代社会情境原创的术语表达。在当下的国际化学术话语生态中,这一类汉语术语同中国传统管理学术语有着更为迫切的英译需求。

在 NUTerm 术语库管理学术语子库中,现阶段收录的 1 743 条汉语术语数据已经能够大体反映出中国管理学术语系统的构成类型及其分布特征。鉴于学科术语的历史和语义溯源及判定需要精深的学科专业知识和翔实的考据,这里,我们暂不就汉语管理学术语系统的历史构成做全面的量化分析与统计,仅结合管理学术语子库现阶段收录的部分数据,举例说明汉语管理学相关类别的术语(见表 4-1)及其主要特征,并以此为相应类别的术语英译研究奠定基础。

表 4-1　汉语管理学术语系统的构成类型举例

汉语管理学术语系统构成类型	代表性术语示例
西方管理学术语	职业经理人、经济人、仆人型领导、立场分析、竞合、心理冲突、常和博弈、赫克金法则、4P 理论、B2B、鸵鸟政策、脱壳经营、跳蚤效应、六顶帽子思考法、天赋人权、自吃幼崽效应、知觉运动型工作设计法
中国现代管理学术语	农民工、户籍制、农转非、二锅头理论、M 理论、九五型老板、蚁族、王永庆法则、王安论断
中国传统管理学术语	德治、善治、顺道、天人合一

通过分析术语库数据可知,汉语管理学术语中绝大部分为汉译外来术语,即来自西方的管理学概念。就其表征的知识内容而言,这一类术语主要关注管理过程中的主体行为与管理现象等,具有西方学术典型的分析性特征,如表 4-1 中的"职业经理人""经济人""常和博弈"等。其中,不少关于管理现象的术语是借助客观世界中的自然或物理事物命名形成的。关于这一点,除表 4-1 中的相关例证之外,在管理学术语子库中还发现了其他具有类似命名特征的术语,如"陀螺原理""牛鞭效应""蘑菇管理""蜘蛛定理""懒蚂蚁效应""金鱼缸法则"等。

需要说明的是,作为外来术语汉译而形成的术语系统,管理学术语的词汇化程度参差不齐。有些术语汉化程度较低,术语形式大多较为冗长,如"卡特尔 16 种人格因素测试""波特-劳勒期望激励理论"等;或者不太符合现代汉语表达习惯,比较生硬,如表 4-1 中的"自吃幼崽效应"等;有些甚至部分或完全保留了西方术语中的字母,语符形态混杂。据统计,在管理学术语子库中,有 58 个术语含有或完全是字母词,如"OEC 管理模式""POISE 标准"、ERP、FOB 等,这些具有显性西化标志的术语多涉及一般性的管理方法与原则,对汉语管理学的话语系统尤其是书写系统无疑会产生一定影响。与此相反,有些外来汉译术语,其汉化程度较高,比较契合汉语表达习惯,逐渐成为汉语话语中的基本词汇,如"包销""并购""按揭""智库"等,甚至归化成为具有中国本土话语特色的术语表达,如"天赋人权"等。这些汉化程度较高的术语使用频次往往也较高,易于促进西方管理学知识跨域传播与本土化应用。

在管理学术语子库中,还发现了少量的现代新创汉语管理学术语。这些术语往往是基于中国社会现实情境和管理实践产生的新生术语,在语言形式上也往往遵从汉语术语命名的简明性原则,表达简练。例如,"农转非"中的"农"是指"农业","非"是指"非农业生产";"统账结合"是指"社会统筹与个人账户相结合";等等。在这一类术语系统中,有不少术语是用以表征中国本土情境下特有的社会管理现象,其中比较常见的构词方式是借助汉语语言中的词缀或类词缀构成新型术语,如表 4-1 中例举的"农民工""户籍制""暂住证""蚁族"等。除此之外,一些显性的双音节构词要件如"理论""法则"等,也是这些新创术语命名形式中常见的语言要素,如表 4-1 中所示的"二锅头理论""王永庆法则""王安论断"等。甚至还有借助英语字母创造新术语的情况,由曾仕强教授提出的"M 理论"即"中道管理"就是一个很好的案例。其中,M 兼指"人"(man)和"中庸"(the mean)。这充分体现了中国现代管理学本土术语中西合璧的创新性特征。

除了比较常见的汉译西方管理学术语和部分中国新创术语之外,管理学术语子库中还有少量表征中国古代优秀管理学思想或理念的中国传统管理学术语。此类术语的概念知识多来自以中国传统哲学思想为代表的学术资源,在语言形式上往往高度凝练,同时又有着较为宽泛的语义外延。但是,在现阶段,这类术语在本库中收录数量很少。据统计,在管理学术语子库所收录的 1 743 条汉语管理学术语中,目前只发现 4 条该类术语,即表 4-1 中的"德治""善治""顺道"以及"天人合一"。这在一定程度上能够反映出中国传统管理学话语在中国现当代管理学发展过程中的境遇、地位等相关问题。

4.3 汉语管理学术语系统英译的方法特点

从上述对现有汉语管理学术语数据的类型及其特征的初步描述可以看出,汉语管理学术语的构成有着明显的以外译输入为主的杂糅特点,具有较为复杂的学科话语生态。在特定的学科语境下,汉语术语系统的构成类型及其特征深刻影响着术语系统英译实践中不同英译方法的运用,进而影响到术语跨语传播的系统特征。具体来说,对于外来汉译类型术语,回译是衡量其英译质量的重要标准,而这类术语本身的词汇化程度、概念透明性等特征对于英译实践中具体英译方法的主体性选择有直接影响;中国当代新创类型的管理学术语,既吸取西方管理学理论养分,又注重中国管理学实践创新,其术语表征形式具有较大灵活性,有单词型术语,如"三包""蚁族"等,也有较长的词组型术语,如"农村居民最低生活保障"等,这对于该类术语英文译名的统一与规范使用着实是一个挑战;而中国传统本土术语则体现出鲜明的古代汉语构词特征,多言简意赅,这在英译实践中也更易引发术语形式与概念内涵的具体取舍问题。

基于汉语管理学术语类型特征的多样性和特殊性,我们可以根据汉语管理学术语系统的英译数据,进一步对其英译方法进行系统的考察与分析。这可以看作对汉语管理学术语英译现状的一个尝试性描写研究。

在管理学术语子库现阶段收录的汉英双语数据中,汉语术语共 1 743 个,其英译译名共计 1 981 个[①]。经过进一步整理和分类,我们发现,汉语管理学术语英译方法主要包括四种:直译、意译、释译以及音译。实际上,从现有数据呈现的情况来看,在英译实践中,上述英译方法的应用情境并非完全彼此独立。但为了统计的方便,我们将其视为四个独立的英译方法范畴。例如,带有人名的词组型术语在英译中往往需要通过部分音译来实现(如"阿尔巴德定理"英译为 Albard theorem,"福特模式"英译为 Fordism),在此一律统计为直译;而在很多情况下借助形式上的对译就可以同时实现术语概念的有效传递,达到意译的效果(如"采购管理"英译为 purchasing management,"饱和营销"英译为 saturation marketing),对此,我们以术语英译中的形式特征为参照,同样将其归为直译的范畴。

在管理学术语子库中,上述四大类译法的数量和所占比例情况如表 4-2 所示。

表 4-2 汉语管理学术语英译的方法统计

英译方法	使用频次	所占比例
直译	1 891	95.46%
意译	84	4.24%
释译	4	0.20%
(完全)音译	2	0.10%

显然,英译汉语管理学术语时,直译法占绝大多数。相比之下,意译法、释译法和完全音译法的比例极小,三者合计不超过总译名数量的 5%。在管理学术

---

① 汉语术语同英文译名数量不统一的原因在于一词多译的现象。据统计,在 NUTerm 术语库中,共有 188 个汉语管理学术语有两个以上译名,占全部术语总数的 10.79%。

语子库中,完全音译的情况只发现 2 例,分别是"托拉斯"英译为 trust,"卡特尔"英译为 cartel,二者也是正确的回译。

在汉语管理学术语英译实践中,直译法常用于西方植入型术语的翻译。根据上述分析,外来汉译术语在汉语管理学术语中占相当大的比重,这也就不难理解在实际的英译实践中,直译法的应用频次会如此之高。管理学术语子库中采用直译法进行英译的典型例证如表 4-3 所示。

表 4-3 汉语管理学术语直译法举例

汉语术语	直译译名
基金	fund
团队	team
标准化	standardization
不确定性	uncertainty
存单	deposit receipt
商誉	business reputation
正强化	positive reinforcement
案例培训法	case study training method
管理反馈原则	feedback principle of management
蚁族	ant tribe
善治	good governance
顺道	following the Tao

采用直译法的汉语术语既有单词型术语,又有词组型术语。其中,汉语单词型术语往往是管理学中的基础术语。这些术语词汇化程度高,且具有较高的使用频率。对于含有前后词缀的单词型术语,在形式上也基本是汉英对应的关系,如"标准化"中的"化"同 standardization 中的 -ation 对应,"不确定性"中的"不"同 uncertainty 中的 un- 对应,等等。就汉语词组型术语而言,这种形式对应关系更为直观。

在汉语管理学术语的英译实践中,直译的普遍应用对于汉英双语术语词汇系统的形式特征产生了重要影响。对此,我们基于术语分词,分别统计了管理学术语子库中汉语术语系统及其英译术语系统中用以构成术语的单词,并对比呈现了出现频率最高的前 10 个单词,如表 4-4 所示。

表 4-4 汉英对译管理学术语词汇系统高频单词对比

序号	汉语术语系统		英译术语系统	
	单词	频次	单词	频次
1	管理	130	management	144
2	战略	59	system	74
3	营销	56	theory	73
4	效应	48	marketing	64
5	理论	48	strategy	61
6	法则	44	law	59
7	市场	43	effect	50
8	企业	39	administrative	47
9	定理	34	land	44
10	决策	31	decision	37

由表 4-4 可知,在汉语管理学术语系统及其英译术语系统中,高频单词的概念匹配度极高。在上表所列的汉语高频单词中,除"企业"之外[①],均能在该表中找到对应的英文单词,如"管理"与 management 对应,"战略"与 strategy 对应。

实际上,这种形式上的一一对应关系并不限于外来术语的汉译。通过观察术语库中的具体例证可以发现,对于少量中国本土术语而言,其中包括现代创新型术语和传统术语,在汉英词素之间或汉字与英语单词之间也可实现对应关系,因而在英译时也采用了直译法,如表 4-1 中的"蚁族""善治"和"顺道"。

需要指出的是,由于术语的字面义与学术含义并不总是完全对应的,在一些情况下,过分依赖直译法容易落入术语翻译的形式对应窠臼,从而降低英译质量,甚至导致误译。例如,在现阶段收录的英译数据中,有这样一条记录,汉语术语"暗箱操作"被直译为 black case work。本文将 black case work 作为检索词,在 Google Scholar® 中共检索得到 49 篇包含该检索词的文献,文献几乎全部由中国学者撰写,其中一篇是中外合著的文章,在译名 black-case work 之后加了较长的释译。这说明,就术语翻译的传播本质而言,black case work 并不是一个可接受的英语译名。实际上,在英语语境中,covert deals 和 under-the-table deals 是比较常见的表达,用以表征同"暗箱操作"类似的概念。在英译实践中,

---

[①] 据统计,汉语单词"企业"的英译在英语译名系统中也有较高的出现频次,与 business 和 organization 对应,频次均为 24。

需要注重术语概念优先的基本原则。在现有数据中,我们将这些不拘泥于汉语术语形式,同时又兼顾术语翻译简明性原则的英译实践统一归为意译的范畴。表4-5中是相应的典型例证。

表4-5 汉语管理学术语意译法举例

汉语术语	意译译名
派购	purchase by state quotas
编制	manning quota
备货生产	make-to-stock
高价老头	well-paid retirees
逆反效应	snob effect
程序正义	visible justice
傍大款模式	sugar-daddy developing model
九五型老板	boss-as-emperor
户籍人口	registered permanent resident
德治	governance by virtue

如表4-5所示,在汉语管理学术语英译实践中,意译法几乎涵盖了汉语管理学术语系统的所有历史构成类型。对于西方外来术语而言,当通过汉英语言形式匹配无法得到原始知识语境中的英文术语时,意译法是在英译实践中实现正确回译,防止术语污染现象的有效途径。而中国现代创新型术语命名时常会体现出民族性特色,在跨语传播过程中,特别是在早期阶段,更需要借助意译促进实现术语概念传播的可接受性,这对于中国传统管理学术语而言尤为必要。例如,表4-5中的"九五型老板"由被誉为"中国式管理之父"的曾仕强教授提出,是一个典型的中国现代创新型术语。该术语含有"九五之尊""三才并用""中道管理"等丰富而极具本土特色的概念元素。管理学术语子库中目前收录的译名boss-as-emperor还明显存在可改善的空间,但该译名在一定程度上已经能够通过意译传达出部分相关含义。表4-5中的中国传统管理学术语"德治"及其英译也是类似的情况,相关翻译问题值得进一步深入研究。

对于中国现代创新型管理学术语和中国传统管理学术语而言,在英译实践中时常会出现形式与内容的冲突,在一些情况下,即便通过意译也不能有效地传达相关汉语术语的核心概念。此时,彻底打破术语翻译的形式束缚,基于术语翻译的二次命名实质,借助阐释进行释译是权宜之法,重在术语概念的有效传递。在对管理学术语子库的英译数据进行统计时,我们发现了 4 例该类情况,将其归为释译的范畴。其中包括 3 个现代汉语术语,即"农转非""三包""十五细则",还有一个传统术语,即"天人合一"。具体英译情况如表 4-6 所示。

表 4-6 汉语管理学术语释译法举例

汉语术语	释译译名
农转非	change of agricultural household and land registration to non-agricultural status
三包	the three guarantees of repair, replacement and refund of substandard products
十五细则	fifteen refined rules on adjusting the housing supply structure and stabilizing housing prices
天人合一	the ultimate state of man-nature oneness

上述 4 个术语所表征的概念都极具中国管理学知识或概念特色。例如,"农转非"是中国计划经济时代特定时期基于户籍制产生的术语,具体指由农业户籍转为非农业户籍。在英译实践中,为更充分地传达文化特色概念,释译成为其传播初期一种常用的有效方式。但释译倾向于显化相关术语概念的外延特征,不可避免地会导致术语翻译结果相对冗长,即译名的词汇化程度较低,从而对英语译名的形式特征产生较为显著的影响。

实际上,从系统的视角来看,不同英译方法的运用会直接影响到术语译名的系统特征。对于术语翻译而言,译名系统的形式特征是这一整体性影响的最直观体现,同时也是用以衡量译名系统的术语性特征,进而评价术语翻译实践的重要参数。

4.4　汉语管理学术语系统英译的形式特征与经济律

该部分拟就管理学术语子库中英译数据的形式特征进行系统性描述,以此为基础计算管理学术语汉英翻译的系统经济指数,并进行初步的对比分析。具体拟从以下两方面进行:(1) 汉语管理学术语系统英译的形式特征;(2) 管理学术语汉英翻译的系统经济律。前者旨在考察汉语管理学术语英译方法的综合应用对英译术语系统的形式特征产生的整体影响,后者是对汉英术语系统经济指数及其差值的计算,可用以进一步分析术语翻译方法的系统合理性。

4.4.1　汉语管理学术语系统英译的形式特征

为了从整体上大致描述不同英译方法的应用对术语系统跨语传播的形式特

征所产生的影响,我们可以首先统计并对比汉语管理学术语及其英译术语系统中单词型术语词汇与词组型术语词汇的数量及其比例。基于管理学术语子库现有数据的相关统计结果如表4-7所示。

表4-7 汉语管理学术语及其英译术语长度类型统计与对比

术语类型	汉语术语数量	英译术语数量
单词型	146	115
二词词组型	1 161	1 231
三词词组型	364	426
多词词组型 ①	72	209
总　数	1 743	1 981

从表4-7可以发现,汉语管理学术语以词组型为主,其中二词词组型术语和三词词组型术语共计1 525个,占汉语术语总数的87.49%。而在对应的英译术语系统中,也以二词词组型和三词词组型居多,二者共占英译术语总量的83.54%。这一形式特征是直译法普遍应用的结果。

相比较而言,多词词组型汉语管理学术语和多词词组型英译术语的数量差额比较大。其中,在209个多词词组型英译术语中,长度最大值高达13。除此之外,还有其他几个长度数值格外突出的英译术语,具体情况如表4-8所示。

表4-8 汉语管理学术语及其英译术语长度统计与对比

汉语术语	汉语术语长度	英译术语	译名长度
十五/细则/	2	fifteen refined rules on adjusting the housing supply structure and stabilizing housing prices	13
三/包/	2	the three guarantees of repair, replacement and refund of substandard products	11
农/转/非/	3	change of agricultural household and land registration to non-agricultural status	10
分散/行业/竞争/战略/	4	competitive strategies for industries of small and medium-sized enterprise	9
党/政/分开/	3	separating of functions of CCP and government	7
统/账/结合/	3	system of social overall plan plus individual account	8

---

① 此处将长度大于3的术语或译名分别统称为多词词组型术语和多词词组型译名。

表4-8中所列的术语中,前三个译名正是之前在释译方法分析部分统计过的典型案例。其他几个术语译名作为意译的结果也带有一定的释译色彩。

基于上述的统计分析,我们可以初步得出以下结论:不同英译方法的应用将直接影响到汉语术语译名的长度。从系统统计的角度来看,英译方法同术语长度变化之间的关系尤为明显。对此,本研究基于管理学术语子库中的汉英双语数据,针对每一种英译方法[①],就其对应汉语术语与译名的平均长度进行了统计与对比。

表4-9 汉语管理学术语与其英译术语平均长度对比

英译方法	汉语术语平均长度	英译术语平均长度
直译	2.57	2.63
意译	2.16	2.42
释译	2.40	5.17

从表4-9可以发现,在汉语管理学术语英译实践中,直译法并未引起术语长度的明显变化,英译术语的平均长度只有0.06的增幅,而意译法与释译法对英译术语系统的形式特征产生很大影响。尤其是通过释译法进行翻译之后,术语的平均长度增幅明显。而从整体上讲,英译术语的平均长度是这三大主要译名方法共同作用的结果。据统计,汉语管理学术语的平均长度为2.24,英译术语的平均长度为2.43。

4.4.2 管理学术语汉英翻译的系统经济律

在术语系统的英译过程中,术语长度发生变化的同时,术语系统中单词总数以及单词的构词频率也发生了变化。基于术语分词,我们统计发现,汉语管理学术语系统及其英译术语系统中的单词总数分别为1 767和1 863。以此为基础,我们可进一步计算得出汉语术语系统和英译术语系统中单词的平均构词频率以及这两个系统各自的经济指数,具体计算结果如表4-10所示。

表4-10 管理学术语汉英翻译的系统经济指数

系统参数	汉语术语系统	英译术语系统
术语平均长度	2.24	2.43
单词平均构词频率	2.21	2.59
经济指数	0.99	1.06

[①] 音译的情况由于本库中收录较少,本处暂不进行统计。

从表 4-10 可以发现,在汉语管理学术语英译过程中,随着术语平均长度的增加,单词的平均构词频率也呈现出较为明显的增势,增幅是 0.38,是术语长度增幅的两倍。这足以说明,英译管理学术语系统的构词能力要高于汉语管理学术语系统。因此也就不难理解,在系统英译过程中,英译术语系统的经济指数有升高的趋势。

从管理学术语子库的现有数据统计结果来看,汉语管理学术语系统的经济指数只有 0.99。根据术语系统经济律理论,对于一个发展较为成熟的术语系统而言,其经济指数需高于 1。显然,汉语管理学术语系统仍处于发展阶段。在某种程度上,这一指数同时也可视为对该学科发展现状的一个直观反映。此外,还需格外注意的是,汉语管理学英译术语系统的经济指数(1.06)虽大于 1,但对于现阶段以西方知识体系为主体的管理学而言,这一数值体现的仍是一个较低的系统经济指数,同西方管理学知识体系化发展的现状并不完全吻合。作为对这一数据统计结果的反思,我们认为,面向汉语管理学术语英译实践中普遍存在的回译问题以及管理学本土术语尤其是传统术语英译的特殊性,亟须研究和探索更具体可行的英译方法,以满足当代管理学术语英译的现实需求。

4.5 小结

本文基于中国管理学发展的学科史渊源,结合现阶段管理学术语子库中的双语数据,对汉语管理学术语的英译现状做了尝试性描写与初步分析。研究发现,在汉语管理学术语系统中,汉译外来术语占多数,同时有少量的中国现代新创术语和传统术语。这三类术语在知识内容、语言特征和术语形式方面有各自的特点,对于当代汉语管理学的英译实践有着至关重要的影响。

汉语管理学英译术语的系统特征取决于英译实践中不同英译方法的应用频率与规律。这一点,在汉语管理学术语系统英译的形式特征方面有显著体现。基于管理学术语子库的双语数据统计结果,本文发现意译和释译的使用频次虽不及译名总数的 5%,却在整体上明显增加了管理学英译术语的平均长度,而直译作为汉语管理学术语英译实践中最常用的方法,对英译术语系统中的单词总数与单词构成频率有关键影响。

需要指出的是,对于管理学这样的植入型学科而言,现阶段管理学术语子库中英译术语系统的经济指数并不是一个相对理想的数值。这说明目前在汉语管理学术语的英译实践过程中仍存在诸多问题,如外来术语英译中错误的回译现象以及不必要的一词多译问题等。就整个英译术语系统而言,这些英译现象极易引起英文单词总数的增加,削弱英文单词的构词能力,从而影响到英译术语系统的经济指数。

实际上，汉语管理学术语英译实践中存在的问题同汉语管理学术语系统本身的诸多不稳定性因素紧密相关。这一点可以通过汉语管理学术语系统及其英译术语系统的经济指数对比体现出来。就现阶段管理学术语子库中汉语术语数据的内容来看，如前文所述，仍存在一部分词汇化程度较低的外来术语，而传统管理学术语在沿用古义而不做现代创新的情况下，分词时大多情况下以单字作为切分单位，会增加单词的总数，从而降低汉语管理学术语系统的经济指数。外来管理学术语的汉化以及中国传统术语的现代化和术语化是提升汉语管理学术语系统经济指数所面临的重要挑战。这同时也是中国当代管理学话语体系在构建过程中更加趋向独立和自主的关键。

5
汉语马克思主义学科术语系统及其英译现状分析

5.1 汉语马克思主义学科术语系统构建的学科史背景概述

"马克思主义是一个博大精深、宏伟的哲学社会科学理论体系,主体有三个组成部分:马克思主义哲学、马克思主义政治经济学和科学社会主义。"(翁光明,2005:6)从狭义上讲,马克思主义是马克思、恩格斯本人原创的基本理论、基本观点和学说的体系。而从广义上来说,马克思主义是由马克思、恩格斯创立,由其后各个时代、各个民族的马克思主义者不断丰富和发展起来的观点和学说的体系,是由一系列的基本理论、基本观点和基本方法构成的完整科学体系。

5.1.1 西方马克思主义的发展历程

马克思主义的产生既有深刻的社会经济背景和阶级根源,同时也有深刻的思想理论渊源。它与欧洲的历史科学、经济科学和哲学科学有着密切的联系。具体来讲,马克思主义学说有三个主要理论来源:以黑格尔和费尔巴哈为代表的德国古典哲学、以亚当·斯密和大卫·李嘉图为代表的古典政治经济学和以圣西门、傅里叶、欧文为代表的空想社会主义。从学科门类而言,马克思主义学术话语体系主要由以上三个学科共同构成,表征其核心思想和主要概念的术语体系也因此具有一定的杂糅特点。例如,表征哲学概念的术语有"历史唯物主义""唯心主义""不可知论""康德主义"等,表征政治经济学概念的术语有"价值""商品""生产关系""生产力"等,以及来自空想社会主义的术语如"共同劳动""平均分配""城乡结合"等。

西方马克思主义在发展过程中表现出时代性和民族性,即在不同的时代和社会环境中,在不同的国家和地区,马克思主义学科体系打上了时代和地域的烙印,其理论谱系发展呈现出开放性。具体而言,马克思主义运用于革命实践,首先取得完全胜利的是在苏俄,其马克思主义理论发展与创新的突出成果是"列宁主义",精髓是把马克思主义基本原理与俄国具体实践相结合,创造性地运用马克思主义的立场、观点和方法,构建具有俄国特色的马克思主义理论体系。(许蓉,2010:34)作为列宁主义的继承和发展,"斯大林主义"也是马克思主义理论的重要组成部分(秦正为,2008:43),在马克思主义和列宁主义话语体系中增加了对斯大林时期革命和建设经验总结的内容。"东欧新马克思主义"是"二战"后特别是20世纪五六十年代在东欧非斯大林化过程中涌现出的一批著名马克思主义理论,致力于对斯大林主义的批判和对马克思主义的人道主义传统的挖掘和弘扬,致力于东欧社会主义实践的新探索(孙咏,2007:101),对苏联东欧的社会主义实践发展产生了重要的影响,其中影响力较大的有"南斯拉夫实践派"和"布达佩斯学派",具有不同于苏俄马克思主义的理论内容。当代西方马克思主义是对西方国家以不同理论旨趣研究马克思主义理论所形成的各种思想流派的总称,既有以反对马克思主义和社会主义为目的的马克思主义研究,也有借用马克思主义的理论和方法,力图在资本主义框架范围内解决资本主义的现代性问题的马克思主义研究,还存在着受马克思思想的影响,与马克思思想存在着较弱联系的思潮流派(王雨辰,2009:14)。当代西方马克思主义是20世纪马克思主义发展进程中的重要组成部分,如弗洛伊德式的马克思主义、存在主义的马克思主义、分析学派的马克思主义、后现代主义的马克思主义以及生态马克思主义。西方马克思主义研究在当代出现了新的转向,对空间、资本、生态等问题的关注成为重要主题,从而丰富与发展了西方马克思主义的研究(车玉玲,2013:23)。总之,马克思主义在西方的发展过程中不断结合各个时代的思潮与地域文化,其理论话语和术语体系也不断拓展和丰富。

5.1.2 马克思主义中国化及学科形成

马克思主义中国化经历了一个从国外不同渠道引入理论和思想到与中国社会环境与本土文化不断融合的过程。马克思主义最初是作为西方社会政治思潮中的一种,随着西学东渐和国人的留学运动而传入中国。1898年英国传教士李提摩太(Timothy Richard)委托胡贻谷翻译的《泰西民法志》(*History of Socialism*)一书中最早提到了马克思其名及其学说(王树荫、温静,2011:9)。近代马克思主义传入中国主要来源于三个渠道,即日本、法国以及俄国。五四运动以前,马克思主义主要经日本传到中国。当时许多在日本的中国留学生想借鉴日本明治维新的经验,寻求救亡图存的真理。社会主义思想在日本的介绍和传播对中国留学生产生了强有力的影响。20世纪初,留日中国学生掀起了译介日文社会主义著作和介绍社会主义学说的热潮(李百玲,2009:67)。其后1917年到1919年,中国许多先进分子留法勤工俭学,决心在这一欧洲工人运动的中心寻求救国救民的真理。法国因此成了继日本之后马克思主义传入中国的另一重要渠道。(左玉河,1991:134)五四运动特别是中俄交通打通后,中国先进分子的注意力又从西方的法国逐步转移到俄国,从俄语翻译和介绍马克思主义和苏俄的情况(毛传清,2000:58)。马克思主义中国化具有不同的思想来源渠道,这对其学科话语与术语体系的建构会产生一定的影响。

1921年7月,中国共产党宣告成立,马克思主义成为指导中国革命的一面思想旗帜,成为中国共产党乃至中华人民共和国的指导思想并逐渐走上了与中国实际相结合的本土化道路。毛泽东提出了马克思主义与中国具体实际相结合的毛泽东思想,是对马克思主义中国化思想的重大发展。改革开放前后,邓小平所开创的中国特色社会主义理论是马克思主义与中国具体实际的第二次结合。(汪信砚,2008:652)之后,"三个代表""科学发展观"等重要思想都是以马克思主义基本原理为指导并结合当代中国实际的理论创新。在马克思主义中国化的各个历史阶段,马克思主义中国化不断发展,同时也产生了相应的术语,如"农村包围城市""新民主主义革命""社会主义改造""解放思想""改革开放""三个代表""科学发展观"等。

同时,国内马克思主义理论研究从奠基起步阶段逐步发展至繁荣创新阶段。马克思主义经典著作的翻译和出版事业全面推进。马克思主义理论研究和教学机构不断设立,研究队伍和学科体系不断壮大和充实。自1964年中国人民大学成立马列主义思想史研究所起,多所大学也相继成立马克思主义研究所或毛泽东思想研究所。1950年政务院要求高等院校开设新民主主义课程,其间马克思主义学科课程不断完善,至2005年国务院学位委员会和教育部颁布文件增设"马克思主义理论"一级学科及所属二级学科"马克思主义基本原理""马克思主义发展史""马克思主义中国化研究""国外马克思主义研究"以及"思想政治教育"等,涵盖了马克思主义政治学、历史学、社会学、伦理学等多个学科视角(程恩富、胡乐明,2010:12-15)。学科的发展繁荣为话语体系的建构与传播以及术语体系的完善创造了极好的条件。

马克思主义在中国的发展经历了一个与中国本土文化和社会环境相融合的过程,其学科话语体系的构建也融入了中国的本土元素。张岱年先生认为中国传统文化与马克思主义契合之处至少包括唯物论、辩证法、唯物史观、社会理想等四个方面(张岱年,1987:1-2)。有学者将中国传统文化与马克思主义的共同性归纳为人本性、理想性、实践性和整体性(邵汉明,1999:21)。还有的学者认为,马克思主义与中国传统文化契合点主要在实践观、社会理想观、人本观等方面,这是马克思主义中国化的文化条件(温波,2009:67)。综合以上观点,我们认为,马克思主义中国化及其学科形成过程中必然会融合中国传统文化中的辩证法、实践观、社会理想、人本观等思想和概念,并通过相应的术语得以体现,例如"和谐""以人为本""以德治国"等。

从以上对国内外马克思主义理论发展的一个总体描述可以看出,马克思主义理论的发展具有时间上的相继性以及地区上的独特性,既包含了经典马克思主义的理论内核,同时又基于不同的历史条件以及国情特点有所发展和创新。总体来说,马克思主义主要有两大方面的思想来源:一是国外引入的马克思主义理论(包括马克思、恩格斯的思想、苏俄马克思主义、东欧新马克思主义、当代西方马克思主义),二是马克思主义中国化。汉语马克思主义学科术语系统的构成及特征分析能够较好地反映出中国马克思主义学科建设的现状和发展趋势。

5.2 汉语马克思主义学科术语系统的构成类型及特点

任何一门学科话语体系的形成都以其核心概念、基本范畴和主要观点的确立为基础。术语表征学科领域的专业概念,术语系统的构建与学科知识谱系的演化与发展密切相关。因此,一定程度上,学科术语系统的构成类型与特征能够反映出一个学科发展过程中不断扩展形成的知识体系内容及特点。马克思主义学科术语是表达或限定马克思主义思想领域专业概念的约定性符号,它们是马克思主义理论与实践知识的词汇化表征结果。下文拟结合前述对国内外马克思主义思想发展脉络以及国内马克思主义学科历史沿革与发展状况的概述,考察并大体上描述汉语马克思主义学科术语系统的基本构成特点。从以上马克思主义学科发展概述可以看出,汉语马克思主义学科术语系统的构成主要包括两大类型:国外引入的马克思主义学科术语和马克思主义中国化术语。前者是经过不同时期的术语汉译进入中国马克思主义学科话语体系的。而马克思主义中国化术语则是马克思主义基本原理与现当代中国具体实际以及本土文化相结合而产生的理论体系中的相关术语。

在 NUTerm 术语库马克思主义学科术语子库中,现阶段收录的 314 条汉语核心术语数据能够大体上反映出汉语马克思主义学科术语系统的构成类型及其分布特征。鉴于学科术语的历史和语义溯源及判定需要非常精深的专业知识和翔实的考据过程,这里,我们暂不就汉语马克思主义学科术语系统的历史构成做全面的量化分析和统计,仅结合马克思主义学科术语子库现阶段收录的部分数据,举例说明汉语马克思主义学科相关类别的术语(见表 5-1)及其主要特征,并以此为基础考察相应类别的术语英译情况。

表 5-1　汉语马克思主义学科术语系统的构成类型举例

术语系统的构成类型		代表性术语示例
国外引入的马克思主义学科术语	单词型	马克思主义、罢工、帝国主义、剥削、反抗
	二词词组型	工业自治、第一国际、阶级斗争、经济剩余论、空想社会主义、新康德主义
	三词词组型	集体虚假意识、国民创意活动、罗马俱乐部思潮、弗洛伊德的马克思主义
	多词词组型	阶级关系中矛盾的地位、具体—抽象—具体的循环、新实证主义的马克思主义
马克思主义中国化术语	单词型	本本主义、和谐
	二词词组型	毛泽东思想、邓小平理论、统一战线、武装斗争、"三个代表"、马克思主义中国化、解放思想
	三词词组型	新民主主义革命、农村包围城市、论十大关系、社会主义初级阶段、民族资产阶级
	多词词组型	社会主义的本质和根本任务、工农武装割据、黑猫白猫论

根据术语库数据分析,在汉语马克思主义学科术语中,绝大部分为汉译外来术语,即在不同历史时期和国家地区的发展过程中形成并通过汉译引入中国的马克思主义理论概念。表征这些理论概念的术语在语言结构上具有西方学术典型的分析性特征,即往往采用限定、合成、加缀等术语构成方式,如表 5-1 中的"空想社会主义""第一国际""新康德主义""弗洛伊德的马克思主义"等。由于马克思主义的诸多概念往往与特定的地区、人物等有着密切的联系,故在命名形式上,此类术语多借助人名、地名、学术流派名称等表征概念。关于此类术语,除表 5-1 中的相关例证外,在术语库中还有"李森科主义""东方专制主义""波拿巴主义""奥地利马克思主义""新托马斯主义"等。

需要说明的是,作为主要以外来术语汉译形成的术语系统,马克思主义学科术语的词汇化程度参差不齐,术语长度不一。一部分术语表征的概念比较复杂,汉化程度较低,术语形式较为冗长,如"新实证主义的马克思主义""阶级关系中矛盾的地位""大拒绝社会运动""同一的主体—客体""都灵工厂委员会运动"等。与此相反,还有部分外来术语汉译汉化程度很高,比较契合汉语的表达习惯,作为中国当代的主流意识形态话语,逐渐成为汉语中的基本词汇,如"批判""无意识""合法性"等。

在 NUTerm 术语库马克思主义学科术语子库中,我们发现了少量的马克思主义中国化术语,这些术语是马克思主义基本原理与中国实际相结合的产物,是中国的革命领导人以及学者对马克思主义理论的创新性发展。这些术语在语言形式上具有多样性，既有结构上与国外汉译引入的术语类似之处，如"毛泽东思想""邓小平理论"等以思想观点的主要创立者命名的概念，又有表征中国本体情境下的革命理论与实践概念并融合了中国本土语言文化特征的具有中国特色的术语，如"工农武装割据""统一战线""农村包围城市""群众路线""黑猫白猫论""实事求是"等，此类术语多为词组型术语。

5.3　汉语马克思主义学科术语系统英译的方法特点

通过上述对术语库中现有的汉语马克思主义学科术语数据的类型及其特征的初步描述可以看出，汉语马克思主义学科术语的构成有着明显的以外译输入为主的杂糅特点。在特定的学科语境下，汉语术语系统的构成类型及其特征深刻影响着术语系统英译实践中不同英译方法的运用。具体来说，对于外来汉译类型术语，其本身的词汇化程度、概念透明性等特征对于英译实践中具体英译方法的主体性选择有着直接的影响。而本土术语即马克思主义中国化术语，既吸收马克思主义基本原理，又结合中国社会实际，其术语表征形式具有较大灵活性，其中以较长的词组型术语居多，如"中国特色社会主义理论体系""论十大关系""新民主主义革命""一化三改""和平赎买""三步走战略"等。对这类术语英文译名的统一和规范使用具有很大的挑战性，因而有较大的研究价值。

基于汉语马克思主义学科术语类型的多样性和特殊性，我们根据术语库中汉语马克思主义学科术语系统的英译数据，对其英译方法进行系统的考察和分析。这可以看作对汉语马克思主义学科术语英译现阶段的一种尝试性的描写研究。

在马克思主义学科术语子库现阶段收录的汉英双语数据中，汉语术语共314个，其英译译名共339个[①]。经过进一步整理和分类，我们发现，汉语马克思主义学科术语英译方法主要包括五种：直译、意译、音译、直译音译结合、意译音译结合。而实际上，从现有数据呈现的情况来看，在英译实践中，上述英译方法的区分并非完全绝对，且其应用情境并非完全彼此独立，只是为了统计的方便，我们暂将其视为五个独立的英译方法范畴，例如，在英译方法归类时，英译术语与汉语术语在词素或者词语形式上保持基本对应的（包括因为介词等的运用而在语序上进行调整的），我们将其归入直译一类。如果由于英汉语言文化的差异，英译术语与汉语术语在词素或者词语形式上没有保持对应而采用了灵活的

---

① 汉语术语同英文译名数量不统一的原因是一词多译的现象。据统计，在 NUTerm 术语库中，共有 29 个汉语马克思主义学科术语有两个译名，占全部术语总数的 9.24%。

阐释的,我们将其归入意译一类。另外,带有人名的词组型术语在英译中往往要通过部分音译来实现(如"托洛茨基主义"英译为 Trotskyism,"列宁主义"英译为 Leninism,"弗洛伊德的马克思主义"英译为 Freudian Marxism)。在马克思主义学科术语子库中,上述五种译法的数量和所占比例如表 5-2 所示。

表 5-2 汉语马克思主义学科术语英译的方法统计

英译方法	频次	所占比例
直译	279	81.34%
意译	27	7.87%
音译	1	0.29%
直译音译结合	33	9.62%
意译音译结合	3	0.88%

很显然,对汉语马克思主义学科术语进行英译时,直译法占大多数,而意译、音译、直译音译结合以及意译音译结合的方法使用较少(后四者合计不超过四分之一)。在马克思主义学科术语子库中,音译的情况只发现了一例,即"苏维埃"被译为 Soviets。该术语本意是代表大会,起源于俄国革命。十月革命后,苏维埃成为俄国新型政权的标志。而在中国的土地革命时期,对于广大农村甚至共产党人来说,苏维埃的原意非常生僻,很难通过直译或者意译准确传达其内涵。在这种情况下,Soviets 音译为"苏维埃"。

在汉语马克思主义学科术语英译实践中,直译法常常用以翻译从国外植入的术语。外来术语在汉语马克思主义学科术语中占很大比重,故在英译实践中使用的频次很高。在马克思主义学科术语子库中采用直译法进行英译的典型例子如表 5-3 所示。

表 5-3 汉语马克思主义学科术语直译法举例

汉语术语	直译译名
非生产劳动	unproductive labor
资本主义社会	capitalist society
中等阶级	middle class
原始积累	primitive accumulation
无政府主义	anarchism
劳动后备军	reserve army of labor
基础和上层建筑	base and superstructure

续 表

汉语术语	直译译名
工人阶级运动	working class movement
不平等发展	uneven development
历史唯物主义	historical materialism
虚假需求	false needs
绿党	Green Party
工农武装割据	armed independent regime of workers and peasants
农村包围城市	using the rural areas to encircle the cities; surround the cities from the countryside

采用直译法的汉语术语大部分为词组型,除了表5-3中的术语外,还有"工具主义国家理论"(instrumentalism state theory)、"工业自治"(industrial autonomy)和"历史决定论"(historical determinism)等。少数是单词型术语,如"罢工"(strikes);还有部分是附加前后缀的单词型,如"保守主义"(conservatism)、"非同一性"(non-identity)等。采用直译方法后,在形式上这些术语存在汉英对应关系,如"保守主义"中的"主义"同conservatism中的"-ism"对应,"非同一性"中的"非"同non-identity中的"non-"对应。就汉语词组型术语而言,这种形式对应关系更为明显。

实际上,采用直译法产生的形式上的一一对应关系并不限于外来术语。观察术语库中的具体实例可以发现,对于其中少量中国新创的马克思主义中国化术语来说,原汉语术语与其英译术语的构成语素之间也可实现对应关系,这是在英译时采用直译的方法结果,如表5-1中的"毛泽东思想"(Mao Zedong thought)、"邓小平理论"(Deng Xiaoping theory)、"武装斗争"(armed struggle)等。另外,部分本土汉语术语比较冗长,词汇化程度较低,其直译的英语译名也存在相同的形式冗长的问题,如表5-3中的"工农武装割据"(armed independent regime of workers and peasants)、"农村包围城市"(using the rural areas to encircle the cities; surround the cities from the countryside)等。

虽然术语定名需要遵循理据性的原则,术语的学术含义不应违反术语结构所表现出来的理据,但并非所有的术语都能够做到"望文生义"和"顾名思义",部分汉语马克思主义学科术语的字面含义与其学术含义并非完全相符。对于此类术语,在术语的英译实践中,我们需要注意概念优先的原则,要追根溯源,充分考据,了解该术语的概念内涵,在此基础上进行正确的翻译。对英译质量考核的依据在于是否正确运用了回译,是否找到权威可信的英语术语译文。在采用直译法无法准确表达术语内涵时,则采用意译的方法。汉语马克思主义学科术语意译法举例如表 5-4 所示。

表 5-4　汉语马克思主义学科术语意译法举例

汉语术语	意译译名
多元决定论	overdetermination
三种科学	three scientific discoveries
人本论	human nature
官僚机构	bureaucracy
贵族统治	aristocracy

如表 5-4 所示,凡是没有基于术语的字面结构进行汉英一一对应的翻译而是进行了较为灵活的转换的,我们都将其归入意译的类别中。对于外来术语而言,当通过汉英语言形式匹配无法得到原始知识语境中的英文术语时,意译法是在英译实践中实现正确回译、防止术语误译现象的有效途径。对于中国新创的马克思主义中国化术语来说,在英译实践中常常会出现形式与内容的冲突,或者字面表述不能充分传达术语的全部内涵,需要借助意译的方法进行灵活处理,例如,"枪杆子里出政权"是毛泽东以巨大的政治勇气在革命生死存亡的关键时刻、在党的最高会议——"八七"会议上提出的著名论断,也是马克思主义中国化的毛泽东思想的一个重要概念,强调革命武装斗争的极端重要性,语言形式通俗易懂,其英译 taking political power by armed forces 既正确传达了术语的概念内涵,又没有过于拘泥其字面表述,避免了因过于拘泥原文而带来的误解。

由于汉语马克思主义学科术语的构成方式有较多的是专名(人名或者地名等)加上普通词语,在英译时多采用音译加直译的方法。构成术语的专名翻译遵循"名从主人"的原则,同时考虑约定俗成的情况进行音译,而术语中的普通词汇则采用直译的方法,如表 5-5 所示。

表 5-5　汉语马克思主义学科术语直译音译结合法举例

汉语术语	直译音译译名
马克思主义	Marxism
都灵工厂委员会运动	The Turin Factory Councils Movement
弗洛伊德的马克思主义	Freudian Marxism

续 表

汉语术语	直译音译译名
罗马俱乐部思潮	ideas of Club of Rome
西方列宁学	Western Leninology
新托马斯主义	Neo-Thomism
波拿巴主义	Bonapartism

除此以外,在现阶段马克思主义学科术语子库中,我们发现3例意译音译结合的情况:"约翰逊福利斯特倾向"(Johnsonites)、"布鲁姆提纲"(Blum Theses)、"马克思主义发展的三阶段论"(Marxian Theory of Three Social Formations)。除了音译部分之外的其他词素或者词语没有进行汉英一一对应的转换,而是根据术语的概念内涵进行灵活的阐释,或是被回译为相应的英语术语。

实际上,从系统的视角来看,不同英译方法的运用会直接影响到术语译名的系统特征。对于术语翻译而言,译名系统的形式特征是这一整体性影响的最直观体现,同时也是用以衡量译名系统的术语性特征,进而评价术语翻译实践的重要参数。

5.4 汉语马克思主义学科术语系统英译的形式特征与经济律

本部分拟就马克思主义学科术语子库中英译数据的形式特征进行系统性描述,以此为基础计算汉语马克思主义及其英译术语的系统经济指数,并尝试进行初步的对比分析。具体拟从以下两方面进行:(1) 汉语马克思主义学科术语系统及其英译的形式特征对比;(2) 马克思主义学科术语汉英翻译的系统经济律。前者旨在考察汉语马克思主义学科术语英译方法的综合应用对英译术语系统的形式特征产生的整体影响,后者是对汉英术语系统经济指数及其差值的计算,进一步分析术语翻译方法的系统合理性。

5.4.1 汉语马克思主义学科术语系统英译的形式特征

为了从整体上大致描述不同英译方法的应用对术语系统英译的形式特征所产生的影响,我们首先统计并对比汉语马克思主义学科术语及其英译译名系统中单词型术语与词组型术语的数量及其比例。基于马克思主义学科术语子库现有数据的相关统计结果如表 5-6 所示。

表5-6 汉语马克思主义学科术语及其英译术语长度类型统计与对比

术语类型	汉语术语数量	英译术语数量
单词型	125	133
二词词组型	130	140
三词词组型	49	37
多词词组型①	10	29
总数	314	339

从表5-6所呈现的统计结果可以发现,汉语马克思主义学科术语以单词型和二词词组型为主,二者合计占总数的81.21%。对应的英译术语情况类似,也以单词型和二词词组型术语居多,二者占英译术语总数的80.53%。可以看出,英译并没有对汉语以及英译马克思主义单词型和二词词组型术语的数量和比例产生明显的影响,同时这一形式特征是直译法普遍应用的结果。

相比较而言,英译之后,多词词组型术语的数量增加较大。在汉语马克思主义学科术语系统中多词词组型术语只有10个,而其英译译名系统中多词词组型术语却有29个,这种数量的增加和英语语言的特点以及意译方法的使用有关,如表5-4中的二词词组型术语"三种科学"英译为多词术语three scientific discoveries。表5-7中例1—5汉语术语的长度均有所增加。与此同时,部分汉语马克思主义学科术语在英译后,其英译译名的长度有所减小。例如,表5-7中的例6"阶级关系中矛盾的地位"英译为contradictory locations within class relations,长度由六词减少为五词;又如,例9"官僚机构"英译为bureaucracy,长度由二词减少为一词。需要指出的是,汉语马克思主义学科术语英译后长度的减少部分是英语语言本身的特点所致,部分是由于采用了正确的回译。例如表5-7中的"大拒绝社会运动",英语原为Great Refusal,不需要按照该术语的字面结构逐字进行翻译。

表5-7 汉语马克思主义学科术语及其英译术语长度统计与对比

序号	汉语术语	汉语术语长度	英语术语	译名长度
1	景观/社会	2	society of the spectacle	4
2	匮乏/理论	2	theory of scarcity	3

---

① 此处将长度值大于3的术语或译名分别统称为多词词组型术语和多词词组型译名。

续　表

序号	汉语术语	汉语术语长度	英语术语	译名长度
3	实践/哲学	2	philosophy of praxis	3
4	新/中间/阶级论	3	theory of new middle class	5
5	东欧/马克思主义	2	Marxism in Eastern Europe	4
6	具体/—抽象/—具体/的/循环	5	concrete-abstract-concrete circulation	2
7	阶级/关系/中/矛盾/的/地位	6	contradictory locations within class relations	5
8	大/拒绝/社会/运动	4	Great Refusal	2
9	官僚/结构	2	bureaucracy	1
10	新/实证主义/的/马克思主义	4	neo-positivistic Marxism	2

基于上述的统计分析，我们可以初步得出结论，即不同的英译方法的应用会直接影响到汉语术语英译名的长度。从系统统计的角度来看，英译方法同术语长度变化之间的关系尤为明显。对此，本研究基于马克思主义学科术语子库中的汉英双语数据，针对每一种英译方法，就其对应汉语术语与英语译名的平均长度进行统计与对比①，结果见表5-8。需要指出的是，由于现阶段马克思主义学科术语子库中收录的术语数量较少，这在很大程度上降低了数据的研究价值，所得出的系统数据预计会因为后期库中术语数量的增加而有所变化。

表5-8　汉语马克思主义学科术语及其英译术语平均长度对比

英译方法	汉语术语平均长度	术语译名平均长度
直译	1.8	1.91
意译②	2.00	2.00
直译音译结合③	2.17	1.93

从表5-8可以发现，采用直译法和意译法都没有引起术语长度的明显变化。而采用直译音译结合的方法，术语的长度有所降低，这主要是因为英语是屈折语言，可以运用前后缀等方法构成新词，而长度往往不会发生变化，如"弗洛伊

---

① 音译以及音译意译结合的情况由于本库中收录较少，本处暂不进行统计。
② 现阶段本库中马克思主义学科术语意译的情况收录较少，仅有20例。
③ 直译音译结合的情况，共有30例。

德的马克思主义"英译为 Freudian Marxism,"新康德主义"英译为 Neo-Kantianism,"新实证主义的马克思主义"英译为 neo-positivistic Marxism,英译术语的长度相对于汉语术语的长度来说均有所减少。

5.4.2 马克思主义学科术语汉英翻译的系统经济律

在汉语马克思主义学科术语系统的英译过程中,英译名长度发生变化的同时,英译术语系统中的单词总数以及单词的构词频率也发生了变化。汉语马克思主义学科术语系统和英译术语系统中的术语总数分别为 314 和 339。以此为基础,我们可以进一步计算出汉语术语系统和英译术语系统中单词的平均构词频率以及这两个系统各自的经济指数,具体计算结果如表 5-9 所示。

表 5-9 马克思主义学科术语汉英翻译的系统经济指数

系统参数	汉语术语系统	英译术语系统
术语平均长度	1.83	1.94
单词的平均构词频率	1.72	1.75
经济指数	0.94	0.90

从表 5-9 中所列数据可以看出,在汉语马克思主义学科术语英译过程中,其英译术语的平均长度有所增加,增幅为 0.11。相比之下,英译术语系统单词的平均构词频率也略有上升,但是增幅仅为 0.03。这说明马克思主义英译术语系统的构词能力要略高于汉语马克思主义学科术语系统。而结合术语的平均长度,我们发现英译术语的系统经济指数略小于汉语术语系统的经济指数。需要指出的是,现阶段本子库中收录术语数量较少,从而降低了统计数据的价值,以上得出的经济指数同样只有有限的价值。随着库中术语的增加,汉英术语的系统经济指数会有所变化。

就现阶段得出的数据而言,汉语和英译马克思主义学科术语系统的经济指数均不理想。基于这一统计结果,我们认为,汉语马克思主义学科术语英译实践中具体翻译方法包括回译的正确运用以及本土新创的马克思主义中国化术语的正确英译是亟待解决的问题。这方面尚需深入的研究和探索,以满足当代马克思主义学科术语英译的现实需求。

5.5 小结

本文基于中国马克思主义发展的学科史渊源,结合现阶段马克思主义学科术语子库中的双语数据,对汉语马克思主义学科术语的英译现状做了初步的描写与分析。在汉语马克思主义学科术语系统中,汉译外来术语占大多数,同时有马克思主义中国化过程中新创的少量术语。这两类术语在表征内容和语言结构形式上各有特点,所得出的结论对当代马克思主义学科术语英译实践有着重要的指导意义。

马克思主义英译术语的系统特征取决于英译实践中不同翻译方法的选用,体现在术语系统英译的结构形式特征方面。本文基于现阶段马克思主义学科术语子库中的有限双语数据发现,由于直译和意译方法的普遍运用,汉语和英译马克思主义学科术语的长度没有发生明显的变化,而直译加音译方法的运用则较为明显地降低了英语译名的长度。

英译术语的系统经济指数作为对译名系统的一个评价指数,同时也可以对英译实践进行衡量。从现阶段本子库中收录的术语可以看出汉语和英译马克思主义学科术语的经济指数均不理想。这说明汉语马克思主义学科术语的英译实践中存在着诸多问题,如马克思主义中国化术语的英译问题等,需要我们加以研究和解决。另外需要指出的是,NUTerm 术语库为动态术语库,现阶段本子库中收录的马克思主义学科术语数量较少,还不足以充分反映马克思主义学科术语及其英译的全貌,需要在下一阶段继续增加术语条目,以便得出更加科学可靠的结论。

6

汉语哲学术语系统及其英译现状分析

6.1 汉语哲学术语系统构建的学科史背景概述

哲学作为最古老的人文学科之一,在学科谱系中占据着特殊的位置。一方面,哲学源自人类对自然与社会相关知识现象的深入考察与理性追问,注重从各具体学科的话语实践中汲取丰富的经验逻辑与思想资源;另一方面,哲学是对世界观等基本问题的形而上思考与方法论探究,为各学科研究的系统知识生产与话语创新提供实践路径与理论指导。哲学之所以会有如此特殊且重要的学科属性,同其所代表的知识类型的特殊文化价值不无关系。王国维明确论定:"无论古今东西,其国民之文化苟达一定之程度者,无不有一种之哲学。"(转引自许苏民,2009:24)"任何一个文化体系,都有它的哲学,否则,它便不成其为文化体系。"(牟宗三,1997:4)也就是说,哲学是民族文化的重要组成部分,是具有普遍性的人类思想文化实践。哲学之于一国学术文化的核心意义与价值毋庸置疑。而谈及中国学术文化体系,"必先言一共通之大道"①,这一"共通之大道"作为"通人通儒之学"②,也就是中国本土传统哲学的思想源泉了。具体而言,"历史上每一个建立哲学体系的思想家,总要提出许多基本命题,其中包括一些(或许多)概念、范畴"(张岱年,2007:454)。中国哲学学科史中丰富的话语实践也往往围绕这些哲学概念或范畴展开。

回溯中国现代哲学的学科史,我们就不难理解为何"哲学"这一译自西方的术语往往成为谈论中国哲学的名实起点。"哲学之名,旧籍所无,盖西土之成名,东邦之译语,而近日承学之士所沿用者也。"(谢无量,1967:1)实际上,也正是在这一学科译名的传播过程之中,中国传统哲学话语资源的学科价值不断得以反

---

① 钱穆(2001:42)认为:"故言学术,中国必先言一共通之大道,而西方人则必先分为各项专门之学,如宗教科学哲学,各可分别独立存在。"

② 钱穆(2001:序1)指出:"民国以来,中国学术界分门别类,务为专家,与中国传统通人通儒之学大相违异。"

思与再认识。例如,以比较的观点直接探讨中国哲学的王国维认为:"夫哲学者,犹中国所谓理学云尔。"(转引自陈壁生,2014:47)冯友兰(2000:6)在1930年代初出版的《中国哲学史》中也直接指出:"可见西洋所谓哲学,与中国魏晋人所谓玄学,宋明人所谓道学,及清人所谓义理之学,其所研究之对象,颇可谓约略相当。"在1958年正式出版的《中国哲学大纲》中,张岱年(2005:3-4)仍详细例举了"诸子之学""玄学""道学"等"与今所谓哲学意谓大致相当的名词"。他认为:"我们也可以将哲学看作一个类称,而非专指西洋哲学……如此,凡与西洋哲学有相似点,而可归入此类者,都可叫作哲学。从此意义看哲学,则中国旧日关于宇宙人生的那些思想理论,便非不可名为哲学。"显然,"哲学"起初作为一个代表西方哲学的话语标记,借助术语翻译的传播效应,在中国学术文化生态中激发了新的知识构建行为。与此同时,"哲学"也衍化为并非专指西洋哲学的类称,成为中西哲学比较的概念工具。某种程度上,中国哲学的学科化发展正是始于中西哲学的比较,或者说,"现代的中国哲学研究离不开比较哲学,甚至可以说是比较哲学的产物"(陈少明,2001:52)。

"哲学是历史性很强的学问。哲学的基本概念都渗透着浓重的历史内容。"(张汝伦,2004:90)对于中国传统哲学基本概念而言,也恰恰是在中西比较的场域中,其历史内容与价值得以不断阐释与构建,为中国哲学的学科化发展打下重要基础。例如,谢无量(1967:1)通过比较中西哲学认为,"道术无所不统……道术即哲学也……古之君子尽力于道术,是名曰儒……儒即哲学也",并因此取材于中国本土思想资源,完成了上及远古,下至明清的第一部中国哲学史的系统书写。基于历史的广度对传统哲学思想进行概念化与系统化构建工作的序幕也由此开启。类似的书写方式还见于钟泰著述的《中国哲学史》。所不同的是,钟氏认为,"中西学术,各有统系,强为比附,转失本真"(钟泰,1995:凡例五)。某种程度上,谢氏与钟氏的比较取向代表两种极端,前者以中西哲学的相似性为宗,后者则强调中西哲学的异质性之实。其结果自然是十分重视中国传统哲学话语体系的自足性,却容易忽略西方哲学对于中国哲学话语构建与学科化进程的重要影响。

就处于西学东渐大潮且"数千年未有之变局"中的中国学术文化生态而言,"援西入中"已然是中国现代哲学概念系统生成演化的现实需求。正如冯友兰(1999:200)所言:"新的中国哲学,只能是用近代逻辑学的成就,分析中国传统哲学的概念,使那些似乎含混不清的概念明确起来。"按照这样的思路,"从中国经典中择意义涵盖面较广的思想范畴为对象,以西方哲学中类似的问题或思路作参照,进行解释与评价"(陈少明,2001:49)也就成为中国哲学史研究中另一条重要的中西比较路径。被视为"中国哲学学科成立的标志,也是中国哲学研究话语近代转变的标志"(陈来,2010:5)的《中国哲学史大纲》正是实践这一中西比较路径的代表性著作。从学科史视角来看,这种"在西方哲学的启发下,通过对古典思想观念的重新叙述,从而建立中国哲学史学科"(陈少明,2001:4)的做法同以上谢氏和钟氏的哲学史观形成了良性互补,为汉语哲学概念系统的术语化表征与有效构建提供了所需的话语实践基础。

很大程度上,"20世纪在西学东渐的背景下才产生的'中国哲学史'学科的演变,是一个对传统知识谱系进行不断改写的过程"(同上,38)。其实,随着中西哲学比较视阈之纵深的拓展,相应的改写方式也不断被承继、重思与发展。例如,冯友兰的改写方式是,"就中国历史上各种学说中,将其可以西洋所谓哲学名之者,选出而叙述之"(冯友兰,2000:7)。劳思光(2005:305-306)则认为:"冯书中所有的哲学成分,主要只是新实在论的观点与早期柏拉图的形上学观念","未能接触中国哲学的特殊问题",而若使中国哲学成为一种"活的哲学",应该在"'指导效力'观念下,发展一'心灵哲学'——包括道德哲学及文化哲学,使中国传统的心性论转为现代化的形态"(劳思光,2003:21)。又如,面对发轫于清末民初的学术话语"群盼西化"之时风①,唐君毅(2005:346)认为:"中国以后之接受西方文化,必须彻底改变以往之卑屈羡慕态度,而改持一刚健高明之态度。仍在自己文化精神本原上,建立根基"。对此,牟宗三(1997:2)也特别指出,"原来中国学术思想中,合乎西方哲学系统的微乎其微",应"反省中国文化生命,以重开中国哲学之途径"(同上,出版前言),等等。

实际上,中国哲学话语改写路径的不断演绎正是中国学界对本土传统哲学之特殊文化价值及其局限性的认识逐步深化的过程,也是一种差异取向的中西哲学对等观逐步形成的过程,即"我们在能与西方相通的地方,可以证仁心之所同;我们与西方相异的地方,或可以补西方文化之所缺"(徐复观,2004:自序8),以求"哲学理念上之真实的会通"(唐君毅,2005:5)。在西方哲学汉译形势日益高涨及其影响愈发凸显的情形下②,这种对等观无疑有助于促生中国哲学学科化发展中最为关键的话语创新意识与实践。现代新儒家思潮中涌现出的诸多创新概念,如熊十力提出的"体用不二""本心仁体""翕辟成变"等,牟宗三提出的"智的直觉""三统并建""良知坎陷"等就是很好的例证。可以说,这种借助术语概念创新实现的话语改写方式也体现了中国哲学的学科化发展由"史"到"学"的转变。

综上,中西哲学比较的持续开展与深化,是面向中国本土学术话语资源,"在

---

① 钱穆(2001:序3)指出,"盖自道咸丰以来,内忧外患,纷起迭乘,国人思变心切,旧学日遭怀疑,群盼西化,能资拯救。""必先西方,乃有中国,全盘西化已成时代之风气,其他则尚何言。"
② 李俊文(2014:7)认为:"20世纪30年代是国内大规模引进现代西方哲学的重要时期",而且"20世纪30年代以后,对现代西方哲学的翻译进入了全面吸收和整理时期"。

形式上无系统之哲学中,找出其实质的系统"①的不断显性构建过程。正是在这一过程之中,汉语哲学术语概念不断从本土知识样态中显现、重构与生发。与此同时,西方哲学的汉译也对汉语哲学术语系统的形成产生持续性影响。特别是"1978年改革开放序幕拉开,在此背景下,西方哲学翻译和研究进入繁荣期,介绍与传播西学新知又成为学术界的亮点,中国迎来了西方哲学传播的高潮"(李俊文,2014:9)。"其中吸收了大量来自西方学术的概念语词,大大丰富了中文学术语言,成为当代中国人思考、论述的基本工具。"(陈来,2010:6)也就是说,汉语哲学术语系统构建的开放性达到了空前的程度。毋庸讳言,这一时期西方哲学话语的体系性译介传播成为当代中国哲学术语系统生态复杂性的直接动因。

6.2 汉语哲学术语系统的构成类型及特点

从中国现代哲学的学科史背景来看,中国哲学话语的历史性是在中西智识线的交织中形成的。也正是在这一历史过程中,汉语哲学术语的系统特征逐步显现出来。从静态的观点来看,单个的术语既是表征概念的知识单位,又是学术话语应用标记,相应的术语系统则构成了话语体系的底层知识网络与基础语言架构。如果将中国哲学话语体系看作一个有机生命体,汉语哲学术语系统则相当于由穴位串联起来的经络,是学术话语体系生命表征的核心肌理。而从动态的观点来看,"哲学的概念范畴都有一个提出、演变、分化、会综的历史过程"(张岱年,2007:450)。也就是说,汉语哲学术语系统究其根本是一个动态系统,它的发展离不开本土传统思想范畴的自主发展以及西方哲学的汉译实践。与此同时,随着中西哲学对话意识日益加强,中国当代哲学话语体系的"自塑"已经难以忽略汉语哲学术语系统外译的现实需求与潜在影响。综合以上两个方面,对汉语哲学术语系统展开研究,对于了解中国哲学学科话语体系的基础现状,并以此反思本土学术话语构建与对外传播,乃至中国哲学学科价值等相关问题,都有一定的意义。这种情况下,如NUTerm术语库该类型的术语资源库就体现出其独特而宝贵的应用研究价值。

从术语学的观点来看,术语的系统特征其实就是系统内部不同概念类型的群落表征。就汉语哲学术语系统而言,来自中西学术文化体系的哲学概念因其知识来源和知识属性的类型差异,在术语形式上自然会有相应的群落表

---

① 冯友兰(2000:10)认为:"所谓哲学系统之系统,即指一个哲学之实质的系统也。中国哲学家之哲学之形式上的系统,虽不如西洋哲学家,但实质上的系统,则同有也。讲哲学史之一要义,即是在形式上无系统之哲学中,找出其实质的系统。"

征,也会因此形成不同的术语子系统。实际上,从 NUTerm 术语库现阶段收录的 2 506 条汉英哲学核心术语记录中,已不难发现这种术语子系统的分布特征。其中,据初步统计,借助术语翻译从西方哲学体系中移植而来的汉译西方哲学术语约 1 683 条,占现有术语总量的 67.16%(见表 6-1)。其余 823 条则主要是在中国学术传统影响之下形成的本土特有表达,我们称之为"中国本土哲学术语"。从这两大术语系统的体量来看,汉译西方哲学术语的比重明显占据优势。一定程度上,这也体现了西方哲学对于中国现当代哲学话语生态的显著影响。而事实上也的确如此,"一个世纪来,用来解释中国哲学的大多数范畴,如本体、现象、主体、客体、共相、殊相、唯物主义、唯心主义、辩证法、形而上学,感性、理性,原因、结果,先验、经验,自由、必然等等,基本上都来自西方近代哲学"(陈少明,2001:82)。

表 6-1 汉语哲学术语系统的构成类型举例

汉语哲学术语子系统		术语数量	术语例证
汉译西方哲学术语		1 683	悖论、超验、二元、理性、解释学、决定论、逻各斯、本质直观、必然真理、变异逻辑、达尔文主义、二律背反、实践理性、实证主义、不同确定性论证、方法论的整体主义、行为者中心道德论、统觉的先验统一
中国本土哲学术语	中国本土传统哲学术语	781	德、空、仁、术、象、性、观心、和合、生生、四谛、体用、王道、无功、形神、有无、正名、尊德性、白马非马、连环可解、内圣外王、虚一而静、一实万分
	中国本土新创哲学术语	42	式一能、新外王、德性自证、理性直觉、良知坎陷、体用不二、翕辟成变、心灵九境、转识成智、无执的存有论

整体而言,相比于汉译而来的西方哲学术语子系统,中国本土哲学术语子系统的构成类型则更为复杂。"中国哲学以'生命'为中心。儒释道三教是讲中国哲学所必须首先注意与了解的。二千多年来的发展,中国文化生命的最高层心灵,都是集中在这里表现。"(牟宗三,1997:6)不难想象,这种多元思想源流的汇集本身就会产生多么复杂的概念类型。对此,张岱年(2007:450)曾指出:"中国古典哲学的概念范畴可以分为三大类:一是自然哲学的概念范畴,二是人生哲学的概念范畴,三是知识哲学的概念范畴……这三大类亦有交参互函的密切联系。"而除了孕育发展于儒释道复杂思想体系之中的传统哲学术语系统之外,清末民初以来以会通中西哲学为目的的学术创新,又对汉语哲学话语的生态状貌进一步产生影响,并形成新的术语类型,也就是所谓的"中国本土新创术语"。从

NUTerm 术语库哲学术语子库中目前收录的 42 条该类新创术语来看(见表 6-1),它们往往多源于中国传统"儒释道"三统,同时又带有西方哲学的思想印痕,但总体上又是自成体系的术语群落。

如表 6-1 所示,"每一种知识类型都发展了它自己特有的、被人们用来系统表达它的语言和风格,与各种学科——尤其是发展纯粹的人造术语的数学和自然科学——相比,依赖其语言和风格的宗教和哲学,必然在更大程度上依附于自然的民族语言"(舍勒,1999:71)。也就是说,不同学科话语体系中,哲学学科话语的特殊性在于其显著的文化基因性。换言之,产生于不同文化渊源的哲学话语,也会有相应的民族性文化类型差异。而对于中国哲学的学科发展来说,中西文化在此过程之中均产生了重要影响,中国哲学话语体系的内部差异性显然也是不言自明的。这一点,在以上所列术语例证中已可窥见一斑。

总体来看,同汉译的西方哲学术语相比,中国本土传统哲学术语呈现出较为显著的异质性特征。梁漱溟(1999:38)在谈及玄学精神时曾指出,"要晓得他所说话里的名辞(term)、思想中的观念、概念,本来同西方是全然两个样子的"。具体而言,"他所用的名辞只是抽象的、虚的意味……我们要认识这种抽象的意味或倾向,完全要用直觉去体会玩味,才能得到所谓'阴'、'阳'、'乾'、'坤'"(同上,121)。同这种"直觉""体会"与"玩味"密切相关的,是中国本土传统哲学术语系统中的字本位现象,即每个字均有其概念义,在具体的知识语境中,又会生发出不同的语义所指。这或许就是中国本土传统哲学术语往往言简而意丰的原因之一。有些汉语单字可作为术语独立使用,如"道""无"。这些单字术语往往也是知识体系中的基本概念,语义活跃度相对来说也较高,会经常同其他的单字搭联,生发形成一个概念完整且不可分割的新概念,如"王道""无功"。我们将这类新术语连同上述单字术语统称为"单(字)词型汉语哲学术语"。据统计(见表 6-2),在 NUTerm 术语库目前收录的中国本土传统哲学术语中,单词型术语有 300 个,占该术语子系统的 38.41%。当然,不同的汉语单字之间也会直接合并,通过线性概念关联拼接形成词组型术语。同多字的单词型术语不同,这些词组型术语的语符义和概念义在整体结构上往往较为一致,统计共有 437 个,所占比例为 55.95%[①]。

相比之下,当下传播应用中的汉译西方哲学术语子系统则具有更为显著的形式分布特征。据统计(见表 6-2),在 NUTerm 术语库收录的汉译西方哲学术语中,单词型术语所占比例为 21.33%,词组型术语则更为常见,累计 1 232 条记录,所占比例为 73.80%,二者的比例差值也高达 51.27%,同中国本土传统哲学

[①] 一般情况下,词组型术语以长度值 2 和 3 居多。这里统计的是长度值为 2 和 3 的一般词组型术语。

术语子系统的形式比例形成了鲜明的对比。

表 6-2　汉语哲学术语子系统不同长度类型术语比例统计

汉语哲学术语子系统	单词型术语	词组型术语	比例差值
中国本土传统哲学术语	38.41%	55.95%	17.54%
汉译西方哲学术语	21.33%	73.80%	51.47%

除了知识类型的根本差异之外,汉译西方哲学术语以词组型术语居多的现象同"五四"新文化运动以来逐步形成的现代汉语语文生态演变特点有紧密关联。在现代汉语语文体系中,中国传统学术话语中的"字本位"语符特征面临着巨大冲击。而大多源于西方的汉语哲学术语正是现代汉语体制下的译介产物。从 NUTerm 术语库哲学术语子库中现有的 359 条单词型外来汉译术语记录来看,其中只有 12 条单字术语记录①。而其余的单词型术语中,有不少已经成为中国哲学话语中使用频率颇高的基本词汇,在日常语言生活中甚至也有较为广泛的使用,如表 6-1 中所示的"悖论""二元""理性"等。

针对汉语哲学术语类型的形式分析是从语符层面整体上把握汉语哲学术语系统特征,从而对汉语哲学话语体系形成初步认识。此外,不同形式术语之间形成的概念关系网络是术语系统特征更为重要的方面,它同汉语术语系统底层中西哲学概念知识内涵差异化的组织形态②密不可分。对此,我们可以分别基于上述汉语哲学术语子系统,以相关概念为节点,借助上下位术语、同义术语、反义术语、参见术语等概念关联绘制知识图谱,从中比较分析中国本土哲学和汉译西方哲学术语的知识组织体系,由此深化对中国现代哲学话语体系内部概念知识类型差异性的具体认识。显然,这一研究路径对术语数据类型和数据质量也会有更为严格的要求。由术语数据库向知识信息库的转变因此也成为 NUTerm 术语库构建及其研究深入发展的题中之义。

6.3　汉语哲学术语系统英译的方法特点

以上针对汉语哲学术语系统特征所做的初步分析已大体能够反映中国现代哲学话语体系构建的复杂性。其中,中国本土哲学术语的类型特殊性是构成这一复杂样貌的重要因素。这种本土术语的特殊性,其实是随着西方哲学早期在

---

① 具体为,"丑""恶""美""善""熵""是""属""物""心""一""域""种"。
② 牟复礼(2009:序言 3)指出:"李约瑟把中国古代思想比做他所说的怀特海式的对网状关系偏好,或对过程的偏好,而深受牛顿影响的西方思想则偏好'个别'和因果链式的解释。"

中国学术文化生态中的传播逐渐显化出来的,可以说是中西哲学比较史的产物。而在当代背景下,中西哲学的对话需求与对话意识日益增强,中国本土哲学术语的外译实践也随之愈发活跃。在中西哲学传播场域的交互中,文化"特殊性"也随之成为中国哲学话语体系"外塑"的出发点。

从上文例举的NUTerm术语库中的汉语哲学术语不难发现,中国本土哲学概念有诸多历史特殊性,在很多情况下甚至可以说是不完全符合一般意义上术语所具有的逻辑理性。实际上,"所谓概念,所谓范畴,都是来自西方的翻译名词,在先秦时代,思想家称之为'名',宋代以后有的学者称之为'字'"(张岱年,2007:449)。从这个意义上讲,所谓的"哲学概念"只是一种用来描述哲学思想单位的称谓。在"概念"所具有的共性之上,中国式的哲学概念有其自身的个性,或者称之为非典型特质。这也就不难理解为什么牟复礼(2009:序2)在论述中国传统思想渊源时,"不想把思想分析成孤立纯粹的哲学概念,而是将其看作大的文化背景下构成智识的成分(intellectual elements)"。也恰恰是中国式"概念"的这种非典型特质使得中国传统哲学术语的翻译研究具有话语符号的工具理性与价值理性的双重旨趣。

某种程度上,术语翻译活动其实是学术话语实践"延伸"的一种方式。这里的"延伸"不仅仅是指时空意义上的拓展这一表面现象,其背后往往伴随着术语概念的跨语衍异,从而"延伸"成为有异于本土话语体系的话语"镜像"。中国本土哲学术语系统作为一个异质性概念群体,在术语翻译过程中,这种概念衍异现象更是难以避免,并由此产生诸多学术话语的相关问题。其中,不同翻译方法的实施往往会直接影响到术语概念跨语后的形态。对此,我们可以以NUTerm术语库哲学术语子库中的"前识""清谈"和"五路"这三个中国本土哲学术语个案的英译情况为例来具体说明,见表6-3所示。

表6-3 汉语哲学术语英译个案举例

汉语术语	英译术语1	英译术语2
前识	foreknowledge	swift apprehension
五路	five roads	the five senses
清谈	light conversation	philosophical argumentation

如表6-3中所示,就术语字面义而言,"英译术语1"的三个对译结果在形式上均同汉语术语对应工整。对于汉语术语中的每一个字,"英译术语1"中都有相应的英文单词或词素逐次对应。显然,此处的翻译方法是从汉语术语的语符字面义入手,术语概念跨语之后在很大程度上仍保留了原术语的语符义特征。相比之下,"英译术语2"的三个对译结果中,主体阐释的介入痕迹比较明显,以

至于在语符义层面上很难找到与汉语术语一一对应的痕迹。为便于统计,在本文中,我们把"英译术语 1"对应的翻译方法标记为直译法,"英译术语 2"的情况则属于意译法。

正如以上个案所呈现的一样,在翻译实践中,单个汉语术语往往会有不同的翻译方法。一词多译的情况在中国本土哲学术语翻译实践中其实很常见。这除了同术语应用的知识语境和主体阐释取向等差异性因素紧密相关之外,也是中国本土哲学概念的"厚度"及其翻译难度的直观体现。从 NUTerm 术语库收录的中国本土哲学术语的现有英译数据来看,823 条汉语术语记录中,就有 615 条术语存在一词多译的现象。这导致整个英译术语系统中的译名记录高达 1 792 条。其中,直译法和意译法的使用频率分别为 766 次和 764 次,涉及的汉语术语分别有 534 和 570 条,可谓相当。观察现有英译数据就会发现,这两类翻译方法的实际应用情境其实十分复杂。对此,我们可以结合更多的英译案例(见表 6-4)做进一步分析。

表 6-4 汉语哲学术语直译法与意译法举例

直译法		意译法	
汉语术语	英译术语	汉语术语	英译术语
不隔	undivided	辨合	conformity with fact
大道	Great Way	朝彻	obtaining a perfect mind
独化	self-transformation	德性	virtue
和同	harmony-sameness	理一分殊	the Many sharing the One
乐	music	人极	ultimate standard for men
名	name	素朴	state of pure simplicity
四端	four shoots	文理	ritual principles and cultural forms
为	action	毋意	prohibition of foregone conclusion
无	Nothingness	心性之学	Confucian moral metaphysics
无极	Non-ultimate	玄冥	profound and obscure state
五欲	five desires	玄学	Metaphysics
性相	nature-form	缊	yin and yang forces
玄学	Dark Learning (xuanxue)	中庸	doctrines of the Mean
知行合一	unity of knowledge and practice	众甫	origin of all things
智的直觉	intellectual intuition	主敬	emphasis on reverence-seriousness

整体来看,直译法在中国本土基本哲学术语的英译实践中应用得比较广泛,如

表 6-4 中所列的"乐"(music)、"名"(name)、"为"(action)、"无"(Nothingness)等单字型术语。NUTerm 术语库中,"本"(root)"敬"(reverence)"礼"(ritual)"虑"(consideration)"朴"(uncarved wood)"仁"(goodness)"心"(heart)"虚"(void)等其他 36 个汉语术语有同类的英译情况。直译法在很大程度上保留了概念义同语符义的密合状态,通过语符对译的方式来传递概念。在直译的过程中,翻译主体的阐释性介入显然是十分有限的,也正是这个原因,跨语后的概念往往倾向于保留同原汉语术语概念相当的阐释空间。但是,由于中国传统术语命名的特殊性,语符的字面义与概念的学术义之间往往并非简单的表征对应关系,两者之间本身就具有阐释的张力,因此,如果术语跨语使用者缺乏原术语知识与文化语境的解读能力,这种客观主义取向的简单对译方法很容易引起跨文化误读,不利于积极引导相关概念的跨语传播。以表 6-4 中例举的"玄学"(Dark Learning)为例,尽管有相应的音译译名作为补译,选择 dark 这一对应词难免会引起负面的语义联想,从而直接影响到对"玄学"概念本义的跨语解读。这从另一个角度说明,直译过程中的选词对译阶段,实际上也往往难以脱离主体性的介入,也就是说,直译法本身就会引起一词多译的现象。例如,"才情"作为一个哲学术语就对应了 ability and feeling 和 talent and emotion 这两个直译译名。

通常我们会将术语翻译视为一个二次命名的过程,这也是对术语这一次生二级词汇进行跨语重构的演绎过程。所谓"二级词汇",就是说术语有别于普通词汇,其自身有一套属性体系,具有不同于任意性的原生一级词汇的理据性。不同翻译方法的应用往往会凸显其中某一类属性特征,使其放大为翻译理据。直译法以术语的语符义为分析起点,产生的英译术语大多保留了术语的简明性特征。与此同时,语符层面的直接对译往往需要借助常用的普通词汇,但这种做法显然不利于彰显术语译名的科学性和专业性。相比较而言,意译法主要依靠主体阐释来剖解语符义同概念义的对应关系,并尝试通过语符重构来显化概念义。概念的透明性和理据性因而也是意译译名的特点所在。

从 NUTerm 术语库中哲学术语意译法的应用实例来看,其中有不少借助"反向格义"实现意译的情况,即"以西方的哲学概念解释中国本土的术语",如"本体"(Noumenon)、"德性"(virtue)、"理"(reason)、"名学"(logic)、"仁"(humanity)、"圣人"(sage)、"玄学"(Metaphysics)等英译数据所示。(刘笑敢,2006:76-90)这种"反向格义"能够用以"证明中国哲学中的某一范畴、命题或观念系统能在西方哲学中找到对称物"(陈少明,2001:196),一定程度上,这一贴合接受者文化背景的做法自然也利于实现术语概念的跨语传播。但与此同时,这一面向"他者"的视角也会对其他取向的概念阐释路径造成不同程度的遮蔽。这种遮蔽效应不仅仅是"反向格义"的弊端,而是意译作为一种术语翻译方法本身的局限性。术语翻译的意译过程自始至终需要依赖于一定的认知路径来捕捉概念义的结构,由此产生的译名置于传播情境时,二次阐释的空间反而会受到限制。换言之,在术语概念的跨语传播过程中,某一概念元素的凸显传达往往同时意味着其他相关概念元素的遮蔽或缺失。在术语翻译实践中,也常常是这个原因会引起不少"全景式"概念阐释的尝试,形成释译的现象,如表6-5所示。

表6-5 汉语哲学术语释译法举例

汉语术语	英译术语
旦宅	daily renewal of the place where his spirit dwells
礼治	li as a way to order
理礼合一	in the desired unity of principle and ritual
三从四德	Three to be obeyed and the four feminine virtues
三乐	three things men find enjoyment in
慎独	be cautious when one is alone
尸居	motionless as a representative of the dead
四教	four things which the Master taught
天人	what is Heavenly and what is Human
无为	letting things take their own course
玄牝	the very mysterious origin of the universe
有无	what is and what is not
知言	distinguishing the right from the wrong in others' words
自反	turning inwards and examining themselves
自化	things were produced of themselves

如表6-5所示,通过释译产生的译名中,往往含有不定式、修饰语甚至从句等补充性信息。相应地,同原汉语术语相比,译名的长度增幅十分显著。在一些情况下,言简意赅的汉语术语甚至被释译为命题的形式,完全剥离了术语的语言特征,如"有无""自化"的英译数据所示。据统计,在NUTerm术语库英译术语系统中,共有133个具有释译特征的英译术语。

对于术语翻译而言,释译可以说是一种对于对等概念缺失的处理方法。其实,对等概念的缺失在中国本土哲学术语的翻译实践中是很常见的现象。王国维(1997:152)曾有言,"中国语之不能译为外国语者何可胜道"。所谓"不能译",

就是指这种对等概念缺失的现象。对此,他还做了具体的例证分析:"外国语中无我国'天'字之相当字,与我国中之无 God 之相当字,无以异。吾国之所谓'天',非苍苍者之谓,又非天帝之谓,实介二者之间,而以苍苍之物质具天帝之精神者也。'性'之字亦然。"在术语翻译实践中,针对这种对等概念缺失的现象,除了释译法之外,音译也是常用的翻译方法,在 NUTerm 术语库哲学术语子库的英译术语系统中共发现 129 处,部分例证如表 6-6 所示。

表 6-6 汉语哲学术语音译法举例

汉语术语	英译术语
壁观	Pi-kuang
察类	the method of cha lei
大一统	Da-Yi-Tong
格义	geyi (unsuitably matching terms from different languages for partial similarity)
明夷	mingyi hexagram
气	qi
乾元性海	Ch'ien Yuan Xing Hai
谴告说	Theory of Qiangao
三本	San Ben (three essentials in governing a state)
太冲	tai chong
太初	taecho (great start)
性	xing (natural tendency)
性俱善恶	Sing-jyu-shan-e (human beings have the nature of both good and bad)
性智	hsing-chih
义理	yi-li

音译作为一种异化取向的翻译方法,时常需要同其他翻译方法合用,以扩注的形式增补阐释性信息作为概念参照。例如,以上例证中的"格义""三本"和"太初"就是在音译的基础上,又分别通过释译、意译和直译的方法提供了补充性译名信息。这种复合型的音译方法在哲学术语子库中共有 58 例。此外,值得注意的是,从现有的数据来看,存在不少音译形式不规范或不统一的现象。这其中,就牵涉到国内外不同汉语拼音方案的取舍以及拼音组合的标点规范等应用标准化问题。这一点,在中国传统文化核心术语外译标准探讨和制订时或应引起进

一步的关注。

从以上对中国本土哲学术语英译方法及其特点的分析来看,对于术语翻译而言,翻译方法的厘定是用以阐明相关术语概念的跨语关联与潜在话语效应的有效途径。其中,每种翻译方法有其各自的功能价值,由此产生的实际话语效应究竟如何,很大程度上还要取决于术语译名传播应用的具体知识语境与文本交际语境。关于这一方面的数据分析,还有赖于 NUTerm 术语库转向术语知识库的深入构建与后续研究。

6.4 汉语哲学术语系统英译的形式特征与经济律

中国翻译史中,"直译"和"意译"是一对核心译学范畴。二者在文学翻译中的取舍问题引发了不少译论之争。其实,就"直译"和"意译"本身的应用价值而言,它们主要用于对复杂翻译现象的简单化归纳与描述,可以说是"去语境化"后形成的术语标签。面向不同的研究视阈、文本类型与语言单位类型,它们又可以作为翻译现象"再语境化"过程中的概念工具,用以阐释相关类型翻译实践的具体复杂语境。上文便是借助"直译"和"意译"的术语应用价值,在中国学术话语构建与传播的视阈下,就 NUTerm 术语库中的中国本土哲学术语英译的复杂性所做的初步描述与分析。严格意义上来说,每一个译名对应的英译方法都有其独特的译法特征。对于术语翻译而言,语符义与概念义之间的认知关联极为复杂,这在很大程度上决定了所谓的"术语直译"与"术语意译"并非对立的译学概念,而是一对相互依存的复杂范畴。换言之,术语翻译的译法特征并非仅限语符层面的意义转换考量,而总是包含了概念以及交际层面的意义传播选择,因此,术语作为语言、概念和交际三位一体复杂性符号,其多层次意义的跨语实现自然也要求译法层面的种种复杂性。所谓的"直译"或"意译"方法判定都应有不同语境层面的限定,不可简单贴标签。这是与一般言语翻译的最大差异所在。

我们或许可以把汉语本土传统术语一词多译的复杂现象看作一个基于"直译性"和"意译性"差别化表征的互补阐释。正是在这一译法特征复杂演绎的过程中,术语翻译作为主体性的个人与集体行为,得以发挥它的知识传播与理论生发功能,从而引起前述的学术话语的"衍异"。当然,这一切的现实合理性前提是对汉语本土传统术语在语言、概念和交际层面的准确理解与把握。从 NUTerm 术语库哲学术语子库所收录的中国本土哲学术语的英译情况来看,这种话语"衍异"现象已经呈现出较为显著的形式特征。对此,英译后的术语系统在长度类型分布上的变化就是一个显著信号。

表6-7 中国本土哲学术语系统及其英译术语长度类型分布对比

术语类型	汉语术语系统		英译术语系统	
	术语数量	所占比例	术语数量	所占比例
单词型	301	36.57%	284	15.84%
二词词组型	373	45.32%	505	28.17%
三词词组型	96	11.66%	379	21.14%
多词词组型①	53	6.44%	625	34.86%

从表6-7的数据可见,在术语长度类型分布特征方面,汉语术语系统和英译术语系统之间存在明显差异。其中,汉语术语系统英译后,以单词型术语和多词词组型术语的数量变化最为显著。前者在英译术语系统中所占比例最小,明显小于该类型术语在原汉语系统中的比重,而多词词组型术语的比重则陡增至34.86%,成为英译系统中数量最多的术语类型。不同长度类型的术语在数量分布上的变化,其实体现了不同翻译方法的综合实施所产生的话语效应。我们基于NUTerm术语库中国本土哲学术语的"译名信息表",就不同译法标签对应的英译术语长度进行了统计,发现除了音译法之外,通过直译法、意译法和释译法英译得到的译名在长度上均有所增加(表6-8)。其中,以释译法引起的术语长度增幅最为显著。

表6-8 汉语哲学术语及其英译术语平均长度对比

英译方法	汉语术语平均长度	英译术语平均长度	变化幅度
直译	1.83	2.97	+61.92%
意译	1.80	3.18	+76.88%
释译	2.17	7.98	+267.09%
音译	1.62	1.58	-2.50%

对于术语翻译过程中涉及的双语术语系统而言,它们底层的概念系统具有同源性,术语系统长度分布这一语言形式特征的变化,往往伴随着用以构成术语的自由词素在数量和频次上的变化。据统计,NUTerm术语库中,用以形成汉语哲学术语系统的汉语词素共有740个,出现频次总计1 435次;而英译术语系统中不同英语词素的出现频次则陡增至6 105次,其中涉及1 849个英语词素。

---

① 此处将长度值大于3的术语统计为"多词词组型术语"。在现有英译数据中,共统计得到140个多词词组型英译术语,其中,最高长度值高达17。以术语"浑天说"为例,其释译译名为 a theory of cosmology holding that the cosmos is like an egg and the earth is like its yolk。

显然,英译术语系统中,自由词素的数量和出现频次都大幅度增加,这也从整体上导致术语长度的系统性提升。

从上述自由词素的动态变化特征来看,术语翻译过程中,自由词素构成术语的效率显然发生了变化。原汉语术语系统是由 740 个汉语词素累计使用 1 435 次形成的。这意味着,要形成一个术语,一个汉语词素平均需要使用 1.94 次[①]。相比较而言,英语词素的平均术语构词效率明显较差。英译术语系统中,统计共有 1 849 个单词,累计出现频次为 6 105 次,即每个英语单词平均需要使用 3.3 次,才能形成一个英译术语。或者说,汉语词素和英语词素构成术语的能力有明显差异。通过比较这两个术语系统的经济律特征,这种差异可以直观地呈现出来(见表 6-9)。

表 6-9 哲学术语汉英翻译的经济指数

	汉语术语系统	英译术语系统
术语总量	823	1 792
自由词素数量	740	1 849
经济指数	1.11	0.97

经济指数水平较高的术语系统中,单个词素平均构成的术语数量也较多,这意味着其术语构成能力较强。由表 6-8 可知,英译术语系统的经济指数为 0.97,同汉语术语系统的经济指数(1.11)相比稍有下滑。也就是说,在汉语哲学术语系统中,由于部分词素的高频使用,平均下来,一个汉语词素用以构成 1.11 个术语;而在英译术语系统中,部分词素需要通过多次使用才能形成一个术语,这样一来,一个英语词素所能形成的平均术语数量就降低为 0.97 个。就经济指数而言,现有数据形成的中国本土哲学术语系统及其英译系统都尚处于一个较低的发展水平。其中,英译术语系统的经济指数甚至跌破了临界值 1。这不仅折射出术语英译实践中存在的策略与方法等方面的相关问题,也反映出汉语哲学术语系统本身也面临着概念体系的逻辑化、术语表达的规范化等中国传统学术话语现代化转型中的基本共性问题。这一点,还有待后续研究深入探讨。

6.5 小结

学科史的演化是相关知识领域概念系统与话语体系不断拓展与深化的历史

---

① 这里的汉语词素平均构词频率是由汉语词素累计出现频次(1 435)除以汉语词素总数(740)所得的值。下文提及的英文单词平均构词频率同理。

过程。在一定程度上,专业领域术语系统的构建可以说是推动该领域学科化进程的根本动力。与此同时,学科语境的历时演绎又为认识相关术语系统的历史性提供了所需的背景知识。本文对汉语哲学术语系统的描述性研究就是以此理念为基础开展的。而在中国当代学术话语构建的社会文化背景下,汉语术语系统应用的时空向度均有显著拓展,其中以本土术语系统的跨语传播与应用为典型现象。所谓的术语系统性也打破了以往专注于语内自主发展的相对封闭性,而呈现出面向异语文化接受能力及其培养的跨语开放性。在这一过程中,术语翻译发挥着核心的知识再生产与话语再传播功能,可以说是本土学术话语体系影响力跨语输出的重要途径,这反过来对于汉语学术话语的构建又会产生反哺效应。这一点,在以上关于中国本土哲学术语系统英译特征的研究中已有初步体现。

  当然,为进一步满足中国当代学术话语构建研究的需求,NUTerm 术语库在数据结构和数据体量方面还存在深入构建的空间。例如,除了文中直接提及的进一步完善同义术语、反义术语、参见术语等建构型知识数据之外,或许可以在数据结构中引入时间的维度,融入学科术语概念史的历时语境。特别是对于中国传统人文学科而言,这种历时性术语数据对于深入认知其学科话语的传统特殊性和现代复杂性尤为必要。此外,在空间上,有序甄别本土术语概念语内外传播的知识语境,同时加大中国本土术语概念在国外学术群体中实际应用语境的数据比重也同样很有必要。这些数据对于中国话语对外传播研究中的术语应用规范化与标准化工作而言也有较好的参照价值。总之,在 NUTerm 术语库的深入构建过程中,动态性不应仅仅表现为术语数据的动态更新,面向话语构建的时空性本质,在时间和空间维度上实现数据结构和内容的延展也是体现该库动态性极为重要的方面,将会十分有助于更为全面地发挥其作为话语资源库的研究与应用价值。

7

汉语宗教学术语系统及其英译现状分析

7.1 汉语宗教学术语系统构建的学科史背景概述

宗教学是通过宗教现象研究宗教起源、演化、性质、规律、作用等的人文社会学科(何光沪,2002:1)。它旨在运用理性和客观的方法,基于宗教生活中的复杂现象认识宗教的普遍本质和一般发展规律。"宗教学"这一术语由麦克斯·缪勒(Max Muller)于1870年首次提出[①],这通常被视为现代学科意义上宗教学之发轫标志。

西方宗教学理论建立在西方资本主义社会产生和发展的基础之上,其学术话语构建的主题基本上是围绕着《圣经》展开的,大量来自基督教背景的理论、概念、方法充斥到西方宗教学学术话语中,使得脱胎于西方神学的宗教研究不可避免地带有一抹浓厚的基督教传统色彩。实际上,西方宗教生活固有的历史性、仪式性和宗派式等文化复杂性特点在"宗教"这一术语的概念上就有典型体现[②]。"对'宗教'的理解,涉及对其信仰意义、政治意义、文化意义和社会意义的探寻。"(卓新平,2008:39)某种意义上,"宗教"这一术语的概念复杂性其实是宗教学学科整体话语复杂性的缩影。对于中国宗教学的学科发展而言,如何认识和建构汉语宗教学学术话语体系尤为关键。

从学科发展史来看,汉语宗教学学科体系的构建在很大程度上是受西方宗教学影响逐步形成的。"宗教学"这一术语概念就是西方的舶来品,而且"绝大部分在中国宗教研究中使用的概念和术语都是直译或转译自西方文献"(程乐松,2016:47)。这一以学科术语翻译为表象的大规模知识跨语传播活动始于新文化运动时期,很大程度上为宗教学在中国近现代时期的兴起以及改革开放以来的

---

① 缪勒在英国皇家学会做了题为《宗教学导论》("Introduction to the Science of Religion")的一系列学术讲座,讲演稿先是发表在刊物上,1873年汇集成册出版。

② 在英文中,religion一词有以下含义:在神圣和世俗间尖锐的两元对立;正式的和排他的群体成员资格;专门训练的神职人员在不同团体中担任中心角色;在信仰和活动方面强调正统(参见范丽珠,2009:93)。

延续性发展奠定了基础。可以说,"在西方理论的影响下,中国才有了真正意义的宗教学研究"(范丽珠,2009:92)。

但是,借助术语翻译形成的跨语知识传播并不是一个简单的跨域概念移植活动。西方宗教学的系统译介在促进中国本土宗教学学科发展的同时,也"引起了学术界思想混乱"的问题(安伦,2012:108)。一方面,"中国知识界对中国宗教的认识和基本态度已自觉或不自觉地为西方的价值观念所左右"(范丽珠,2009:92),甚至有学者持"中国是个没有宗教的国家"的观点①。另一方面,西方宗教学在本土化过程中暴露出的局限性促使部分学者开始反思中国本土宗教活动和传统学术思想的类型学价值。例如,杨庆堃早在1961年就在其《中国社会中的宗教》一书中将中国本土宗教活动称为不同于西方宗教传统的"弥散性"宗教,有意凸显中国宗教及其研究的在场价值(安伦,2012:108);此外,21世纪以来,"建设宗教研究的中国学派"(方立天等,2002:9)、"建设中国特色的宗教学研究体系或中国宗教学"(安伦,2012;杨普春,2016;张志刚,2012)等呼声也日益强烈。归根结底,这种"思想混乱"源自西方宗教学知识体系同中国传统相关学术思想的异质性复杂关系。从中国宗教学学科发展的轨迹来看,这其实也是一个对"宗教"本体论的认识进一步反思的必要过程。在这一过程中,传统汉语宗教学术语在中国宗教学话语体系中的地位、作用和价值也在不断发生着变化,形成了独特的学术话语状貌。

传统汉语宗教学术语以中国宗教学史相关概念为主,这可能同我国的宗教学研究传统一直偏向史学这一事实有关。根据何光沪(2003:234-235),20世纪以前,中国宗教学研究主要以儒、释、道相关历史性宗教活动或理念研究为主。这种"史学偏向"研究传统弥足珍贵,但是,专一的史学取向显然不足以支撑中国宗教学话语体系的全面发展。任何一门成熟的人文学科都有一个由各分支学科有机组成的学科体系,其中基础部分有二:一为基本原理,二为这门学科的学术发展史(黄燕生,1994:52)。对于中国宗教学研究而言,其中最凸显的问题是,相关宗教学理论类型较为匮乏,某些分支学科如宗教心理学、宗教现象学等领域亟待填补;此外,对当代的宗教状况和现实的宗教问题研究乏力,形成"厚古薄今"的局面(何光沪,2003:253)。这其实也正是中国当代宗教学研究者努力填补完善的学理领域,"治宗教史者必须走出传统的史学方法的旧领地,看一看外面的世界,认真借鉴现代比较宗教学的理论和方法"(吕大吉,2008:34)。在学术话语实践中,这种"借鉴"往往不是单纯地搬运西方宗教学知识,而是一个复杂的本土化和知识生产的过程。这便是程乐松(2016:48)所指出的宗教学术语翻译实践中的"双重翻译"现象,即"我们谈论中国宗教传统和信仰生活时使用的术语是介

---

① 胡适在其《名教》一文中提出了此论断,该文收于《胡适文存三集》卷一(转引自安伦,2012:108)。

于西方语文和[汉语]传统语汇之间的"。也正是在这一基于术语的"双重翻译"过程中,西方宗教学经过140多年发展逐渐分化出的宗教人类学、宗教社会学、宗教心理学、宗教现象学等宗教学基本理论体系逐步成为中国宗教学研究中重要的话语资源,与此同时,面向世界宗教多元性的"宗教通史"(吕大吉,2003:7-10)式话语范式也初成规模。

从以上对中国宗教学学科发展的总体描述可以看出,中外兼收、史论兼顾是中国宗教学话语体系的核心格局。具体而言,中国宗教学学科知识体系的理论来源主要有两个方面:移植自西方的宗教学理论与本土创新的宗教学理论。其学科知识体系的史学来源也包括两个方面:西方宗教研究史与中国本土或本土化宗教研究史。也正是在这一学科发展史背景下,汉语宗教学术语系统得以不断发展。进一步对汉语宗教学术语系统的构成类型、特征及其跨语传播情况进行分析,不仅是一个用以描写汉语宗教学整体发展现状的渠道,同时也是进行相应批评性反思的有效路径。

7.2 汉语宗教学术语系统的构成类型及特点

术语是用以表征学科专业概念与相关知识的语言符号。相应地,汉语宗教学术语系统也会折射出上文所述的中国宗教学知识体系的复杂类型特征。这一点在 NUTerm 术语库宗教学术语子库现阶段收录的数据中已有初步体现。宗教学术语子库目前收录汉语宗教学术语条目共计 1 654 条,结合上述有关宗教学学科历史沿革与发展特点的概要描述,我们发现,汉语宗教学术语系统的构成主要包括四大类型,即西方宗教学史来源术语(下文简称为"外史型")、西方宗教学理论来源术语(下文简称为"外论型")、中国宗教学史来源术语(下文简称为"内史型")以及中国宗教学理论来源术语(下文简称为"内论型")。下文从两个方面分别对外史外论型和内史内论型术语的特点进行分析。

7.2.1 外史外论型汉语宗教学术语特点分析

首先,就其来源和表征的知识内容而言,外史外论型术语大都是直译、意译或转译自西方文献,其表征的宗教概念以及与宗教概念相关的文化现象也大多植根于西方信仰传统。具体而言,外史外论型宗教学术语是西方文化的产物,反映了西方人的世界观、宗教体验和宗教情感,与西方社会科学框架和研究范式相吻合[①]。表 7-1 中的"清真教""古事记""教皇""隐修制度""三位一体""普世主义运动"

[①] 在西方社会科学研究力求揭示人类社会发展普遍规律的诉求驱使下,以西方为中心及科学思维发展起来的学科,不可避免地带有"西方中心论"的色彩(参见安伦,2012:109;范丽珠,2009:96)。

"缪勒""古尔邦节""割礼""生态有灵论""宗教三色市场理论"等术语,分别表征了西方宗教的教派组织、经籍书文、教职、教制、教义、宗教事件和人物、宗教节日和仪式、学说和宗教学理论等内容。

表 7-1 外史外论型汉语宗教学术语的数量分布及举例

术语构成类型	数量	比例①	代表性术语示例
外史型	402	24.30%	教皇、婆罗门、清真教、古尔邦节、隐修制度、割礼、黑人宗教、普世主义运动、业瑜伽、古事记、祆教、缪勒、乌加里特文献、传教士、救世军、末法时代
外论型	270	16.32%	教会学、圣经考古学、生态有灵论、三位一体、泛灵论、宗教多元论、神灭论、宗教心理学、比较宗教学、末世论证实、奥古斯丁主义、护教论、宗教考古、宗教三色市场理论

其次,从数量特征来看,目前宗教学术语子库中的外史外论型术语共计 672 条,占子库中术语总量(1 654 条)的 40.62%,与内史和内论型术语 59.38% 的比例相比略显偏低,这可能与宗教学研究的人文性②有关。其中,外史型术语以专名为主,占到汉语宗教学术语总量的 24.30%;外论型术语占到术语总量的 16.32%,大致勾勒出了西方宗教学百年来学科发展的理论状貌。最后,从术语构词类型来看,外史外论型术语以单词型和二词词组型为主③,造成这种现象的深层原因之一可能与中西方文化差异而造成的词汇或概念空缺有关,译者一般会运用直译、音译或意译的方法将这些西方宗教学术语引入国内研究中来,如"婆罗门""乌加里特文献""末世论证实""奥古斯丁主义"等。

7.2.2 内史内论型汉语宗教学术语特点分析

与外史外论型术语相比,内史内论型术语多是些与中国人信仰血脉相连的词语,揭示了扎根于中国传统文化中的信仰现象,反映了中国人的日常宗教实践和世界观。例如,"虚一而静""缘分""道""命运""报应""天人合一""阴阳"等,"多数起源于古代中国人对宇宙的看法,一直被老百姓普遍使用,超越了不同地域文化与宗教传统的界限,成为中国人共享性精神遗产"(范丽珠,2009:97)。这类术语数量巨大,远比来自西方宗教性的语言丰富,并真实表现出了中国"三教合流"

---

① 此处计算的是各个术语类型在 NUTerm 术语库宗教学术语总量中分别占的比例,即每种术语类型的数量与术语总量(1 654)的比值,表 7-2 中的比例计算方法与此相同,下文不再赘述。

② 所谓人文性,即同本土文化传统有紧密的继承关系,在学术话语状貌上直观表现为较显著的地方性特征,而非类似于社科学科或自然学科的"西化"状貌。

③ 外史外论型术语中的单词型和二词词组型的数量分别是 346 和 282 个 51.49% 和 41.96%。

与"和而不同"的宗教文化特色。例如,"无欲""空""无为""虚一而静""修齐治平""忠恕"等术语反映了我国"以佛修心,以老治身,以儒治世"的宗教包容。

表 7-2 内史内论型汉语宗教学术语的数量分布及举例

术语构成类型	数量	比例	代表性术语示例
内史型	526	31.80%	造物者、观音、浑沌、觉解、黄道吉日、乾、禅宗、天师、托钵、玉皇大帝、三十六洞天、方术、坤、新儒家、开光、三教合流、封禅、独立自主办教原则、宗教信仰自由方针
内论型	456	27.57%	和、修齐治平、阴阳、忠恕、缘分、仁、信、虚一而静、道、空、气、宗教四要素说、中国化马克思主义宗教观、主体生成论、天人合一、无欲、无为、报应、宗教本质三层次说

从表 7-2 我们还可以看出,我国社会主义新时期宗教学的研究也成为内史内论型术语的另外一个重要来源,如"宗教四要素说""中国化马克思主义宗教观""独立自主办教原则""宗教信仰自由方针""宗教本质三层次说"等。这些术语大多是伴随着汉语语言的现代化发展进程,在国外宗教学思想的影响下,基于中国本土宗教现象或活动生发的创新表达,同时,这也是新时期中国宗教学努力摆脱"西方中心论",进行中国宗教体系重建,特别是在理论创新方面的重要宣言。

从该类型术语的构词类型来看,单词型术语在数量上表现出压倒性优势的特征[①]。这同该类型术语的古汉语特点是分不开的。古汉语词汇中单音词占优势,形式简洁,内涵丰富,同现代汉语词汇以复音词为主体这种现象形成鲜明对比。无论是中国土生土长的道教和儒教,还是已经本土化的佛教,我们都能相应地在其思想体系中找到大量的单音词术语,如"和""仁""信""虚""术""气""空""乾""坤"等。这些彰显中国人信仰理念的术语概念和文化符号,构成了中国宗教学语境下本土宗教学话语体系构建的基石,也是让中国宗教学学术话语在世界宗教研究领域重获话语权的根基。

7.3 汉语宗教学术语系统英译的方法特点

术语翻译在跨语知识传播过程中扮演着重要角色。某种程度上,术语翻译所实现的是一种跨语知识再生产。就宗教学而言,汉语宗教学术语英译作为一种跨语知识再生产抑或是对西方宗教学传播过程中的"知识反馈",既是

---

① 单词型术语的数量为 867 个,占到内史内论型术语总量(982 个)的 88.29%。

中国宗教学学术话语体系双语化自主建构中不可或缺的环节,也是面向世界宗教学研究,形成自觉、良性的知识交流的必要路径。相应地,对术语翻译方法的考察和分析,将是我们了解中国宗教学学科知识与话语体系形成过程的一把重要钥匙,同时也对汉语宗教学术语英译中的规范性和准确性等问题的研究大有裨益。

基于对 NUTerm 术语库宗教学术语子库中英译方法的整理、分类和分析,我们发现,汉语宗教学术语英译方法主要包括四种:直译、音译、意译和释译[①]。各种译法的频次及比例情况统计如下表 7-3。

表 7-3 汉语宗教学术语英译的方法统计

英译方法	使用频次[②]	所占比例
直译	760	32.82%
意译	1 122	48.45%
释译	146	6.30%
音译	288	12.43%
总　计	2 316	100%

由表 7-3 得知,汉语宗教学术语英译时,意译法的频次最高(1 122 次),约占总频次的一半(48.45%);其次为直译法(760 次),占到总频次的三分之一(32.82%)。相比之下,释译法和音译法的比例稍低(二者累计使用频次 434 次),将近占到总频次的五分之一(18.73%)。

从整体上看,意译和直译构成了汉语宗教学术语英译中最主要的翻译方法,二者使用频次的总和(1 882 次)占到全部英译方法的 81.27%,是其他两种翻译方法总和(434 次)的近 5 倍。意译和直译是在目的语中为原语寻找等价术语最有效的两种翻译方法,其产生的英文译名词汇化程度较高,传播性和可扩散性强,在异域文化中的接受度也较高,与术语翻译的精神实质相契合。因此,这也较好地解释了意译和直译在整个英译方法统计中所占比例最大的原因,与本文对研究结果的预期相一致。至于释译和音译,一方面,由于释译的译名较长,对

---

① 在术语翻译的具体实践中,可能会同时应用到多种翻译方法,特别是表征异域文化中空缺概念的术语,在翻译中会综合应用"音译+释译"等翻译方法,如"阴阳"译为 yin and yang (the two opposing principles in nature)。本研究中为了统计上的方便,只统计其中一种较主要的翻译方法,如将"阴阳"的翻译方法统计为音译。

② NUTerm 术语库宗教学术语子库中的汉语术语条目共计 1 654 条,但由于一词多译现象的存在,共出现 2 316 条英译术语,因此本文对英译方法使用频次的统计也是基于英译术语的条目总数,即共计 2 316 次。

原语术语的语符替代性较差;另一方面,由于音译译名在表达原语术语概念内涵方面容易造成语义表达的不透明,因此,就决定了二者在术语翻译中往往不能成为翻译方法的首选,从而表现出使用频次较低,只是译者在处理语际概念空缺或词汇空缺时的权宜之计。

此外,汉语宗教学术语英译方法的选用还与该学科术语的构成类型密切相关。具体来讲,尽管外史外论型术语与内史内论型术语在英译方法的选用上存在一定交叉,但二者在翻译方法的应用上仍各有偏重,并因术语类型的不同呈现出系统性差异。为更清楚地了解和认识汉语宗教学术语英译的方法特征,本部分内容拟从以下两个方面展开:(1)对外史外论型术语英译方法类型的分析;(2)对内史内论型术语英译方法类型的分析。

7.3.1 外史外论型术语英译方法类型分析

表7-4 外史外论型术语英译方法频次统计及举例

翻译方法	频次	比例	代表性术语英译示例
直译	340	43.20%	宗教学(science of religion)、原罪(original sin)、唱颂仪(ritual chanting)、千禧年运动(millenium movement)、方法论上的无神论(methodological atheism)、圣十字架(holy cross)、宗教多元主义(Religious Pluralism)
意译	321	40.79%	教会学(ecclesiology)、英杰即神论(euhemerism)、信经(Creeds/Credo)、甲虫型护符(Scarab)、现代犹太教自由派(Reform Judaism)、清真寺(mosque)、万有在神论(panentheism)、自存(Aseity)
音译	121	15.37%	缪勒(Max Muller)、阿匹斯神牛(Apis Bull)、乌加里特文献(Ugaritic texts)、琐罗亚斯德教(zorostrianism)、摩尼珠(Mani pearls)、耶稣(Jesus)、巴克提(Bhakti)
释译	5	0.64%	斋戒[fast (abstain from meat, wine, etc.)]、通灵术[mediumism (communication with spirits)]、清真教(old name for Islam)、神灭论(On the Destructibility of the Soul; theory of spiritual perishability)
总计	787	100%	

从表7-4可以看出,外史外论型术语的英译方法以直译和意译为主,其使用频次分别为340次和321次,二者使用频次总和占到该类型术语英译方法总频次的83.99%,这进一步验证了上文中的基本观点与初步发现。相比之下,音译和释译的使用频次显著偏低,分别为121次和5次。通过观察我们还发现,这四种翻译方法类型与汉语术语及其英译术语平均长度的变化存在着

一定的联系①。直译和音译对术语平均长度变化的影响不明显;释译会明显增加英译术语的平均长度,但其在外史外论型术语的英译过程中,仅充当意译的一种辅助性手段,使用频次低,这可能与释译性英译术语的简洁性和可替代性差有较大关系;意译则使术语平均长度有所降低,这大概与部分汉语宗教学术语的词汇化程度不高有关,例如,"英杰即神论"(euhemerism)、"方法论上的无神论"(methodological atheism)、"现代犹太教自由派"(Reform Judaism)等。

与此同时,鉴于外史外论型术语所表征的话语体系和概念系统的内容特征,该类型术语在英译过程中有其特殊性的一面,并贯穿于术语翻译过程的始终,制约着译者对翻译方法的选用。具体来讲,外史外论型的汉语宗教学术语本来就是从西方译介而来,在它们进入汉语宗教学术语话语系统之前,在异域文化中就存有约定俗成的术语表达。因此,当这些外来汉译术语再次英译时,"回译"法(backward translation)是确保术语所表征概念准确跨语传递的必然选择。而在具体的翻译实践中,"回译就其实质而言,既是翻译又是检索"(吴克礼,2007:序1)。

严格地讲,"回译"这一术语属于翻译策略层面的概念,它可以和各种具体的翻译方法相结合,应用到相应的翻译实践中去。例如,"宗教学"这一术语的英译可以追溯至1870年的缪勒,因此从学理上讲,该术语的准确回译表达只能是science of religion,而非其他。但目前学界也使用另一直译形式的英译术语the study of religion,这可能与直译的方法特征有密切关系,即译语术语和源语术语显性语义特征的匹配度较高,同时在形式上保持较好的一致性。对这种在可接受范围之内的英译术语,我们不能都称之是错误的,姑且套用哲学上的一句流行语"存在的就是合理的",暂称之为"非彻底性回译"。这种"非彻底性回译"的原因很复杂,既有主观上的(比如知识欠缺、态度不端正),也有客观上的(比如文献资料有限),我们在此不做深究,但可以肯定的一点是,术语翻译过程中的"非彻底性回译"是造成一词多译现象的重要原因之一。例如,"宗教仪式"经过直译后产生了三个译名,分别是religious rite、religious ritual和religious ceremony。无论在语义上还是在形式上,这三个英译术语都与其汉语术语的契合度较高,换言之,我们很难对三者做出孰优孰劣的判断,除非在多如牛毛的宗教学文献中对之进行追本溯源。但从目前汉语宗教学术语子库中搜集到的数据来看,术语翻译实践中,译者对术语的一词多译现象具有一定的歧义容忍度,即精准的回译是必要的,但不是必须的,其言外之意就是,译者应该树立起术语翻译中的回译意

---

① 关于术语长度的计算方法,下文第四部分会有说明,在此不做赘述。我们对翻译方法的类型特征与外史外论型术语平均长度变化之间的关系进行了考察,具体数据为:直译(1.93/2.27,斜线前的数据是汉语术语的平均长度,斜线后的数据是经过翻译之后相应英译术语的平均长度,下同)、意译(1.42/1.19)、音译(1.17/1.25)、释译(1.21/4.79)。

识,尽量避免由于主观原因而造成的一词多译现象,努力保证术语回译的成功,从而减少英译术语系统中表达冗余的现象。

如果译者从根本上就没有意识到回译现象,或者由于种种原因而未能实现术语回译的追本溯源,其结果往往会造成译名术语内涵意义发生变化,从而导致表达上的紊乱。如"自存"(Aseity)、"冥神"(Chthonian Deities),前者源于拉丁文 aseesse(由于自身而存在),指神或上帝的第一属性;后者在希腊神话中指掌管农作物的生长和人们的死亡、埋葬以及鬼魂去处的神,其英文术语是从希腊文 Chthōnios(意为"居住于地土内")转译而来的。如果译者将二者分别直译为 self-existence 和 King of Hell,其与正确的回译表达在内涵意义上相去甚远。而且,更为重要的是,由于语言形式回译的不到位,其概念回译的目标将无法实现。因此,就术语翻译的回译方法而言,其实质在于概念层面的回译,应遵循概念优先的原则,译者一定要"小心求证",尤其是对那些术语字面义与概念义不一致的情况。

与回译现象中直译和意译的方法特点相比,音译主要用以处理外来宗教学专名的翻译,这些术语多与西方宗教史中的人物、神话传说、宗教经典、宗教礼仪、宗教节日等知识内容相关,译者无法从词汇—语法—语义的转换直接入手,而应遵循专名翻译中"名从主人"的原则,对该类汉语术语的英译来源进行精确的溯源,从而避免不必要的一词多译现象。如"缪勒"(Max Muller)、Ugaritic texts(乌加里特文献)、"琐罗亚斯德教"(zorostrianism)、"耶稣"(Jesus)、"巴克提"(Bhakti)、"阿匹斯神牛"(Apis Bull)等均是准确的音译回译,译者不能在不做调查研究的情况下就"妄下译语"。

7.3.2 内史内论型术语英译方法类型分析

从术语翻译的方法特征上来看,内史内论型术语与外史外论型术语之间既有共性,也有差异,但整体来看,差异性更为凸显。表 7-5 是对内史内论型术语英译方法使用频次的统计及相关典型例证。

表 7-5 内史内论型术语英译方法频次统计及举例

翻译方法	频次	比例	代表性术语英译示例
直译	693	45.32%	有无(being and non being)、著变(striking change)、内学(Internal Learning)、自爱(self-love)、心物合一(unity of mind and things)、慈悲(be benevolent and merciful)
意译	523	34.21%	和(Harmony)、浑沌(Primitivity)、禅定(Meditation)、元精(vital force)、真言乘(Mantrayana)、业(Karma)、仙人(Taoist immortal)、无我(Anatta)、空(sunyata)

续　表

翻译方法	频次	比例	代表性术语英译示例
释译	146	9.55%	佛龛(a niche for a statue of Buddha)、黄老之术(theory of the Yellow Emperor and Master Lao)、壁经(Confucius' books in the wall)、时中(adhere to the mean at any time)、寡欲(make the desires few)、不为而成(not force others to carry out but reign over everything)、缊(yin and yang forces)
音译	167	10.92%	观音(Guanyin, Kuan-yin, Kwan-yin)、仁(ren, jen)、气(qi, ch'i)、佛门(Fo Men)、阴阳(yin and yang)、道(Dao, Tao)、理/礼(Li)
总计	1 529	100%	

从表7-5可见,直译和意译的使用频次分别是693和523次,二者占到该类型术语翻译方法总频次的79.53%,构成了内史内论型术语英译方法的主力军。此外,在对翻译方法类型与内史内论型术语平均长度变化关系考察的基础上①,我们发现,直译、意译和音译后的译名术语的平均长度均至少增加1倍以上;释译后的英译术语的平均长度增加了近4倍,这一点与外史外论型术语释译的方法特征颇为相似。限于篇幅,本文对两种类型术语英译方法的共性不再做进一步的分析,而是从以下三个方面出发,着重探讨二者之间的差异。

首先,与外史外论型术语汉译英过程中回译策略使用的普遍性相比,内史内论型术语英译时也存在零星的回译现象,但均集中在汉语佛教术语的英译过程之中②,如"无我"(Anatta)、"业"(Karma)、"空"(sunyata)、"真言乘"(Mantrayana)等。内史内论型术语中,儒教和道教汉语术语在其英译过程中未有回译现象的发生,这也从侧面进一步反映了内史内论型术语构成的生态状况,即"三教合一"背景下儒教、道教汉语术语的本土化特征和佛教汉语术语介于本土与外来的中国化特征。

其次,释译在内史内论型术语英译中共使用146次,占该类型术语英译方法总频次的9.55%,较之外史外论型术语中的释译,无论在使用频次上,抑或是所占比例上,均增加显著。这与上文中对术语类型英译方法的特征分析相契合,即

---

① 我们对运用不同英译方法的内史内论型术语平均长度的变化进行了统计:直译(1.25/2.96,斜线前是汉语术语平均长度,斜线后为英译术语平均长度,下同)、意译(1.10/2.03)、音译(1.08/2.17)、释译(1.17/4.09)。

② 本文对内史内论型术语中的回译现象进行了初步统计,发现共有176个汉语佛教术语的英译属于典型的回译现象。

外史外论型术语英译过程的回译本质属性,决定了释译不可能成为该术语类型英译的主要翻译手段。相反,释译在内史内论型术语的英译过程中却能大显身手,这主要与中国传统宗教学术语类型的概念表征密切相关,即这些术语或多或少承载了中国传统文化中与哲学、伦理学、宗教研究等相关的一些思想表述。如"黄老之术"(theory of the Yellow Emperor and Master Lao)、"壁经"(Confucius' books in the wall)、"时中"(adhere to the mean at any time)、"寡欲"(make the desires few)、"不为而成"(not force others to carry out but reign over everything)、"缊"(yin and yang forces)等。此类汉语术语多为古汉语,形式简洁,内涵丰富,在异域文化中属于空缺概念。一般而言,经过释译的译名术语,其词汇化程度较低,不便于术语的跨语传播与推广使用。因此,译者应"注意到术语简明性与准确性之间的平衡关系,应该在满足准确性的前提下尽可能做到简明扼要"(魏向清,2010:166)。此外,不同的译者对同一术语会有不同的释译,这也进一步催生了内史内论型术语英译过程中的另一个重要现象——一词多译。

最后,在与翻译方法密切相关的一词多译现象中,内史内论型术语中具有两个译名以上的汉语术语条目明显比外史外论型术语系统要多[①]。这主要与前者的术语类型特征及其英译方法有密切的联系。内史内论型汉语宗教学术语英译过程中,其一词多译相关典型示例见表7-6。

表7-6 内史内论型汉语宗教学术语一词多译情况举例

汉语宗教学术语	英译宗教学术语			
	术语一	术语二	术语三	术语四
有无相生	exists and not-exists mutually sprout	the interaction of being and nothingness	simultaneous growth of having and not having	being and not-being grow out of one another
观音	Guanyin, Kuan-yin, Kwan-yin	Avalokitesvara	Goddess of Mercy	Kannon
仁	ren(或 jen)	kindheartedness	benevolence	humanity
天放	heavenly emancipation	emancipation of heaven	natural emancipation	
以道制欲	control one's desires with the Way	restricting desire with morality	governed by Taoism	

内史内论型术语中一词多译现象的原因较为复杂。汉语佛教术语由于兼具

---

① 我们的统计结果是:宗教学术语子库中449个汉语宗教学术语具有多个英译术语。其中,具有多个英译术语的外史外论型汉语宗教学术语的个数为96个;具有多个英译术语的内史内论型汉语宗教学术语的个数为353个。

本土与外来的双重特征,在其英译过程中出现了顺译与回译相结合的情况:前者视之为本土宗教学术语的英译过程,直接运用各种翻译方法将之译出,比如,将"观音"音译为 Guanyin、Kuan-yin、Kwan-yin,或意译为 Goddess of Mercy,就属于此种情况;后者视之为外来宗教学术语的回译过程,将"观音"分别意译回译成 Avalokitesvara(梵语)和 Kannon(日语,日本以女性形象出现的菩萨)则属于此种情况。由此可见,内史内论型汉语宗教学术语英译过程中,各种不同翻译方法的综合应用是造成一词多译现象的重要原因之一。

对于儒教和道教本土宗教学术语的英译而言,译者的主要任务是将这些浸有中国文化特色的术语准确地向外界进行传达。如前文所述,不同的译者对同一汉语宗教学术语的内涵往往有着不同的理解,在对此类汉语术语进行英译时,也会选择不同的翻译方法、英文词汇及译语表达形式,由此一词多译也就不可避免了。例如,目前的术语库中,单词型术语"仁"共有五个译名,分别是采用音译的 ren 和 jen,采用意译的 kindheartedness、benevolence 和 humanity。其中,音译的两个术语较好地保留了汉语术语的原貌,但在语义透明度上不够;意译的三个术语都在某一个方面展现了汉语术语"仁"的内涵意义,但都不能成为其完全对等术语。词组型术语"有无相生""以道制欲"采用直译和释译的方法,各自拥有四个译名。另外,值得注意的是术语"天放"经过直译所产生的三个译名中,heavenly emancipation 和 emancipation of heaven 是由译语表达形式上的不同而形成的一词多译,这种情况在内史内论型术语英译过程中出现的频次虽然不高,但在术语翻译的实践中颇具代表性,值得引起译者关注和思考。

7.4 汉语宗教学术语系统英译的形式特征与经济律

汉语宗教学术语系统经过语言形态转换之后,生成的英译术语系统表现出不同的学术话语形态,与汉语术语系统在形式特征上有诸多差异之处,我们需要借助英译术语系统中的结构性参数,即形式上的学术话语形态参数来进行具体分析。具体来讲,反映汉语宗教学术语系统英译形式特征的重要参数包括术语长度类型、术语平均长度、单词的术语平均构成频率、术语系统经济指数。下文将分别展开论述。

7.4.1 汉语宗教学术语系统英译的形式特征

本文对汉语宗教学术语系统及其英译术语系统的长度进行了统计,其结果见表 7-7。

表7-7 汉语宗教学术语及其英译术语长度统计与对比

术语类型	汉语术语		英译术语	
	数量	比例	数量	比例
单词型	1 213	73.34%	881	38.04%
二词词组型	372	22.50%	755	32.60%
三词词组型	58	3.50%	320	13.82%
多词词组型	11	0.66%	360	15.54%
总计	1 654	100%	2 316	100%

表7-7中的数据对比表明,汉语宗教学术语以单词型为主(1 213个),占到汉语术语总量的73.34%;其次是二词词组型术语(372个),占到术语总量的22.50%;三词及多词词组型术语数量不多,两者加起来仅占汉语宗教学术语总量的4.16%。相比之下,各种不同长度类型的汉语宗教学英译术语,其在数量分布上显得更为均匀:单词型术语(881个)和二词词组型术语(755个)分别占到英译术语总量的38.04%和32.60%,数量差距不明显;三词词组型(320个)与多词词组型(360个)在比例上较为接近,二者加起来约占英译术语总量的三分之一。对每一术语长度类型的汉语术语及其相应的英译术语的数量依次进行对比可以发现:单词型英译术语的数量约为同类型汉语术语数量的三分之二,二词词组型、三词词组型和多词词组型英译术语的数量则分别是其同类型汉语术语数量的2.1倍、5.5倍和32.7倍,这充分说明汉语宗教学术语经过英译之后,其术语平均长度会明显增加。本文进一步对外史外论型术语和内史内论型术语与其英译术语平均长度的变化进行对比,相关数据见表7-8。

表7-8 汉语宗教学术语系统与英译术语系统平均长度对比

	汉语术语系统	英译术语系统
外史外论型术语平均长度	1.57	1.68
内史内论型术语平均长度	1.15	2.65

由表7-8可知,外史外论型汉语宗教学术语系统的术语平均长度为1.57,对应的英译术语系统的术语平均长度为1.68,前后变化不明显,这可能与该类型术语英译过程中较为普遍的回译现象有关,经过准确回译的汉语宗教学术语一般也会与其相应的英译术语在语言形式上保持较高的一致性。例如,"唱颂仪"(ritual chanting)、"新时代运动"(new age movement)、"塔布"(taboo)等。相比较而言,内史内论型英译术语的平均长度为2.65,其对应的汉语术语的平均长度为1.15,前者是后者的2.3倍,英译后的术语平均长度显著增加。究其原因,一

方面,这与内史内论型术语的构成类型有关,该类术语多表征了中国传统儒释道相关知识内容,在语言形式上短小精悍,以字词为单位,词汇化程度高,比如"空""乘""法""道""信""观心""天政""至乐"等;另一方面,这也与该类型术语英译过程中翻译方法的选用,特别是释译的普遍运用密切相关。

7.4.2 宗教学术语汉英翻译的系统经济律

由少量的单词构成大量术语的语言现象,反映了语言使用中的经济原则,我们把它叫作"术语形成的经济律"(economic law of term formation)(冯志伟,2010:9)。作为一个动态的变量值,术语系统经济指数是用以直接检验术语系统简明性的重要指标,同时也是用以评价术语翻译整体质量的关键参数。本文根据冯志伟(2011:369)提出的术语系统经济律计算公式与方法,对汉语宗教学术语系统及其对应的英译术语系统的单词平均术语构成频率、系统经济指数分别进行了计算,并在汉语宗教学术语类型划分的基础上对之展开了对比分析。其具体数据对比见表7-9和表7-11。

表7-9 汉语宗教学术语及其英译术语系统单词平均术语构成频率对比

类型	汉语术语系统	英译术语系统
外史外论型	1.52	1.78
内史内论型	1.12	2.62
全部术语类型[①]	1.32	2.53

表7-9显示,NUTerm术语库宗教学术语子库中英译术语的单词平均术语构成频率(2.53)要远高于汉语术语的单词平均术语构成频率(1.32),前者是后者的1.92倍。这一方面说明英译术语系统中高频词的数量,以及由这些高频词构成的英译术语的数量均比较多,另一方面也从侧面折射出不同术语系统中单词的平均术语构成能力的大小,较之汉语术语系统,英译术语系统中单词的平均术语构成能力更强。汉语宗教学术语英译过程中较为明显的多词一译现象[②]可能是造成该结果一个重要的客观原因。多词一译的相关典型例证见表7-10。

[①] 指NUTerm术语库汉语宗教学术语子库中的所有术语,即外史外论型和内史内论型术语的总和,下文表7-11中"全部术语类型"的含义与此同。

[②] 在NUTerm术语库汉语宗教学术语子库中,具有多词一译现象的汉语术语共计297条,占到汉语宗教学术语总量(1 654条)的17.96%。其中,外史外论型汉语宗教学术语有186条,内史内论型汉语宗教学术语有111条。

表 7-10 汉语宗教学术语多词一译情况举例

英译宗教学术语	汉语宗教学术语			
	术语一	术语二	术语三	术语四
Methodism	循道宗	卫理公会	卫斯理会	美以美会
reincarnation	化身	轮回	再投胎	再生
benevolence	功德	仁	仁慈	
Benji	本际	本迹		
Muses	缪斯	艺术九女神		
Brentano	布伦坦诺	布伦塔诺		
Karma	羯磨	业		
chaos	混沌	浑沌		
emptiness	空	虚		

外史外论型术语英译中多词一译现象产生的主要原因与该类术语最初从英语引入汉语时的一词多译现象有紧密的联系。例如，Methodism 在最初进入汉语时，译者用音译法对译为"卫理公会""卫斯理会""美以美会"三个汉语术语，又采用意译法译为"循道宗"，由此就形成了术语翻译中一对多的现象。相应地，译者在对这些汉译外来术语进行回译时，均要译为 Methodism，这也是外史外论型术语汉译英时多词一译现象出现的最主要原因。类似的例证还有"布伦坦诺"和"布伦塔诺"，均要音译（回译）为 Brentano；"缪斯"和"艺术九女神"要分别音译（回译）和意译（回译）为 Muses。

相比之下，内史内论型术语英译过程中多词一译现象的原因稍显复杂。翻译方法类型、同音异形、近义替换、语义交叉等现象均有可能造成多词一译现象。例如，"羯磨"和"业"分别音译（回译）和意译（回译）为 Karma；同音异形术语"混沌"和"浑沌"均意译为 chaos，"本际"和"本迹"的音译均是 Benji；具有近义关系的汉语术语"功德""仁"和"仁慈"均意译为 benevolence。但在术语翻译实践中，语义上完全对等的术语寥寥无几，具有同义关系的不同术语之间的语义交叉是造成多词一译的最主要原因。本文在对内史内论型术语中多词一译现象考察和分析的基础上，尝试总结了两种语义交叉关系：连环型交叉和同心型交叉，见图 7-1 和图 7-2。

如图 7-1 和图 7-2 所示，具有多词一译现象的内史内论型汉语术语大多具有两个以上的译名。如"虚"有三个译名，"空"有四个译名，"宇"有两个译名，每个译名更像是相应的汉语术语所形成的语义场中的一个义素，义素交叉体现

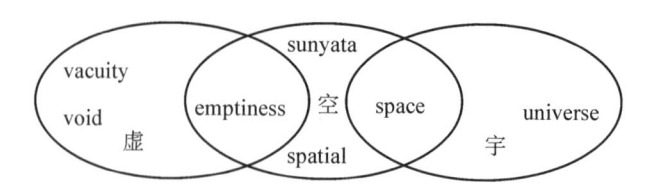

图 7-1　连环交叉型多词一译现象

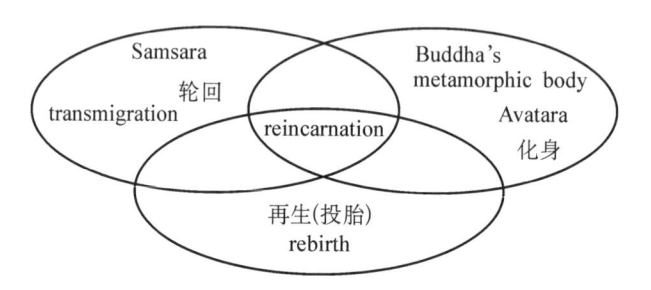

图 7-2　同心交叉型多词一译现象

了汉语术语之间的同义关系。图 7-1 中,"虚"和"空"之间的共有译名(或义素) emptiness 将二者联系起来,而"空"和"宇"又通过共有译名 space 形成语义交叉。这样,"虚""空"和"宇"就形成了一个连环交叉型的多词一译现象。图 7-2 则代表了另外一种典型的多词一译现象,即多个术语共有一个语义内核(同一个译名)。例如,"化身、轮回和再生(投胎)"共有一个译名(或义素)reincarnation,从而形成了同心交叉型多词一译的现象。

由以上分析可以得知,在术语系统中,影响单词的术语构成频率的因素是多方面的,其中,多词一译现象是造成英译术语系统中的单词平均术语构成频率显著高于其相应的汉语术语系统的重要原因。其结果也会进一步影响到术语系统的经济指数,我们进一步对 NUTerm 术语库中汉语宗教学术语英译的术语系统经济指数进行了对比,见表 7-11。

表 7-11　宗教学术语汉英翻译的系统经济指数

类型	汉语术语系统	英译术语系统
外史外论型	0.97	1.06
内史内论型	0.98	0.99
全部术语类型	1.00	1.09

从表 7-11 可以看出,首先,外史外论型汉语术语系统的经济指数(0.97)不

高,这大概与该类型汉语术语中包含较多的外来专名术语相关,这些专名术语的词汇化程度较低,术语长度较长,且存在一定量的多词一译现象,由此造成该类型汉语术语系统的经济指数也较低;相比之下,该类型相应的英译术语系统的经济指数(1.06)有所提高,超过了一个成熟的术语系统的经济指数的下限值(1),这可能因为在该类型汉语术语系统与英译术语系统的平均长度非常接近的情况下,英译术语系统的单词平均术语构成频率更高。

其次,内史内论型术语的汉语术语系统的经济指数(0.98)及其英译术语系统的经济指数(0.99)均不高。究其原因,一方面,该类型术语英译过程中出现的一词多译和多词一译现象,在一定程度上削弱了汉语术语系统的单词平均术语构成能力,进而降低了其单词的平均术语构成频率;另一方面,释译方法的普遍运用导致英译术语系统的术语平均长度较之相应的汉语术语系统大幅增加。

整体而言,宗教学汉语术语系统及其英译术语系统的经济指数均偏低,分别为1.00和1.09。数据折射出我国汉语宗教学术语英译的现状,即宗教学汉语术语系统及其英译术语系统仍处在向成熟发展的初级阶段,亟须不断优化,进一步提高其术语系统的经济指数。

7.5 小结

本文基于中国宗教学鲜明的史-论话语格局,以 NUTerm 术语库宗教学术语子库中 1 654 条汉语宗教学术语数据为对象,尝试对汉语宗教学术语英译现状做系统性描写和分析。研究结果表明,汉语宗教学术语有较为明显的类型特征,这些类型特征与汉语宗教学术语系统英译方法的特点及形式特征有着紧密的联系。具体来讲,外史外论型汉语宗教学术语所表征的概念内容大多植根于西方信仰传统,词汇化程度较低,英译时以直译和意译为主,汉语术语系统的经济指数要低于其相应的英译术语系统,这与英译术语系统的单词平均术语构成频率较高有关;内史内论型汉语宗教学术语在语义内容上多反映了中国传统文化中特有的"三教合一"的信仰现象,该类型汉语术语一般具有古汉语的特征,以字词为单位,形式简洁,内涵丰富,英译时在翻译方法的使用上,形成了直译、意译、释译+音译三足鼎立的局面。汉语术语系统及其相应的英译术语系统的经济指数均偏低,这与该类术语英译过程中的一词多译和多词一译现象、释译方法过多的使用有较大关系。

本文对宗教学术语英译现状的分析折射出人文社科术语翻译中存在的一些共性问题,为我国宗教学话语体系的构建,以及汉语宗教学术语英译的实践带来诸多有益的启示:对外来汉语宗教学术语系统来讲,要积极引导其参与到中国宗教学学术话语体系的建设中,不断增强其词汇化程度,从而在整体上提高其经济指数;就本土汉语宗教学术语系统而言,译者要重视术语学的本体研究,提高其翻译质量和跨语传播能力,"在世界学术领域中展示出其中国元素、体现出其自我意识"(卓新平,2008:40)。

  与此同时,本研究尚存在一些不足之处。首先,部分汉语宗教学术语在类型判断上存有争议。例如,"灵魂(soul)、永生(immortality)"是中西方宗教学中共有的概念,那么此类术语是划入外来术语类型,抑或是按本土术语对待?对此,本文尚缺少相应的判断理据,为了统计的方便,暂时按本文"内部标准"——先内后外的原则,将之归到内史内论型术语的范畴。其次,部分术语翻译方法的判断存在一定分歧。例如,"以道制欲"(governed by Taoism)意译与释译的划分界限比较模糊,对此种情况,本文将释译视为意译的一种,都划入意译的范畴。最后,NUTerm 术语库宗教学术语子库中现阶段收录的汉语术语仅有 1 654 条,对术语系统经济指数的计算而言,仍属于小样本的范畴[①],建立在此基础上的数据分析尚不够充分,且存在一定的误差。鉴于 NUTerm 术语库的动态性特征,随着库中术语条目的不断增加,其相关数据的描写和分析也会越来越全面和深入。

[①] 一般而言,术语条目的数量越多,其术语系统经济指数的计算误差就越小。

8

汉语语言学术语系统及其英译现状分析

8.1 汉语语言学术语系统构建的学科史背景概述

在 NUTerm 术语库语言学术语子库中,汉语语言学核心术语数据基本涵盖了当今汉语语言学研究相关的主要概念,具有较好的系统性。这其中既包含中国本土传统汉语语言学研究的重要概念,也包含借自西方现代语言学知识体系的外源汉译概念,同时也涉及现当代汉语语言学研究中的一些新创概念。这在一定程度上折射出汉语语言学学术话语建构的多源特征。根据《中国语言学史》(王力,1981)、《中国古代语言学史》(何九盈,2006)和《中国现代语言学史》(何九盈,2008)以及《中国理论语言学史》(邵敬敏、方经民,1991)的相关研究,我国的语言学研究经历了从以训诂学为代表的传统语文学到各分支全面发展的现代语言学的历时演进。以 1912 年胡以鲁著《国语学草创》为标志,中国语言学研究进入现代意义上的理论语言学研究阶段,其间西方语言学知识体系的译介引入对推动中国理论语言学发展起到了至关重要的作用。

我国传统语言学研究阶段主要是指《国语学草创》之前的传统语文学研究,始于先秦,止于 19 世纪末到 20 世纪初。我国传统语文学研究知识体系可归结为由方言、文字、音韵和训诂研究四个主要分支概念构成的知识系统。相应地,汉语语言学术语系统也涉及这四个子系统的核心术语。比如,在方言研究方面,扬雄在《方言》中提出"通语"和"转语";在文字研究方面,许慎在《说文解字》中总结出汉字的六种类型,分别是"指事""象形""形声""会意""转注"和"假借";在音韵研究方面,周德清在《中原音韵》中提出"平分阴阳"和"入派三声";在训诂研究方面,"因声求义"这个术语的概念内涵在邵晋涵著《尔雅正义》中初现。时至清末,马建忠著《马氏文通》集中体现了中国语法研究的初步成就,马氏率先提出"实字"与"虚字",并对两者做出了明确区分。除此之外,还有其他一些具有代表性的语法研究成果,比如,马氏按照字在句中所起作用划分了七种词,即"起词""语词""表词""止词""司词""转词"和"加词",又模仿拉丁语法中的"格"特地为名代词设立了六种"次",即"主次""宾次""偏次""正次""前次"和"同次"。简言之,中国传统语文学在研究字音、字形以及字义等方面都有重要探索,相关的术语系统较为完善,为后期相关领域的系统理论研究奠定了坚实基础。

1912年《国语学草创》问世,标志着中国传统语言学研究进入理论语言学研究阶段,开始走上一条更加理论化和体系化的现代探索之路。贾洪伟(2011)在其博士论文《西方语言学典籍汉译(1906—1949)及其对中国语言学的影响》中系统阐述了《国语学草创》对于中国语言学发展的重要意义,其中首要的贡献是引进学科术语、新的语言学理论观点和研究方法。邵敬敏、方经民(1991)认为理论语言学研究阶段有三个发展时期,分别是初创时期(1912—1949)、探索时期(1949—1976)和发展时期(1976—1989)。从这三个历史时期的语言学术语特点可以看出该学科不同发展阶段的特殊性。

在中国现代语言学研究的初创时期,一方面,受西方语言学影响,一些重要的英语语言学术语经过译介进入汉语语言学研究领域,拓宽了汉语语言学的研究视野,丰富了汉语语言学研究的学术话语体系。比如,这一时期我国学界译入的英语语法学术语有 full word、form word、copula、object、subject、predicate、adverb 和 affix,它们所对应的汉译术语分别是"实词""虚词""系联""目的语""主语""述语""状词"和"语系"。另一方面,依托西方现代语言学研究的理论与方法,我国汉语语言学研究又有所创新和拓展。汉语语言学家借助英语语言学理论和研究方法来分析汉语语言现象,新创了很多汉语语言学术语,比如王力(1981:183)依据结构主义语言学和美国描写语言学的相关理论和研究方法,描述了汉语的"句式"系统,讨论了现代汉语中存在的六种重要句式,即"能愿式""使成式""处置式""被动式""递系式"和"紧缩式"。又比如,得益于西方现代语言学研究的启发,我国汉语词汇研究从传统训诂学的旧框架中脱离出来,开始借用"语根"和"词源"等西方语言学话语体系中的相关术语来研究近现代汉语词汇,使汉语词汇学研究分支得以进一步发展。

在中国现代语言学研究的探索时期,经译介而来的西方语言学理论主要是结构主义语言学和转换生成语法,其中转换生成语法是通过苏联学者的述评转译到中国的。此外,译介的内容还包括音位对立理论、结构语义学、实验语音学、语言地理学、神经语言学和心理语言学等相关领域的研究成果①。这些西方语言学理论在汉语语言学界引起了热烈而广泛的讨论,一批语言学家开始系统考察并探讨汉语语言现象,比如运用音位对立理论来研究汉语普通话的音位系统;通过生理实验来研究汉语声调;分析汉语构词的类型及主要特点等。在语法研究方面,汉语语言学界展开了三次大规模讨论,分别针对汉语词类问题、汉语主

---

① 关于探索时期语言研究的特点,主要参考了邵敬敏、方经民合著的《中国理论语言学史》(1991:61-134)。

宾结构和汉语单复句问题。在这一时期,中国少数民族语言问题开始受到关注。中国科学院语言研究所先后组织开展少数民族语言的普查工作,了解各少数民族语文及其使用情况,为我国民族语言理论研究奠定了坚实的基础。

在中国现代语言学研究的发展时期[①],我国开始全面译介西方现代语言学重要流派的理论及其研究方法。冯志伟(1987)的《现代语言学流派》着重介绍了索绪尔语言学理论、布拉格学派、哥本哈根学派、美国描写语言学、功能语言学、英国伦敦学派、转换生成语言学、格语法、心理语言学、社会语言学、数理语言学等主要语言学流派和新兴的语言学分支学科。除此之外,语用学、修辞学、篇章语言学、外语教学等分支学科的重要著作也陆续被译介到中国。通过学习与借鉴,我国语言学各分支学科的理论研究也逐步深入,同时还产生了诸多跨学科研究领域,比如社会语言学、交际语言学、文化语言学和计算语言学。具体而言,社会语言学研究的范畴主要包括研究语言变异、法律用语、广告用语、关注语言与民族发展之间密不可分的关系;交际语言学包括语用研究、话语分析以及从言语交际行为出发研究交际语言的规律和基本手段;文化语言学从广阔的文化背景中探索汉语语言使用的规律及其特点;计算语言学包括开发为解决外语同汉语自动对译问题的机器翻译系统、机器自动识别汉字、语音识别输入、汉字编码输入、汉语词自动切分、构建汉语语料库、开发汉语语音对话系统和汉语书面语对话系统。

简言之,汉语语言研究从传统语文学开始,发展到建构较为完善的中国语言学理论体系,得益于本土和外来的两大理论资源。一方面,中国传统语文学研究一脉相承且积淀深厚,是中国现代语言学理论体系建构的重要根基;另一方面,西方现代语言学理论及其研究方法他山攻玉且影响深远,为中国现代语言学理论体系的建构提供了重要参照。中外语言学这两大知识体系的学术思想滋养培育出中国现代语言学研究非常独特的杂糅生态。因此,我国汉语语言学学科术语所表征的语言学知识系统既涉及汉语语言学知识系统,也涉及以英语语言学为主要代表的西方语言学知识系统,呈现出术语系统生态的复杂性。

8.2 汉语语言学术语系统的构成类型及特点

根据格里尼奥夫(2011:65-67)提出的关于术语类型的划分方法,从术语历史构成角度对 NUTerm 术语库汉语语言学子库术语进行分类,大致可分为三

[①] 关于发展时期语言研究的特点,主要参考了邵敬敏、方经民合著的《中国理论语言学史》(1991:144-312)。

类,即"本土术语""外来术语"和"混合术语"①。下面分别具体介绍。

本土术语是指在中国语境下产生的、与汉语言文字学直接相关的语言学术语,包括古代语言学术语和现代语言学术语两部分。本研究判定中国古代语言学术语的主要依据源于何九盈著《中国古代语言学史》(2006),凡属于中国传统修辞学、训诂学、方言学、文字学、词源学、音韵学、古音学,以及晚清开始的辞书学和语法学等语言学分支学科所使用的术语都归于本土术语的范畴。本研究判定中国现代语言学术语的主要依据则源于何九盈著《中国现代语言学史》(2008),凡指称现代汉语语言学概念的术语都归于本土术语范畴。

外来术语是指经由翻译而进入汉语语言学知识体系的术语,"外来"主要是从术语概念的来源上做出区分。凡是植根于西方语言学知识体系而产生的术语皆为外来术语,可从三方面加以判定:首先借助语言形式,即"形式借入术语";然后是西方语言学知识体系中普通语言学、描写语言学以及生成语言学等西方传统语言学分支学科所产生的术语;最后是学科交叉研究所产生的术语,主要涉及心理语言学、认知语言学、神经语言学、社会语言学和计算语言学等知识领域。

混合术语主要包含以下两种情形:其一,自语言研究被当作一门独立学科对待以后,汉字字形、字音以及字义的研究便重新进入研究视阈,衍生出一批传统与现代交替更迭的新生术语;其二,以西方语言学知识体系中语法、词汇和语义研究为参照,逐步探索并发展汉语语法、词汇和语义知识,形成具有汉语语言特色的语言学知识单元。根据以上判定原则,下面结合术语实例进行说明(见表8-1)。

表8-1 汉语语言学术语系统的构成类型举例(1)

本土术语	古代语言学术语	比拟、比兴、衬托、封泥文字、互文、互训、互用、句读、等韵图、寄韵凭切、寘切、浊上变去
	现代语言学术语	"之"字句、"把"字句、"被"字句、《说文》学、笔画、笔顺、读破、读若、短去、不满语气、诧异语气
外来术语	形式借入术语	D变韵、D结构、F值、is a 关系、n 元模型、S结构、X杠理论、θ理论、wh-隐性移位
	西方语言学核心术语	差别假说、场理论、成分分析法、程序语法、词汇场、词汇功能语法、底层结构、发话言行
	交叉学科产生的术语	单向线性语法、变体、多语现象、非限制文法、概念网络、标记变项、神经认知语言学

---

① 从历史特点划分,术语可以有两种不同的划分方法:一是根据术语的来源划分;二是根据术语形成的时间来划分。本研究选择第一种分类方法,术语分为"固有术语""外来术语"和"混合术语"(格里尼奥夫,2011:65-67)。文中出现的"本土术语"在概念内涵上与"固有术语"一致。

续 表

混合术语	半借入词	比较汉字学、传统汉字学、现代汉语音韵、现代修辞学、现代汉语
	半仿造词	副词末品、可能式末品、末品补语、末品代词、双生叠韵词、双音词化、逗顿、类推简化

按照语言学分支学科的基本分类方法,中国本土语言学术语基本源自文字学、方言学、修辞学、音韵学、训诂学和民族语言学分支;汉译外来语言学术语基本源自语音学、语法学、语义学、词汇学、辞书学、计算语言学和社会语言学分支;大部分的混合术语源自文字学、语法学以及计算语言学分支。据统计,NUTerm术语库语言学术语子库中现有语言学核心术语条目是4 226条,其中本土术语915条,占术语总数的21.65%;外来术语3 028条,占术语总数的71.65%;混合术语283条,占术语总数的6.70%。由此可见,在汉语语言学核心术语中,汉译外来术语占绝大部分,其次是本土术语,这在一定程度上可以反映出我国汉语语言学术语系统因其学科历史形成过程的特殊性而具有鲜明的植入性和杂合性,术语的历史构成特点也反映了该学科知识体系的复杂性,西方语言学与汉语语言学两大知识系统之间的张力博弈将影响我国汉语语言学学科发展的未来走向。

从术语的形式特征划分,汉语语言学术语总体上可分为"术语词"和"术语词组"两大类别。术语词再分为"单纯词""加缀术语"和"复合术语","复合术语"又可再分为"符号术语"和"链式术语";术语词组主要分为"二词词组术语""三词词组术语"和"多词词组术语"[①]。

具体而言,单纯词是指由单音节语素独立而成的术语。据统计,在语言学术语子库中,单纯词总共有20个。加缀术语分前缀术语和后缀术语两种,加缀术语所包含的前缀主要有六种,分别是"非-""次-""副-""类-""前-"和"合-";后缀主要有九种,分别是"-句""-语""-学""-音""-韵""-字""-式""-词"和"-法"。复合术语中,符号术语总共有9个,链式术语总共有15个。在语言学术语子库中,绝大多数术语是以术语词组的形式出现的,以"二词词组术语"和"三词词组术语"为主,"多词词组术语"占少数。以下举例说明(见表8-2)。

---

① 术语词组的类别划分涉及汉语术语分词问题,有关汉语术语分词的具体原则将在该研究报告的第四节详细阐述。

表 8-2 汉语语言学术语系统的构成类型举例(2)

术语词	单纯词		清、浊、摄、声、韵、纽、呼、侈、词、耳、腭、喉、舌、格、美、属、数、型、价、转
	加缀术语	前缀术语	非边音、非标准变体、非持续性动词、非构型语言类词缀、类前缀、类后缀、类符次词条、次对转、次范畴化、次旁转、次音段、次语素
		后缀术语	单音字、多音字、独体字、多义字、繁体字、方言字古合韵、开合韵、平水韵、曲韵、入声韵、阳声韵疑问句、有时句、原始句、主谓句、把字句、包孕句
	复合术语	符号术语	D 变韵、D 结构、F 值、is a 关系、n 元模型、S 结构、X 杠理论、θ 理论、wh-隐性移位
		链式术语	动—主—宾语序语言、动作者—行动—目标、舌头—齿音、型—例比、音位—字位对应、语音—文本转换、主—宾—动语序语言
术语词组	二词术语		表音/文字、表意/文字、东北/官话、范围/副词、词汇/修辞、词/形、词/义、不满/语气、诧异/语气、约束/理论、韵律/层级、蕴涵/共性
	三词术语		古/无/轻唇音、古/无/舌上音、词/型/变化、词/义/扩大、词/源/词典、单向/线性/语法、递归/转移/网络、电子/气流/测量术、短语/结构/语法
	多词术语		反向/最大/匹配/分词/方法、概率/上下文/无关/文法、管辖/与/约束/理论、基于/规则的/机器/翻译、基于/实例的/机器/翻译、计算机/辅助/词典/编纂

经统计,在 NUTerm 术语库语言学术语子库中,以单词形式存在的汉语术语条目是 645 条,其他 3 581 条为词组型术语,汉语术语词与汉语词组型术语数量比例约为 1∶5。由此可见,在汉语语言学术语形成的过程中产生了大量的词组型术语,与术语词相比,术语词组是语言学术语存在的主要表现形式。

8.3 汉语语言学术语系统英译的方法特点

基于上文对汉语语言学术语构成特点的分析及其术语类型的划分,汉语语言学术语的系统复杂性显而易见。其中,基于术语历史构成特点的类型划分对于系统分析汉语语言学术语英译的方法至关重要。经分类整理与统计,汉语语言学术语英译的方法主要有以下六种,分别是直译法、意译法、释译法、音译法、音译+意译结合法和音译+直译结合法。具体而言,采取直译法英译的汉语术语有 3 491 个,采取意译法英译的汉语术语有 323 个,采取释译法英译的汉语术语有 183 个,采取音译法英译的汉语术语有 46 个,采取音译+直译结合法英译的汉语术语有 167 个,采取音译+意译结合法英译的汉语术语有 16 个(见表 8-3)。

表 8-3 汉语语言学术语英译的方法统计(总条目:4 226条)

术语英译方法	汉语术语条目	所占比例
直译法	3 491	82.61%
意译法	323	7.64%
释译法	183	4.33%
音译法	46	1.09%
音译+直译结合法	167	3.95%
音译+意译结合法	16	0.38%

从表 8-3 可以看出,绝大多数汉语术语采取直译法英译。这些汉语术语在历史构成上基本属于外来术语的范畴,而采取意译法、释译法、音译法以及音译+意译结合法英译的汉语术语则基本属于本土术语的范畴。本质上讲,意译法和释译法都是用英语来表征汉语本土语言学术语的概念内涵,两者的差异在于意译术语在语言形式上属于术语词的范畴,而释译术语则属于术语词组的范畴。采取音译+直译结合法英译的汉语术语主要来自方言学和民族语言学两个分支学科。表 8-4 分别为六种不同译法的汉语语言学术语英译实例。

表 8-4 汉语语言学术语英译举例

术语英译方法	汉语语言学术语	英译语言学术语
直译	变换分析	transformational analysis
	标注	tag
	标准通用置标语言	standard generalized markup language
	常规衍推话语	discourse in common sense entailment
	场域	domain
意译	草书	cursive script
	藏词	elliptical expression
	初文	protoform
	除阻	release
	纯三等韵	pure third division

续 表

术语英译方法	汉语语言学术语	英译语言学术语
释译	草书楷化	regularization of cursive form into standard script
	插叙	narration by way of parenthesis
	衬托	description of similar or opposite things as background for contrast
	串对	related ideas expressed in double parallelism
	辞趣	wonderful effect achieved through meaning
音译	递训	dixun
	独韵	duyun
	对转	duizhuan
	反切	fanqie
	朴学	puxue
音译＋意译结合	平水韵	pingshui rhyming system
	正对转	primary duizhuan
	把字句	Ba-construction
	儿化韵	er diminutive final
	补注	accessory zhu
音译＋直译结合	近旁转	near-by pangzhuan
	的字短语	De-phrase
	赣方言	Gan dialect
	哥巴文	Geba script
	高山族诸语言	Gaoshan languages

如表8-4所示,经直译或者意译而来的英译语言学术语既能表征术语概念内涵,也能兼顾目的语的语言形式,利于术语跨语传播。经释译而来的英译术语能够较好地传递汉语语言学术语知识,但其语言形式过于冗长,影响术语跨语传播的有效性。音译法和音译＋意译结合法都是借用汉语拼音来传播汉语语言学核心术语,虽然语言形式上采取了归化策略,但会给目的语读者理解和接受概念内涵带来一定的困惑与障碍,因而,对音译法和音译＋意译法的英译术语,尤其是音译术语,辅以恰当的注释十分必要。如前所述,汉语方言学术语和民族学术语基本是采取音译与直译相结合的英译方法,无论是汉语术语,还是英译术语,

这两个分支学科的术语在语言形式上都能体现出系统性的特点,比较容易被目的语读者理解和接受。

在术语库中,还有两个汉语术语分别对应两个或以上英译术语的一词多译情况,如表 8-5 所示。

表 8-5　汉语语言学术语一词多译情况举例

汉语语言学术语	英译语言学术语 1	英译语言学术语 2
比兴	bixing	metaphor to start a poem or a stanza of a poem
程度副词	degree adverb	intensifier

众所周知,"比兴"是传统修辞学术语,属于汉语本土语言学术语范畴。英译术语 1 和英译术语 2 都是它的英语对应词,差别在于选择了不同的英译方法,前者是音译法,后者是释译法。音译术语语言形式简洁,但缺少命名的理据,而释译术语恰能阐释出术语的概念内涵,但语言形式冗长。两种译法都各有利弊,最终统一规范术语的译名还得取决于它们在目的语文化圈中的传播与接受程度。在现代汉语和英语言学知识体系中都有"程度副词"的概念,就语言形式而言,它是二词术语。然而,与上例所不同的是,该术语是个典型的外来汉译术语。据李真(2011)的研究,"副词"这个西方语言学术语最初为 17 世纪意大利籍传教士卫匡国(Martino Martini)在其《中国文法》中为汉语词类划分而引进。张舸(2008)研究发现,我国学者的著述中最早使用该外来汉译术语的可追溯至杨树达(1923)。鉴于此,该外来汉译术语在英译输出的过程中原则上应采取回译的方式,从而确保该外源术语再次翻译的概念保真度。表 8-5 的英译术语 1 采用的是直译法,英译术语 2 是意译法。总体而言,前者的回译在语言形式上并不到位,不完全符合英语原语术语的表述习惯,即"程度副词"的规范形式 adverb of degree。后者在概念内涵上未能准确对应,因 intensifier 的概念内涵及外延均比"程度副词"要宽泛很多[①]。显然,这两个英译对应词中,前者在概念传递的准确性方面更好,而后者基本上是一种误译。当然,在特定文本上下文中这个翻译抑或有语境合理性的可能,但作为术语符号层面的概念对译似有不妥。关于这两个汉语术语英译的比较也仅仅只是个案分析,都具有一定的特殊性,还有待系统性参照、对比与分析。从术语翻译的系统性要求来说,术语翻译的考量,除了单个术语翻译自身准确性以外,还应考虑其所处术语系统及其与其他相关术语翻

---

① 《新编英汉语言学词典》(2007)对 intensifier 有如下解释:intensifier 强势词,强调成分,又可作 intensive(强调成分)。指用来修饰有程度差别的形容词、副词、动词或以 ed 结尾的过去分词的一类词,一般是副词。

译处理之间的合理关联,比如,"程度副词"与其横向关联的"方式副词"(adverb of manner)以及"时间副词"(adverb of time)等同概念层级术语翻译之间的系统一致性。这些需要结合相关数据进行深入的研究。

8.4 汉语语言学术语系统英译的形式特征与经济律

这一部分重点描述汉语语言学术语系统英译的形式特征,并在此基础上计算术语系统的经济指数,并阐述其经济律特征。术语系统英译的形式特征从两方面分析:一是统计单词型术语与词组型术语的数量,二是计算每种译法对应的汉语术语和英译术语的平均长度。

8.4.1 汉语语言学术语系统英译的形式特征

总体而言,英译语言学术语可分为"术语词"和"术语词组"两大类别,其中术语词又分为"词根术语""加缀术语"和"链式术语",术语词组分为"二词术语""三词术语"和"多词术语"。

结合术语英译实例,表8-6列举了不同语言形式的汉语语言学术语英译,具体如下:

表8-6 英译语言学术语的具体类型及举例

术语类型			术语英译的具体表现形式及举例
术语词	词根术语		stroke(笔画)
			climax(层递)
			idiom(成语)
			trope(比喻)
			irony(反语)
	加缀术语	前缀术语	proto-:protoform(初文)
			bi-:bilabial(重唇音)
		后缀术语	-graph:orthograph(正字法)/loangraph(假借字)
			-gram:epigram(警句)/phonogram(表音字)
			-ology:graphology(文字学)/philology(小学)
	链式术语		Ba-construction(把字句)
			semi-dental(半齿音)
			De-phrase(的字句)

续 表

术语类型		术语英译的具体表现形式及举例
术语词词组	二词术语	implicit symbolism（暗征）
		colloquial reading（白读）
		pivotal construction（兼语句）
	三词术语	Six States script（六国文字）
		seven initial categories（七音）
		literary versus colloquial（文白异读）
	多词术语	the study of Shuowenjiezi（《说文解字》学）
		temporary transfer of parts of speech（转类）
		redundant syllable in rhyme tables（重韵）

经整理分类，分别统计汉语语言学术语系统及其英译术语系统中单词型术语与词组型术语的数量，对比结果见表8-7。

表8-7 汉语语言学术语及其英译术语长度统计与对比

术语类型	汉语术语数量	英译术语数量
单词型术语	1 803	426
词组型术语	2 423	3 800

根据表8-7，汉语术语系统中单词型术语和词组型术语的比例约是3∶4，英译术语系统中单词型术语和词组型术语的比例约是1∶10。统计数据表明，汉语单词型术语和词组型术语的数量较为平均，英译术语系统中则以词组型术语为主。就语言学术语而言，汉语术语的词汇化程度更高，符合术语命名的简明性原则；英译术语的单词构词能力更强，符合语言使用的经济原则。每种译法对应的汉语术语和译名的平均长度计算与对比见表8-8。

表8-8 汉语语言学术语及其英译术语平均长度对比

术语英译方法	汉语术语平均长度	英译术语平均长度
直译	1.68	2.16
意译	1.35	1.27
释译	1.02	7.29
音译	1.00	1.33
音译＋意译结合	1.13	2.19

续　表

术语英译方法	汉语术语平均长度	英译术语平均长度
音译＋直译结合	1.41	2.30
所有译法	1.27	2.77

根据表8-8,汉语语言学术语子库中汉语术语的平均长度值约是1.27,英译术语的平均长度值约是2.77。由此可见,汉语语言学术语的命名总体上要比英译术语更为简洁。另外,释译术语平均长度值为7.29,属于多词术语的范畴,十分不利于记忆、规范和传播。

8.4.2　语言学术语汉英翻译的系统经济律

为了对我国当代汉语语言学术语英译进行系统评价,有必要分别计算汉语语言学术语系统和英译语言学术语系统的经济指数,揭示出汉英语言学术语数量、不同单词数量和经济指数之间的关系。在此基础上,将汉语语言学术语系统经济指数与其相应的英译术语系统经济指数进行对比分析,有助于从系统层面发现术语翻译的问题。就汉语术语分词问题而言,本研究采用冯志伟(2012:170-193)提出的测定汉语"切分单位"的方法,其中涉及汉语分词的三种形式因素,如表8-9所示：

表8-9　汉语分词的三种形式要素

语法因素	语义因素	语音因素
替代测定法 插入测定法 黏附性测定法 功能完备性测定法	意义单纯性判定法 意义紧密性判定法 引申意义判定法 常用性判定法	停顿判定法 双音节化判定法

汉语语言学术语系统及英译语言学术语系统的经济指数的计算结果见表8-10。

表8-10　语言学术语汉英翻译的系统经济指数

系统参数	汉语语言学术语系统	英译语言学术语系统
术语总数(T)	4 226	4 226
不同单词数量(W)	2 914	3 201
经济指数(E)	1.45	1.32

数据显示,汉英语言学术语系统经济指数均大于1,这说明汉语语言学术语

系统和英译语言学术语系统都符合术语系统经济律，术语库中语言学术语的翻译整体上符合系统合理性。相对来说，汉语术语系统经济指数更高，汉语语言学术语的单词构词能力也更强。术语系统经济指数作为术语翻译系统评价指标，对于术语翻译实践的指导意义在于：在术语二次命名的过程中，遵循能产性原则可以有效提高术语系统的单词构词能力，有助于提高术语系统的经济指数，更大程度上符合语言使用的经济原则。

8.5 小结

本研究基于 NUTerm 术语库语言学术语子库相关数据，对当代汉语语言学术语英译现状展开客观描述，具体包括概述汉语语言学术语系统构建的学科史背景，分析汉语语言学术语系统的构成类型及其特点，归纳总结语言学术语翻译的基本方法以及量化英译语言学术语系统的形式特征，计算汉英两个术语系统的经济指数。以语言学学科核心术语翻译为例，从术语系统的角度研究有助于深化认识术语的本质，进一步了解本体术语学的研究内涵，同时基于大规模语料的语言学核心术语翻译的系统考察有益于发现术语翻译所存在的系统性问题。计算术语系统经济指数、判断汉英术语系统是否符合经济律特点，在一定程度上可以说明术语翻译及其翻译策略选择的系统合理性，这一点对于综合评估术语翻译的整体质量尤为必要。

9

汉语文(艺)学术语系统及其英译现状分析

9.1 汉语文(艺)学术语系统构建的学科史背景概述

文(艺)学学科的界定与"文学""文艺学""文学学"等术语概念一样,经历了古今转换与中西涵化的复杂过程。事实上,"文学""文艺学""文学学"等相关术语至今仍存在混用的情况,学界对文(艺)学学科的界定及"文学""文艺学""文学学"等概念的理解也时有争议。

在中国传统学术中,"文学"主要指"文献经典""文章博学""学问"等义,有时还指代"儒学"和"理学",但并未形成现代学科意义上的独立形态。清末民初,随着西方新文学形态和文学学科观念的输入,"文学"概念逐渐演变发展,成为近代分科体系中的一个独立学科门类,用以指称以语言文字为表达方式的艺术(余来明,2014)。按我国现当代人文与社会科学学科的分类设置,与"文学"学科关系最为密切的相邻学科是"文艺学"。一般而言,研究文学及其规律的学科统称为"文艺学",但"文艺学"并非中国古典文学中的固有术语,而是起源于19世纪欧洲的德、法等国,经苏联发展成为"文艺学"这一词(马尔霍兹,1943:33),后传入中国。严格来说,"文艺学"正确的名称应是"文学学",大概是"文学学"不太符合汉语的构词习惯,人们也就普遍地接受"文艺学"这个名称了(童庆炳,2004:3)。"文艺学"以文学为研究对象,包括三个分支,即文学理论、文学批评和文学史(胡有清,2013:6-7)。"文艺学"这一术语在中国接受时间尚短,且虽然与西方"文学批评"和"比较文学"有密切的交叉式联系,但并没有直接对应的学科,尚无被广泛认可的权威定义,故而"文艺学"这一学科术语的标准定义尚不明确。本研究报告主要是针对我国"(中外)文学"与"文艺学"两个学科研究领域的术语及其英译现状的系统分析。相关术语数据的采集与审订均依据学科领域的专家意见进行了归属分类,但数据统计与分析则采取了较为宽泛的标准,即包括中国文学、外国文学和文艺学三个分支的术语在内,旨在考察这两个密切相关的学科术语系统英译的共性特点。

就文(艺)学的学科发展历程来看,中国现代文(艺)学发展自19世纪末到20世纪初的中国古典文论学。此后,从新文化运动时期、马克思主义文艺理论时期到西方现当代文艺理论时期,在各个重要阶段,中国的文(艺)学研究均受到西方文学的影响,其学术范式从古典文论传统的"诗文评"向现代文艺学的学术范式转换,历经中西涵化,逐渐发展成今天独具特色的中国文(艺)学学科。

中国文(艺)学学术史大致可以分为四个阶段(杜书瀛、钱竞,2001),其术语系统构成的中西杂糅特征折射出这一学科演化历程的复杂性。中国文(艺)学学科发展的第一阶段为19世纪末之前的古典文艺学时期。该时期的研究可以追溯到先秦以儒家为代表的"诗文评"学术范式,即以"仁"及"三纲五常"为核心,对文艺作品进行评论,强调"文"与"质"的和谐,以"诗言志""文以载道"作为评价文学作品的主要标准。古典文艺学在中国古代混杂于美学、政治理论等学科中,并未成为一门独立的学科。在古典文学批评发展史中,曹丕的《典论》、陆机的《文赋》和刘勰的《文心雕龙》是中国古典文学理论批评史上重要的系统性批评作品,由此出现了一大批古典文学审美理论名词,如"文气说""灵感说""滋味说"等。这一阶段的《昭明文选》及《沧浪诗话》则是对中国古典诗歌辞赋理论及诗赋美学的总结。

中国文(艺)学学科发展的第二阶段为19世纪末到20世纪初的近代文艺学时期。随着清末西方资本主义在中国的发展,中国传统儒学文艺理论受到冲击,并呈现出派系分裂局面:一方以梁启超为代表,强调文学的社会作用在于冲破旧社会制度以及开化民众思想,另一方王国维则强调"学术独立",要求文学从现实功利中解脱出来,在此基础上突出文学的审美作用。(韩德信,2007:189)而同时期的新文化运动则吸收了西方"民主"和"科学"的精神,强调写实性和通俗性,强调小说文体的创作和发掘。(高楠,1999:21)这一时期,基于彻底反传统的思想观念,中国文学大量接受西方文艺学理论,"模仿说""镜子说""弗洛伊德精神分析理论""存在主义"等术语传入中国并被用于文艺学批评。同时,王国维和其他学者从日本近现代文艺学中引入了大量新概念、新术语,如"悲剧""美学""艺术""纯文学""想象""抒情""叙事""艺术之美"等。可见,中国文(艺)学深受日本近现代文艺学的影响,而且这种影响是全方位的,对我国文(艺)学的范畴、概念、文艺、审美观念和学科体系、方法论等学科构成的奠基性、根本性方面产生了巨大影响,使文艺学这一现代学科概念初步产生。

中国文(艺)学学科发展的第三阶段中,经过近代与五四运动的冲击,中国传统文学解体,现代文艺学站稳了脚跟。随着中国革命的发展,马克思主义逐渐成为现代文艺学建构的基础。这一阶段文艺学的突出特点是政治化,在文艺学批评问题上主要表现为唯物主义反映论。在文学创作中个人感情被阶级感情代替,文学批评阶级性倾向严重,使文学成为政治服务的工具。这一时期的文艺学理论以毛泽东《在延安文艺座谈会上的讲话》为基础,着重讨论了"革命文学""工农兵方向"等问题,而蔡仪的《新艺术论》为文学的政治化转型提供了模式。同时,"三突出"创作原则成为现实主义在中国的唯一原则,强调主要英雄人物"高大全"。这一时期,无论是文学创作、文学欣赏,还是文学批评中涌现出的新概念、新术语,如"人民性""毛泽东文艺思想""三突出""工农兵方向"等均以政治内容为依据,坚持唯物主义反映论,艺术特性被弱化,文(艺)学本身所具有的审美功能也在其政治目的性中被抹杀。

中国文(艺)学学科发展的第四阶段为 20 世纪 80 年代至今。随着中国对外开放,外国文艺学及美学思潮相继涌入中国,中国文艺学恢复繁荣状态,创作进入多元化时期。同时,文艺批评理论更多地反映出对现实的思考,"如法兰克福学派理论的输入,是因为中国市场化之后大众文化现象的出现;人文精神讨论,是因为市场经济对文化价值的挤压;生态美学的兴起,是因为现代化的发展导致人的生存环境的恶化等等"(章辉,2008:105)。此外,伴随西方先锋文艺理论(如后现代主义、身体理论等)的传入,中国批评学界也开始进行本土文艺理论探索,如对文学主体性的剖析和文艺心理的深层揭示、对中国古代文论的转换性研究以及文学发展论、创作论等。与之前的文(艺)学相比,这一时期的写作方式更加贴近普通人的生活,强调真正的文学反映现实。这一阶段涌现出多元的文学价值取向和审美观。此外,在文艺作家方面也出现了一批被称为"新生代"的青年作家、女性作家和自由作家等,这也从不同角度证实了中国当前文(艺)学创作的主体多元化和价值审美多样性特征。这一时期文学流派趋于细片化、个性化、情绪化,新术语更加繁荣,折射出多元杂合的特征,特别是伴随着改革开放,西方文(艺)学中的"现实主义""现代主义""后现代主义"和中国的"改革文学""寻根文学""先锋文学"等齐头并进,在这种共存的大杂烩环境下,文(艺)学术语的使用呈现交织、混杂的特点。

如今,中国文(艺)学已逐步开始与西方现代文论进行较为冷静的对话,通过对话逐步建构适应中国的文论形态,如新理性精神、文化诗学理论等,既吸收西方当代人文主义理论、对话理论,又努力结合中国当代现实和传统诗学精神,建构出当代中国文(艺)学理论及话语体系,文学术语的跨语传播更加频繁,更显重要。

综上,中国文(艺)学发展过程的中西涵容与兼收并蓄使得汉语文(艺)学术语系统也呈现出中西交融的复杂样貌。本文的第二部分将详述汉语文(艺)学术语系统的构成类型及其主要特点。

9.2 汉语文(艺)学术语系统的构成类型及特点

9.2.1 汉语文(艺)学术语的构成类型

学科知识体系的谱系化发展是学科话语体系或术语系统形成的根本驱动力。学科术语系统的构成类型与特征能够反映出一个学科在其发展和融合过程中所形成的知识体系内容。文(艺)学术语是表达或限定文学领域专业概念的约定性符号,是文学理论与实践知识的词汇化表征结果。结合上述有关中国文(艺)学学科历史沿革与中西涵化特点的概要描述,可以考察并大体描述出汉语文(艺)学术语系统的基本构成类型及特点。

具体来说,汉语文(艺)学术语系统的构成大体包括中国本土术语和外来术语两大类别。按照通行的文(艺)学分支来看,主要包含中外文学理论、中外文学批评和中外文学史三大类型。这其中,中国本土术语具有意义边界模糊的多义性特点,这类术语的英译面临着如何在不对等的中西文论话语体系中准确翻译的问题,而外来术语则面临着系统回译的问题,如何进行恰当的回译是其中的重点与难点。

在 NUTerm 术语库文(艺)学术语子库中,现阶段收录的 1 583 条汉语术语数据大体可以反映出汉语文(艺)学术语系统的构成类型及其分布特征。鉴于学科术语的历史和语义溯源及判定需要非常精深的学科专业知识和翔实的考据过程,本文暂不就汉语文(艺)学术语系统的构成类型做全面的量化分析与统计,仅结合 NUTerm 术语库文(艺)学术语子库现阶段收录的部分数据,举例说明汉语文(艺)学相关类别的术语(详见表 9-1)及其主要特征,并以此为基础对相应类别的文(艺)学术语英译加以分析和研究。

表 9-1 汉语文(艺)学术语系统构成类型举例

文(艺)学 术语构成类型	学科研究 分支领域	汉语术语	英译术语
中国 本土术语	中国文学理论	性灵说	disposition theory
	中国文学批评	合时而著	write for the era
	中国文学史	先秦文学	pre-Qin literature
外来术语	外国文学理论	复调小说理论	polyphonic theory
	外国文学批评	表现式文学批评	expressive criticism
	外国文学史	爱尔兰文学复兴	Irish literary renaissance

9.2.2 汉语文(艺)学术语构成的形式特点

NUTerm 术语库文(艺)学术语子库中,汉语文(艺)学核心术语条目共计 1 583 条。基于术语的形式特点,汉语文(艺)学术语总体上可以分为"单词型术语"和"词组型术语"两大类。其中,绝大多数汉语文(艺)学术语以单词的形式出现(占比约 53.89%),而对应的英译术语系统内绝大多数术语以词组形式出现,其中二词词组比例最高(占比约 46.16%)(详见表 9-2)。

表 9-2 汉语文(艺)学术语及其英译术语长度类型统计与对比

文(艺)学术语类型	汉语术语 数量和比例	英译术语 数量和比例
单词型	853(53.89%)	550(28.53%)
二词词组型	557(35.19%)	890(46.17%)
三词词组型	118(7.45%)	232(12.03%)
多词词组型	55(3.47%)	256(13.28%)
总　计	1 583(100%)	1 928(100%)

在文(艺)学术语系统中,汉语单词型术语类型包括:单纯词,共 49 个,如"场""曲""谣""说""煞"等,这类单词型术语多为中国本土术语;合成词,共 387 个,如"摹仿""书写""韵行"等;四字成语,共 21 个,如"断章取义""阳春白雪""文以载道"等,多为中国本土文学概念;符号复合术语,仅 1 个,"AT 分类法";加缀术语,共 395 个。其中,加缀术语数量最多。加缀术语中出现的前缀主要有 5 种(次一、反一、无一、非一、仿一),后缀主要有 27 种(一学、一论、一文、一语、一式、一韵、一性、一体、一剧、一句、一喻、一歌、一者、一诗、一词、一化、一场、一法、一派、一说、一格、一曲、一子、一调、一史、一对、一主义),这些加缀术语绝大部分属于外来术语。

汉语词组型术语类型包括:二词词组,共 557 个,如"审美/直觉/""文学/思潮/""贺拉斯式/嘲讽/""近体/乐府/"等;三词词组,共 118 个,如"奥古斯都/文学/盛世/""为/诗/辩护/""南曲/十/要/"等;多词词组,共 55 个,如"跨/国度/跨/语种/文学/""七/步/抑扬格/韵行/""思/与/境/偕/"等。其中二词词组数量最多。

9.3 汉语文(艺)学术语系统英译的方法特点

9.3.1 系统英译方法类型与比例

经数据统计分析发现,NUTerm 术语库汉语文(艺)学术语英译主要有音译、释译、直译和意译四种方法,其中直译所占比例最高(52.13%)(参见表

9-3)。这说明,目前整体而言,汉语文(艺)学术语的英译更倾向于与源语术语之间的形式对应。然而,由于术语命名的特殊性,其字面义往往与概念义不完全一致,如果是单纯形式对应的直译,有可能会带来术语译名的诸多问题。具体情况参见以下相关分析。

表 9-3 汉语文(艺)学术语英译的方法统计

文学术语英译方法	使用频次	所占比例
音译	130	6.74%
释译	51	2.65%
直译	1 005	52.13%
意译	742	38.49%

9.3.2 具体英译方法举例及特点分析

(1) 音译

"音译"主要指以独立的现代汉语拼音或传统威妥玛拼音(Wade-Giles romanization)形式对汉语文(艺)学术语进行对译的方法(举例见表 9-4)。威妥玛拼音为 19 世纪中期英国人威妥玛首创,后经传教士翟理斯修订完善。该拼音系统是 20 世纪初汉语主要的音译系统,普遍用以拼写中国人名和地名。中华人民共和国成立后,全国人大批准颁布《汉语拼音方案》(1958)。国际标准化组织于 1982 年开始正式以汉语拼音作为拼写汉语的国际标准。目前,除少数需保持文化传统特色的情况外,威妥玛拼音已不再使用。对于文(艺)学术语翻译中的音译方法而言,不同的音译形式可以比较直观地反映出术语的历时性文化特点。凡采用现代汉语拼音形式音译的汉语术语通常所表征的概念较新或是译介的时间较晚,而采用威妥玛拼音进行音译的多属旧译术语概念,如果从术语翻译规范化考虑,除已经规约化的定译情况外(如"老子"通常译为 Lao Tzu),今后的音译应主要采用现代汉语拼音的注音方式,以免引起文(艺)学术语音译的系统性混乱。

表 9-4 汉语文(艺)学术语音译法举例

英译方法	汉语术语	英译术语
音译	平话	pinghua
	尖叉	jian and cha
	老子	Lao Tzu
	台湾乡土文学	Taiwan hsiang-t'u literature

(2) 释译

"释译"主要指对汉语文(艺)学术语英译时倾向于描述其概念外延特征的解释性翻译方法。这种术语翻译方法,其优势在于对相关概念阐释较为清楚明确,但经释译而来的译名往往比较长,词汇化程度较低,对译术语化程度不够,不具备简明性(举例见表9-5)。

表9-5 汉语文(艺)学术语释译法举例

英译方法	汉语术语	英译术语
释译	倚声	fill poetry in existed folk melodies and created poetry
	绝句	poem of four lines with a strict tonal pattern and rhyme scheme

具体来说,在文(艺)学术语系统中,释译法通常作为辅助手段与其他形式的翻译方法相结合,形成"音译/直译/意译+释译"的综合翻译方法(举例见表9-6)。

表9-6 汉语文(艺)学术语"音译/直译/意译+释译"翻译方法举例

英译方法	汉语术语	英译术语
音译+释译	变文	bianwen (a form of narrative literature flourishing in the Tang Dynasty)
直译+释译	竹枝词	bamboo branch song (ancient folk songs with love as the main theme)
意译+释译	八忌	eight avoidances/noes (in calligraphy)

NUTerm术语库文(艺)学术语子库数据中非常值得关注的一个现象是,51条完全经释译而来的译名及31条以其他英译方法为主并辅以释译的译名均为源于中国本土的文学术语,其中,除"新民主主义"和"白话文"之外,其余80条经释译而来或辅以释译法的译名均为中国古典文学术语。由此可以看出,中国古典文学术语所承载的概念内涵和外延特征在英译名的词汇层面相对更难实现,这些术语在英语文学术语系统中没有直接的对应词,为了保全概念意义的完整和准确,只能舍弃原有的形式,通过阐释的方式来译出。而且,经由释译而来的英译名基本上都是多词形式,较为冗长,不利于跨语应用与有效传播。从中国传统学术思想对外传播的角度来看,如何对中国传统术语进行有效的跨语创译非常必要,而且也很重要。

(3) 直译

"直译"主要指既忠实于术语构词方式又忠实于术语概念内涵的翻译方法。NUTerm术语库术语系统中,采取直译法翻译的汉语文(艺)学术语既有单词型术语,也有词组型术语。这其中,单词型术语直译后有些继续保留单词形式,有些则直译为词组型术语。采取直译的单词型术语多为源于普通词汇的文学术语,其英译名或呈现出英译术语单词与汉语术语单词的对应,或呈现为英译术语中的词素与汉语术语中的字相对应。词组型文学术语直译后呈现为汉英单词之间的一一对应,汉语术语中单词的顺序和英译术语中单词的顺序一致,或只是因为介词的缘故倒换了顺序(举例见表9-7)。

表9-7 汉语文(艺)学术语直译法举例

汉语术语	英译术语	直译术语举例	特点
单词型术语	单词型术语	共鸣/ resonance/;场/ scene/;哑剧/ mime/;潜台词/ subtext/	情况一:源于普通词汇的术语,汉英单词对应。情况二:汉语术语中的字与英译术语中的词素对应。
	词组型术语	傀儡戏/ puppet/drama/;独木桥体/ single-plank/ bridge/style/	汉语术语中的字与英译术语中的单词一一对应。
词组型术语	词组型术语	民间/文学/ folk/literature/;文学/社会学/ sociology/ of/ literature/;意识流/小说/ stream/ of/ consciousness/ novel/	汉英单词之间一一对应。其中,汉语术语中单词的顺序和英译术语中单词的顺序一致,或只是因为介词的缘故倒换了顺序。

值得关注的是,有些汉语文(艺)学术语通过直译就可以比较透明地跨语传达其基本概念。但如前所述,在术语概念内涵义与字面语义不一致的情况下,如果仅仅囿于形式的直接对应,则容易造成术语概念意义的遮蔽从而导致术语翻译的失当或错误。例如,"雅部"这个源自中国本土的戏曲名词,在NUTerm术语库中所收录的现有英译名为直译生成的elegant department,该译名就未能准确地传达出汉语术语的基本概念。"雅部",实指"昆曲",即"昆山腔"。清乾隆时,称昆曲为"雅部",以别于"花部",即昆曲以外的各种地方戏曲。所谓雅,即纯正、高雅的意思。就戏曲而言,昆曲被称为雅乐正声,自然属于雅部。所谓花,是杂乱粗俗的意思,就戏曲而言的花部,即指野调俗腔的地方戏。而elegant department这样的直译名并不能有效地传递"雅部"的基本概念。因此,术语翻译过程中,直译方法的应用需要谨慎,优先考虑术语概念内涵义的传递。

(4) 意译

"意译"主要是指以英语中表征近似概念的术语对译汉语文(艺)学术语的方法。这种术语翻译方法能够从概念出发,兼顾到语言符号的简明性,值得提倡。但另一方面,由于源语与译语语言文化的差异以及不同话语体系术语系统的异质性,这种意译存在局限性,往往是一种相近概念的比附或格义手段。NUTerm术语库文(艺)学术语子库中,采取意译方法的汉语术语既有单词型的,也有词组型的,但经意译之后,对译表达与源语术语在形式层面的对应程度不一,举例见表9-8。

表9-8 汉语文(艺)学术语意译法举例

汉语术语	英译术语	意译术语举例	特点
单词型术语	单词型术语	赋得/composed/；入话/foreword/；出/act/	多为中国本土术语,借助西方的相似概念,通过类比的方式实现翻译。
	词组型术语	花灯戏/festival/lantern/drama/；工对/perfect/antithesis/	
词组型术语	单词型术语	地方/色彩/regionalism/；滑稽/讽刺/作品/burlesque/	情况一:形式上不对应,词组型术语根据术语概念意义译为单词型英文术语。
	词组型术语	主人公/成长/小说/novel/of/education/ 汉/魏/风骨/word/strength/in/Chinese/Han/and/Wei/dynasty/	情况二:形式上对应,但是汉英术语相应位置上单词的概念意义并不完全直接对应,汉英术语之间无法根据形式直接互相转换。

(5) 音意结合法

在NUTerm术语库中,除了前面提到的"音译/直译/意译+释译"的综合翻译方法之外,还有部分术语的英译采取的是音意结合法。所谓音意结合法,是指术语的一部分采取音译法、另一部分则采取意译法的综合翻译方法。在文(艺)学术语系统中,凡部分含有地区、人物、时代等概念的文(艺)学术语(包括中国本土和外来文学术语)以及表现中国古典文学样式或创作特点的术语基本上都采取了音意结合的翻译方法(举例见表9-9)。这种翻译方法在一定程度上保留了源语术语的形式特征,即保留了源语概念语言表征层面的语音要素,对于术语跨语应用过程中相关知识的传播与交流有较好的显化作用。对于综合使用各种翻译方法的情况,出于初步统计的需要,目前均按照占主体的翻译方法分别归入音译、释译、直译和意译等四种翻译类别中。

表9-9 汉语文(艺)学术语音译意译结合法举例

英译方法	汉语术语	英译术语
音意结合法	俄狄浦斯情结	Oedipus complex
	格式塔心理美学	Gestalt psychological aesthetics
	春秋笔法	Chun-Qiu writing method
	水村诗课	shuicun poetry meeting
	曲子词	melodic ci
	品令	Song of Pin

9.3.3 一名多译的情况

根据数据统计分析,在文(艺)学术语系统中,一名多译现象占到 16.36%,有部分汉语文(艺)学术语同时存在两个甚至多个相应的英译术语(具体参见表 9-10)。

表 9-10 单条汉语文(艺)学术语对应的英译术语数量及其分布情况统计

单条汉语术语对应的英译术语数量(个)	汉语术语数量(条)
1	1 324
2	195
3	42
4	22

考虑到人文社会科学术语自身的特殊性,就单个术语的翻译而言,尤其在术语翻译定名的过程中,出现多个译名的情况也并非完全不可。如果排除错译和误译的情况,不同的翻译方法应视作不同视角的跨语阐释结果,在一定程度上具有互补性。比如"豪放派"的三种英译名:bold and unconstrained school、powerful and free school、haofang school,分别采取了意译、意译、音译法进行翻译。"台湾乡土文学"的三种英译名分别为:Taiwan local literature、Taiwan hsiang-t'u literature、Taiwan Regional Literature,其中"乡土"一词分别采用了直译、音译和意译法进行翻译。然而,就整个术语系统而言,不同翻译方法的实践结果还是要参考系统性的要求进行合理的筛选,这也是术语译者发挥其主体性时所应考虑的系统制约因素。比如,术语系统中有一些加缀术语多表示文学样式或文学创作风格,如"一体""一诗"等,当多个译名同时存在时,译者便可借助考察整个术语系统经济律的情况进行更有效的甄选和取舍。例如,"骚体"这一汉语文学术语在本系统中出现了两种英译名:sao style、sao type,如果考察整个系统内"一体"的英译情况,不难发现,在全部 25 个以"一体"为后缀的同类术语中,有 22 个采用了-style 的译名,考虑到系统经济律因素,译者更宜采用 sao style 的译名。

9.4 汉语文(艺)学术语系统英译的形式特征与经济律

9.4.1 汉语文(艺)学术语系统英译的形式特征

(1) 单词型术语与词组型术语数量统计与对比

具体来看,不同形式的汉语文(艺)学术语英译之后分别对应的英译术语构成形式如表 9-11 所示：

表 9-11　汉语文(艺)学术语及其英译术语长度统计与对比

汉语术语 长度/数量	英译术语 数量	对应的英译术语长度、数量及比例				英译术语平均长度
		1	2	3	>3	
1/853	1 050	466 44.38%	350 33.33%	111 10.57%	123 11.71%	2.23
2/557	674	62 9.2%	486 72.11%	74 10.98%	52 7.72%	2.15
3/118	136	18 13.26%	42 30.88%	35 25.74%	41 30.15%	3.04
>3/55	68	4 5.88%	12 17.68%	12 17.65%	40 58.82%	4.36
总计	1 928	550 28.53%	890 46.16%	232 12.03%	256 13.28%	2.29

从上表数据可以看出，汉语单词型文(艺)学术语英译后，大部分仍为单词型术语；汉语二词词组型文(艺)学术语英译后，绝大部分仍为二词词组型术语；汉语多词词组型文(艺)学术语英译后，二词和多词词组型英译术语依然占比最高。这从一定程度上说明，整体而言，目前汉语文(艺)学术语英译在构词形式上依然更多地遵循源语术语的构词形式。

(2) 每种译法对应的汉语术语和译名的平均长度对比

对比采用不同方法英译后术语的平均长度，可以发现，相对而言，直译方法下，英译名的平均长度与汉语术语的平均长度之间数值波动最小，英译名的平均长度值相对也最小；而释译方法下，英译名的平均长度与汉语术语的平均长度之间数值波动则最大，英译名的平均长度值也最大(详见表 9-12)。

表 9-12　汉语文(艺)学术语及其英译术语平均长度对比

术语英译方法	汉语术语平均长度	英译术语平均长度
音译	1.32	2.92
释译	1.94	6.57
直译	1.61	1.86
意译	1.63	2.46

9.4.2　文(艺)学术语汉英翻译的系统经济律

依据冯志伟(2011:375)推导出的"术语系统经济律"的 FEL 公式，在一个术语系统中,当术语总数保持不变时,单词的术语构成频率越高,即单词的构词能力越强,该术语系统的经济指数越高。从术语翻译角度来看,研究者可以借助对比汉英两个术语系统的经济指数来帮助有效地分析术语翻译系统的整体情况,由此可基本判断出该术语翻译系统整体质量的优劣。如果汉语术语系统呈现出一定的经济律特点,那么对应的英译术语系统也应尽可能符合相似的经济律特点。

具体来说,在文(艺)学术语系统内,分别计算汉、英文(艺)学术语系统的经济指数,并在此基础上进一步对比两个术语系统的经济律特点,就可以通过量化的方式来评估汉语文(艺)学术语系统翻译的总体情况。经统计,NUTerm 术语库文(艺)学术语子库系统的经济指数如表 9-13 所示:

表 9-13 文(艺)学术语汉英翻译的系统经济指数

系统参数	汉语术语系统	英译术语系统
术语数量	1 583	1 928
术语总长度	2 558	4 413
术语平均长度	1.62	2.29
不同单词总数	1 589	1 799
单词平均术语构成频率	1.61	2.45
经济指数	0.996	1.072

通过计算汉语文(艺)学术语系统的经济指数和英译文(艺)学术语系统的经济指数,我们发现:英译文(艺)学术语系统的经济指数略高于汉语文(艺)学术语系统的经济指数(差值约为 0.076),但总体差异性并不显著。该统计数据说明,总体而言,无论是 NUTerm 术语库汉语文(艺)学术语子库系统,还是其对应的英译文(艺)学术语系统,均体现了术语的系统经济律,该系统内术语的英译基本符合术语翻译系统经济律的要求,总体上具有术语翻译的系统合理性。

除了从总体上分别考察汉英文(艺)学术语系统经济指数之外,我们还依据文学专家的分类,从文(艺)学术语系统中抽取出中国文学术语 604 条和外国文学术语 237 条,并对其翻译系统经济指数分别进行了计算(分别参见表 9-14、表 9-15)。

表 9-14 中国文学术语汉英系统经济指数对比

系统参数	汉语术语系统	英译术语系统
术语数量	604	708
术语总长度	868	2 002

续　表

系统参数	汉语术语系统	英译术语系统
术语平均长度	1.44	2.83
不同单词总数	719	956
单词平均术语构成频率	1.21	2.09
经济指数	0.84	0.74

表 9-15　外国文学术语汉英系统经济指数对比

系统参数	汉语术语系统	英译术语系统
术语数量	237	265
术语总长度	417	436
术语平均长度	1.76	1.65
不同单词总数	286	305
单词平均术语构成频率	1.46	1.43
经济指数	0.83	0.87

对比以上两组术语系统经济指数,可以发现,相对而言,中国本土文学术语英译的系统经济指数低于其对应的汉语术语系统经济指数(差值约为0.1),而外国文学术语系统中,汉语术语系统的经济指数则低于其对应的英译术语系统(差值约为0.04)。这从一定程度上说明中国本土文学术语的英译术语系统经济指数相对欠佳,单词构词能力偏弱,这与中国本土文学术语英译名中有很多是经由释译而来的现状不无关系。而外国文学术语系统中,虽然汉英术语系统的经济指数之间相差不大,但汉语系统经济指数相对更低的情况也能部分反映出目前外来文学术语所使用的汉语术语名也存在一些问题。

9.5　小结

以往针对文(艺)学术语英译问题为数不多的研究基本呈现两条线路:一是围绕单个汉语文(艺)学术语的英译进行考察,但多囿于对术语概念本身的追根溯源,极少从其所处的文(艺)学术语系统整体出发进行考据,未能有效兼顾术语"系统性"特征;二是对文(艺)学术语翻译总体问题展开讨论,但因缺乏系统的术语统计数据而常常陷入传统的翻译学研究范式难求新解。

基于NUTerm术语库汉语文(艺)学术语子库,研究者对一定数量的汉语文

(艺)学术语英译情况进行数据量化、系统对比,同时结合术语系统经济律的概念,可以发现目前该系统中汉语文(艺)学术语的英译存在的问题并借助系统进行优化。

(1) 虽然总体而言,汉语文学术语英译基本符合术语翻译系统经济律的要求,但不同历史构成类型的汉语文学术语,其英译依然有各自的问题,具体表现为:中国本土文学术语英译后经济指数下降,整体构词能力减弱,这与中国本土术语英译时大量采取释译法不无关联。外国文学术语系统呈现出的经济指数对比效果则反向暴露出汉语术语系统中某些外来术语的汉语定名经济指数相对欠佳,这一系统问题表征可以有效引导译者更多关注外来文学术语的汉译问题。

(2) 汉语文(艺)艺术语系统中,全部 82 条释译或辅以释译的术语均为中国本土文学术语,而经释译生成的术语译名平均长度值相对最大,极大地影响了中国本土文学术语英译的经济指数,这也凸显出目前中国本土文学术语英译时大量使用释译法的局限性。冯志伟先生提出有效提高术语系统经济指数的方式之一就是"在不改变单词的术语构成频率的条件下,缩短术语的平均长度"(冯志伟,2011:377)。因此,翻译中国本土文学术语时,宜有意识地规避频繁使用释译法,提高英译的词汇化程度,促进中国本土学术思想的对外传播。

(3) 汉语文(艺)学术语系统中,直译法的使用频率最高,虽然理想化的直译可以促成汉英术语之间形式与概念内涵的有效对应,也较符合术语系统经济律特征,但过多地使用直译,也潜在地增加了单纯形式直译可导致的问题风险性,如"八股文"直译为 eight-legged essay,以及前文所举"雅部"直译为 elegant department 等均是单纯形式直译造成的术语译名失误。针对这一问题,译者宜进行有效直译,即注重考察和比较字面义同学术义的关系,避免形式机械对应。

(4) 术语翻译过程中,分属不同学科的不同概念出现一词多译是该术语多义性的表现。但对于同一学科而言,表征同一概念的一词多译主要是翻译的问题,即术语翻译的不一致现象。本术语系统中,呈现一词多译的汉语文学术语总计 259 条,约占汉语文学术语总数的 16.36%。这说明,目前汉语文(艺)学术语英译依然存在为数不少的译名使用混乱问题。针对这一问题,译者可以借助概念系统比较法,将个别术语译名纳入整个术语体系中进行系统性的对比研究,并对个别译名进行校正统一,由此有效地规约译者翻译时的随意性,以利于文学术语翻译系统的优化。

综上所述,对 NUTerm 术语库文(艺)学术语子库数据的考察与分析既能帮助直观表征当前汉语文(艺)学术语系统英译的各类问题,也能有效地引导译者解决文学术语翻译的各类问题。我们也期待该文(艺)学术语子库能够帮助更多的翻译工作者和文学研究者基于系统的考察,从术语学方法出发,更及时、切实、有效地对汉语文(艺)学术语及其英译系统进行优化。

10
汉语艺术学术语系统及其英译现状分析

10.1 汉语艺术学术语系统构建的学科史背景概述

艺术学是研究艺术现象的学科(杨恩寰、梅宝树,2001:15)。艺术活动在中国古已有之,但是艺术学学科的创立在中国乃至世界范围内却仅有一百余年的历史。艺术学在中国漫长的历史发展进程中,沉淀并积累了大量学科概念符号(术语)。考察中国艺术学发展史,有助于我们把握汉语艺术学学科术语系统构建的本末源流。

中国艺术学的发展可以追溯至历史久远的传统艺术。彭吉象等(2014:3-185)勾勒了从远古到元明清整个古代中国的传统艺术画面。早在远古时期,我国就出现了原始文身和服饰面具、彩陶和青铜器等艺术形式。秦汉时期,我国出现了汉画像、汉赋等大气磅礴的艺术形式。魏晋南北朝时期的书法、绘画、园林、石窟等艺术形式独具风韵。唐代则产生了富于舞乐精神和恢宏法度的艺术。宋代是中国古代社会发展的一个重要转型期,士人阶层对社会转型的感受和思考影响了宋代艺术的总体格局。元明清三代是从宋代开始的社会转型后曲折起伏的发展时期,中国艺术发生了显著变化,小说、戏曲等一些新的艺术门类占据了艺术的中心。总体而言,中国传统艺术历经千年变迁,艺术门类众多,主要包括文学、绘画、书法、雕塑、音乐、舞蹈、戏曲等。

然而,受中国古代学术立足现实的经世思想影响,中国传统艺术活动也表现出"实践理性"的特点,在系统的艺术理论体系构建方面略显不足。一方面,以艺术创作和鉴赏为代表的大量艺术实践刺激了中国艺术理论的发展,表现在历朝历代涌现出卷帙浩繁的画论(如东晋顾恺之《论画》)、书论(如晋王羲之《笔势论十二章》)、乐论(如《礼记·乐记》)、舞论(如东汉傅毅《舞赋》)等论说著述。在长期的发展过程中,这些艺术理论著作为中国传统艺术研究创造并形成了一套独特的专门术语和理论话语系统。另一方面,与中国传统文化特有的思维方式有关,包括中国古典艺术学在内的中国古典文论的理论话语形式呈现零散、缺乏系统性、印象式点评等缺陷(夏燕靖,2013:37)。众多丰富、精辟的文艺思想和美学见解都以诗论、文论、书论、画论或乐论等形式出现,而几乎没有系统阐述文艺学(指广义的文艺,包括文学、艺术)或美学理论的专著(彭修银、李颖,2007:107)。因此,就现代高等教育体系中的学科意义而言,中国古代没有形成独立的"艺术学"学科,也就自然不存在"艺术学"学科意义上的学术话语体系。

现代学科意义上的"艺术学"是舶来之物,实际上是由日本"移植"到中国来的一个概念(吴衍发,2012:20)。考据汉语"艺术学"这一术语可知,该词语最早由文艺家俞寄凡先生在1922年翻译日本艺术理论家黑田鹏信的著作《艺术学纲要》[①]时引入汉语。据黑氏(2010:4)介绍,"艺术学"(日文:"芸術学")译自德语Kunstwissenschaft一词,其在德国也是新名词。德国的美学大家谭沙亚(Dessoir Max,今通译玛克斯·德索)在1906年所发行的《美学及一般艺术学》的第一卷(*Aesthetik und Allgemeine Kunstwissenschaft* I Bd)里,首次使用了该名称。

如上所述,世界范围内,艺术学[②]作为一门现代意义上的正式学科,在19世纪末、20世纪初才在欧洲诞生。有关艺术的理论和思想,长期以来都是依附于哲学、美学等其他人文学科而缓慢地孕育发展。艺术学理论家认为艺术学成为一门有独立意义的人文学科,大致经历了如下两个阶段:(1)美学从哲学中分离出来;(2)艺术学从美学中分离出来,在德国艺术理论家费德勒、德索、乌提兹等人的努力之下,艺术学逐渐调整、更新审美观念、艺术观念,不断扩大艺术疆域,逐渐确立起其基本独立的学科性质和学术地位。

我国现当代艺术学史的缘起大约是在20世纪前半叶。20世纪初叶的"西学东渐"和五四新文化运动将西方近代学术思想、观念、体系和研究方法译介到中国,对于之后艺术学学科在我国的建立起到了重要作用。包括艺术学在内的广义文艺学学科"西学东渐"的途径有两个方面:一是直接从西方输入,一是间接从日本输入(彭修银、皮俊珺,2009:1)。其中,近代日本扮演了输入西方文艺理念、文艺理论、艺术批评和艺术史学的"中间人",对中国文艺学学科由古典形态

---

① 俞寄凡译日本黑田鹏信的《艺术学纲要》一书于1922年由商务印书馆出版,2010年江苏美术出版社根据1922年商务印书馆的文本再版了该书。

② 文艺学、艺术学等术语在国内的使用存在复杂的内容绞缠局面。首先,就我国学科设置而言,二者均是我国专业学科名称。在教育部2015学科目录中,"文艺学"是文学门类中一级学科"中国语言文学"之下设立的二级学科,在此意义上,"文艺学"不是指"文学和艺术之学",而仅是"文学之学",是"以学术方式和学科形式言说文学"(张法,2012b:6),因此是与"文学理论"具有相似内涵的文学研究学术话语(张法,2012a:6-8)。而"艺术学"既是文学门类中的一级学科,又是该学科之下设立的二级学科,因此与"文艺学"分属于不同的学科。但在具体使用中,由于"文艺"一词可包含文学与艺术,且两者内容又重叠纠缠,在文艺学与艺术学的变迁历程中,一度文学与艺术并立,称之为文艺,从而形成了"文艺学"学科名称(尹文,2014:109)。因此,在某些论及美学、文学及艺术的著作中,文艺学并非指学科意义上的文学理论研究,而是用其广义,即文学艺术学科的统称。

向近代形态的转变产生了重大的影响,为现代形态的中国文艺学学科的建立和发展奠定了基础(彭修银、皮俊珺,2009:1)。这突出地表现在两个方面:其一,中国艺术学中关于美学和艺术原理的基本体系主要受到日本艺术理论家黑田鹏信的影响。其二,包括艺术学在内的广义近代文艺学学术概念和范畴经由日本输入中国。日本人在接受西方新思想、新学说时,利用汉字创制了大量表征西方文艺思想的新学语。由日本传入的新学语为中国带来了新的知识和见解,并且使许多基本范畴和概念在中国文艺学科中确定下来,为中国近代文艺学体系的形成做了必要的准备(同上:11)。

就学科意义而言,"艺术学"来自西方,但我国古典艺术理论的思想观念同样对我国现当代艺术学发展具有重要的推动作用,这是中国艺术学构成的历史基础(夏燕靖,2013:38)。因此,艺术学在中国近现代的发展经历了必然的建构和整合过程。一方面,西方艺术体系和话语的引入必然和中国自身的传统艺术思想和方法产生抵牾。另一方面,中国在接受西方文艺学、美学之初就立足于自觉地以学科体系的建构为宗旨,使译介西方美学、文艺学最终服务于建立中国现代的美学文艺学学科体系(彭修银、皮俊珺,2009:11)。而作为一门现代形态的学科,艺术学的学术体系无疑应该是开放的,它在发展过程中应该不断吸收并融合外来文化因素,并在此基础上不断向现代学术形态转化(常宁生,2009:152)。

以上是艺术学在中国的大致发展脉络,在中外艺术理论不断融会的基础上,中国艺术学的学科体系也得以逐步确立和发展。而专门领域学科体系或概念体系的发展,必然会伴随着该领域术语的产生。任何科学研究的成果都要以概念的形式固定下来(冯志伟,2011:104),而概念经过指称化之后就成为名称或符号,因此,作为指称概念的术语的形成也就意味着学科体系的确立和升华。可以说,特定学科的术语和该学科体系的发展是密切相关的。在概述中国艺术学的发展史基础上,下文将探讨汉语艺术学术语系统的构成类型及特点。

10.2 汉语艺术学术语系统的构成类型及特点

如上所述,中国艺术学学科体系的形成是一个中西艺术彼此碰撞和相互磨合的过程。这个长期的演化发展过程自然也造就了汉语艺术学术语杂糅的生态特征。具体而言,一方面,中国传统艺术门类(如书法、戏曲、曲艺、杂技等)在实践活动过程中产生了大量的本土特有术语,这是汉语艺术学术语的主体部分。另一方面,中国现代艺术学体系在吸收外来文化因素过程中译介和创制了大量术语。这其中,一是伴随新艺术门类(如电影、电视、话剧等)的引入,大量外来术语通过翻译移植而进入汉语艺术学术语系统;二是传统艺术门类吸收异域艺术理念促使自身现代化过程中,或是吸收与其相关的众多艺术术语(如绘画、音乐中的外来术语),或是融合本土传统和现代元素创制了相当数量的混合术语,如"戏曲导演"。

概而言之,当前的汉语艺术学术语系统形成了中国传统艺术学术语、汉译西方艺术学术语以及中国现代艺术学术语三足鼎立局面。这三类术语共同架构起中国现代艺术学学科体系的话语基础,但由于西方艺术学体系和话语的引入,西方现代艺术学与中国传统的艺术学在学术思想和方法上存在诸多差异,因此,汉语艺术学术语生态还存在同义的本土术语和外来术语并存博弈之样态,并且该样态将持续相当一段时期。对此,从 NUTerm 术语库艺术学术语子库所收录条目的具体情况便可以大致了解。下面将结合该子库的具体术语数据,对汉语艺术学术语的构成类型和特点进行具体说明。

艺术学术语子库共计收录 7 143 条艺术学术语条目,按照《中国艺术百科辞典》中的艺术门类和收词类别来划分,全部条目共涵盖绘画、书法、雕塑、音乐、舞蹈、工艺美术、建筑园林、家具、杂技、戏曲、曲艺、话剧、摄影、电影、电视等共 15 种艺术门类,涉及名词术语、作品、著述和人物等 4 种类别。其中,书法、曲艺、杂技作为中国特有艺术门类,其术语构成几乎全是中国传统术语;话剧[①]、摄影、电影、电视是外来艺术门类,其术语构成主要是汉译西方艺术学术语;其他如绘画、音乐等中西皆有的艺术门类,其术语构成则较为复杂,其中中国传统艺术学术语、汉译西方艺术学术语以及中国现代艺术学术语兼而有之。以绘画这一艺术门类为例,各类型的条目构成及数量可见表 10-1。

表 10-1 汉语绘画类术语的构成类型统计

名词术语			作品	著述	总数
西方术语	现代术语	传统术语			
34	9	125	2	6	176

绘画作为艺术门类之一,中西兼有。中国绘画艺术历史悠久,在艺术创作和欣赏实践中积累了大量术语。从数据分析可知,中国传统绘画术语主要涉及画技(如"勾勒""布白")、画种(如"山水画""花鸟画")、画论(如"形似""畅神")、装裱式样(如"中堂""屏条")、画派(如"海派""浙派")等艺术概念的表征。随着近代西洋绘画登陆中国,汉语艺术学术语系统中增添了西方绘画术语的新类别,主要包括色彩(如"二次色""色散")、画种(如"漫画""油画")、造型艺术(如"质感")

[①] 《中国艺术百科辞典》将戏剧分为三类:戏曲、曲艺、话剧。其中话剧是中国对西方戏剧的特定称谓。在欧洲,将发端于古希腊时期的悲剧和喜剧的舞台演出形式统称为戏剧,与歌剧、舞剧、哑剧等相区别。主要以演员的形体动作和对话作为戏剧表演和戏剧交流的主要形式。由于它同中国以"唱念做打"为表现形式的戏曲不同,1928 年洪深提议将西方戏剧定名为话剧。(《中国艺术百科辞典》第 1225 页。)

等方面的术语。与此同时,中西绘画艺术思想的接触与碰撞也催生了一些新的艺术学概念,绘画艺术家创制了一些中西混合术语,如"讽刺画""喇嘛教美术"等。从表 10-1 可知,汉语绘画类艺术学术语中,中国传统艺术学术语占主体(75.57%),汉译西方艺术学术语所占比重居其次(19.32%),而中国现代艺术学术语所占比重最小(5.11%)。这表明,中国绘画艺术学科主体是对中国传统艺术形式与内容的研究,西方绘画艺术的影响相对较小。需要指出的是,由于艺术门类众多,渊源各异,不同艺术门类的术语系统构成情况也存在差异,但总体均涵盖以上几种类型。汉语艺术学术语系统的构成类型举例可见表 10-2。

表 10-2 汉语艺术学术语系统的构成类型举例

艺术学术语系统构成类型	代表性术语示例
汉译西方艺术学术语	悲剧、夜曲、色彩学、传记片、科学美、缩微摄影、音响效果、主体意识、舞蹈美术设计、一步成像照相机
中国现代艺术学术语	话剧、戏曲导演、曲艺音乐、水墨动画片、风景式园林
中国传统艺术学术语	毂、籁、丹青、武旦、唐三彩、大竹板、数来宝、吴带当风、奇伟之戏、霓裳羽衣舞

以上三种汉语艺术学术语系统构成类型基本依据术语语源划分而来。就汉译西方艺术学术语而言,汉语艺术学术语向西方借词主要有两个途径:一是直接借自西方,二是转道借自日本,这也呼应了中国现代艺术学学科体系建构的历史事实。这其中,直接从西方语言翻译的汉语术语,包括音译术语、意译术语、直译术语以及音译意译(直译)混合术语等。通过形译方式向日语借用过来的日语术语使用的汉字是日语汉字,读音是汉语的读音(冯志伟,2011:75)。汉语艺术学日源术语包括"悲剧""漫画""写生"等,它们是日本学者在接触、吸收西方现代文明之际利用汉字创制的新学语。王国维先生在 1905 年的《论新学语之输入》一文中极力推举此类术语,认为它们大都表意精密,由日本学人数十年呕心沥血才创制而成。因此,对其翻译方法的探究将极有助于指导当代汉语术语英译的实践。以上两类术语在中国当今的艺术学术语外译情境下面临着系统回译的问题,而详尽地考据其概念形成过程和语义溯源是其中的重点与难点。中国传统和现代艺术学术语构成了现代汉语艺术学术语的主体部分,对其英译研究是中国文化"走出去"战略中的当务之急。

如从语言形式角度划分,艺术学术语也可划分为若干类别。其依据包括:术语所属的语法类别、构成方法、句法结构关系、组成字数多少、派生关系等等(叶其松,2015:39)。按照所属的语法类别,汉语艺术学术语可分为:(1) 名词性术语,这类术语是名词或以名词为中心语,如"摹本""工尺谱""长焦镜头""奇伟之戏"等。NUTerm术语库中的艺术学术语中绝大多数是名词性的。(2)动词性术语,这类术语是动词或以动词为中心语,如"耍猴""舞象""跳皮筋""拾棉花"等。值得注意的是,术语的词性存在兼类现象,以上的动词性术语亦可用作名词。按照构成方式,汉语艺术学术语可分为:(1)单(字)词型术语,这类术语由语素构成,包括单纯词和合成词。单纯词指只有一个语素构成的词,如 A."籁""榻""绮""筵"等;B."果哈""苛夏克""斯布斯额""哈拉卓尔噶"等。A类由一个音节构成,亦称单音词名词术语,而 B 类多音译自外来语,亦称多音词名词术语。合成词指由两个或两个以上语素构成的词,如 A."陶瓷""草书""大武术""查堂"等;B."笔法""声律""抽象化""色彩学"等。A 类由自由语素结合而成,亦称为复合词名词术语,而 B 类则由自由语素和黏附语素(或语缀)结合而成,亦称为派生词名词术语。(2)词组型术语,这类术语由词与另一个语素或词组合而成,其句法结构同合成词术语,如"吞/针""边饰/纹样""声/画/同步""卫星/电视/直播"等。表 10-3 展示的是计算机加人工干预对汉语艺术学术语分词的结果,可以大致描述汉语艺术学术语系统构成方式的类别。

表 10-3 汉语艺术学术语系统的长度类型统计

单词型术语	词组型术语			总数
1 词	2 词	3 词	3 词以上	
5 349	1 453	263	78	7 143

汉语艺术学术语类型还可以从语义角度划分,其依据包括:术语形式与内容的对应关系、理据性等(叶其松,2015:41)。基于形式与内容的对应关系,术语可以分为单义术语、多义术语、同义术语、反义术语等。NUTerm 术语库汉语艺术学子库中的数据表明,汉语艺术学术语绝大多数为单义术语,但存在一定数量的同义术语,这也造成了术语英译的若干困难。汉语艺术学术语系统中的同义术语主要包括三类:(1)指物同义术语,此类术语从不同角度命名同一客体对象,如"芦笙舞""踩芦笙""踩堂",三者表示的概念相同。(2)术语变体,此类术语由于采用了不同的语素或语序,形成了不同的变体,如"绕口令""吃口令""急口令",均指示同一概念。(3)异语同义术语,指同义的本土固有术语和外来术语并存,如"曲尺"是中国传统建筑工具术语,与西方艺术学术语"直角尺"概念相同,"直角"经考据始见于 1607 年利玛窦译《几何原本》。

按照术语是否有理据,可分为:(1)有理据术语,此类术语的形式能说明其意义,如"玉镯""山水画""照相机""二人摔跤"等。(2)无理据术语,此类术语的概念内涵意义无法通过其语义组成要素加以解释,如"盆子"(杂技行话,指牛),"君形"(绘画术语,指神似),"二流"(戏曲节拍名),"穿关"(曲艺术语,指元杂剧服装说明)等。艺术学术语,尤其是中国传统艺术学术语中存在众多概念义和字面义不一致或者说有差异的情况。由于术语能指和所指的非对称性,译者在翻译中容易望文生义,导致误译,因此需要格外留意。

以上考察了汉语艺术学术语系统的构成及形式语义特征,这是汉语艺术学术语英译的基础。术语翻译是从源语术语出发在目的语中寻找等价术语的过程(魏向清,2010:165),这个过程必然受到源语术语语源及形式语义特征的制约。在此基础上,下文将基于对 NUTerm 术语库艺术学术语子库的相关数据统计,来探讨汉语艺术学术语系统英译的方法特点。

10.3 汉语艺术学术语系统英译的方法特点

术语翻译本体具有其自身的本质特征和内在规律,但在不同的术语对象和学科中也会表现出若干差异。就汉语艺术学术语而言,其传统术语比重大、理据性较不明显等构成特点和语义形式特征势必为汉语艺术学术语英译带来困难。尤其是前者,由于本土固有术语通常指称中国特定的文化艺术现象,其背后的概念异构性(anisomorphism)会造成语际的概念空缺或词汇空缺,因此,翻译此类术语的策略和方法的抉择考量着译者的智慧和学识。NUTerm 术语库艺术学术语子库提供了全部 7 143 条汉语艺术学条目的英语译名,通过逐一对其翻译策略方法的判定,我们可以从计量统计的视角管窥汉语艺术学术语英译的现状。由于分析方法是描述性的,这种描述性的分析同时也可为汉语艺术学术语英译乃至整体人文学科汉语术语的英译带来有益启示。

术语翻译策略指"双语术语转化的特定途径、程序、方法等",而术语翻译方法则是"翻译策略的具体化,是解决翻译问题的具体方法"(信娜、黄忠廉,2015:214)。术语翻译策略和方法的内涵较为繁琐庞杂①,从研究的可操作性考虑,本文对其做了实用性类别划分,包括直译、意译、音译以及释译四个大的范畴,但在讨论特定类型时也会进一步细化分析采用的具体方法。(1)直译,本文中主要指术语字面意义等表层含义与其构词成分相呼应,见词明义,如"讽刺画"satirical drawing、"竹竿子"bamboo pole 等。此外,指称中西共有客体对象的术语也在本文中判定为直译,如"围裙"apron、"马裤"riding breeches 等。(2)意译,本文中主要指对译出源语术语的概念内涵意义,而不重其形式,如"耍猴"

---

① 信娜、黄忠廉(2015:204-235)将术语翻译划分为三级翻译策略系统。一级翻译是术语翻译,二级范畴包括直译策略和意译策略,二级范畴又衍生出由音译、形译、音译兼译、形意兼译、音形意兼译与意译构成的三级范畴,进而细化出足额音译、配额音译、欠额音译等 15 种具体范畴。结合术语翻译实践,术语翻译策略又组合构成具体 7 种翻译方法:术语对译、术语增译、术语减译、术语转译、术语换译、术语分译及术语合译。

monkey show、"笔力"powerful stroke 等。(3) 释译,本文中指重在解释源语术语概念特征的短句式释文,通常词汇化程度较低,如"子母哏"witty dialogue telling stories through debate,"三股子"a steel fork with three sharp points 等。(4) 音译,本文中指用相同或相似的语音,主要是汉语拼音或威妥玛拼音翻译,如"游春戏"you chun xi,"克亚克"kyl kyyak 等。此外,本文中还对以上四大类翻译方法做了进一步的细化,具体将在下面讨论中呈现。

在 NUTerm 术语库艺术学术语子库中,经统计共有 9 352 条英文译名[①],上述四类翻译方法的使用频次和各自所占比例见表 10-4。

表 10-4 汉语艺术学术语英译的方法统计

英译方法	使用频次	所占比例
直译	3 589	38.38%
意译	3 128	33.45%
释译	1 519	16.24%
音译	1 116	11.93%

由表 10-4 可知,在艺术学术语英译中,直译和意译是最主要的翻译方法,两者共占全体翻译方法的 71.83%,是其他两种翻译方法总和的近 3 倍。如前文所言,术语翻译的出发点和归宿是在目的语中寻找等价术语,其主要特征是在形式上词汇化了的目的语对应单位,这也是出于交际便利的需要。采用直译和意译两种翻译方法产生的英文译名,往往词汇化程度高,较为契合术语翻译的功能取向,因此,在整个英译方法中占的比例最大,而统计数据基本与这一理论推测相吻合。此外,统计数据还显示直译方法所占比例略大于意译策略,这也基本符合术语翻译的规律。有翻译理论家(如许崇信,1981;刘重德,1990)赞成直译是翻译方法的基础,而意译是辅助手段的翻译之道。而在术语翻译中,直译能兼顾原术语的表层意义和形式,又能考虑译文的语言规范和受众接受,相对意译方法,直译是最快捷、省力的译法(沈群英,2015)。

至于释译和音译,两者均是在面对概念空缺或词汇空缺且又暂且找不到合适的对应译名时译者的权宜之计。由于释译产生的译名往往语言形式不够简洁,音译译名则在表达原术语概念方面语义不够透明,两者不如直译和意译方法常用。从表 10-4 可知,释译和音译法所占比例共为 28.17%,不足全部英译方法的 2/7,这也可以印证以上的说法。以下将对四种翻译方法分别进行简要统计和描述。

[①] 由于部分汉语术语有不止一个英文译名,故英文译名的数量要大于汉语术语的数量。

10.3.1 直译法

据统计,在汉语艺术学术语子库全部英文译名中共有 3 589 条译名经由直译法翻译而来,占全部译名(9 352 条)的 38.38%,直译法是最主要的汉语艺术学术语翻译方法。直译法还可以进一步细化为若干次一级范畴,如纯直译(包括语素一一对应的完全直译、欠额直译、增额直译、同物对应等)和混合型直译,后者又包括直译和音译结合、直译加注释、直译音译结合再加注释,各次范畴的使用频次和所占比例见表 10-5,具体策略举例见表 10-6。

表 10-5 汉语艺术学术语直译法类型统计

直译类型	纯直译	混合型直译		
		直音合译	直译加注	直音合译加注
使用频次	3 071	347	121	50
所占比例	85.57%	9.67%	3.37%	1.39%

表 10-6 汉语艺术学术语直译法举例

汉语术语	直译译名
私印	private seal
灯戏	light show
孔雀开屏	The peacock spreads its bright plumage
装裱	mount
藻井	sunk panel
水陆画	water and land ritual paintings
旗袍	Chinese banner gown
布老虎	cloth-tiger toy
虎头帽	tiger hat
云气纹	cloud pattern
雅乐音阶	scale of court music
主体意识	subjective consciousness
楚帛书	Chu silk book;Chu silk manuscript
玫瑰椅	rose armchair (a traditional piece of furniture for the Han nationality)
北杂剧	northern zaju (zaju poetic drama set to music)

值得思考的是,作为艺术学术语英译实践中最重要的翻译方法,直译法在何种类型术语英译时更常采用?既然直译的基本思想是术语形式特征(构成语素)的对应,通过统计对比汉语术语系统和英译术语系统的构成语素及其出现频率,我们可以从形式特征上揭示艺术学术语直译的规律特点。基于术语分词,我们统计了 NUTerm 术语库艺术学术语子库中两类术语系统的构成语素及其出现频率,其中频率最高的 10 个汉英语素见表 10-7①。

表 10-7 汉英对译艺术学术语词汇系统高频单词对比

序号	汉语术语系统		英译术语系统	
	语素	频次	语素	频次
1	电视	85	dance	552
2	摄影	84	opera	517
3	舞蹈	47	Chinese	298
4	戏剧	38	drum	168
5	服装	29	traditional	162
6	舞台	27	song	154
7	镜头	27	music	149
8	工艺	26	ancient	131
9	耍	26	dynasty	129
10	电影	25	folk	123

在表 10-7 中,频次较高的汉语语素"舞蹈""戏剧"和英文的 dance 与 opera 两语素基本能分别对应。两者在汉语艺术学术语中均是能产性较强的语素,如"宗教舞蹈""社会舞蹈""面具舞蹈""国防戏剧""象征主义戏剧""荒诞派戏剧""戏剧结构""戏剧流派"等。汉语术语系统中频次较高的其他语素也基本是合成词型术语或词组型术语的构成成分或词缀。而英译术语系统的高频语素回译成汉语也是高产性的构成成分或后缀。如 drum、song 和 music 分别对应汉语中的"鼓""歌"和"乐",三者均是在命名鼓乐器(如"石鼓""双皮鼓")、歌曲名(如"儿歌""劝嫁歌")、音乐名(如"清商乐""上元乐")时用到的类属词。因此,通过计量统计,我们可以看出合成词型术语(尤其是派生词术语)以及词组型术语在英译过程中更常用直译方法。

---

① 考虑到实义词更能体现英译术语的构成特点,在选择高频英语语素时,我们将英语虚词,如连词 of、and 等、冠词 the 等排除在外。

10.3.2 意译法

统计数据显示,在全部英文译名中共有 3 128 条译名经由意译方法翻译而来,占全部译名(9 352 条)的 33.45%,是继直译方法之后最主要的汉语艺术学术语翻译方法。意译方法还可以进一步细化为若干次一级范畴,如纯意译(包括根据原术语的词量、结构顺序等对应译出其内涵意义的完全意译、欠额意译、增额意译、同物比附等)和混合型意译,后者又包括意译和音译结合、意译加注、意译音译结合再加注,各次范畴的使用频次和所占比例见表 10-8,具体方法举例见表 10-9。

表 10-8 汉语艺术学术语意译法类型统计

意译类型	纯意译	混合型直译		
		意音合译	意译加注	意音合译加注
使用频次	2724	242	114	48
所占比例	87.08%	7.74%	3.64%	1.53%

表 10-9 汉语艺术学术语意译法举例

汉语术语	意译译名
俗赋	folk rhapsody
唐装	Chinese costume
水陆画	ritual paintings
过街楼	bridge gallery
躺柜	chest
堂鼓	Chinese bass drum
楹联	couplets
贴花	sticking
湘剧	Hunan opera
歙砚	She inkstones
花脸	the painted face (a male character in traditional Chinese opera)
破台	sacrifice the stage, a custom in traditional opera
性格	character
诸宫调	zhugong ballad (a kind of ballad, popular in the Song, Jin and Yuan Dynasties)
甬剧	Yong opera (a local opera popular in the area of Ningbo, Zhejiang Province)

10.3.3 释译法

数据统计表明,在全部英文译名中共有 1 519 条译名经由释译方法翻译而来,在全部译名(9 352 条)中所占比例为 16.24%,使用频率位于直译、意译两大方法之后。释译方法也可以进一步细化为若干次一级范畴,如纯释译(用目的语解释原术语的概念,类似词典中的定义式释文)和混合型释译,后者又包括释译和音译的结合、释译和直译的结合、以及释译和意译的结合,各次方法的使用频次和所占比例见表 10-10,具体方法举例见表 10-11。

表 10-10 汉语艺术学术语释译方法类型统计

释译类型	纯释译	混合型释译		
		释中含音	释中含直	释中含意
使用频次	1510	6	2	1
所占比例	99.41%	0.39%	0.13%	0.07%

表 10-11 汉语艺术学术语释译法举例

汉语术语	释译译名
拜花堂	(bride and groom) bow to Heaven and Earth as part of a wedding ceremony
堂会	an entertainment party with hired performers held at home on auspicious occasions
旗袍	a close-fitting woman's dress with high neck and slit skirt
导播	instructor in broadcasting
天下乐	the verse drama *Tianxiale*
天明	the black-and-white silent movie *Dawn*
天梦	the TV serial *Space Dream*

10.3.4 音译法

数据统计表明,在全部英文译名中共有 1 116 条译名经由音译方法翻译而来,在全部译名(9 352 条)中所占比例为 11.93%,使用频率基本类似释译,是较不常用的翻译方法。音译方法也可以进一步细化为若干次一级范畴,如纯音译(仅给出汉语术语的拼音或仅用英文语音单位来转写再现原术语发音)和混合型音译,后者又包括音译加注、音译加类别属性词,以及音译加类别属性词再加注,各次范畴的使用频次和所占比例见表 10-12,具体方法举例见表 10-13。

表 10-12　汉语艺术学术语音译法类型统计

音译类型	纯音译	混合型音译		
		音译加注	音加类词	音加类词加注
使用频次	581	493	27	15
所占比例	52.06%	44.18%	2.42%	1.34%

表 10-13　汉语艺术学术语音译法举例

汉语术语	音译译名
金钱鼓	jinqiangu
旗袍	cheong-sam; Qipao
尺八	Shakuhachi
大铙	Danao instrument
四平调	Sipingdiao Drama
梆胡	banghu, a two stringed Chinese musical instrument
曳撒	Yesa (Mongolian costume melted into Han nation)
且吾且	Qiewuqie Dance (a folk dance of China's Lisu natoinality in Yunnan said to originate from the ancient dance invented upon the pleasant discovery of fire three types of imitating birds and animals, one reflecting daily life, and one of pure dance steps)

以上举例分析表明,就整体翻译方法而言,汉语艺术学术语英译基本呈现出以直译、意译方法为主的多种样态。但这并非意味着汉语艺术学术语在英译过程中会固定地使用某种特定的翻译方法。与之相反,在统计过程中,我们发现有些具多个英译译名的汉语艺术学术语存在每种译名分属于不同翻译方法的现象。如在表 10-6,11,13 中,术语"旗袍"有三种译法:(1) 直译 Chinese banner gown,(2) 释译 a close-fitting woman's dress with high neck and slit skirt,以及(3) 音译 cheong-sam(威妥玛拼音),Qipao(汉语拼音)。以上译名选择的考虑是什么,优劣又如何? 本文旨在对量化统计数据做描述分析,暂且不对各种翻译方法进行具体评价研究,但需要指出的是,在汉语艺术学术语英译过程中,翻译方法的甄别是译者必须面对的问题。

不同的翻译方法各有其优势和弊端,译者在翻译实践中需要做出具体的考虑和选择。但由于特定领域的术语命名和使用是成系统的(冯志伟,2011:40),术语翻译的整体结果——译入语术语系统,也应具有合理性,其合理性在很大程度上可以说明术语翻译及其相关策略选择的系统合理性(胡叶、魏向清,2014:18)。

因此,不同于一般的翻译活动,术语翻译(尤其是某一特定学科领域内)要兼顾个体翻译过程与系统翻译结果的整体考察。下文将尝试从术语翻译系统经济律的视角评价不同翻译方法对汉语艺术学术语系统英译形式特征的影响。

10.4 汉语艺术学术语系统英译的形式特征与经济律

基于 NUTerm 术语库艺术学术语子库相关数据统计结果,我们先就汉英艺术学术语平均长度进行对比描写,在此基础上计算比较两种术语系统的经济律特征,进而评价艺术学术语英译的系统合理性。

10.4.1 汉语艺术学术语系统英译的形式特征

术语的长度指术语中包含的单词数,其中单词型术语长度为1,词组型术语长度大于1,取决于内部的单词数,因此,术语的长度可以反映术语在构成方式上的形式特征。在 NUTerm 术语库艺术学术语子库中,汉语艺术学术语系统及其英译术语系统的长度统计对比结果见表10-14。

表 10-14 汉语艺术学术语及其英译术语长度类型统计与对比

术语类型	汉语术语数量	英译术语数量
单词型	5 349	1 633
二词词组型	1 453	3 491
三词词组型	263	1 315
多词词组型①	78	2 913
总数	7 143	9 352

根据表10-14,汉语艺术学术语系统中,单词型术语共5 349条,词组型术语(包括二词型、三词型和多词型)共1 794条,统计可知单词型术语数量是词组型术语数量的2.98倍。相比之下,英译艺术学术语系统中,单词型术语共1 633条,词组型术语(包括二词型、三词型和多词型)共7 719条,词组型术语的数量是单词型术语数量的4.73倍。长度在三词以上的多词词组型术语有2 913条,占整体英文译名的约31.15%之多,其中最长者竟达到51词(即"跷功"条)。经计算可知,艺术学汉英术语系统的平均长度分别为1.62和2.29,后者是前者的约1.4倍,结果见表10-15。总体而言,汉语艺术学术语

---

① 在统计过程中,我们将长度大于3的术语或译名视为多词词组型。

系统以长度值较小的单词型术语为主,整体平均长度值也不大,更便于使用和记忆。而在艺术学英译术语系统中,词组型术语,尤其是多词词组型术语占比较大,反映出艺术学英译术语系统术语较长,术语英译的词汇化程度较低,不便于推广使用和理解记忆。

表 10-15 汉语艺术学术语及其英译术语系统平均长度对比

	汉语术语系统	英译术语系统
术语平均长度	1.62	2.29

艺术学英译术语的长度类型还可以折射出不同翻译方法对译名长度的影响。在表 10-14 中,单词词组型、二词词组型以及三词词组型英译术语共计 6 439 条,占全部译名总量的约 68.85%,是三词以上的多词词组型数量的 2.21 倍。单词词组型、二词词组型以及三词词组型英译术语形式较为简明,词汇化程度高,很大可能是因为使用了不加注释的纯粹的直译、意译和音译。相比之下,多词词组型术语占比较大,可以推测是由于采用了释译或在直译、意译和音译给出译名后附加注释的翻译方法①。在 NUTerm 术语库艺术学术语子库中,我们统计了每一种翻译方法(指纯粹的、非混合型的译法)中汉语术语和英译术语的平均长度,对比结果见表 10-16。

表 10-16 汉语艺术学术语及其英译术语平均长度对比

英译方法	汉语术语平均长度	英译术语平均长度
直译	1.43	2.42
意译	1.21	2.17
释译	1.25	7.11
音译	1.13	1.58

从表 10-16 可以看出,直译、意译和音译方法产生的英译术语与汉语术语平均长度变化不大。直译、意译的译名约为两到三个单词的长度,基本和汉语术语的组成语素一一对应;而音译产生的译名约为一到两个单词,几乎和汉语术语长度相同。可以看出,此三种翻译方法产生的译名的词汇化程度较高。相比之

---

① 在对 NUTerm 术语库艺术学术语子库的条目进行翻译策略标注过程中,我们发现艺术学术语英译并非单纯地采用了直译、意译、释译或音译方法。很多情况下,译者将几种方法综合使用,即第三部分所谓的混合型方法,而又以译名后加注释这种混合型翻译方法最为普遍。类似释译方法,译名后附加的注释起到阐释原术语概念的功用,但其弊端是不可避免地增加了译名的长度,具体可见第三部分每一翻译方法的举例。

下,释译使得译名长度大幅增加,约是原术语长度的7倍,译名词汇化程度较低,不便于记忆和使用。因此,释译固然有利于准确阐明原术语概念内涵,但往往造成表达冗余,从人文社科术语翻译的简明属性考虑(魏向清,2010:166),译者应慎用该方法。

10.4.2 艺术学术语汉英翻译的系统经济律

作为术语形式特征的衡量参数,术语的平均长度是考察术语形成经济律的重要参数之一。此外,计算术语系统经济指数还要考虑术语系统中单词的术语构成频率。根据术语经济律的计算公式,我们分别统计了艺术学汉语术语系统和英译术语系统的经济指数,结果见表10-17。

表10-17 艺术学术语汉英翻译的系统经济指数

系统参数	汉语术语系统	英译术语系统
术语平均长度	1.62	2.29
单词平均术语构成频率	1.61	2.45
经济指数	0.996	1.072

在表10-17中,艺术学英译术语系统的单词平均术语构成频率远大于汉语术语系统的单词平均术语构成频率,前者约是后者的1.52倍,折射出英译系统中高频词所占比例较大,单词的术语构成频率较高。这也是英译术语系统经济指数高于汉语术语系统经济指数的原因之一。

从整体来看,艺术学汉语术语系统的经济指数为0.996。而一般情况下,对于一个发展较为成熟的术语系统而言,其经济指数应大于1。汉语艺术学术语系统的经济指数显然低于正常水平。而这主要是因为在现有的汉语艺术学术语系统中,单词平均术语构成频率低,少有单词反复出现并以其为基础构成词组型术语,这反映出汉语艺术学术语系统不够完善,依然处于成长阶段。而这一现象的更深层原因是中国现代艺术学话语体系处于中西艺术理论融合构建、不断完善的进程之中,与艺术学的学科史背景相呼应。分析艺术学英译术语系统,我们可以发现其系统经济指数(1.072)高于艺术学汉语术语系统,说明英译术语系统中语符使用基本高效经济。一方面,西方艺术学体系经历近百年的发展,初步形成完善的理论体系,使得以英语艺术学术语为代表的西方艺术学术语系统性和逻辑相关性较强。另一方面,英译术语系统经济指数仅仅稍高于1,说明其系统经济性并不显著。分析表10-17可知,这主要与英译术语系统的平均术语长度较长有关。术语平均长度较长,则英译译名形式冗长,折射出汉语艺术学术语英译时对释译等翻译方法的过度依赖。此外,这还与没能对西方外来术语做到正本溯源并妥善回译有关。因此,进一步探讨艺术学本土术语英译的有效方法和外来艺术学术语的正确回译是今后艺术学术语英译亟待解决的问题。

10.5 小结

本文第一部分从中国艺术学的流变和中国近现代艺术学的转型和确立两个方面概述了汉语艺术学术语系统构建的学科史背景。在此基础上,报告的第二部分分析了汉语艺术学术语系统的构成类型及特点。首先,主要是从术语语源将汉语艺术学术语划分为三种类型,即中国传统艺术学术语、汉译西方艺术学术语以及中国现代艺术学术语。其次,本文还从语形和语义视角对汉语艺术学术语做了类型划分及特点说明。在分析艺术学术语语源及形式语义特征之后,本文的第三部分考察了汉语艺术学术语系统英译的方法特点。

首先,利用计量方法对 NUTerm 术语库艺术学术语子库的 7 143 条条目逐条做翻译方法标注,统计出每种翻译方法使用频次和在整体英译译名中所占的比例。其次,通过分析和举例说明,本文指出汉语艺术学术语英译基本呈现出以直译、意译方法为主的多种翻译样态。本文的第四部分从术语翻译系统经济律视角评价了艺术学术语英译的系统合理性。经过计算分析,本文指出汉语艺术学术语系统术语平均长度大约只有英译术语系统术语平均长度的 1/2,更便于使用和记忆。经济指数方面,英译术语系统高于汉语术语系统,表现出一定的系统合理性,但仍未达到理想的程度。

本文采用基于计量统计的描述性方法,尽管在术语分词和翻译方法标注方面难免带有一定主观色彩,但基本可以客观展现汉语艺术学术语英译现状。与此同时,借助主体思辨的理性评判,本文也有助于揭示艺术学术语英译存在的有关问题。

(1) 艺术学术语的个体翻译。本文重点不在于对具体术语英译译名质量做评判,但是在撰写过程中,我们却发现术语个体翻译的某些典型问题。首先,就术语概念义而言,汉语艺术学术语英译中存在一定数量的误译,如"棒槌"(戏曲术语,意为外行)误译为 wooden club (used to beat clothes in washing)。此外,还有一定数量的直译译名也值得商榷,如"旗袍"译为 Chinese banner gown 等。以上术语翻译的失误主要是由于译者对术语的字面义与概念义关系把握不当,对术语在特定领域的单义性和理据性缺乏足够的认识。因此,译者在术语翻译实践中应对源语术语的概念语义内涵足够重视,要始终从概念义出发考虑术语跨语转换的问题。其次,在术语语形方面,术语存在同义现象是客观事实,但是艺术学术语英译过程中存在相同同义词类型处理模式不一致现象。如指物同义术语(两个或两个以上术语指称同一客体对象,但命名方式不同)通常应该分别给出译名,其结果是同义异名,而术语变体只需给出相同译名即可,其结果是同义同名。如绘画术语"立轴"和"中堂"是一对指物同义术语,NUTerm 术语库所收录的数据中分别给出了不同的译名(立轴 hanging scroll;中堂 central scroll)。但同义的"芦笙舞"[①]和"踩芦笙"提供了 Lusheng dance 这一相同译名。指物同义术语是从不同侧面表征同一概念,往往在语符形式上有较大差异,因此,为尽量表现源语术语的理据特征,就个体翻译层面而言,应给出不同的译名。

(2)艺术学术语的系统翻译。艺术学英译术语系统经济指数(1.072)高于艺术学汉语术语系统,但总体经济指数不高,未能达到理想的程度。报告第四部分指出造成这种现状的主要原因是英译术语平均长度值过大,而这又与释译方法频繁使用和未能对外来术语正确回译有关。例如,术语"写生"在 NUTerm 术语库中的译名是解释性的释文 paint or sketch from nature/live portrayal。其实,对于这一术语的翻译,应正确回译到日文"写生",再最终回译到英文 sketch 术语,这样便可有效减小译名长度,从而增加译名系统经济指数。但归根结底,译名形式冗长是因译者未能意识到人文社科术语的简明性属性。更为重要的是,术语译者对于所译术语并未做认真细致的概念和语义溯源工作,因而未能有效避免此类翻译失误。

简言之,艺术学术语的英译现状可以视为人文社科术语翻译的一个缩影。译者在处理该类术语的翻译问题时,要充分了解相关学科背景知识,更重要的是应牢记术语翻译活动要受到术语类别属性的制约这一特殊性,重视对术语学本体的研究,树立较强的术语意识。

---

① 在 NUTerm 术语库中,"芦笙舞"有两个译名,译名 1 Lusheng (reed-pipe wind instrument used by the Miao, Yao and Dong nationalities) dance,译名 2 bloung doung dance,其中译名 1 尽管包含有对"芦笙"的百科解释的括注,整体译名应当视为 Lusheng dance,与"踩芦笙"的英译译名一致。

11

汉语历史学术语系统及其英译现状分析

11.1 汉语历史学术语系统构建的学科史背景概述

历史是一种自然存在的时空表达,诚所谓"一人有一人之史,一家有一家之史,一国有一国之史"(钱穆,2001:105)。而"历史"这一概念本身是思维主体有意识地对时空环境进行划分、回顾与反思的认知产物。由此看来,历史具有主、客观双重复杂性。"一方面它是自然世界的一部分,要受自然界的必然律所支配;另一方面它又是人的创造,是不受自然律所支配的。"(何兆武,1996:36)历史学作为一门以历史为研究对象的学问,在知识内容方面自然也具有这一双重复杂性,既包括"对史实的认知"(同上),又包括对"所认定的史实的理解和诠释"(同上)。作为历史学知识表达的基础工具,历史学术语系统因此也往往呈现出这种二元分化的功能类型特征,分别用于史实陈述与理论诠释。

历史学的双重知识特征表明,史学话语实践必然是一个普遍存在的地方性实践。这种地方性,不仅表现为历史对象在时空维度上的实践差异,即史料的本土性,还表现在认知主体群落在特定历史生态中形成的思维惯习与方法路径方面。中国史学的形成与发展就是一个具有显著地方性的话语实践过程。中国史学具有渊源与传承,这一点在史料编纂方面体现得尤为明显。"中国最早的历史记载,当以殷商时期的甲骨文记载和西周时期的金文记载为标志。"(瞿林东,1999:121)其后,不同门类的史料编纂模式相继发展成熟,形成了我国特有的史料编纂谱系[①],其中包括正史、编年、杂史、传记等。这一套谱系范畴本身就是中国史学话语体系的重要组成部分。这些史料文献中,当然还包含诸多用以记录历史事件与社会形态的既定概念表达,因而也是汉语历史学术语系统中史实陈述类术语的重要来源。

从史学史的视角来看,史料编纂实践其实也是个性化历史观演化与传播的

[①] 梁启超在《新史学》中总结了十种二十二类中国传统史学派别形式,并指出,"兹学之发达,二千于兹矣"(刘梦溪、夏晓虹,1996:541)。这可以看作对我国史料编纂谱系的呈现。

过程。具体而言,史料选择与史实构建行为往往在既定的理论驱动下发生,在此过程之中,又时常会引发新的理论思考,由此推动史学思想的发展。例如,司马迁创作《史记》,上承历史循环论,与此同时开创了我国纪传体通史的编纂路径,并进一步构建了"通变"这一史学观。实际上,也正是在我国久远的史料编纂传统之中,积累形成了丰富的传统史学①理论话语资源。"齐梁以来,先是刘彦和《史传篇》简括其上古来历,续有刘知几《史通》②条理唐以前之业绩"(许冠三,2003:自序1)。其后,清代章学诚"写出了《文史通义》和《校雠通义》这两部名作,把中国古代史学理论推进到它的最高阶段"(瞿林东,1999:720)。在这些史学文献中,"历代史家和学人关于历史方面、史学方面的范畴和概念的不断探讨,都推动着中国史学在历史理论和史学理论领域的发展"(瞿林东,2011:23)。这其中,"关于考异、考证、商榷、札记、史论、史评、史注、史表等研究方法及相关术语,恐怕在当代史学的话语体系中还会占有一席之地,并被赋予新的含义、新的生命力"(同上,24)。由此可见,这些在传统史料编纂实践中生发的理论术语,是当代汉语历史学术语系统中的另一个重要构成部分。

历史与撰史在中国学术传统中往往被赋予用以彰往察来、鉴古知今的功用价值,上至经世治国,下至伦理情操都在历史总结与反思的视阈之内。可以说,"传统的中国历史学有显明的道德价值取向"(张光直,1995:1)。某种程度上,强调"道德价值"也使中国传统史学理论的统摄维度往往过于单一。其最终结果是,"深入的系统的形而上的理论思考的缺席仍是源远流长的中国史学传统的基本缺陷"(王学典,2005:18)。19世纪末与20世纪初,在中国社会与学术生态面临大变局的情况下,史学作为中国本土学术谱系的核心支脉,开始遭遇西方史学话语的冲击。在中西比较视阈下,所谓本土史学话语的"缺陷"被衬托得更加凸显。自此,中国史学逐步开启了由自主发展转向以话语输入为主的新史学构建模式。这一话语转型的复杂过程其实也是中国史学话语实践之地方性的另一体现。

新史学始于梁启超于20世纪初提倡的"史界革命"。在此期间,"国家、群、国民、社会等术语成为梁启超反思传统史学,创立新史学的概念工具"(赵梅春,2012:136)。梁氏认为,中国传统史学著述固然丰富,然而"能铺叙而不能别裁"(刘梦溪、夏晓虹,1996:543)、"能因袭而不能创作"(同上,544)。这里的"别裁"与"创作",指向的是一种不同于中国传统史学的新的话语类型。中国传统史学以撰史方法为主要研究对象,而新史学范式下的史学侧重对历史现象背后"公理公例"③的揭示,理

---

① 中国传统史学,"是指包括清代前期史学在内的整个古代史学"(瞿林东,1999:738)。

② "刘知几《史通》一书是中国古代史学中第一部以史学作为研究对象的系统的理论著作。"(瞿林东,2015:3)

③ 梁启超在《新史学》中,对"历史"的概念含义做了系统性的重新解读,并提出"历史者,叙述人群进化之现象而求得其公理公例者也"的观点(刘梦溪、夏晓虹,1996:549)。

论维度往往也更为丰富。总之,"史学革命"提倡的是由史料本位向理论本位的转向,"其表述方式本身也是'文界革命'的产物"(杨念群等,2003:745),可以说是我国史学话语现代化转型的标志,也是我国移植西方史学话语及其发展机制的开端。自此,"中国史学家开始明确主张使用西方术语讲述自身历史"(杨念群,2016:189)。

自新史学范式兴起以来,一方面译介而来的西方史学术语中含有世界史视阈下的史实陈述类术语。例如,夏曾佑编写的《最新中学中国历史教科书》[①]中,就从西方社会学引进了"渔猎社会""游牧社会""耕稼社会"等概念(林甘泉,1996:7);乃至中华人民共和国成立之后的历史话语系统也"基本上是从西方引进的,是西方(主要是西欧)用来描述、反映自身历史特点的概念和术语"(王学典,2004:170)。另一方面,汉译史学术语中,还有一系列源自西方的理论阐释类术语。20世纪20年代,基于唯物史观形成的马克思主义史学话语体系便是其中的典型代表[②]。时至"20年代中期至30年代中期,一批颇有影响的西方史学理论名著[③]陆续译成中文出版"(于沛,1996:147)。西方史学理论术语的汉译规模也随之增加,并在80年代的新一轮翻译高潮[④]中逐渐演化成为常态性的术语汉译现象。与此同时,借助术语汉译实践,西方史学的社会科学化[⑤]思潮也被移植至中国本土史学话语生态,形成了西化的多元理论格局,涉及领域包括文化史、社会史、经济史、政治史、民族史等。可以说,"二十世纪以来人们对中国史的描述基本上是以西方话语为中介进行的"(王学典,2013:381)。

西方史学术语的汉译极大扩充了汉语历史学术语系统的容量,丰富了其内容。尤其是在史学理论研究方面,"其变迁和发展的主要动力来自西方史学理论的引进"(王学典,2005:15)。但需要特别说明的是,"同时,中国学者也一直不断地贡献着自己的思考"(同上)。例如,中国社会经济史就是由本土学者带动发展起来的现代新兴史学研究领域。对此,赵梅春(2012:135)曾指出,"中国现代史学已超越了对西方学术的简单引进与仿效,力图在吸收传统史学优秀遗产与借

---

① 1904年至1906年,由夏曾佑编写的《最新中学中国历史教科书》(后改名《中国古代史》)先后分册出版,是我国第一部用章节体写作的具有近代色彩的中国通史(林甘泉,1996:7)。

② 20世纪初,马克思主义唯物史学观传入中国,并随五四运动迅速传播,成为新史学中的显学。随着翦伯赞的《历史哲学教程》(1938)出版,中国马克思主义历史学的一系列概念、术语、范畴开始得以定型化与规范化(王学典,1990:70)。

③ 如何炳松译《新史学》(1924)、李思纯译《史学原论》(1926)、陈石孚译《经济史观》(1928)、向达译《史学史》(1930)等等。

④ 自20世纪80年代始,"新时期以来在引进西方史学理论方面最成功的地方,是对史论名著的大规模翻译"(王学典,2005:19)。"这一次虽然与20世纪初同样是引进西方的研究方法,不过这一次西方新史学较前更多地向运用多学科方法发展,因此给史学研究提供了更为广阔的空间。"(商传,2002:149)

⑤ 自20世纪50年代中期以后,西方史学在"研究方法上也大幅度刷新,主要是向社会科学,特别是向社会学、人类学、经济学、人口学、心理学等借用方法、模式和概念,从描述性、叙事性方法走向分析式方法,这就是所谓的社会科学化趋势"(王学典,2004:172)。

鉴国外史学理论、方法的基础上确立自己的学术自主性"。这也直接促进了中国现代新创史学理论术语体系的不断壮大。

整体而言,中国史学的学科发展是一个极具复杂地方性的话语构建过程。对此,王学典(2013:381-382)曾将中国史学的发展划分为三个阶段,即"中国史在中国""中国史在西方"以及"中国史重返中国"。这三个阶段的变迁同时也见证着中国史学话语构建机制的演变。汉语史学术语系统也正是在此过程之中逐渐发展而来的,其系统复杂程度不言自明。

11.2 汉语历史学术语系统的构成类型及特点

NUTerm术语库历史学术语子库是在梳理中国史学的发展脉络后,基于本学科权威辞书与核心期刊文献关键词数据构建的,目前已收录核心汉语术语条目2 360条,已经能够大体反映出汉语史学术语系统的基本应用情况。

通过观察现阶段的入库数据可以发现,汉语史学术语的概念类型十分丰富。比如,其中有指称具体事件、时期、制度与名物等历史现象的术语,如"夺门之变""古文运动""光荣革命"等;有通过总结历史现象或揭示其背后机制所得的历史理论术语,如"阶级性""正统性原则""修正主义"等;有专门描述史料编纂与撰写特征的方法理论术语,如"典志体""断代史""纪年法"等;还有以史学话语本身为所指对象的史学理论术语,如"年鉴学派""实证史学""新史学"等。汉语史学术语系统之所以会有如此丰富的概念类型,很大程度上正是源于中国史学话语构建的复杂过程。

以上中国史学学科史背景的概述表明,中国史学话语的发展过程受到西方史学译介的巨大影响。这种影响主要在于,借助西方史学引入的世界史视阈很大程度上丰富了中国史学的研究对象与研究方法。在研究对象方面,中国史学研究不再局限于中国本土历史现象,而是以历史术语为中介,观照世界范围内的多元历史现象。在研究方法方面,中国传统史学的思维模式与话语叙述路径遭到一定程度的解构,而西方史学理论术语体系转而成为中国史学研究实践中的重要话语工具。这种中西理论话语的碰撞同时也激发着新时代史学话语的反思与创新,由此不断生发出本土化的术语应用情境与新生理论术语表达。由此看来,汉语史学术语概念类型丰富,究其根本,是就术语概念的来源类型而言的。

汉语史学术语系统总体上呈现出一幅复杂的概念来源图景。在另一方面,从功能术语学的视角来看,汉语史学术语系统又具有清晰的功能类型特征。具体而言,这些具有不同概念来源的汉语史学术语主要呈现出史实陈述与理论阐释这两大功能类型。史实陈述类术语所陈述的史实既包括中国史这一传统研究对象,又包括自西方史学译介以来涌入研究视野的世界史现象。据统计,这类术语在 NUTerm 术语库历史学子库中共计 2 012 条,占到术语总量的85.25%,具体例证如表 11-1 所示。

表 11-1 史实陈述类汉语史学术语举例

汉语史学术语类型		典型术语
史实陈述类	中国史	封建土地所有制、科举制度、两税法、临时大总统、卤簿、牛李党争、农民战争、禅让、少康中兴、史官、摊丁入地、摊丁入亩、屯田制、王田私属、信史时代、训政、一条鞭法、用夏变夷、右史、制书、资本主义萌芽、宗法制、宗庙、奏折制度
	世界史	冰川时期、城邦国家、大殖民、第三纪、封建制度、附属国、公簿持有农、列国时代、迈锡尼文明、幕藩体制、人身租、同态复仇、文艺复兴、远古文明、殖民地、中世纪

通过观察表 11-1 中的术语数据不难发现,史实陈述类术语多是基于历史的自然本质,用以记录历史这一自然现象的术语。这类术语的概念反映的是真实存在或假设存在的客观事实,抽象程度往往比较低。相比之下,理论阐释类术语源于一种基于理性思考的学理表达,概念主观性和抽象性都更为凸显。具体而言,理论阐释类术语是基于历史现象或历史研究现象,经进一步抽象总结得出的能够反映历史的人文性与社会性的理论术语。这类术语的概念来源既有中西之别,又有传统、现代之分。据统计,理论术语在 NUTerm 术语库历史学子库中共计 348 条,占术语总量不足 15%,具体例证如表 11-2 所示。

表 11-2 理论阐释类汉语史学术语举例

汉语史学术语类型		典型术语
理论阐释类	传统术语	比事、别识心裁、才、大一统、典制体、断代史、方智、公羊学、会要体、惑经、即器求道、记注、纪事本末体、见盛观衰、经解、经世、理、良史、六经皆史、乾嘉考据学、三世说、善、识、史德、史识、史释、史义、势、事、书法不隐、天下、通变、通史、王道三纲、伪史、为尊者讳、文、五不可、心术、性命之理、一治一乱、义、圆神、证史、政书体、知人论世、尊王
理论阐释类	汉译术语	东方专制主义、过密化、口述史、历史理性、历史生态学、历史诗学、历史性、内卷化、年鉴学派、女性史、普世史、情节化模式、社会性别史、实证史学、史学碎片化、市民社会、天定命运论、文化史观、文化形态史观、五种社会形态模式、西方马克思主义、新社会史、新文化史、叙事性、亚细亚生产方式、意识形态蕴含模式、元史学、主体性
理论阐释类	新创术语	半殖民地半封建、"层累"说、超稳定系统、基础历史学、大历史、方志学、经史结合、历史认识论、默证适用限度、三次革命高潮论、史观派、史家主体意识、史无定法、史学客观性、史韵诗心、四个阶梯、五朵金花、西周封建说、现在性、新通史、学术史叙事、疑古派、应用历史学

如表 11-2 所示,在中国传统史学术语中,含有部分单字型术语。例如,孔子提出的"事""文""义"史书三要素;刘知几提出的"才""学""识"史才三长论等。单字型术语在西方汉译术语和现代新创术语子系统中都是非常少见的,可以说是汉语史学术语系统中一种极为特殊的术语类型。这些单字型术语在中国传统史学话语中具有重要的基础性学理价值,部分术语概念在后世史学话语的发展中得到了传承。例如,章学诚提出的"史意"正是承于孔子所说的"义","史德"也是对三才之"识"的进一步阐发。

总体来看,中国传统史学理论术语多同史实陈述实践中的方法、体例与原则相关。例如,"典制体""会要体""纪事本末体"等隶属史书体裁范畴;"书法不隐""为尊者讳""五不可"等是总结得出的编史原则,就连章学诚提出的"圆神"和"方智"这两大史学宗门,也都是同"撰述"和"记注"这两大系列史书的类型特点相应而言的。相比之下,西方汉译史学术语涉及的理论维度更为丰富。一方面,通过借鉴社会学科中的研究视阈与方法,产生了"历史生态""社会性别史""实证史学"等一批跨学科史学术语;另一方面,史学话语本身成为史学的研究对象,如"历史性""叙事性""主体性"等一系列理论元术语所示。

对于汉语史学话语生态而言,西方史学话语译介的影响并不是简单的"1+1"效应。借助西方术语的翻译,在传播知识的同时,往往还会引起理论话语的本土化延伸,并由此生发出新的术语表达。这便是现代新创汉语史学术语的主要缘起之一。如表 11-2 中的术语例证所示,李培锋提出面向求真求实之过程的"史学客观性"、李振宏对史家"主体意识"进行系统探讨,张荫麟主张"默证之适用限度"等,均是本土术语创新的典型例证。当然,在现代史学话语创新过程中,本土传统史学话语同样具有重要的参考价值。"其中包含了许多思想观念、范畴术语、方法论原则,可与当代史学理论相通、交融,成为当今史学理论话语体系建构极其重要的资源。"(瞿林东,2009:2)例如,"在历史理论方面,古老的穷变通久的思想,天人关系、古今关系,时、势、理、道等范畴的探讨及其在解释历史中的运用,包含着朴素的唯物思想、辩证思想、进化观念"(瞿林东,2009:2);又如,陈垣在传统校勘理念基础之上提出以"对校法""本校法""他校法"和"理校法"为核心的现代校勘学理论体系(林甘泉,1996:9)等。此外,表 11-2 中例举的由袁嘉谷提出的"经史结合"、梁启超提出的"方志学"、钱钟书的"史韵诗心"等术语也都同本土史学传统与话语经验有必然的内在渊源。

11.3 汉语历史学术语系统英译的方法特点

以上借助术语概念的来源与功能特征,结合 NUTerm 术语库历史学术语子库中的数据,对汉语史学术语的系统构成进行了类型划分与特征分析,总体上可以看作一种旨在揭示汉语史学术语系统复杂性的初步尝试。而在话语实践当中,由于人文术语的概念不确定性之本质,包括史学术语在内的人文术语群落的真实应用情况实际上要更为复杂。尤其在术语翻译过程中,概念理解的个体差异会直接影响到术语翻译方法的选取,从而引起存在于不同时间段与不同地区、领域的译名变体,并形成复杂的双语术语网络。这一点在当代汉语史学术语的英译实践中已有一定的体现。就 NUTerm 术语库历史学术语子库现阶段收录的汉英双语术语数据来看,2 360 条汉语术语经系统英译之后,形成了一个含有 2 924 个译名的英译术语系统。

基于 NUTerm 术语库的史学数据统计发现,除了直译法和意译法这两种术语翻译实践中最为常见的译法之外,音译法和释译法的应用在汉语史学术语英译实践中也占有一定比例。各类译法的具体出现频次与所占比例如表 11-3 所示。

表 11-3　汉语史学术语英译的方法统计

英译方法	使用频次	所占比例
直译	1 829	62.55%
音译	415	14.19%
意译	638	21.82%
释译	42	1.44%

就目前的数据来看,直译法是汉语史学术语英译实践中最为常见的方法。所谓术语直译,最常见的情况是汉、英术语在语符层面上能够一一对应。这一点,在词组型汉、英术语之间体现得尤为明显,如表 11-4 所列术语直译法案例中的"光荣革命"(Glorious Revolution)、"民族暴力"(ethnic violence)、"天主教改革"(Catholic Reformation)等。也就是说,直译法这一标签是形式分析的结果,其中,构成汉语术语的词素和构成英译术语的单词之间循序对应。对于部分单词型术语,或长度类型不一致的汉、英术语,这种形式分析同样适用。例如,表 11-4 所列术语中,"可信性/"的词尾同 credibility 的后缀对应;"保守/主义/"中的"主义"同其英译术语 conservatism 中的-ism 对应;术语"茶党/"中的单字"茶"与"党"同 Tea Party 中的两个英文单词分别对应。

表 11-4　汉语史学术语直译法举例

汉语术语	英译术语
保守主义	conservatism
暴君	tyrant

续 表

汉语术语	英译术语
避讳	taboo
茶党	Tea Party
大陆会议	Continental Congress
东方专制主义	Oriental Despotism
反帝国主义	anti-imperialism
光荣革命	Glorious Revolution
贵族	aristocracy
可信性	credibility
民族暴力	ethnic violence
民族主义	nationalism
天主教改革	Catholic Reformation
原始战争	primitive warfare
远古社会	archaic society
战国时期	Warring States period

除了形式分析之外,术语的词汇化程度是直译法判定的另一参照标准。对于部分史学汉、英术语,它们在各自的语文体系中已经演化成为常见的普通词汇,在术语翻译过程中,二者的对译便形成一种术语直译的关系。如表11-4所示,将"暴君"译为tyrant、"避讳"译为taboo、"贵族"译为aristocracy等,都是此类直译法的典型例证。

尽管术语直译直观地表现为形式化翻译,但其转译的语符本身仍带有可读的意义,用以传达原术语概念的部分特征。在一些情况下,这种形式化转译的机制渗透至术语的语音层面,这也就是本文所统计的术语音译案例,其中的典型例证如表11-5所示。

表11-5 汉语史学术语音译法举例

汉语术语	英译术语
客家人	Hakka people
佛郎机	Frankish gun

续　表

汉语术语	英译术语
巴枯宁主义	Bakuninism
伯恩斯坦主义	Bernsteinism
丁中	Ding-Zhong System
度牒	Dudie (tax-exemption certificates)
蕃兵	Fan soldiers
方术	fangshu (general term for certain professions, esp. for medicine, necromancy, clairvoyance, astrology and physiognomy, etc.)
盖世太保	Gestapo
甘地主义	Gandhism
和亲	he qin (marriage for peace)
节度使	Jiedushi
卢德派	Luddites
辛迪加	syndicate
徭役	yaoyi (labour for the community)

汉语史学术语音译案例中,不仅涉及针对西方汉译术语的回译现象,如表11-5中的"佛郎机"(Frankish gun)、"伯恩斯坦主义"(Bernsteinism)、"盖世太保"(Gestapo)、"卢德派"(Luddites)等;还涵盖了不少本土史学术语特别是传统史学术语的英译实例,如"客家人"(Hakka people)、"丁中"(Ding-Zhong System)、"蕃兵"(Fan soldiers)等。据统计,NUTerm术语库历史学双语术语数据中,面向中国传统史学术语的音译案例多达325处,占术语音译总频次(415次)的78.31%。

术语音译代表的是一种较为极端的形式化处理方式。在上下文知识语境缺失的情况下,单凭音译译名,往往难以深入了解到术语的概念义。这也就不难理解,在一些情况下,在音译译名之后,往往还会借助其他翻译路径,增补额外的译名或译名信息,以增强术语翻译的理据性,辅助原汉语术语概念的有效传达。表11-5中汉语术语"度牒""方术""和亲""徭役"的音译处理方式便是相关例证。

对于术语而言,意义不仅仅是指形式义,即术语的语符义这一具有一定约定性的语言含义;术语意义还在于概念,即基于一定理据性形成的学术含义。更重要的是,术语之意义的彰显在于语符义与概念义之间的双向渗透关系——语符义用以表征概念义,同时又在一定程度上制约着概念义的传达;而概念义是语符义之语义场域聚焦的基础,同时又在一定程度上推动着语符义的延展。这也使得术语作为一种特殊类型的"形式-意义"复合体,具有更为显著的内在复杂性。

在跨语语境下,术语翻译可以看作一种构建语符义与概念义二者之间动态关系的过程。例如,以上探讨的术语直译和术语音译就是尝试以术语的语符义为起点,来构建这种动态意义关系。但这并不是唯一的方式。在特定的语境下,通过概念义来带动术语的跨语重构,也是常见的一种翻译手段,这也就是本文所统计的术语意译法,具体例证如表11-6所示。

表11-6 汉语史学术语意译法举例

汉语术语	英译术语
城邦	polis
百人队	Centuria
第三阶级	the Commons
方志学	Chinese gazetteer studies
纲目体	detailed outline history
科田法	Graded Land Granting System
旗地	government-owned land in Qing Dynasty
三代	Three Dynasties of antiquity
十字军东侵	Crusades
史才三长	Three History Writing Capabilities
屯田	reclamation of waste land
文治主义	ideology of civil administration
训政	political tutelage
洋务运动	Self-Strengthening Movement
宗正	official for the royal clan

在NUTerm术语库汉语史学术语的意译案例中,含有部分术语回译的情况。如表11-6中的"城邦"(polis)、"百人队"(Centuria)、"第三阶级"(the Commons)、"十字军东侵"(Crusades)所示。这些汉语术语本身就是通过意译西方源术语而形成的。

对于本土史学术语而言,术语概念显化是常见的意译方法。例如,将用以指代"夏""商""周"这三个早期王朝的"三代"译为Three Dynasties of antiquity;将以民族自强为职志的"洋务运动"译为 Self-Strengthening Movement 等。这种方式的意译往往尝试聚焦于术语概念的核心特征,并通过尽量简洁乃至新创的语符来呈现这一概念单元。总体而言,术语意译往往还带有较为明显的主观性与阐释性倾向,在术语翻译实践中,容易引起一词多译和术语表达短语化的语言现象。

实际上,术语翻译作为二次命名实践,其难度并不亚于单语语境内的术语命名本身。具体而言,如何合理地解析原术语之语符义和概念义之间的有机关系,并通过另一种语言符号重塑出一个具有类似名实关系的术语有机体,往往需要一个复杂的术语化过程。在此过程之中,非术语化表达往往是一种术语翻译常态。所谓的释译译名就是这一过程中较为典型的非术语化表达类型,相关释译术语的典型例证如表 11-7 所示。

表 11-7 汉语史学术语释译法举例

汉语术语	英译术语
九品中正制	nine grades of ranking in the official selection regime of the Wei and Jin dynasties
漕运	water transport of grain to the capital (in feudal times)
谶纬	divination combined with mystical Confucian belief
放荒	Fang Huang (allocation of uncultivated land for reclamation)
封禅	(of an emperor) offer sacrifices to heaven and earth
会子	a paper currency in the Southern Song Dynasty
纪事本末体	history presented in separate accounts of important events
军机处	Ministry of Defence (under Manchu government)
三公	Three Councilors of State in the Qin and Han dynasties
三面红旗	the General Line for Socialist Construction, the Great Leap Forward and the People's Communes
兄终弟及	a royal succession system of the Shang Dynasty under which the younger brother succeeds after the elder brother dies
战国七雄	Seven States in the Epoch of Warring States
折变	taxation in the form of physical assets in Song Dynasty
上山下乡	Movements of Chinese Educated Urban Youth Going and Working in the Countryside and Mountain Areas
族诛	punishment of executing the families of one's father, mother and wife

此处所谓的释译,其实是术语意译中的一种特殊形式,即试图从概念出发跨语构建形式与意义的复合有机体,却囿于所选择的语符的长度①,而未完全实现简明化的术语表征。不难看出,释译法常见于传统史学术语的英译。据统计,NUTerm 术语库历史学术语子库的 42 处释译案例中,除表 11-7 中例举的"上山下乡"之外,其余均为中国传统史学术语。

11.4 汉语历史学术语系统英译的形式特征与经济律

基于不同的术语翻译方法,无论是从语符义还是从概念义出发开展翻译实践,最终都需回归到跨语表达的术语化这一形式问题上来。就其各自的特点来看,上述四类术语翻译方法都会对术语的跨语形式产生一定影响,但所引起的形式变化之程度却不尽相同。通过综合观察和比较上述译法的系统应用情况,这种影响力之间的差异会更为清晰地呈现出来。例如,表 11-8 数据显示,经系统的英译实践之后,汉语史学术语的长度整体上呈现出增加的趋势。不同译法引起的术语长度增幅有明显差异。其中,术语意译法和术语释译法引起的术语长度增幅最为显著,前者为 69.26%,后者高达 363.95%,平均长度也升至 9.5,明显高出常规术语的长度值。

表 11-8 汉语史学术语及其英译术语平均长度对比

英译方法	汉语术语平均长度	英语术语平均长度	长度变化幅度
直译	1.92	2.33	+21.62%
音译	1.28	1.78	+39.06%
意译	1.85	3.13	+69.26%
释译	2.05	9.5	+363.95%

术语翻译过程中,术语长度的整体提升会直接导致词组型术语数量的增多,从而进一步引起术语类型分布特征的变化。如表 11-9 所示,英译术语系统中,词组型术语所占比重合计为英译术语总量的 76.09%,相比于原汉语术语系统内部的分布情况,提高了 11.39%。

---

① 据统计,NUTerm 术语库历史学双语术语数据中,释译术语的最高长度值高达 19。具体翻译情况为,将"兄终弟及"释译为 a royal succession system of the Shang Dynasty under which the younger brother succeeds after the elder brother dies。

表 11-9 汉语史学术语及其英译术语长度类型统计与对比

术语类型	汉语术语系统		英译术语系统	
	数量	比例	数量	比例
单词型	833	35.30%	699	23.91%
二词词组型	1 046	44.32%	1 234	42.20%
三词词组型	373	15.81%	475	16.24%
多词词组型	108	4.58%	516	17.65%

基于表 11-9 的统计数据还可发现,在所有长度类型的术语类别中,多词词组型术语,即长度值等于或大于 4 的术语,数量增长幅度最为明显,所占比例从原汉语术语系统中的 4.58% 跃居至英译术语系统中的 17.65%。这说明,在汉语史学术语的英译实践中,释译法的应用频次虽然比较低,只有 42 例,却对英译史学术语系统的形式特征产生了较为显著的影响。

系统地来看,术语长度的变化,究其根本,反映的是用以构成术语系统的基本语符单元出现总频次的变化。据统计,汉语史学术语系统中,所有汉语术语的总长度为 4 497,而英译术语系统中,所有英译术语的总长度为 7 404。这意味着,构成汉语术语系统的汉语词素累计出现了 4 497 次,而构成英译术语系统的英文单词累计出现了 7 404 次。这一组数据中,还包含着术语翻译过程中汉语词素和英文单词分别重复出现的累计频次。

不同语符单元数量的变化同词素或单词出现的总频次密切相关。据统计,汉语史学术语系统中,有 2 639 个不同的汉语词素,而在英译史学术语系统中,共有 2 980 个英文单词。也就是说,不同英译方法造成了术语长度前后变化,还改变了基本语符单元数量,而这恰恰也是影响术语系统形式特征的核心因素。具体而言,汉语术语系统中,2 639 个汉语词素构成了 2 360 条术语,而在英译术语系统中,2 980 个英文单词构成了 2 924 条英译术语。显然,汉语史学术语系统和英译史学术语系统中,汉语词素和英文单词的数量均高于其各自系统中的术语总量。这种情况下,系统经济指数作为术语系统特征的核心参数,自然也会偏低,具体统计数据如表 11-10 所示。

表 11-10 史学术语汉英翻译的系统经济指数

系统参数	汉语术语系统	英译术语系统
术语数量	2 360	2 924
语符单位总数	2 639	2 980
经济指数	0.89	0.98

经济指数是语符单位总数(汉语词素或英文单词)同术语系统所含术语总量的比值。以上数据显示,汉语史学术语系统及其英译术语系统的经济指数分别为 0.89 和 0.98,均未达到一般术语系统的标准值 1。也就是说,就术语系统的形式特征来看,汉语史学术语系统及其英译术语系统的发展尚不完善。这一点,其实在以上针对汉语史学术语系统及其英译术语系统分别所做的特征分析中,已有初步体现。例如,汉语史学术语中,理论阐释类术语同史实陈述类术语比重悬殊,且这两大术语子系统之间缺乏密切的概念关联,直接影响到汉语史学术语的系统关联性;而音译转译的不规范现象以及术语释译法的应用又会进一步影响到英译史学术语的系统稳定性。这样看来,汉、英术语系统经济指数这一对量化指标其实可以作为术语系统化程度的一个风向标,某种程度上对于中国史学的话语建构与对外传播实践也有一定的参考价值。

当然,对于史学这样一个典型的人文研究领域而言,经济指数作为一个源于科技术语系统分析框架的量化指标,并不能作为衡量史学术语系统合理性的唯一指标。但是,对于汉语史学术语的翻译而言,系统经济指数在英译前后呈现出的差值的确应当予以足够的重视。随着汉、英术语系统容量的增加,这样一个差值也会随之不断变化。通过实时追踪其变化趋势与变化幅度,或可进一步对术语英译方法的系统合理性予以评价与反思。关于这一点,还需要通过后期课题,借助 NUTerm 术语库史学双语术语数据的动态更新与计量机制的不断完善,逐步开展相关研究。

11.5 小结

梁启超在《新史学》开篇即指出,"于今日泰西通行诸学科中,为中国所固有者,惟史学"(刘梦溪、夏晓虹,1996:539)。史学在中国传统学术谱系中可谓占据着显学的地位。然而,在中国史学的发展史中,却一度经历了"乃谓中国传统为旧,当前之现代化为新,群相喜新而厌旧"(钱穆,2001:141)的过程,乃至对汉语史学话语体系的构成与形态产生了全方位的影响:在史实陈述方面,"近百年来我们用来描述中国历史的概念工具基本上是西方的"(王学典,2013:381);在理论阐释方面,"我们历史科学使用的概念、范畴、模式、理论、规律,基本上都是出自西欧的,是近代西欧人根据自己的经验得出的,也可以说是西欧的规律"(马克垚,2008:11)。这一史学话语西化倾向,在本文就 NUTerm 术语库汉语史学术语系统展开的初步分析中,已有初步呈现。

而在当下,"我们中国学人应当学会使用自己的语言来讲解自己的历史与思潮,学会使用新的方法来掘发自己民族的优良文化传统"(瞿林东,2015:10)成为中国史学话语构建的宣言。这其实也响应了钱穆先生早先提出的一个观点,即

"历史传统中必有不断之现代化,每一现代化亦必有其历史传统之存在"(钱穆,2001:141)。而"在学科话语体系的建构中,基本的范畴或概念占有重要的地位"(瞿林东,2009:1)。尤其在史学的人文研究领域,术语的话语构建应用价值更应予以额外的重视。关于这一方面,本文就当下汉语史学术语系统所做的描述性分析可以看作一个相关的基础性话语整理工作。

在包括史学在内的人文话语体系内,术语的应用往往作为一种无意识的行为交织于学术话语活动之中。一方面,人文术语不具备科技术语典型的科学性形式特征;另一方面,人文术语又发挥着同科技术语类似的知识生产与传播功能,同时还具有独特的学术文化价值。当置于跨语情境下时,这种人文话语单元的术语性本质与价值往往更易凸显出来。对此,本文就 NUTerm 术语库历史学术语的英译情况所做的统计分析已有初步说明。从这个意义上讲,术语英译不仅仅是中国当代史学话语构建的现实需求,同样也可以作为史学话语构建实践中的一种方法路径。

12

汉语考古学术语系统及其英译现状分析

12.1 汉语考古学术语系统构建的学科史背景概述

考古学的目的在于揭示过去存在的形式,并确定其功能,以了解文化演进过程,并从考古遗存中获取合理解释(沙雷尔、阿什莫尔,2008:14)。简言之,考古学是用实物资料来研究人类古代历史的一门科学(张之恒,2009:1)。这一定义侧面反映了考古学,或具体而言中国考古学同历史学的学科渊源。的确,"与西方的考古学相比,中国考古学无论在理论上或是在实践中都具有深厚的历史学传统"(陈星灿,1991:62)。这也就不难理解,就学科归属而言,国内学界以往多将考古学视为历史学的分支。近年来,中国考古学研究中地层学和类型学两大基本方法论及其应用日益成熟,面向中国历史文化之年代框架与发展谱系的专门研究也渐成体系,考古学已经新晋为国家一级学科,其下又可依据研究时段分为史前考古学及历史考古学两大门类;针对不同的研究对象,还可细分为农业考古学、动植物考古学、城市考古学、音乐考古学、美术考古学等;此外,科技考古、田野考古、水下考古作为考古学手段也被纳入研究范畴。随着中国考古学学科的独立化,汉语考古学术语的系统特征也日益明显。

"作为一种通过物质遗存对过去所做的系统调查,中国的考古和它所研究的文明一样古老。"(张光直,1995:1)例如,《国语·鲁语下》中就记载了孔子关于肃慎人弓箭这一器物的详细描述,《史记》中更是记述了丰富而系统的本土物质文化资料。一般认为,我国有关古器物、石刻的研究大约肇始于汉代(刘式今,1993:113)。这种本土研究逐渐发展成为金石学,在北宋初年初成体系①,而金

---

① 张光直(1995:2)指出,由吕大临完成于公元1092年的《考古图》,精选了商代到汉代的青铜器210件,玉器13件,用文字和线图作了描绘,标志着中国传统的古器物学的开始。同志(2005:99)认为,《考古图》一书是最早的金石学著作。

石学也一度被部分学者视为中国考古学的前身①。所谓金石学,依朱剑心的定义,是指"以著录考订及身所见之器物文字,而使之永存于天地间,俾后之学者所鉴焉"(王云五,1931:1)。通俗地讲,金石学主要是以商周铜器铭文、秦汉隋唐石刻碑志为考订对象,以考核旧闻,为史籍研究提供新的资料(刘克明,1989:41)。自北宋以来,以至民国初年,传统金石学著作层出不穷,带铭铜器、碑刻、印玺、陶瓷等器物都进入金石学者的研究视野。其中,宋代学者建立起来的器物命名和分类体系,现在基本上还在沿用(张光直,1995:3)。例如,在当代汉语考古学术语系统中,仍可发现"鼎""饕餮""雷纹"等诸多传统术语。

"民国时期是中国考古学由科学手段获得考古发现代替传统治学方法的重要转型期。"(徐玲,2009:255)这里所说的"科学手段",实际上就是西方考古学研究中发展较为成熟的田野方法论。西方考古学诞生于19世纪初的丹麦。一般而言,学界通常以"三期论"的提出作为现代考古学初创的标志②。随后,1858年,英国地质学家福尔克纳对索姆河畔阿布维利洞穴遗址的田野发掘正式宣告考古学科田野方法论的问世(丹尼尔,1987:49)。此后的百余年,西方考古学中的类型学研究与基于地层学的田野发掘方法逐渐走向精确化,形成了一套自成体系的现代考古技术术语,如树木年轮断代法、碳-14测年法、遥感考古等。20世纪初,这一套技术话语被国民政府聘请的西方考古学家以及中国留学生引入国内。1921年,瑞典人安特生在河南渑池主持发掘工作,这次考古工作最终发现了仰韶文化,是中国土地上首次具有学术意义的考古实践,被视为中国现代考古学诞生的标志(陈星灿,1991:64)。而从这一时期考古学科的人才培养模式看,西方考古学话语已经成为中国考古学发展的重要参照。例如,朱希祖1923年主掌北大史学系时,就提倡以西式的人类学、人种学、史前考古学及古物学等科目对学生加以培养(徐玲,2009:122)。在这一背景下,西方考古学术语的汉译也成为影响汉语考古学术语体系动态发展的重要因素。例如,1926年从哈佛归国的人类学博士李济先生在清华大学的新生演讲中提到typology(即"类型学")一词,不过当时因为"尚没有一个好的汉译",而主张"暂用英文"(沙雷尔、阿什莫尔,2008:前言2)。这其中,还曾出现了中西学术话语竞争的现象。面对舶来之词,当时不少中国学者更愿意采纳源自典籍中的传统术语,以体现中国考古学的民族主义特色(陈淳,2011:82)。这其实也是汉语考古学术语系统形成过程中不

---

① 代表学者有梁启超、卫聚贤等。梁氏在其著《中国考古学之过去及将来》一书中,主张"考古学在中国成为一种专门学问,起自北宋时代"。卫氏则在《中国考古小史》一文中提出"中国的考古可分为四大期……宋至近代为研究期,现在为发掘期"。

② "三期论"是汤姆森(C. J. Thomsen)依据丹麦博物馆内馆藏器物的材料特质,划分出的石器、青铜器和铁器三个时代(丹尼尔,1987:30)。

可避免的演化阶段。

自20世纪60年代以来,西方考古学家开始从文化人类学和其他社会学科中借用大量的专门词汇,创造了许多新术语来进行考古学理论研究(陈淳,1992:41)。例如,"考古学文化"正是借用民族学与人文地理中的文化概念,而过程考古学中的"文化生态系统"源于生态学。新术语的创生很大程度上促进了考古学理论话语及其范式的演进,以社会考古学、认知考古学、后过程考古学等为代表的新考古学派纷纷涌现。而自20世纪80年代始,中国考古学界开始了面向本学科研究的整体反思,"不少学者开始关注并介绍了国外考古学的研究状况,引入了许多新技术、新名词、新观点"(查晓英,2003:102)。这一时期西方考古学术语的系统译介,很大程度上也促进了汉语考古学术语特别是理论术语的系统化成型。

需要说明的是,西方考古学话语的译介究其本质是一个本土化的过程。基于中国本土的考古挖掘材料,中国学者在了解西方考古学相关理论的同时,还创造性地提出了契合中国历史文化演进规律的理论构想,这便是中国现代考古学的话语创新。例如,20世纪40年代,苏秉琦在西方考古类型学原理的影响下,初步建立了适合中国考古学需要的一套类型学研究方法(徐玲,2010:9),即"区系类型说";黄文弼通过考察中国历史上多个古国与古城的地理位置和历史演变,总结出用以解释新疆文化形成史的"东西二期推进说";张光直针对中国古代文化的形成过程提出了"相互作用圈"的观点;等等。这些在考古学本土化过程中形成的理论术语也成为当代汉语考古学术语系统中不可缺失的部分。此外,基于田野发掘所见的新型器物、新式现象,都需要重新定名,中国现代考古学术语呈现出显著增加的趋势。

12.2 汉语考古学术语系统的构成类型及特点

很大程度上,中国考古学的学科化也是相应的汉语考古学术语系统塑形的过程。根据中国考古学学科发展史中的知识传承、传播与创新现象,本文可以将汉语考古学术语系统的构成大致划分为三大类型,即中国传统考古学术语、汉译而来的西方考古学术语以及中国现代新创考古学术语。其中,中国传统考古学术语代表的是传承下来的以金石学为代表的古器物学研究传统,主要是张光直(1995:2)所指的宋代以来用古代典籍术语命名器物及其纹饰的传统;而西方考古学汉译术语则是西方考古学跨语传播所需的重要话语工具,这些术语同时还具有显著的"启智"功能,某种程度上促进了中国本土考古学理论话语的自主创新;中国现代新创考古学术语就是本土话语自主创新的结果,其中既有用以命名本土实地考古材料、具有实体所指的实践型术语,也有用以解释本土考古现象的理论型术语。

在 NUTerm 术语库考古学术语子库现阶段收录的 3 728 条汉语考古学术语数据中,上述汉语考古学术语系统的构成类型特征已有基本体现。表 12-1 所列为分属各子系统类型的部分代表术语。

表 12-1 汉语考古学术语系统的构成类型举例

NUTerm 汉语考古学术语系统构成类型	代表性术语示例
中国传统考古学术语	簋、鼎、壶、尊、编钟、玉璧、玉髓、雀替、朝服、瓮城、披门、玄武、哀册、虎子、韩瓶、凭几、梅子青、神道碑、太湖石、紫禁城、金石学、石鼓文、经折装、错金银、压手杯、流外官、鸟虫书、纳采礼、鄂君启节、黄肠题凑、干支纪年、九姓回鹘、卤簿仪仗
西方考古学汉译术语	布方、探方、土色、灰坑、类型学、直立人、更新世、二次葬、共生关系、间接打制、田野考古、旧石器时代、环境决定论、文化圈假说、放射性碳-14 测定、新考古学、后过程主义、民族考古学、层位学、三期说、中程文献、关联方法、能动性研究、进化论考古、景观分析、热点区域、非遗址、遗址资源域分、聚落考古、视阈分析、聚落形态、后新石器时代
中国现代新创考古学术语	支座、着色、初烧、白陶、硬玉、盘口壶、夯土层、红烧土、投石器、高岭土、还原焰、空心砖、车马坑、莲花纹、仰韶文化、抢救性发掘、双蛇首人身俑、青铜时代、秦汉考古、考古学十论、三阶段说、上古三大集团、区系类型说、多元一体格局、北京人头盖骨、安阳传统、四部分类、东西二期推进说、相互作用圈、二重证据法、文化因素分析法、古国、方国、帝国、原生型、次生型、续生型

根据对 NUTerm 术语库的数据观察与分析,在汉语考古学术语中,中国传统考古学术语占据了相当大的比例。由前述学科史背景可知,考古学作为一门近现代学科,至晚清民初才传入中国,但传统文人阶层基于传世钟鼎铭刻等文物遗迹的学术研究却可上推至北宋初年。表 12-1 中的"玉璧""玉髓""簋"等青铜礼器早已由宋人详加考订并科学定名,而今人在进行考古学研究时,为尊重学术传统,基本上沿用了宋人的定名。

需要注意的是,表 12-1 所列传统考古学术语的案例十分有限,依 NUTerm 术语库考古学术语子库所收的全部术语,这部分传统术语占比约在 40% 以上。而且,"鼎""尊""壶""簋"等单词型术语的构词能力十分突出,常常又会以核心词素的形式,借助不同的命名规则生成新的词组型术语。例如,"宜侯夨簋""曾侯乙编钟"等传统术语的构成结构为"爵位+姓名+器名",而"莲鹤方壶""五羊方尊"则可视为"纹饰+器形+器名"的术语类型,其核心词素均为传统金石学研究中常见的器物名称。

除了上述特定的构词模型,中国传统考古学术语在表达形式上往往还具有鲜明的文学性。例如,出现于明末清初的术语"梅子青",用以指代宋元名瓷龙泉窑诸器中的精品,其色莹润翠绿,宛如青梅,因而得名;"压手杯"则创烧于明永乐年间,因轻重合手稳贴而得名;"黄肠题凑"是春秋至两汉之间高等级贵族墓葬中常见的棺椁造型,其中的"黄肠"即去皮后的柏木。此外,"瓮城""雀替""流外官""哀册"等传统术语都可视为这一类型。这一类术语是中国传统考古学话语本土人文性的典型体现,也是制约传统考古学话语对外传播的一个重要方面。

现代考古学作为舶来学科,并不乏西式的考古学术语。从 NUTerm 术语库收录的情形看,这类术语总量虽然不大,只有 618 条数据,但在汉语考古学术语系统结构中却占据了十分关键的位置。其中,用以支撑我国考古学科核心体系的田野发掘术语、出土器物断代术语及考古学阐释理论术语多源自西方。例如,在一个完整的田野挖掘考古工作中,最开始需科学"布方",以"探方""探沟"等形式确定发掘单位,所有出土器物需标明准确的"出土地点"等信息,其中对于"土质""土色"等需加以甄别,以确定"灰坑"等的具体位置,并需判定遗迹单位的"叠压关系"或"共生关系";在发掘过程中,需严格遵照"地层学"方法论的指导,逐层揭露。而在整理出土器物时,又需遵照"类型学"的排比方法,通过器形的演变规律确定早晚关系;在精确断定器物年代时,还需借助"放射性碳-14 测定""孢粉分析法""树木年轮断代法"等西方科技手段。由此看出,这些译自西方的考古学术语是考古挖掘实施过程中自始至终不可缺少的基础性话语工具与实践工具。

而面向不同地域文化发生早晚、文明演进快慢等问题,西方学者还提出了"环境决定论""文化圈假说"等核心理论术语加以解释。借助这种理论思维,西方考古学者在史前考古这一领域用力颇深。他们推断了"直立人"到"智人"的人种演变过程,发现了"旧石器时代"到"新石器时代"的石器工艺的差别,探寻了"母系社会"如何过渡到"父系社会"等,并由此建构起关于史前阶段人类文化现象的考古学术语体系。从术语库的收录信息看,史前阶段的西式术语也确实被国内学界经常借用。

此外,随着近代以来我国考古学研究的深入及田野发掘实践的增多,现代新创考古学术语作为汉语考古学术语系统中的重要一支,正呈现出快速增长的趋势。例如,基于对殷墟甲骨、西域简牍、敦煌文书等新出考古资料的研究,王国维于 1925 年提出了倡导纸上材料即古文献记载同地下材料相结合的"二重证据法";徐旭生在 20 世纪 40 年代针对疑古派提出了传说与神话的区分,并在分析先秦传说史料的基础上,提出了"上古三大集团"这一术语及其关系学说;在 90 年代,苏秉琦提出了"古国—方国—帝国三部曲"和"原生型—次生型—续生型三模式",分别用来概括中国国家起源和文明起源。

除了上述新创的理论术语之外,在现代新创考古学术语子系统中,还不乏一些用以指代新发现的本土考古材料的术语,如 NUTerm 术语库考古学术语子库中收录的"高岭土""支座""匣钵""魂瓶""盘口壶"等。其中,"高岭土"又称"瓷土",所谓"高岭"实际上是景德镇城外的一处山峦,而景德镇是元朝以来最负盛名的"瓷器之都",因此陶瓷研究者既未以化学公式命名"瓷土",又未以一般性的"瓷质土"命名,而选用了能够体现本土人文特征的"高岭土"一词;"支座""匣钵"在史籍中未有记载,田野工作者依据其在陶瓷烧制过程中发挥的功能,对此类辅助性支具进行定名;大多数器物如"盘口壶""魂瓶"等则是依据其形状及功能而重新定名。

不难发现,现代新创考古学术语其实是按照一定的定名规则形成的。除了以上例证所反映的定名规则之外,还有根据其他定名理据形成的术语群落。例如,"彩陶文化""黑陶文化"等以某种遗物作为代表来命名;"吴越文化""巴蜀文化""三苗文化""东夷文化"等术语则是参照族属或出土地点来命名。在形式上,这些术语自然也是以词组型术语居多。当然,由于观者的角度不同,今人的考古学定名往往容易出现不统一的现象。如"双蛇首人神俑"被部分学者认定为史料中所称的"地轴",推测是墓室内部的镇墓神煞之一。实际上,术语定名与应用在我国现代考古学话语的构建过程中一直是个潜在的问题。在一些情况下,"论著中讨论的问题、概念和术语既不统一,也缺乏科学定义,几乎无法达成或提供对某议题的某种共识,各种看法和解释充满了推测性和随意性"(陈淳,2011:78)。这一术语问题应该引起学界更为广泛的关注。

12.3 汉语考古学术语系统英译的方法特点

通过上述对 NUTerm 术语库中现有汉语考古学术语类型及特征的初步描述,不难发现,汉语考古学术语的构成具有显著的本土化特征,同时又在方法论等层面频繁地接受译入词汇,因而形成了复杂的术语生态。在如今日益频繁的跨地域、跨国度的学科交流环境下,近百年以来不间断译介的西方术语面临着系统回译的问题,此外,将具有鲜明本土化传统的考古学术语译介至西方更是巨大挑战。单从 NUTerm 术语库现阶段收录的双语术语数据来看,传统考古学术语中文化负载词的错、漏译等现象屡屡出现,这无疑阻碍了中西学界的交流。而现代汉语考古学术语的译介同样困难重重,其中较为常见的问题是英译后的赘语现象,这直接弱化了原汉语术语的专业特性。这些数据其实也是对本土汉语考古学术语系统英译现状的一个反映。本文现就 NUTerm 术语库中整理的传统考古学术语和现代新创考古学术语的英译数据,试对其英译方法和英译情境进行初步考察。

总体来看,在 NUTerm 术语库考古学术语子库现阶段收录的汉英双语数据中,汉语术语共 3 728 个,其英译译名共计 5 583 个①。而在"直译""意译""释译""音译"这四类翻译方法所代表的英译情境中,往往会有综合运用多种策略的情形出现。比如,对于带有器铭、王朝名、地名等一类的考古学术语,为尊重汉语中的表达,英译时除需将内涵译出外,又需通过部分音译的手段来实现。如"新莽铜嘉量"作为一件西汉末年新莽王朝官制的量器,自铭"嘉量",因此被译介为 Bronze Jialiang (standard capacity measure) of the Xinmang Period,这里即综合运用了"直译""音译"和"释译"这三种英译手法。同样地,"钺"作为青铜礼器,形如刀斧,被视为王权的象征物,通常译为 yue-battle axe,一方面尝试将其内涵译出(意译),同时又试图保留汉音(音译)。对以上英译案例统计译法时,需主要参照其翻译思路进行归类。除回译外,NUTerm 术语库考古学术语子库中涉及的译法及其使用频次②如表 12-2 所示。

表 12-2　汉语考古学术语英译的方法统计

英译方法	使用频次	所占比例
直译	3 228	57.82%
意译	756	13.54%
释译	317	5.68%
音译	224	4.01%

从表 12-2 所列数据不难看出,在本土考古学术语英译实践中,直译法是最为常用的英译方法。当然,这其中有不少是借助音译或简短注释翻译的。意译法与释译法合计占比为 19.22%,所翻译术语中往往含有文化负载词素。对于部分无法通过简短的译名形式再现原意的术语,特别是中国传统考古学术语,除释译法外,音译法也是较为常见的英译途径。下面将就各主要译法的应用情境做简要说明。

在汉语考古学术语英译实践中,直译法常用于现代新创考古学术语。这或许是因为大部分中国现代考古学术语采取了西式的命名方法,构成术语的汉语词素往往有一一对应的英文单词。NUTerm 术语库考古学术语子库中采用直译法进行英译的典型例证如表 12-3 所示。

---

① 汉语术语同英文译名数量不统一的原因在于一词多译的现象。据统计,在 NUTerm 术语库中,共有 1 232 个汉语考古学术语有两个及以上译名,约占全部术语总数的 33.05%。
② 此处未统计翻译实践中存在的错译、误译记录(共 440 例)。此外,618 例的回译记录也未在统计范围内。

表 12-3　汉译考古学术语直译法举例

汉语术语	直译译名
卜用甲骨	oracle bone
斧劈皴	axe-cut wrinkle
骨针	bone needle
装帧	binding and layout
兼毫	mixed hair
卷云纹	curly cloud pattern
朝服	court dress
文房四宝	the four treasures of the study
象牙雕	ivory carving
硬木家具	hardwood furniture

一般而言,对西方译入考古学术语进行系统回译时,往往可以实现汉英术语的一一对应。例如,"遥感技术"可直译为 remote-sensing technique,"田野考古"可直译为 field archaeology。实际上,这种形式上的一一对应关系并不限于外来术语的回译。对于多数中国现代考古学术语而言,汉英词素之间也可实现对应关系,因而直译法成为英译时的首选。例如,"硬木家具"可直译为 hardwood furniture,"卷云纹"也可直译为 curly cloud pattern 等。甚至对传统考古学术语的翻译也可在一定程度上实现汉英术语形式上的对应,如传统书画中所称的"斧劈皴"可直译为 axe-cut wrinkle。

不过,术语字面义与其学术内涵并不总是完全一致。在一些情况下,过分依赖直译法以保留形式上的跨语对应关系,往往容易造成词不达意的情况。例如,术语"茶叶末"表面上看可直译为 tea dust,但细细体察,发现译者并未将其作为瓷器釉色的内涵译出,因此并不可取。同样地,在考古学语境中,陶瓷胎面上的纹饰与青铜、玉器等其他材质器物上的纹饰往往所指不一,因此统一译作 pattern 或 design 显得过于武断。例如,"团花纹"应译作 posy design,而"篦纹"却需译为 comb pattern,而"菱形纹"又译作 rhombic form。这就意味着在英译实践中,需要注重术语概念优先传达的基本原则。本文将 NUTerm 现有数据中这些不拘泥于汉语术语形式,同时又兼顾术语翻译简明性原则的英译实践统一归为意译的范畴。表 12-4 中是相应的典型例证。

表12-4　汉语考古学术语意译法举例

汉语术语	意译译名
耳室	side chamber
筒瓦	cylindrical tile
冰裂纹	wide-mesh crackle
穿衣镜	full-length mirror
仕女枕	beauty-shaped porcelain pillow
兽首衔环	animal-shaped pendant handle
单檐歇山顶	single-eaved hipped roof
柷	wooden persussion
金文	bronze inscriptions
缯	silk fabric

如表12-4所示，对于多数中国传统考古学术语而言，借助意译法产生的译名往往顺从英语的表达习惯，更易于译名的跨语接受与传播。例如，"兽首衔环"指中国传统式样的门环多呈兽首状，现有译名 animal-shaped pendant handle 正是基于这一概念内涵意译而来的。有些译名则明显带有概念比附的痕迹，如将"柷"译为西方乐器 persussion 中的一种类型，将"缯"译为西方人更熟悉的 silk，等等。

当然，对于中国现代考古学术语和中国传统考古学术语而言，英译实践中时常会出现形式与内容的冲突，在部分情况下，即便通过意译也不能有效地传达汉语术语的核心概念。此时，打破术语翻译的形式束缚，借助解释或阐释进行释译是较为可取的权宜之法。NUTerm术语库考古学术语子库中的部分案例如表12-5所示。

表12-5　汉语考古学术语释译法举例

汉语术语	释译译名
戗彩	Qiangcai, incising and filling the lines with colored lacquer
镈钟	Bo-bell with a plane opening and wide knob
曾侯乙编钟	Bianzhong (a chime of bells) of Marquis Yi of the State of Zeng, Warring States Period
碑记	a record of events inscribed on a tablet
方巾	hankerchief worn by male scholars of the Ming Dynasty

续　表

汉语术语	释译译名
黼	square patch on official's costume embroidered with white and black axes
素三彩	tri-coloured glazed pottery with plain design
拓本	form of rubbings taken from ancient stones on which characters were incised
歇山卷棚式	a hipped and gabled roof with single, long-pointed upturned eave corners
埙	egg-like musical instrument with six holes

不难发现,释译法的实践对象往往是极具中国考古学特色的传统术语。例如,"编钟"作为春秋战国时期诸侯国礼乐的代表,是传统封建时代礼制与身份的象征,由成排形制纹饰但大小不一的铜钟构成,因此在音译为 bianzhong 后,译者往往又需以 a chime of bells 加以补充解释。在英译实践中,为更充分地传达文化负载词的内涵,释译往往可视为文化传播初期常用的有效方式。不过,释译倾向于显化相关术语概念的外延特征,不可避免地会导致术语翻译的结果相对冗长,即译名的词汇化程度较低,从而对英语译名的形式特征产生较为显著的影响。

需要说明的是,此处统计的术语释译案例中,"音译＋释译"是典型的译法组合方式。例如,"歇山顶"是中国古典建筑中特有的屋顶样式,在其对应的部分英译译名中,一方面保留了读音,音译作 Xieshan,另一方面又紧接着增加了释译的成分:a saddle roof sitting on the lower half of a hip roof。又如,"瑗"作为玉礼器的一种,按照上述英译组合模式,其英译术语(Yuan, a disk with an orifice still larger than that of the Huan)的长度值最终高达 13。

在 NUTerm 术语库考古学双语术语数据中还发现,纯音译的术语英译案例也占到一定比例,部分案例如表 12-6 所示。

表 12-6　汉语考古学术语音译法举例

汉语术语	音译译名
鬲	Li
勾戟	Gou Ji
簋	Gui
玲珑瓷	Linglong porcelain
满文	Manchu script

续　表

汉语术语	音译译名
瓯绣	Ou (Wenzhou) embroidery
如意纹	Ru-Yi Pattern
牺尊	Xi Zun
玄武	Xuanwu
宜侯夨簋	Gui of Ze, Marquis of Yi

实际上,由于历史上频繁的中外文化交流,部分传统考古学词汇早以音译的形式为外界所接受。例如,"鼎"虽然可意译为西式的 Tripod 一词,但 Ding 也被西方接受。同样,"道教""佛教""四合院""旗袍"等术语都有其固定的音译方法。不过,就大多数音译考古学术语而言,采取纯音译的手法进行传译,多是文化负载词不可译时所采取的非常之举。例如,将"釜"译作 Fu,将"斗拱"译作 Dougong 等都可归入此类情形。一般而言,音译时往往信息缺失严重,或译介效果不佳,从目的论视角出发,采取"音译＋意译"或"音译＋释译"的综合翻译法就很有必要。

12.4　汉语考古学术语系统英译的形式特征与经济律

系统的英译实践对考古学术语系统的形式特征产生了直接影响。其中最为显著的变化当属词组型术语数量的增加。汉英考古学术语系统中各长度类型术语的数量及其比例分布情况如表 12－7 所示。

表 12－7　汉语考古学术语及其英译术语长度类型统计与对比

术语类型	汉语术语系统		英译术语系统	
	数　量	比　例	数　量	比　例
单词型	1 516	40.67%	2 070	37.08%
二词词组型	1 662	44.58%	2 168	38.83%
三词词组型	458	12.29%	539	9.65%
多词词组型	92	2.47%	806	14.44%
总计	3 728	100.00%	5 583	100.00%

统计结果显示,英译后的考古学术语系统中,词组型术语所占比例提高了 3.59%。其中,汉语多词词组型术语与其英译术语的数量比例反差最为明显。

这里统计的"多词词组型术语"即长度值大于或等于4的术语,所占比例由汉语术语系统中的2.47%提升至英译术语系统中的14.44%,数量也高达806。若进一步观察多词词组型英译术语对应的译法特点,就会发现,释译法的应用非常普遍,多达307例。这一观察结果能够侧面说明,不同类型的英译方法往往会直接影响到英译术语的长度。对此,本文基于应用"直译""意译""释译""音译"这四大译法①产生的英译术语子系统,就其术语平均长度在英译前后的变化幅度分别计算与统计,结果如表12-8所示。

表12-8　汉语考古学术语英译前后平均长度对比

译法类型	汉语术语平均长度	英译术语平均长度	长度变化幅度
直译	1.69	2.05	+21.30%
意译	1.88	3.28	+74.47%
释译	1.52	7.07	+365.13%
音译	1.21	1.51	+24.79%

以上统计结果表明,在汉语考古学术语英译过程中,不同译法引起的术语长度变化幅度有明显差异。其中,释译法的应用能够极大提升术语的长度,意译法其次,直译法和音译法在这一方面的影响效果则相当。最终结果便是,术语长度在整体上有系统性的提升。现阶段统计结果显示,NUTerm术语库汉语考古学术语系统的术语平均长度值为1.78,而英译术语的平均长度值为2.33。

这里所说的术语长度,其实就是用以构成术语的自由意义单元的个数,具体而言,即汉语考古学术语中独立汉语词素的数量,以及英译考古学术语中英文单词的数量。以上统计显示的英译过程中术语长度的变化也就意味着构成术语概念系统的意义单元的数量变化。本文基于NUTerm术语库汉语术语分词数据统计发现,汉语考古学术语系统中,含有3 158个汉语词素,而英译考古学术语系统中的单词数有明显增加,共计有4 523个。

根据经济律的计算逻辑,不同术语系统之间的特征差异最终是由术语数量和用以构成术语系统的意义单元的总量共同决定的。对于本文所考察的汉语考古学术语系统而言,其中的术语总量和汉语词素总量的比值是用以衡量该术语系统特征的一个重要参数,即NUTerm术语库汉语考古学术语系统的经济指数。按照同样的计算路径,可得出英译考古学术语系统的经济指数。计算结果如表12-9所示。

---

① 为避免不同类型的综合译法对统计结果造成不必要的干扰,此处未将综合译法的情况统计在内。

表 12-9　考古学术语汉英翻译的系统经济指数

系统参数	汉语术语系统	英译术语系统
术语数量	3 728	5 583
不同单词总数	3 158	4 523
经济指数	1.18	1.23

计算结果显示,汉英考古学术语系统的经济指数尽管都超出了临界值1,但都尚处于一个比较低的水平。其中,在汉语考古学术语系统中,一个独立汉语词素平均可构成1.18个汉语术语,比较而言,英译术语系统的经济指数有所提升,一个英文单词平均可构成1.23个英文术语。

对于汉语考古学术语系统而言,传统考古学术语往往保留了古汉语的表达元素,具有人文话语典型的诗性特征。用经济律这一面向科技术语的计算尺度来描述汉语考古学术语的系统特征,其结果自然不甚理想。而实际上,传统考古学术语的现代化也确实是中国考古学话语当代建构中需要重视的问题,正如陈淳(2011:82)指出的:"需要改善的是应赋予各种概念以严格的科学定义和量化标准,否则这些概念难免流于一种标签,既缺乏实际操作上的指导作用,也无法与国际学界进行对等的交流与沟通。"汉语考古学术语系统中参差不齐的术语专业化程度,也是导致相应的英译术语系统经济指数偏低的原因。面向传统考古学术语,释译法、音译法及其综合应用往往会引起非术语化的现象,使得跨语情境下术语概念的二次命名成为阐释性陈述或语符异化的过程,自然也不利于经济指数的提升。总之,中国传统考古学术语的科学化重塑与规范化英译是优化汉英考古学术语系统特征的核心因素,在中国当代考古学话语构建过程中或应引起进一步的关注。

12.5　小结

中国考古学的学科现代化是在西方考古学知识体系跨语传播的影响之下起步的。这种学术影响首先主要体现在对考古学整体知识框架及其方法论体系的引介方面。对此,NUTerm术语库汉语考古学术语系统中占有一定比重的西方汉译考古学术语便是最为直观的说明。此外,上述影响还体现为对中国本土考古学知识体系自主性发展的有效促进。中国考古学首先面向的是本土物质文明与精神文明这一研究对象。这就意味着,基于本土经验材料提出的考古学理论构想自然会有异于西方考古学原有的理论话语,从而自主发展成为一套地方性知识体系。在这一过程中,本土传统考古学术语并未在西方话语的译介和应用中被大规模淘汰,与此同时,基于新时期蓬勃开展的本土考古实践,现代新创考古学术语层出不穷,共同形成了中西考古学术语共用共生的话语样貌。

对于中国当代考古学话语的构建而言,传统考古学术语的英译及其研究仍是一个核心课题。张光直先生提出,"采用世界通用的语汇与国际学界进行平等的交流"是中国考古学走向世界的一个重要环节(陈淳,2011:84)。实际上,本文就 NUTerm 术语库考古学术语子库中的汉英数据所展开的初步描写性研究已经较为客观地反映了这一需求。具体而言,我们不仅需要借助考古学术语的系统英译进行规范化实践,更重要的是,在进行系统化术语翻译管理或推介之前,或应专门就术语翻译的核心理论向度以及考古学术语翻译的特殊性展开针对性研究,为中国考古学话语的跨语传播实践提供切实所需的方法论体系。

13

汉语经济学术语系统及其英译现状分析

13.1 汉语经济学术语系统构建的学科史背景概述

经济学研究一个社会如何利用稀缺资源生产有价值的商品,并将商品在不同的人中间分配(萨缪尔森、诺德豪斯,2007:4)。从研究范围来看,经济学包括宏观经济学和微观经济学两大体系,其中宏观经济学由凯恩斯创立,以《就业、利息和货币通论》(1936)一书的出版为标志,研究经济的总体运行。微观经济学通常认为由亚当·斯密创立,主要研究作为单个实体的市场、企业、家庭的行为(同上:5)。从研究对象来看,经济学包括劳动经济学、管理经济学、福利经济学、货币经济学、政治经济学、行为经济学等分支学科,分别研究不同领域的经济活动及其客观规律。

1901年,由严复翻译的《原富》出版,现代经济学思想开始传入中国,但直到1905年科举制度废除以后,经济学才像其他"新兴"学科一样真正开始引起国人的重视(林毅夫、胡书东,2001:4)。经济学最初在中国的传播主要借助留学生翻译的西方经济学著作,这些著作大部分译自日文,这也使得汉语经济学术语大量采用了日文译名,如"保险""储蓄""分配""交换""节约""经济""会计""生产""投机""预算""资本"都是译自日文的"回归词"或"回归侨词"①。

纵观中国经济学的百年发展史,可以发现,历史上中国经济学理论的发展一直都是两条线索并行:一是西方经济学理论②,由留学欧美系统学习过西方经济学的中国学者译介与传播;二是马克思主义经济学理论。受到国内政治经济环境的制约,这两条线索一直处于此消彼长的态势。20世纪三四十年代国内资本主义经济发展处于所谓的"黄金时期",为经济学提供了传播和发展的土壤,这一

---

① 冯天瑜(2005:33)认为:"明清之际入华耶稣会士、晚清入华新教传教士与中国士人合作创制的一批对译西方概念的汉字新语,当时在中国并未流行,却很快传入日本,在日本得以普及,有的还被重新改造,至清末民初中国留学生赴日,把这些新语转输中国,国人亦将其当作'日本新名词'。这也是一批逆输入词汇,称其'回归侨词',较之'外来词'更为恰当。"

② 如果不特殊说明,本文中的西方经济学均指狭义上的西方经济学,不包括马克思主义经济学。

阶段西方经济学理论占主导地位;1949年到改革开放前夕,马克思主义经济学得到更为广泛的关注;改革开放以后,特别是20世纪90年代以来,随着中外学术交流日益活跃,西方经济学相关经典文献大量流入,对中国当代经济学话语产生了重要影响。韦森(2009:5)指出:"经过1978年以来30多年的改革开放,目前中国社会已经基本上完成了从一种'有中国特色的计划经济'向一种'有中国特色的市场经济'的体制转型。伴随着中国社会的市场化过程,中国的理论经济学在整体上也正在经历着从传统的政治经济学向以新古典主流经济学为核心的'现代经济学'的过渡与转变。"

如上,西方经济学与马克思主义经济学构成了中国经济学学科理论话语体系的主要学术思想资源。就实践发展而言,由于中国社会经济发展的曲折性和特殊性,在从"有中国特色的计划经济"到"有中国特色的市场经济"的改革探索过程中,针对中国经济发展特殊性问题的研究也产生了一批反映中国特色经济体制的术语,例如"国有企业""中央企业""地方企业"等。但是,"中国的经济学从总体上看还是不成熟的,在学术研究中,基础理论薄弱,照搬照抄西方经济学理论的现象严重"(张宇,2015:88)。经济学术语系统的构成便直观地反映了这一点。汉语经济学术语系统具有非常鲜明的植入性,以引进的西方经济学术语为主。此外,当前经济学学术话语西化还有另一个重要原因,即我国经济学基础课程所使用的教材主要是引进自国外的经典教材,如萨缪尔森的《经济学》、曼昆的《经济学原理》等,即便是国内经济学家自己编写的教材,也"基本上是外国教材的复制品,不论是体系结构还是具体内容,大都沿袭了外国教材"(徐秋慧,2011:30)。因此,年轻一代经济学人是在西方经济学理论话语中熏陶成长的,当代中国经济学的学术话语体系有较为明显的西化倾向。

与此同时,经济学界也从未放弃构建中国经济学学术话语体系的积极努力。这种话语体系的构建尝试通常基于本土化的一些经济问题提出,比如,"张培刚的工业化理论,林毅夫的自生能力假说以及钱颖一等人对中国转型经济的研究,为现代经济学体系中中国话语的构建和发展奠定了初步基础"(任保平、岳永,2011:6)。

从以上对经济学学科发展的总体描述可以看出,中国经济学学科发展主要有三个方面的知识来源,即西方现代经济学理论思想、马克思主义经济学理论思想以及基于中国特殊的政治经济制度及本土经济现象而生发的本土理论思想。这一点在以下对汉语经济学术语系统的构成类型及特点的具体描述及分析中有相应体现。

13.2 汉语经济学术语系统的构成类型及特点

经济学术语是表达或限定经济学领域专业概念的约定性符号,是经济学理论与实践发展过程中知识累积的概念化表征。一个学科的知识生产实践驱动着该学科话语体系的发展,而借助一个学科话语体系的演化轨迹能够相应地勾勒出该学科的发展脉络。反之,对经济学这门学科在中国的历史沿革与发展特殊性探讨,也有助于我们考察和描述汉语术语系统的构成类型和特点。

具体而言,中国经济学术语系统的构成主要有三大类型,即译介自西方的现代经济学术语、来自马克思主义经济学的术语和描述与指称中国本土经济事物、现象以及理论的本土经济学术语。其中译自西方的现代经济学术语以及马克思主义经济学术语在当下面临着如何妥善地进行系统回译的问题,而本土经济学术语因为指称的事物、表述的理论概念大都与中国的特殊国情和经济发展道路相关,如何确切地翻译、介绍这些本土术语至为关键。

NUTerm 术语库经济学术语子库现阶段所收录的 4 039 条汉语术语数据已经能够大体反映出中国经济学术语系统的构成类型及其分布特征。鉴于学科历史和概念、语义溯源的判断需要全面的专业知识和翔实的考据过程,此处将不对上述三部分的术语构成做量化的统计和分析,而是结合经济学术语子库的部分数据对相关类别的术语举例说明(见表 13-1)。

表 13-1 汉语经济学术语系统的构成类型举例

汉语经济学术语系统构成类型	代表性术语示例
西方经济学术语	搭便车问题、动物精神、囚徒困境、边际产品、套期保值、完全竞争、固定汇率、经济品、规模经济、派生需求、J 曲线、CES 效用函数、BP 曲线、帕累托均衡、博克斯-詹金斯预测法、不动点定理、创新经济周期理论、有效市场原则、乘数-加速数模型、奥肯法则、父爱主义
马克思主义经济学术语	劳动价值论、经济基础、托拉斯、精神磨损、垄断利润、劳动密集型产业、计划商品经济、货币流通速度、价值规律、剩余价值、剩余劳动、二元经济
本土经济学术语	皮包公司、农村集约经营、农资流通渠道、平价粮、混合所有制经济、信用联社、公私合营、劳动群众集体所有制、农民工、体脑倒挂、六小工程、特困户、全脱产

通过观察 NUTerm 术语库经济学术语子库数据,可以发现汉语经济学术语绝大部分为外来汉译术语,尤其是西方经济学术语。从术语表征方式来看,经济学术语命名具有以下一些特点:首先,以人名命名的术语非常多,比如"吉芬商

品""科斯定理""贝特朗竞争"等;其次,经济学家一直致力于打造经济学的"硬科学"形象,因而经济学话语中有不少借自其他学科的术语,尤其是物理、数学、生物等自然科学领域,例如"单方程回归模型""不动点定理""特殊均衡"等;再次,经由日常词汇术语化而来的术语也较多,如"泡沫经济""钟摆仲裁""牛市"等,这是由经济学与人们日常生活之间的密切关系决定的。

需要指出的是,经济学中的汉译外来术语有其特殊性,这种特殊性与上文提到的中国经济学发展中并行的两条线索是分不开的。马克思主义经济学理论是在分析和批判资本主义经济学理论的基础上产生的,因此,马克思主义经济学术话语不可避免地与狭义西方经济学学术话语有不少重合之处。这种重合带来了一些问题,最为突出的是概念的"二元冲突"(任保平、岳永,2011:5-13),即由于演化路径的差异,同一术语指称在不同语境下的指称对象也有所不同。例如"价值"的概念在马克思眼中是"凝结在商品中无差别的人类劳动",这意味着价值的差异以劳动(社会必要劳动时间)的差异为客观度量,而新古典经济学则将价值的差异定义为主观效用的差异;但因为主观效用无法直接度量和实证,序数效用论引入了排序的方法,效用在这里变成了相对效用。相对效用则用相对价格表示,theory of value 在现代经济学中成为相对价格体系的代名词。社会必要劳动时间和相对价格的存在,虽说都可以保证经济体系的均衡性,但同最初的价值概念的内涵已经相去甚远。

NUTerm 术语库经济学术语子库还收录了少量的本土汉语术语,它们一般都是基于中国特殊的经济发展实践产生的,基本上以命名实体、现象为主,理论性不强,像"农民工""平价粮"。这些本土术语的表达往往比较简洁,符合术语初级命名的简明性原则,如"体脑倒挂"。同时,汉语特有的用数字命名的方式在经济学中也有体现,如"六小工程""四小虎"等。这种数字命名能够非常简洁地表达复杂的概念,但透明性不强,仅从术语表达本身很难推测它们的具体指称对象,这也给相应的译名选择带来了实践空间。

13.3 汉语经济学术语系统英译的方法特点

根据上述对 NUTerm 术语库经济学术语子库中目前收录的经济学术语的构成及特点分析,不难发现,汉语经济学术语具有明显的输入性特征,并且输入源的差异[①]导致了经济学术语系统的"血统不纯",引起了概念的"二元冲突"问题,这就使得经济学这门学科的话语生态更加复杂。由于绝大部分西方经济学术语的初始命名语言都是英语,译者大都能找到它们原初的英文表达形式,因此

---

① 此处指两大输入源,即狭义的西方经济学与马克思主义经济学。

这类术语的英译过程实际上是术语溯源的过程。对于马克思主义经济学术语而言,检验其翻译质量的一个重要标准是看其能否顺利回译,具体翻译策略的选择还取决于汉语术语的词汇化程度、概念是否透明等。本土术语的英译相对来说更具挑战性,通过译介中国的本土术语向外输出中国经济实践中的新事物、现象以及中国经济学家的理论与思想,在西方经济学主导的学术生态下实现突围,对于当前中国经济学的发展而言是亟待解决的问题。

在 NUTerm 术语库经济学术语子库现阶段收录的汉英双语数据中,汉语术语共 4 039 个,英文译名共 4 333 个,两者数量不统一的原因在于一词多译现象。其中有 294 个术语有两个及以上的英文对应术语,最多的是"异族通婚"一词,对应高达 5 个英文术语,此类一词多译术语约占总数的 7%。通过整理发现,汉语经济学术语的翻译方法主要包括四种:直译、意译、释译以及音译[①]。汉语经济学术语的英译方法、使用频次以及所占比例如表 13-2 所示:

表 13-2 汉语经济学术语英译的方法统计

英译方法	使用频次	所占比例
直译	3 203	73.92%
意译	1 117	25.78%
释译	10	0.23%
音译	3	0.07%

如上表所示,汉语经济学术语的英译以直译为主,所占比例高达 73.92%,意译次之,约占 25.78%,而释译和音译两者相加才占 0.3%。在翻译实践中,直译法通常用于输入型术语的回译。汉语经济学术语系统以移植的西方经济学术语为主,这也解释了为何直译法占比如此之高。表 13-3 例举了一些典型的采用直译法翻译的汉语术语及其英译。

表 13-3 汉语经济学术语直译法举例

汉语术语	英译术语
市场	market
均衡	equilibrium

---

① 在实际的翻译情境中,这四种翻译方法并非完全独立的,如"直译+音译"的方法在以人名命名的术语中通常会结合使用。为了统计方便,这种"直译+音译"的方法一概标记为直译(如将"阿罗一般可能性定理"译为 Arrow's general possibility theorem),纯音译的单词才标记为音译。

续 表

汉语术语	英译术语
进口倾向	propensity to import
国民总收入	gross national income
边际产量递减	diminishing marginal product
经济浪漫主义	economic romanticism
非线性规划	non-linear programming
自回归模型	autoregressive model
投资主体多元化	diversification of investment subject
一级价格歧视	first degree price discrimination

如表13-3所示，采用直译法的术语既有单词型术语，又有词组型术语。其中单词型术语多表示经济学中的基础概念，这类术语词汇化程度高，易与其他词汇组合形成新术语。另外英文中的一些词缀如 non-、-ism、auto- 等有固定的中文对应词，这使得直译的形式对应关系更为清晰。

表13-4 汉英对译经济学术语词汇系统高频单词对比[①]

序 号	汉语术语系统		英译术语系统	
	单 词	频 次	单 词	频 次
1	经济	148	trade	117
2	市场	108	market	113
3	价格	94	price	113
4	成本	84	theory	104
5	货币	79	tax	99
6	贸易	76	economic	93
7	资本	70	rate	93
8	理论	61	cost	83
9	收入	60	capital	81
10	模型	58	income	70

表13-4中呈现的是基于术语分词结果分别提取的汉语术语系统和英译术语系统中出现频次最高的前10个单词。经对比发现这两个系统中的高频单词

[①] 英语系统中最高频词为 of，出现了343次，因其为非实义词汇而未列入该表。

匹配度相当高,除了"模型"和"货币"以外的汉语高频单词均能在英译术语系统中找到对应词,而"模型"的对应词 model 的频率也相当高,排名 13,使用了 59 次。"货币"一词在英译术语系统中对应的单词一般有 money、currency 以及 monetary 三个,而在一些意译的术语中,虽然包含相应的汉语词素,但没有直接出现这些对应词,如"货币名目论"译为 nominalism,"货币金属论"译为 metallism。由于很多时候术语的学术含义与其字面含义并不总能一一对应,因此过分依赖直译容易产生问题。例如将"外向型经济"译为 outward-looking economy,"海外贸易"译为 ultramarine trade 等,均为误译。此外,需要指出的是,有些外来汉译经济学术语最初采用直译的方法输入,翻译有失误,但因长期频繁使用而被固化,例如,汉语经济学术语"柠檬市场"源自英文术语 lemon market,lemon 一词在英文中有"次品"的意思,lemon market 实际上指的是"次品市场",但该术语在最初引入汉语时被误译为"柠檬市场"(字面义直译)并且沿用至今。对于这种输入型外来汉译术语先前的翻译失误,再次翻译输出时应根据概念和语义双重溯源的原则,进行甄别后合理回译,以确保术语跨语应用的概念对等。其中,尤其应关注字面义与概念义不一致的术语回译问题,对于此类问题,最佳解决方案还是遵循概念优先原则,采取意译方法进行概念优先回译。

表 13－5　汉语经济学术语意译法举例

汉语术语	英译术语
流通物	merchantable things
财政发行	monetary financing of deficits
精神磨损	creative destruction
唯工业化	industrialization fundamentalism
大笔退休金	golden handshake
合同转包	contracted-out
默示合同	tacit approval
分龄劳动收益状况	earnings-age profile
招商引资	investment promotion
抗衡力量	countervailence

表 13-5 提供了一些经济学汉语术语采取意译法进行概念回译的典型例子,涵盖单词型术语和词组型术语两类,以词组型为主。与直译法一样,从西方经济学中引进的一部分术语在译入中文时采取的是意译法,回译时也应找

到其原初术语表达形式,如表 13-5 中的"精神磨损"。这其中采取意译法翻译比较多的一类术语是以隐喻方式命名的术语,尤其是整体借用自其他领域的术语,脱离最初的命名语境之后,其命名理据很难为术语受众所了解,意译的方法可以使其语义更透明,例如"抢购股份"对应 dawn raid,"注资"对应 irrigation,"再投资"对应 plough back,"篡改统计数据"对应 massaging statistics 等。此外,本土术语在英译时也有采用意译法的,如"招商引资"被译为 investment promotion。对于本土术语而言,采用意译的方法可以使得术语表达更为简洁、符合英语的表达习惯,从而更易被译语受众接受,有利于促进本土术语的有效跨语交流。

然而,由于本土术语表达概念的特殊性和复杂性,有时译者很难找到合适的方法意译,只能寻求释译的方法进行表达。一般来说,经释译的英译术语相对较长,词汇化程度较低,构成新术语的能力也较差,但相对来说能更清楚地解释术语的概念内涵,语义透明性较强。表 13-6 列出了全部 10 个通过释译方法翻译的汉语术语,不难发现,它们全部是指称本土事物、现象、概念的本土术语。

表 13-6 汉语经济学术语释译法举例

汉语术语	英译术语
农民工	farmers-turned migrant workers
脑体倒挂	rewards for mental labor are unfairly lower than those for physical labor
全脱产	be completely released from one's work
体脑倒挂	physical labor is paid for more than mental labor
积压滞销	have a high inventory and low turnover
特困户	family living below the poverty line
西煤东运	transport coal from west to east China
六小工程	six categories of small projects for rural areas
出口转内销	domestic sales of commodities originally produced for exports
专业户	rural household engaged in specialized production

仅从英译术语的表达形式来看,这些经释译的术语大部分不符合术语命名的习惯,较为冗长复杂,词汇化程度较低,如 be completely released from one's work、transport coal from west to east China,甚至使用完整句,如 Physical labor is paid for more than mental labor,这样的表达形式让这些术语在嵌入语境时不如名词型术语词组那么灵活自如,同时在语境中也难以被受众识别为表

示专业概念的术语,因此从术语接受和传播的角度来看,此类术语还是采用直译或意译加注的方式更佳。

除上述直译和意译方法外,经济学术语子库现收录数据中还有三例音译的情况,分别为"卡特尔"(cartel)、"托拉斯"(trust)以及"福弗廷"(forfeiting)。这几个术语都是从西方经济学中译介而来的汉译术语,最初采取音译的方式译为汉语,因此其英译只是寻找它们原初的英文形式。需要说明的是,这三例音译术语的汉语表达都是因为使用习惯而保留的产物,从术语概念表征的角度来看都不算成功,透明性比较差。比如 trust 在引进时最初翻译成"托拉斯"是出于当时意识形态的需要,具有强烈的贬义,其概念并未被准确地介绍给国人,随着冷战结束,东西方关系缓和,改革开放进一步深入,这一概念现在已经重译为了"联合企业",新译法也在逐渐取代"托拉斯"。其他两例音译术语的情况类似,例如 forfeiting 的汉语对应术语可以用"买断"来代替。

由于汉语经济学术语的系统构成主要是源于西方的汉译术语,外来汉译术语译法各异,这就使得汉译术语的词汇化程度不一,有些术语表达偏长,对于通过词缀形成的英文词翻译时难免会增加长度,如"不可再生产有形资产"中的"不可再生产"就来自英文 nonreproductible 一词,再如,以人名命名的术语译后表达也会变长,表 13-1 中的"博克斯-詹金斯预测法"就是一例。有些术语表达比较拗口,不符合汉语的表达习惯,如"向后弯曲的供给曲线""无摩擦的新古典模型""纯交换经济的竞争均衡"等。另外,汉语术语中经常夹杂字母词,如"X 理论""LM 曲线""CES 效用函数"等,甚至还有纯粹使用字母词表达的术语,例如英文缩略词 FDI(外商直接投资)、GDP(国内生产总值)、GNP(国民生产总值)、CPI(消费价格指数)、ERM(汇率机制)等,这样的表述对于汉语"纯洁性"的侵蚀值得我们重视。

一般而言,选用何种翻译方法主要由译者决定,同时也是译语术语使用者长期选择的结果。从系统性来看,翻译方法的选择会直接影响到英译术语系统的形式特征、译语术语的长度以及构词能力,进而影响到术语翻译的系统经济律。

13.4 汉语经济学术语系统英译的形式特征与经济律

本部分将描述汉语经济学术语系统及其英译系统的形式特征,同时以此为基础计算 NUTerm 术语库经济学术语子库汉英翻译的系统经济指数,并进行初步的对比分析。前者旨在考察翻译过程对英译术语系统形式产生的整体影响,而后者可用以进一步分析翻译方法选择的系统合理性。

13.4.1 汉语经济学术语系统英译的形式特征

为描述汉语经济学术语系统英译的形式特征,首先我们将对比汉语术语系统与英译术语系统基于分词结果呈现出来的单词型术语与词组型术语数量。基于 NUTerm 术语库经济学术语子库现收录的汉语术语及其英译术语得到的统计结果如表 13-7 和表 13-8 所示。

表 13-7 汉语经济学术语及其英译术语长度类型统计与对比

术语类型	汉语术语系统		英译术语系统	
	数 量	比 例	数 量	比 例
单词型	645	15.97%	612	14.12%
二词词组型	2 374	58.78%	2 561	59.11%
三词词组型	784	19.41%	730	16.85%
多词词组型	236	5.84%	430	9.92%
总计	4 039	100%	4 333	100%

由表 13-7 可知,无论是汉语术语系统还是其英译术语系统均以词组型术语为主,其中汉语经济学术语的二词及三词词组型术语共计 3 158 个,占比 78.19%,而英译术语的二词、三词词组型术语共计 3 291 个,占 75.95%。两者占比类似同直译法在经济学汉语术语英译中的大量使用密切相关。

表 13-8 汉语经济学术语及其英译术语长度统计与对比

汉语术语	汉语术语长度	英译术语	译名长度
脑体倒挂	1	rewards for mental labor are unfairly lower than those for physical labor	12
货物/进口/配额制	3	system of quota for the import of goods	8
商标/专用权	2	right to the exclusive use of a trademark	8
外经贸/体制	2	system of trade and economic relations with other countries	9
短期/平均/总/成本	4	average total cost in the short run	7
集体/承包/经营	3	be run by a collective under contract	7

表 13-8 列举了一些典型的英译多词词组型术语及其汉语术语长度的对比。从表中可以发现英语术语长度的增加一方面是由于 of、for、and 等功能词的使用,另一方面与翻译方法的选择相关,意译和释译,尤其是释译的方法通常都会增加英

文的表达长度。本土的中文术语英译时大部分会采用这两种翻译方法。

表 13-9　汉语经济学术语及其英译术语平均长度对比

英译方法	汉语术语平均长度	英译术语平均长度
直译	2.15	2.29
意译	2.21	2.27
释译	1.6	7.2

由表 13-9 可知，无论是采用直译还是意译的方法，术语译名的平均长度都有一定程度的增加。统计数据显示，相比意译而言，直译的方法使译名长度增加的幅度更大，经济学子库中意译使术语译名的平均长度增加了 0.06，而直译则增加了 0.14，这一结果似乎与我们的常规认知相悖。需要说明的是，在译法统计过程中，通过介词改变表达顺序的译法都被标记为直译，因此介词以及冠词的使用对增加英文术语的长度有直接影响，比如 sales promotion by cutting profits（让利促销）中的 by，又如 cost in the short run（短期成本）中的 in 和 the。相比较而言，英文的词缀会让表达相对更加经济，例如中文的六词术语"不/可/再/生产/有形/资产"对应的英译术语 nonreproducible tangible assets 只有三词，词缀 non-、re-、-ible 起了很大的作用，但术语表达通常是名词词组形式，难免需要使用许多介词和冠词，因此在一定程度上影响了其表达形式的经济性。表 13-9 中显示释译方法将术语长度增加了 5.6，这与统计的基数较小有关。当然，这也说明释译法对术语表述经济程度的负面影响不容忽视。根据统计，NUTerm 术语库中汉语经济学术语系统的术语平均长度为 2.17，译语术语系统的译名平均长度则为 2.29。

13.4.2　经济学术语汉英翻译的系统经济律

汉语经济学术语系统英译后改变的不仅是术语长度，术语系统中单词的总数以及单词的构词频率也发生了变化。基于术语分词的统计结果发现，汉英术语系统中的术语词总数分别为 4 039 与 4 333，这两个系统中的运行单词总数则分别为 8 745 与 9 914。基于统计数据可以计算出下列结果，如表 13-10 所示。

表 13-10　经济学术语汉英翻译的系统经济指数

系统参数	汉语术语系统	英译术语系统
术语平均长度	2.17	2.29
单词平均术语构成频率	3.42	3.86
经济指数	1.58	1.69

从表 13-10 中所列数据来看,在汉语经济学术语英译过程中,术语平均长度增加,单词平均术语构成频率也随之增加,增幅达到 0.44,达到术语长度增幅的 3 倍多。这一数据说明英译经济学术语系统的构词能力要高于汉语系统,这也可以解释为什么英术语系统的经济指数要高于汉语术语系统的经济指数。如表 13-10 所示,汉语术语系统的经济指数为 1.58,英译术语系统的经济指数为 1.69,两者均大于 1,说明汉语术语系统及其英译术语系统都相对成熟,这与经济学中存在较多的表达基础概念的核心术语且有着较强的构词能力密切相关。

13.5 小结

本文基于经济学学科在中国的百年发展史,结合 NUTerm 术语库经济学术语子库中收录的汉英双语数据,对汉语经济学术语的英译现状做了初步描述与分析。分析结果表明,汉语经济学术语有三大来源,即西方经济学术语、马克思主义经济学术语以及本土经济学术语,在数量上以引进的西方经济学术语为主,马克思主义经济学术语其次,本土术语最少。这三类术语在概念表征和术语形式方面各有特点,对当代汉语经济学术语的英译实践有着不同影响。

经济学英译术语的系统特征主要取决于英译实践中翻译策略的选择,同时也在一定程度上受到英语语言本身表达特征的影响(例如需要使用介词和冠词)。相关数据统计发现,直译和意译是汉语经济学术语英译时采取的主要策略,二者相加占到 99.7%,它们对于译名长度的影响区别不大,都会在一定程度上增加术语长度。释译虽然数量很少,但会极大地影响英译术语系统的经济性,同时释译的表达方法一般不符合术语命名的规律,虽然语义透明,但考虑到术语的接受和传播,释译的方法还是应当尽量避免使用。采用纯音译的方法进行翻译的情况极少,纯音译对语义的透明性影响很大,也不建议采用。

汉语经济学术语英译的系统经济律特征可用以描述与评价术语系统英译的整体情况,也是用以衡量英译系统实践优劣程度的标准之一。统计结果表明,无论是汉语术语系统还是英译术语系统,二者相对而言都比较经济,而且数值差别不是很大,这说明无论是英语术语的汉译还是汉语术语的英译都比较有效。当然,术语系统经济指数较为理想,在一定程度上也得益于经济学这门学科的单词型基础术语较多,构词能力较强。

汉语经济学术语子库中三大术语来源的形成有着特殊的历史原因,同时也带来了一些问题,在中国当代经济学话语构建实践中需要解决。首先,引进的西方经济学术语与马克思主义经济学术语在表述上有许多重合之处,这两者各自不同的历史发展导致概念的不同变迁路径,因此在实际使用情境中同样的术语表征的概念内涵可能会有较大的差别,容易引起混淆,这对于中国经济学的发展是不利的;其次,少量的本土经济学术语以命名事物、现象为主,理论性不强,这表明中国经济学的发展严重依赖西方经济学。作为一个快速发展的经济体,中国创造了世界瞩目的"中国奇迹",中国经济发展的道路具有明显的独特性,一味套用西方经济学理论并不能有效地对其进行解释与指导,因此,中国经济学人唯有依托本国发展经验,创立本土经济理论,这是从西方经济学话语围剿态势下突围,增强中国经济学学术话语权的唯一出路。

14

汉语政治学术语系统及其英译现状分析

14.1 汉语政治学术语系统构建的学科史背景概述

"政治学是研究以国家政权为核心的社会主要政治现象和政治关系的科学。"(王惠岩,2007:118)"它涉及国家(政府)、政党、权力、政策、统治、管理和价值分配一类的主题。"(陈振明,1999:1)上述对政治学的基本认识是基于政治学学科发展的普遍规律逐步形成的。在不同社会历史文化情景中,对政治学的认识,或具体而言,对政治学学科相关术语概念的理解和运用又会存在差异。这同政治学在不同地域文化及知识语境中差异化的发展轨迹不无关系。中国当代学科知识语境下的政治学在很大程度上是中西视阈共现中的产物,以具有一定地方性特色的汉语政治学术语系统为依托。欲明晰这样一个术语系统的历史性特征,西方政治学传统及其对中国政治学的塑形效应是一个极为重要的线索。

西方政治学的研究传统是由古希腊的圣哲们尤其是柏拉图和亚里士多德等人所奠定的。柏拉图的《理想国》和亚里士多德的《政治学》通常被认为是西方政治学的创始之作。也正是在这些早期经典中,以"城邦"为核心的基本政治概念体系(如"法治""正义"等)初具雏形。可以说,"这个时期的'城邦学'开创了西方政治学的基本对象、内容和框架,也就是主要研究国家的产生、性质、政体组织及其原则"(徐大同,2007:113)。这种古典政治学从根本上能够反映出人类早期尝试描绘政治事物的理性启蒙,"即使没有为以后的政治研究提供一条可以被接受的路线,也提供了一个起点"(转引自陈振明,1999:2),亦即现代政治科学(Political Science)的起点。

一般认为,现代西方政治学形成于19世纪末、20世纪初,以美国哥伦比亚大学于1880年创立政治学院这一事件为标志。古典政治学向现代政治科学的转向,在某种程度上可以看作在逻辑演绎与经验归纳这两种典型研究方法互动作用推动之下的"波浪式前进"的过程(王威海,2008:56)。在这一过程中,"现代政治学的研究范围不断拓宽,主题日趋多样,理论内容更加丰富,如新自由主义、新保守主义、新马克思主义、社群主义、女权主义、生态主义;政治学的现实性增强,日益与解决当代人类社会重大的、紧迫的社会政治问题密切相关"(陈振明,1999:7)。在政治学研究视阈逐渐突破以政治事物为主要对象的朴素认知框架的同时,政治学研究方法、途径以及知识产生方式也在日益更新。这一变化直观地体现为西方政治学分支学科的谱系化发展,如政治传播学、政治发展学、国际政治学、地缘政治学、政治社会学、政治人类学、政治文化学、政治心理学、政治伦理学、政治语言学、比较政治学等等。与此同时,政治学作为一门典型的社会科学的间性特征也日益凸显。在政治人文传统延续发展的同时,借助科学方法面向政治参与、政治沟通、政治心理等复杂政治行为形成的分析性研究路径与技术手段也成为现代政治学知识样态中的重要内容。正如林默彪(1994:53)所指出的,"运用现代科学技术如系统科学统计学、计算机技术对政治运行和操作过程进行技术化的分析处理,运用抽样调查、个案分析、民意测验、数量分析、心理分析、系统分析、数学模型等方法研究政治行为,并产生了以突出政治过程技术内容的新学科,如计量政治学、政策科学等"。

伴随西方政治学传统的发展与转向,西方政治学术语系统内容日益丰富,其系统结构也不断复杂化。这一套动态发展的、带有西方知识体系历史性烙印的话语系统对中国现当代政治学的学科化发展带来了深刻的影响。可以说,中国传统政治研究向现代政治学学术体系的转型,是在"西学东渐"的背景下逐步完成的。从学科思想史的意义来讲,中国传统政治学源远流长,自奴隶社会已经产生,而且有其自身的话语体系及特征。例如,奴隶社会的传统中国政治学具有浓厚的宗教伦理色彩。从"夏服从命""致孝乎鬼神",到西周时代"以德配天""敬德保民"的神权政治思想都体现了这一点。此外,中国传统政治学方法论具有浓厚的道德哲学色彩,如"子率以正""政者正也""修身""内省""教化""悟性""德政""说教"等术语概念所示(戚珩,1993:28)。但是,中国传统政治学话语体系并不具备现当代意义上的学科分化特征,而是一套具有多元知识构成的概念群落。其中所蕴含的丰富概念阐释空间与术语化潜质也成为中国当代政治学学科发展中值得探讨的课题。

中国学术界对西方政治学学术著作和相关研究成果的关注与系统译介始于晚清。"这一时期政治学的发展大致可以分为以下三个方面:第一,以'国家''宪法'为核心的西方政治学译著传播;第二,以'研究方法''译著讲义'为主题的西方政治学研究方法推介;第三,以'学科体系''学科派别'为内容的西方政治学学科体系构建。"(王昆,2014:66)学科体系扩展到包括"国家学""宪法学""行政学"甚至"国际公法学"等内容在内的复杂学科体系。西方政治学在中国早期的传播,从宏观意义上来说,是中西政治学思想视阈融合的过程;从微观意义上讲,是译者基于自身政治主张与政治愿景,重构政治学术语概念的翻译过程。这种在当时的时代背景下开展的系统性术语翻译行为,为当代汉语政治学术语系统生态的形成奠定了决定性基础。

如果说清末民初时期中国学术生态圈对西方政治学话语体系这一新型"知识种类"的引进是一种时代催化作用下的被动性接纳与依附,那么,进入 21 世纪以来,中国政治学的发展则带有明显的主动性反思与建构的特征。最为显著的是,国内中国政治学实现本土化的呼声越来越高。这是中国经济实力日趋增强、中国文化软实力和政治自信不断提升的必然要求。而实现这一要求"无非是三条:批判的吸收,创造性的思考,平等的交流"(王绍光,2010:22)。从学术话语构建层面来讲,这主要是指对译介而来的西方政治学术语概念以及中国传统政治学术语概念的学理价值、适用性和局限性进行批评性反思与革新,亦即思考如何合理而有效地实现"洋为中用"和"古为今用"的问题。与此同时,基于中国社会政治的现实情境产生的政治学术语,如"和平共处五项基本原则""社会主义初级阶段""中国特色社会主义""社会主义市场经济""一国两制""港人治港""打老虎、拍苍蝇"等,也成为中国当代政治学发展中不可或缺的创造性话语形态。反思并构建中国政治学话语的独立身份已成为同西方政治学进行平等对话与交流的前提。

从以上对中国政治学学科发展的概述可以看出,汉语知识语境下政治学学科发展轨迹具有中国社会科学整体历时发展的共性特征。与此同时,需要指出的是,由于其本身的学科性质,相较于其他学科而言,政治学话语带有更为显著的知识社会学特征,构建中国特色社会主义政治学话语体系的现实需求也因此更为迫切。这对于进一步认识和构建汉语政治学术语系统的类型特征具有一定的启发意义。实际上,本项目课题中的 NUTerm 术语库政治学术语子库正是基于中国政治学话语资源尝试建构的一个微缩全景式术语库,因而在很大程度上能够体现出这种类型分布特征。

14.2 汉语政治学术语系统的构成类型及特点

作为汉语政治学学术话语体系构建路径的实践探索,本文基于中国政治学学科史发展脉络及其特征,将 NUTerm 术语库政治学术语子库现阶段收录的政治学术语大体划分为汉译西方政治学术语、中国传统政治学术语以及中国现当代新创政治学术语这三大类术语子系统。就上述三类术语子系统的类型意义而言,汉译西方政治学术语是在中国学术发展的历史实践中以及当代大众翻译时代背景下通过系统的术语汉译实践进入汉语政治学学术话语体系中的;中国传统政治学术语是中国政治学思想延续性发展历程中所积淀的知识遗产;而所谓中国现当代新创政治学术语则是伴随中国现当代政治实践产生的术语化表达。这也是最能体现中国特色的话语成分,其中尤以中国时政新词居多。鉴于此,我们对NUTerm术语库政治学术语子库中现阶段收录的4 515条汉语政治学术语按照以上的三个类别进行了初步统计,各个术语类型所占的数量比例及其相应的术语例证见表14-1。

表14-1 汉语政治学术语系统的构成类型举例

政治学术语 构成类型	数　　量	比　　例	代表性术语示例
西方 政治学术语	456	10%	城邦、共和、民主、君主立宪制、无政府主义、内阁、女权主义、保守主义、自由、三权分立、民意测验、行为分析法、博弈论、国家行为、感召型权威、新马克思主义
中国传统 政治学术语	198	4%	家天下、清议、封禅、尊主庇民、理一分殊、隆礼至法、弱用之术、尚法不尚贤、爱民厚生、克己复礼、礼、仁政、民本、大同、修齐治平、忠恕、以德治国、以人为本
中国现当代 政治学术语	3 861	86%	四项基本原则、人民代表大会、一国两制、不折腾、科学发展观、打老虎、拍苍蝇、落马、三严三实、四风、和谐、一带一路、新常态、两学一做、中国梦

从表14-1可以看出,第一,在NUTerm术语库政治学术语子库目前收录的术语条目中,汉译西方政治学术语的数量有一定规模,共计456个,占到政治学术语中的10%。这些术语主要涉及西方政治学的一般原理、不同政治学流派相关的学理理念以及同西方政治实践和现象密切相关的概念表达。这种类型的术语具有显著的理论性话语特征,是政治学学术话语体系得以成形的基础。同时,它们在中国学术生态中的译介与传播是一个复杂的本土化过程,其中一个不可避免的现象便是中西学术概念的接触与比较。例如,胡适(2014:49)就认为"老子主张的'天道'同西方政治概念'无政府主义'有重要的参见价值,墨子的'上同'与'民主集权'同理"。这种中西政治术语"对等"的认知路径有助于进一步基于中国传统政治学思想概念进行理论话语的创新构建。

第二,在一定范围内,中国传统政治学术语在中国当代学术生态中已有相应的应用,但其应用规模偏小。据初步统计,在NUTerm术语库政治学术语子库中,约有198个中国传统政治学术语或类术语表达,仅占到术语总量的4%。一方面,这或许同现当代我国政治学研究工作中普遍存在的西化取向相关,即以引介西方政治学理论来试图解决中国政治学研究中出现的问题,这在很大程度上不利于中国古代优秀政治学思想或理念的继承性发展;另一方面,这种统计结果也能够初步反映中国传统政治学术语"学术话语效力"的局限性。这就是说,基于现有的古汉语表达,往往难以形成有效的理论形态,因此会大大削弱其理论解释力,传统学术话语现代转型相关研究工作亟待开展。

第三,同其他两类术语比较而言,在汉语政治学术语中,中国现当代新创政治学术语的数量最大(3 861个),占整个术语的86%左右。这类术语最为鲜明的特点首先是时效性。也就是说,"这些术语往往是当下社会现实情境中的即时性表达,具有突出的观念性和社会性的特殊概念特征,如'中国梦'"(刘润泽、魏向清,2015:99)。其次,在语言表达方面,这类术语往往以高度简明的缩略语居多,如"四风""一国两制"等。不仅如此,丰富的修辞特征也是这类术语的语言特色。有些术语的修辞性直接表现在语言形式的韵律节奏上,如"两学一做""一带一路"等;有些则借助幽默风趣的隐喻意象来实现,如"打老虎""拍苍蝇""落马"等;此外,还有一些术语的修辞性特征则趋于隐性化,如"中国梦"中的"梦"字就是一个很贴切的案例。在跨语交际情境中,如何有效传达这些具有修辞特征,尤其是具有隐性修辞特征的政治学术语,是术语翻译研究领域中的重要课题。最后,就其应用特点而言,这类术语概念往往同中国国情与本土大众生活关系密切,而并非严格意义上纯学理性质的理论术语。这些术语对于构建中国当代政治话语意义重大,在具体的政治话语对外传播工作中应引起高度重视。

14.3 汉语政治学术语系统英译的方法特点

汉语政治学术语类型多样,政治学术语的英译实践势必也需要借助多种路径来实现。根据 NUTerm 术语库政治学术语子库中的英译数据,我们对汉语政治学术语的英译方法进行了系统的分类、统计与分析。在政治学术语子库中,各类英译方法使用频次的情况如表 14-2 所示。

表 14-2 汉语政治学术语英译的方法统计

英译方法	使用频次	所占比例
直译	4 303	74.97%
意译	1 326	23.10%
释译	89	1.55%
音译	22	0.38%
合计	5 740	100%

表 14-2 数据显示英译汉语政治学术语中直译法和意译法的使用频次分别

为 4 303 次和 1 326 次,二者占到翻译方法总频次的 98.1%。相比之下,释译法和音译法的使用频次较低,分别为 89 次和 22 次,二者合计仅占 2%左右。需要说明的是,据统计,在现有双语术语数据中,完全音译的情况只有 22 个。有部分术语的英译采用了音译加释译的方式,例如府兵制 Fu Bing military system、台谏 Taijian supervisory system、为政在人 wei zheng zai ren (administration by humanity)等。对此,我们一并将其归为释译。

实际上,在不同类型的政治学术语子系统中,上述四种翻译方法的具体使用情境与分布情况也有较大差异。为进一步了解术语英译方法特征与术语类型之间的关系,下文将分别对不同类型政治学术语的英译方法特点进行考察。

14.3.1 汉语政治学术语的英译方法特征

表 14-3 是汉语政治学术语英译方法使用频次及典型示例。对以下数据进行分析可以帮助我们更好地了解不同类型汉语政治术语英译时所采用的具体翻译方法的异同及其原因。

表 14-3 汉语政治学术语英译方法频次统计及举例

英译方法	使用频次	所占比例	代表性示例
直译	425	84.66%	社会契约论(theory of social contract)、共和制(Republicanism)、宪政(constitutional government)、民主(democracy)、博弈论(Game Theory)
意译	68	13.55%	理想国(Republic)、天赋人权说(natural and legal rights)、立宪思潮(constitutionalism)、议员(a member of Parliament)、院外活动集团(lobby groups)
音译	9	1.79%	纳粹主义(Nazism)、托洛茨基主义(Trotskyism)、霍桑实验(Hawthorne experiment)、乌托邦(Utopia)

对源于西方的汉语政治学术语而言,其系统英译的一个显著特点就是回译策略的普遍运用。可以说,就此类术语而言,任何一种英译方法的运用都是"回译"策略的具体体现,即把从西方借入的政治学术语再次还原为原英文表达。究其本质而言,回译是一种检索式翻译,在这一过程中,译者的主体性发挥受到较大限制,他们的主要任务是透过术语符号表征审视其后的概念内涵,根据检索得到的相关正确信息,将这些外来术语"完璧归赵"。例如,将"三权分立"直译为 separation of (three) powers、"天赋人权说"意译为 natural and legal rights、"乌托邦"音译为 Utopia。

在 NUTerm 术语库政治学术语子库的系统数据中,直译法最为常见。据初步统计,在现有的 456 条术语中,采用直译法的为 425 次,高达 84.66%。在直译法的应用情境中,汉英术语多明显呈现出形式对等的关系。对于汉语词组型术语而言,这种形式对等主要体现为具有独立语义内容的汉英单词之间往往保持着一一对应的关系,如"政治/博弈/论/"和 political/game/theory/。其中,有不少具有范畴词功能的汉语单字如"制""论"等均可作为形式对等中独立的概念语义成分。而就采取直译的单词型汉语术语而言,这些汉语术语概念源于西方,其相应的汉语指称已经成为汉语体系中的基本词汇,在回译为英文原术语时,在此也将其统计为形式对等的例证,如"民主"和 democracy、"共和"和 republic 等。就目前数据分析结果来看,对于这些源于西方的政治学概念,在大多数情况下,通过直译的方式就可以同时实现意译的效果,亦即术语概念义的正确传达。

但是,在术语翻译实践中,术语的字面义同概念义并不总是完全一致。在这种情况下,仅以形式为参照的术语翻译极易引起概念义在跨语传递中的缺失甚至误读,不利于正确回译西方政治学术语,这就需要意译法的介入。在 NUTerm 术语库政治学术语子库中,意译法使用频次为 68 次。其中,大部分术语概念本身就是经过意译的方式汉译而来,如"院外活动集团"—lobby groups,"立宪思潮"—constitutionalism 等。

除了直译法和意译法之外,还发现少量借助音译法实现回译的现象(1.79%)。在某种程度上,音译也是实现形式对等的一种方式,即语音形式的对等。这同原概念本身的命名意图和方式不无关系。音译的术语概念多指代西方特有的复杂政治现象,如"纳粹主义"(Nazism),或含有专名性质的构成成分,如"霍桑实验"(Hawthorne experiment)。需要特别说明的是,在进行英汉翻译时,这些概念的音译往往伴随着汉字的博弈,遵从"优胜劣汰"的自然法则,即能够同时传达术语音韵和概念义的译名往往更容易被接受。"乌托邦"(Utopia)即为其中的典型案例。这种整合性的翻译方法对其他类型的政治学术语的当代英译实践具有一定的借鉴意义。

14.3.2 中国传统政治学术语的英译方法特征

如前文所述,中国当代政治学学术话语构建过程中,学界已经开始有意识地从中国古代政治思想中汲取营养。因此,从这个角度来讲,传统政治学术语已经开始反哺中国当代政治生活,该类型术语的英译对世界政治学的发展也是一种学术贡献,其翻译质量的高低将直接决定中国传统政治学思想的传播、接受及影响力。表 14-4 是基于 NUTerm 术语库政治学术语子库数据统计的中国传统政治学术语英译方法使用频次及典型示例。

表 14-4 中国传统政治学术语英译方法频次统计及举例

英译方法	使用频次	所占比例	代表性示例
直译	21	7.42%	乡兵(village soldiers)、三纲六纪(Three Cardinal Guides, Six Detailed Rules)、三读(third reading)、尊贤任能(venerate the worthy and develop the talented)
意译	189	66.79%	理一分殊(the unitary and the divided theory)、中庸(The Doctrine of Mean)、广开言路(encourage the free airing of views)、清议(political criticism by scholars)兼爱(universal love)、僭主政治(tyranny policy)
释译	63	22.26%	修齐治平(one's responsibility towards one's country and family and self-cultivation)、天伦(the natural bonds and ethical relationships between members of a family)、"三纲"the three cardinal guides (ruler guides subject, father guides son and husband guides wife)
音译	10	3.53%	二十四衙门(24 yamens)、清流(Qingliu)、观察使(Guanchashi)、仁(Ren)、经学(Jingxue)、安抚使(anfushi)、上计(shangji)、秋审(Qiu Shen)

表 14-4 显示,中国传统政治学术语的系统英译以"意译"为主,其次是"释译"。其主要原因在于,这类术语的知识概念多来自以中国传统哲学思想为代表的学术资源,在语言形式上往往高度凝练,体现出鲜明的古代汉语构词特征,同时又有着较宽泛的语义外延。直译法往往受到术语字面义影响,其应用情境限于一些基础词汇或单字的对译,如"乡兵"与village soldiers,"三读"与third reading 等,这其中不乏具有对称结构形态的术语,如"三纲六纪"(Three Cardinal Guides, Six Detailed Rules)、"尊贤任能"(venerate the worthy and develop the talented)等,这种语言形式层面的直译处理显然不利于充分传达术语的丰富概念内涵。

实际上,对于中国传统术语而言,即便是一般意义上的意译法,仍不免带有"简单化"的取向。"中庸"(The Doctrine of Mean)就是典型例证。为更充分地传达这些文化特色概念,释译自然成为中国传统政治思想术语表达初期必要的跨语传播方式,如表 14-4 相应例证所示。但释译倾向于显化相关术语概念的外延特征,不可避免地会导致术语翻译结果相对冗长,即译名的词汇化程度较低,从而对英语译名的形式特征产生较为显著的影响。如"天伦"仅用了两个字,而英文译名 the natural bonds and ethical relationships between members of a family 则有 11 词组成,明显增加了英语术语的长度。这一问题或许可以借助音译法来弥补。在中国传统政治学术语英译系统数据中,音译法的使用频次占 3.53%,如"二十四衙门"(24 yamens)、"清流"(Qingliu)、"经学"(Jingxue)等都采用了音译的方法。音译术语的特点是词形简洁便于传播,但术语的概念内涵却不能被清楚传达。值得注意的是,音译不是这些术语的唯一译法,这些术语还有其对应的意译术语。如"清流"还意译为 the Scholar-Official Group,"经学"还译为 study of Confucian canons 等。这种在同一术语英译过程中不同翻译方法的使用是造成一词多译现象的重要原因之一[①]。一词多译现象现实中比较多,这是术语标准化过程中需要解决的问题。

14.3.3 中国现当代政治学术语的英译方法特征

表 14-5 中国现当代政治学术语英译方法频次统计及举例

英译方法	使用频次	所占比例	代表性示例
直译	3 857	77.84%	四项基本原则(Four Cardinal Principles)、人民代表大会(national people's congress)、四大自由(four freedoms)、一国两制(one nation, two systems)、中国梦(Chinese dream)、群众路线(mass line)、五年计划(five-year plan)
意译	1 069	21.57%	下海(go into business)、戴高帽子(flatter)、党性(Party spirit)、唱对台戏(challenge somebody with opposing views)、包干制(responsibility system)
释译	26	0.53%	三讲教育(stress study, political awareness and integrity)、浮夸风(work style characterized by boasting and exaggeration)、搞两个开放(the policy of opening up domestically and internationally)
音译	3	0.06%	不折腾(bu zheteng)

根据表 14-5 数据,我们发现在中国现当代政治学术语英译中运用最多的方法是直译法,占比高达 77.84%。其次是意译法,占比 21.57%。需要强调的是,在使用意译法翻译中国现当代政治学术语时必须考虑目的语读者的不同文化、政治和社会环境。由于不同的社会习俗、文化、语言、政治理念之间的差异,两种语言间的转换有时很难顺利进行。在外宣翻译实践中,术语的翻译不仅仅是语言符号的转换,更是语言所承载的文化之间的互动。这种跨文化翻译应充分"考虑译文能否赢得受众,能否达到传播效果,如果'传而不通',或效果不佳就失去了对外文化传播的意义"(刘进,2010:156-157)。在使用意译法翻译汉语政治学术语时,黄友义(2004:29)提出的外宣翻译"三贴近"原则,即"贴近中国发展的实际,贴近国外受众对中国信息的需求,贴近国外受众的思维习惯",对中国

---

① NUTerm 术语库政治学术语子库中有一词两译(844 条)、一词三译(186 条)以及一词四译(1 条)的现象。

当代政治生活中政治术语外宣英译的实践活动具有重要的指导意义。

综上所述,三种不同类型的汉语政治学术语在英译时对翻译方法的选择有所差异,继而会影响到术语英译的形式特点。下文将从另外一个角度去考察术语类型与汉语政治学术语英译的形式特征之间的关系。

14.4 汉语政治学术语系统英译的形式特征与经济律

汉语政治学术语英译系统的形式特征主要指英译术语的语言形态结构和术语的平均长度。不同的翻译方法会对英译术语的形式特征有一定的影响。下面我们结合 NUTerm 术语库政治学术语子库数据来对比分析不同的翻译方法对英译术语的语言形态结构和术语平均长度的影响。

14.4.1 汉语政治学术语系统英译的形式特征

汉语政治学术语及其英译术语长度类型、数量与所占比例的统计数据见表 14-6。

表 14-6 汉语政治学术语及其英译术语长度类型统计与对比

术语类型	汉语术语		英译术语	
	数量	比例	数量	比例
单词型	1 097	24.30%	641	11.17%
二词词组型	2 591	57.38%	2 626	45.75%
三词词组型	633	14.02%	960	16.72%
多词词组型	194	4.30%	1 513	26.36%
总计	4 515	100%	5 740	100%

表 14-6 的统计结果表明:第一,单词型汉语术语的数量是其相应的单词型英译术语的两倍。这与以上我们提到的汉语术语的高度凝练性相关,如"议员""天伦"等汉语术语相较于其英语对应术语 a member of Parliament、the natural bonds and ethical relationships between members of a family 等要更简短。一般而言,很多单词型汉语术语采用意译法的对应英译术语长度值变大,不再是单词型术语。第二,汉语政治学术语以词组型为主,其中二词词组型术语和三词词组型术语共计 3 224 条,占汉语术语总数的 71.40%。在其对应的英译术语系统中,也以二词词组型和三词词组型居多,二者共占英译术语总量的 62.47%。从某种意义上来讲,这一形式特征与直译法的普遍应用有较大关系。如前所述,从翻译方法使用的总体情况来看,直译法占 74.97%,是使用最多的一种翻译方法,

是使汉语术语及其对应英译术语在结构和意义上保持一致的有效方法。第三，多词词组型汉语政治学术语英译的数量是其相应的汉语术语数量的近 8 倍。这主要是因为在翻译中国传统政治学术语和中国现当代的一些政治术语时采用了较多的意译法和释译法。例如，意译法在这两类汉语政治学术语英译中使用频次分别占 66.79% 和 21.57%。相对于直译而言，经意译和释译产生的译名词汇化程度通常较低，译语较长，不能很好地体现术语二次命名的简明性原则。不同翻译方法对英语译名的形式特征会产生较为显著的影响，这也是多词词组型英译术语的数量远多于其相应的多词词组型汉语术语的重要原因。

在此基础上，我们进一步考察了与英译术语系统的形式特征密切相关的另一个重要因素：术语平均长度。表 14-7 从整体上对汉语术语系统及英译术语系统的术语平均长度进行了对比。

表 14-7　汉英政治学术语系统平均长度对比

	汉语术语系统	英译术语系统
术语平均长度	2.00	2.98

从表 14-7 可以看出，汉语政治学术语系统的术语平均长度为 2.00，其相应的英译术语系统为 2.98，后者的长度明显超过前者，这主要与汉语政治学术语英译过程中意译法和释译法的普遍使用有较大关系。表 14-8 中的统计数据更加直观地表明了术语英译过程中翻译方法类型的选用与术语长度变化之间的关系。

表 14-8　汉语政治学术语及其英译术语平均长度对比

英译方法	汉语术语平均长度	英译术语平均长度
直译	2.03	2.62
意译	1.75	3.74
释译	1.49	5.65
音译	1.10	1.37

从表 14-8 可以看出，音译和直译法对英译术语平均长度的影响不大，而意译法与释译法对英译术语的平均长度影响较大。采用直译法和音译法的汉语政治学术语的平均长度分别为 2.03 和 1.10，其相应的英译术语平均长度分别是 2.62 和 1.37，术语的平均长度在英译前后变化不大。就术语翻译系统经济律的要求而言，音译法和直译法是使两种语言在语言形式和意义上保持一致的有效方法，多数情况下，术语英译前后其形式特征变化不明显。相反，意译法与释译法对英译术语的平均长度有重要影响。采用意译法翻译的汉语政治学术语的

平均长度为1.73,而其英译术语的平均长度达到了3.74,是原术语平均长度的两倍多;采用释译法翻译的汉语政治学术语的平均长度为1.49,而其英译术语的平均长度达到了5.65,是原术语平均长度的3.8倍左右。汉语术语特别是中国传统政治学术语和部分中国现当代政治学术语往往形式高度凝练,同时又有着丰富的概念内涵,需要采用释译法对其内在的概念义进行阐释与说明,这就最终造成了英译术语冗长的现象。

严格来讲,英译术语系统中英译术语平均长度的变化是各种翻译方法共同作用的结果,但具体到某一翻译场景而言,各种翻译方法的使用频次不尽相同。这种术语翻译方法类型的差异化特征可以进一步通过术语系统的经济指数显现出来。

14.4.2 政治学术语汉英翻译的系统经济律

术语系统经济律是"术语形成的经济律",是用以描写一个术语系统术语化程度的有效参数,反映了语言使用中的经济原则。我们根据术语经济律公式,分别计算出了NUTerm术语库政治学术语子库中汉、英政治学术语的系统经济指数,其数据对比见表14-9。

表14-9 汉语政治学术语及其英译术语的系统经济指数

系统参数	汉语术语系统	英译术语系统
单词术语平均构词频率	2.50	4.29
术语平均长度	2.00	2.98
经济指数	1.25	1.44

根据表14-9数据可以发现,首先,英译术语系统的单词术语平均构词频率为4.29,明显高于其相应的汉语政治学术语系统的2.50。这说明英译术语系统中的高频词较多,其构词能力也较强。从某种程度来讲,一词多译现象客观上增加了英译术语系统中高频词的数量,提高了单词的平均术语构成频率,而这又会进一步影响到术语系统的经济指数。其次,英译术语系统的经济指数要高于其对应的汉语术语系统,这主要与英译术语系统较高的单词平均术语构成频率有关。此外,汉语政治学术语系统的经济指数为1.25,其对应的英译术语系统的经济指数为1.44,二者均大于1,表明现阶段NUTerm术语库中的汉语政治学术语系统及其对应的英译政治学术语系统都属于较为成熟的术语系统,符合术语系统经济律基本要求。

14.5 小结

本文基于 NUTerm 术语库政治学术语子库中 4 515 条汉语政治学术语英译数据,对汉语政治学术语的英译现状进行了系统性分析与描写。相关数据分析与研究表明:(1) 基于政治学学科史的发展脉络及其特征,汉语政治学术语大致可以划分为汉译西方政治学术语、中国传统政治学术语以及中国现当代新创政治学术语三大类。NUTerm 术语库现阶段收录的汉语政治学术语也大体上反映出了这一分布特点。(2) 不同类型的汉语政治学术语在英译方法的选择上有所差异和侧重,而翻译方法的选择也对英译术语系统的形式特征产生相应的影响。汉语政治学术语系统及其对应英译术语系统的经济指数均大于1,这表明现阶段政治学相关概念的汉英术语表达均已呈现出一定的体系性特点。相较而言,汉语政治学术语系统的术语化程度要高于其相应的英译术语。这与两个术语系统的单词平均术语构成频率及英译方法的选择均有较大的关系。在今后的汉语政治学术语英译的规范和标准化过程中,我们应注意多使用一些政治学的核心词汇,提高核心词的构词能力,减少一词多译现象等,以便提高汉语政治学术语对应的英译术语系统经济指数。

15

汉语法学术语系统及其英译现状分析

15.1 汉语法学术语系统构建的学科史背景概述

一般认为,"法学,又称法律学或法律科学,是研究这一特定社会现象及其发展规律的科学,是社会科学的一个学科"(周旺生,2006:2)。"它的研究对象包括法的产生、本质、特征、形式、发展、作用、制定和实施,以及与其他社会现象的关系等一系列问题。"(杨德志,2014:10)这样一个现代意义上的学科定义,是对法学学科基本属性的说明,同样也是对"法学"这一学科术语概念的阐释。从法学知识生产的基本逻辑来看,"法学是历史和国情的范畴"(周旺生,2006:1),或者说,"法学是一个过程,是一个动态的概念"(同上:3)。某种意义上,我国法学的学科发展史也是不断认识与构建"法学"这一范畴的过程。

在我国古代,律法①是用以维护宗法等级与社会秩序的统治工具。相应地,"中国古代法学体系主要是一种建立在宗法社会基础之上的封建君主专制国家的刑法解释学体系"(何勤华,1998:136)。这样一个传统律法及其解释体系,本身就构成了一个有机而自主的学术话语生态。一方面,中国本土多元的思想文化脉络为传统法学话语的形成提供了基础性资源。例如,名学中的"类""故""譬""效"等重要范畴的理论就对传统法学的发展产生了深刻影响(高恒,1993:102);在《墨子》《荀子》等哲学经典中,也早有关于"法""礼""君""罪"等中国传统基本法学概念的记载和说明(何勤华,1998:138)。相应地,一些重要的传统法学术语也都可以追溯至不同的思想流派,如"明刑弼教""亲亲相隐""原心定罪"等源自儒学著述;"刑无等级""循名责实""以法治国"等是法家的主张。另一方面,在本土文化的历时演绎中,历代累积的以律法为主题的文献资源见证了中国传统法学话语的自主发展。例如,战国时期,魏国李悝在各诸侯国法律的基础上

---

① 何勤华(1996:74-87)指出:"自公元前4世纪商鞅将李悝《法经》携入秦国,改法为律以后,秦、汉、魏晋南北朝、隋唐直至明清,历朝各大法典都是以'律'冠名。"

制定了中国封建社会历史上第一部比较系统的成文法典《法经》,"重刑轻罪"的思想得以系统呈现;至晋代,张斐在《律注表》中专门就二十个法学术语做了解释①;唐朝时期,以儒家的"德主刑辅"作为主导思想,《唐律》及其《疏议》集战国至隋各代法律之大成。这便形成了"一套完整而系统的法言法语"②,亦即中国传统法学术语体系。

如上文所言,"法学"作为一个"历史和国情的范畴",其相关的法学思想体系的发展演化也必会深受社会环境的影响。鸦片战争后,中国社会逐步转变为半封建殖民地社会,司法制度和法律思想领域也发生剧变。中国法学进入了一个"派生性"或"继受性"的近代化发展模式(何勤华,1998:134)。这种"派生"与"继受"模式打破了中国传统法学有机而自主的话语生态,转而聚焦于"法律移植"(何勤华,2002:3),即"西方法的移植"③。许多法律术语如"民法""刑法""公法""私法",甚至"法律"本身,都是话语移植的产物(何勤华,2002:3-15)。这种话语移植不仅仅关乎法律之"术",而且促生了中国近代法律之"学"的意识觉醒与话语实践。正如清末法学家沈家本所言:"吾国近代十年来,亦渐知采用东西法律。余从事斯役,延访名流,分司编辑;聘东方博士相与讨论讲求,复创设法律学堂以造就人材。中国法学于焉萌芽。"(转引自李贵连,1997a)可以说,"中国近代法学是一种派生的学术,是通过翻译引进外国法学而得以诞生与成长的"(何勤华,2004:86)。这其中,法学术语汉译就是一个重要的话语构建途径。

实际上,早在19世纪初,在英国传教士马礼逊(Robert Morrison)编纂的《华英字典》(*A Dictionary of the Chinese Language*)的第三部分《英汉字典》中,就已经零散译介了部分法学相关术语,如 creditor(债主)、crime(罪)、power(权)等等(何勤华,2014:190-200)④。至1864年,中国历史上第一本西方法学译作《万国公法》问世,相关英文法律与法学术语系统得以进入汉语语文体系。也正是从19世纪下半叶起,在本土思想启蒙家的带动下,"翻译法学"(何勤华,2004:88)成为一个显著现象,例如,严复翻译孟德斯鸠的《法意》(1909)、陈敬第编译《法学通论》(1907)、王国维译述《法学通论》(1914)等。借助这些译作,大量的汉译西方法学术语得以在中国当时的社会语境下传播,有些沿用至今,成为现

---

① 见何勤华(1998:134-143),具体为"故""失""谩""诈""不敬""斗""戏""贼""过失""不道""恶逆""戕""造意""谋""率""强""略""群""盗""赃"。

② 李贵连(1997a)指出:"中国古代法律和法学,自李悝著《法经》起,中经商鞅改法为律,西汉董仲舒引经注律,晋代张斐撰律表,最后到《唐律疏议》问世,形成一套完整而系统的法言法语。"

③ 张乃根(1996)指出:"自清末民初,除了在一个不太长的时代,中国一直面临着西方法的移植(transplanting)问题。"

④ 何文同时指出,在由其他传教士在中国创办的刊物或出版的著述中,也初步译介了部分西方法律相关术语。

代中国法学理论体系中的通行术语。例如,"法理学"和"法律哲学"等用来指称现代法学中的一般原理名称就是在这一时期出现的(程波,2012:149-150)。

需要说明的是,在清末民初汉译西方法学术语的本土传播过程中,同一概念对应的不同译名之间还有一定的竞争关系。其中,借自日语的创制新语得到了更为广泛的使用,形成了"今日法律之名词,其学说之最新者,大抵出于西方而译自东国"[①]这一话语现象。现代意义上的"法学"这一术语便是在这一时期由日本传入中国,代替"律学"成为学科名称。这一学科名的转换折射出的是中国本土法学观的转变,乃至整个中国法学话语体系的改头换面。汉译西方法学术语的系统译介与应用便是对此最为直观的体现。这种系统性的术语跨语传播活动延续至民国时期,并自20世纪70年代末起再度勃兴。汉译西方法学术语也成为汉语法学术语系统的主体部分。

相比较而言,在近代中国社会的剧变中,中国传统法学话语明显处于一个沉寂期。除了少量传统术语用以直接对译相关的西方法学概念之外,如"契约""债""诉讼""类推""故意""过失""自首"等,大部分传统法学术语应用的活跃度骤减,甚至可以说是一种接近"死亡"(何勤华,1998)的状态。这种状态同中西法学话语之间的显著差异与话语"继受"的主流取向直接相关。但也正是由于这种差异性,传统法学话语元素作为译入语生态中的有机组成部分,在西方法学术语汉译过程中往往还保留着潜在的制约效应。例如,前述的日语新语创制模式其实就是一种取材于中国传统话语而形成的既面向新知,又不泥于古语的话语形态。从这个意义上讲,这一时期的西方法学术语的汉译过程可以看作反思本土传统法学话语基础上所做的参照、舍弃、改良或创制等一系列话语适应与选择活动。在现代汉语语文生态中,西方法学术语汉译逐渐成为一种翻译常态,这也促进了面向传统法学话语"再生"的反思性研究[②]的进一步发展。

15.2 汉语法学术语系统的构成类型及特点

从中国法学学科的发展脉络来看,近现代中国法学体系的构建是一个西方法学体系在中国逐步本土化的过程。而产生这一过程的主要诱因在于近代西方法学体系的引介和西方法学术语体系的系统译介。此外,在西方法学中国本土化的过程中,势必吸收融会中国本土的传统法律观念和术语,同时为适应中国的国情,汉译西方法学理论体系又有了新发展,并产生了表征新概念的话语表达。

---

① 原出自《沈家簃先生遗书·寄簃文存》卷四,转引自李贵连(1997a)。
② 相关研究包括:万斌(1986),田成有、陈令华(1998),曾宪义、马小红(2003),张伟仁(2006),张庆中(2011),武树臣、武建敏(2013)等。

因此,从我国法学学科的发展史来看,汉语法学术语的系统性创生对于我国法学的学科化发展至关重要。可以说,"语言文字是学术的载体,没有相应的近代法律语言词汇,近代法学的创制就将是一句空话","从某种意义上说,新词量的多寡和新词本身是否规范准确,是否符合中国的习惯,直接影响中国法学学术的广度和深度"(李贵连,1997b:3)。也正是借助术语同学科之间的本质性动态关联,我们可以进一步认识汉语法学术语系统的构成类型与特点。NUTerm 术语库法学术语子库收录了共 6 076 条汉语法学术语,基本上可以反映汉语法学术语系统的构成类型及特点,见表 15-1。

表 15-1 汉语法学术语系统的构成类型举例

法学术语系统构成类型	代表性术语示例
中国传统法学术语	五刑十恶、例、科、盟、流、新律、爱书、常赦所不原、复废之争、愚民、宗法等级、君权至上、刑无等级
汉译西方法学术语	霸权主义、报应刑论、必然因果关系、表示主义、并科原则、不干涉原则、不可抗力、法律理性论、法律社会化、法医学、公民、国家法、国家主义、卡尔沃主义、理性、平等、权利、社会控制、社会连带主义、利益法学、社会契约论、义务、制裁、自然法学
现代特色法学术语	一国两法、廉政建设、政法、依法治国、阶级意志论、权利本位论、义务重心论

基于中国法学学科的发展背景,我们可以从来源上将 NUTerm 术语库法学术语子库中收录的法学术语分为三大类,即中国传统法学术语、汉译西方法学术语和现代特色法学术语。其中,中国传统法学术语主要是外来法律和法制传入中国之前,中国社会中已经存在的涉及政治、经济和社会领域的法学词汇。汉译西方法学术语,顾名思义是指外国政法制度传入中国后引入的法律与法学词汇。而现代特色法学术语是在中国当下特有的法制环境中自主生发的,能够在一定程度上反映中国现代法制实践现状的术语,具体举例如表 15-1。

作为表征专业概念的语言符号,术语的研究主要涉及概念内容和语符形式两个层面。以上各类法学术语的知识内容和语言形式都有各自的特征,下文将分别简要描述。

(1) 中国传统法学术语。在知识内容方面,中国传统法学术语的一大显著特征是反映了宗法社会及君权思想,如"愚民""宗法等级""君权至上"等。此外,由于基于传统律法及其解释体系,中国传统法学术语在内容上还体现了封建君主专制国家的刑法理念,如"五刑十恶""常赦所不原"等。正如第一节所言,中国古代思想流派对古代法律思想产生了巨大影响,这也反映在了法学术语层面,如源自儒家的"明刑弼教""亲亲相隐"等术语,来自法家的"刑无等级""循名责实"

"以法治国"等术语。

从语符形式来看,由于受到古代汉语单音节为主的特点影响,中国传统法学术语也以单词型术语居多,语言形式往往比较简约,其中很多是单字词,如"例""科""盟""流"等。但是,其中也不乏一些词组型术语,如表15-1中例举的"君权至上""刑无等级"等。词组型术语的一个明显特点是"四字格"居多,这也反映了古代汉语以偶为佳,以四言为正的认知特点和审美要求。从 NUTerm 术语库法学术语子库现阶段收录的该类术语数据来看,这些中国传统术语在当代法学研究中的使用频率较低,一般多见于中国法学史或法律史研究文献。

(2) 汉译西方法学术语。尽管本文没有做严格的定量分析,在 NUTerm 术语库法学术语子库中,我们仍可以看出源自西方概念的汉语术语明显占据了主体部分,这也折射出中国法学理论体系"派生"自西方法学的特性。相对而言,"外来语构成了中国法学的主要常用术语"(屈文生,2011:51)。这些外来术语主要是指从外国政法制度传入中国之后引入的法律与法学词汇。我国现今法律部门的分类及部门法的规定基本上都是在学习和仿照西方法律制度的基础上形成的,相应地,在知识内容方面,这些术语涉及我国法律制度中各项部门法,如民法、刑法、民事诉讼法、刑事诉讼法、经济法、公司法、合同法等法律部门的法律词汇基本上都属于外来术语的范畴。除了这些中国当代法律实践中的常用术语之外,还有不少汉译术语具有显著的理论价值,构成了中国当代法学理论体系的主体部分。其中,一些术语如"理性""平等""权利"等已经完全汉化成为中国法学基础话语体系中的有机组成部分。

从语符形式上看,汉译的西方法学术语包括单词型及词组型术语。就单词型术语而言,术语通常由两个语素构成,即"双音节词",如"理性""平等""权利""义务"等术语,与中国传统法学单词型术语偏向"单音节"化有着较为显著的区别。这与移译西方概念的过程中现代汉语的"双音节化"发展趋势有关。与之相关的是,汉译的西方法学术语中以词组型术语居多,即包含两个词,如"社会控制",包含三个词的如"必然因果关系",甚至有的包括三个词以上。这些词组型的术语往往是由术语词加词缀组成的,其术语构成中有不少高频词缀,如"报应刑论""法律理性论"等中的"论","并科原则""不干涉原则"等中的"原则","国家主义""霸权主义"等中的"主义"。

(3) 现代特色法学术语。在 NUTerm 术语库法学术语子库中,还发现部分具有本土原创特征的汉语术语,本文称之为"现代特色法学术语"。在知识内容方面,这些术语由于是在中国特殊国情中产生的,一定程度上反映了中国现代法学以及法制建设现状,如表15-1中例举的"一国两法"是与邓小平"一国两制"伟大构想相适应的法律体系,是对马克思主义法学理论以及宪法学说的极大丰富,代表了跨世纪中国法制建设的一大特色。又如,术语"廉政建设"则反映了新时期党和国家有关廉政的法律制度建设的新课题。在现代特色法学术语中也有不少理论型特色术语,往往是外来法学理念本土化创新的结果,如"权利本位论""义务重心论"。

就语符形式而言,此类术语基本是双音节及以上的单词型术语(如"政法")和词组型术语(如"阶级意志论"),且以词组型术语居多,因此整体术语长度值较大。其中,相当数量的词组型术语包含词缀,如"阶级意志论""权利本位论""义务重心论"中的词缀"论"。此类术语作为现代汉语中出现的新词,表征复杂社会现象和概念现代汉语语符的复杂化发展趋势。另外,现代特色法学术语在语符形式上还具有缩略词的特点,如"政法"(即政治和法律的合称),"一国两法"(即"一个国家,两种法律制度"的简称)等。

15.3 汉语法学术语系统英译的方法特点

本文的第二节以 NUTerm 术语库法学术语子库为例,考察了汉语法学术语的构成类型及其特点,术语的跨语转换势必会受到源语术语概念及译入语的语符形式等因素的制约。我们将在本节中继续借助 NUTerm 术语库法学术语子库的双语数据,即汉语术语及其英语译名,通过逐一判断统计翻译方法策略,来探讨汉语法学术语系统英译的方法特点。

为方便统计,本文根据 NUTerm 术语库法学术语子库中的双语数据,将法学术语英译的方法划分为直译、释译、音译和意译四种类型。其中,术语直译指英语译名侧重对源语术语字面意义的对应,具体又可以分为三类:(1) 汉英术语均为单词型术语,以普通词汇居多,且以约定俗成的方式对译;(2) 词组型汉语术语对应词组型英文术语,汉语术语中语素的顺序和英语术语中单词的顺序一致,且一一对应;(3) 单词型汉语术语对应词组型英文术语,汉语术语中的语素与英语术语中的单词一一对应。术语意译是指在上述英译情形之外,优先面向汉语术语概念内涵进行翻译的方法。相应地,术语释译指在意译的基础上,还补充术语概念相关的外延信息,如术语的使用环境或者年代信息等。术语音译则指用汉语拼音或威妥玛拼音形式提供英语译名,常常同以上三种翻译方法合用。

NUTerm 术语库法学术语子库中的法学术语共有 7 159 条英文译名[①],在所有译名中上述四种类型的翻译方法使用频次和所占比例统计结果如表15-2所示:

---

① 由于部分汉语术语有不止一个英文译名,故英文译名的总体数量要大于汉语术语的总体数量。

表 15-2 汉语法学术语英译的方法统计

翻译方法	使用频次	所占比例
直译	2 986	41.71%
意译	4 122	57.58%
音译	23	0.32%
释译	28	0.39%

从表 15-2 可以看出,直译法和意译法是汉语法学术语英译的主要方法,两者使用频次之和在所有翻译方法中所占比例高达 99.29%。直译和意译产生的译名具有词汇化程度高的特征,可以较好地满足交际的需求,因而是较为理想化的翻译方法。NUTerm 术语库法学术语子库中直译和意译两种翻译方法占绝对多数,也在一定程度上验证了这一假设。此外,表 15-2 的数据还显示,意译方法所占比例(57.58%)高于直译方法所占比例(41.71%),反映出法学术语翻译过程中,在强调译名词汇化程度的同时,传达汉语术语的概念内涵是法学术语翻译的另一重要考虑因素。

相比之下,音译和释译这两种方法所占比重不大(两者共占所有翻译方法的 0.71%)。音译译名存在语义不透明的弊端,而释译译名则在语符形式上过于烦冗,这也导致理论上这两种翻译方法只能在术语翻译中据次要地位,NUTerm 术语库法学术语子库中两种翻译方法的统计数据也呼应了这一论断。即便如此,音译和释译的作用仍是不可或缺的,尤其是在处理文化特有词方面,这两种方法往往优先考虑采用。下文将对四种翻译方法分别进行简要统计和描述。

15.3.1 直译法

如表 15-2 所示,NUTerm 术语库法学术语子库中运用直译法产生的译名共有 2 986 条,占所有翻译方法的 41.71%,是仅次于意译的主要翻译方法。直译法的主要应用案例如表 15-3 所示。从下表举例可以看出,术语直译方法的应用情境呈现出一定的复杂性。对于源语汉语术语概念明确而单一的情况,一般能够通过一一对应的纯直译的方法予以解决,但是也有不少需要以其他翻译方法作为辅助手段的情况,表 15-3 中关于中国传统法律术语"律学"和"永明律"的英译就是相关例证。这样看来,直译方法主要适用于没有特定文化含义的通用法学术语的翻译。

按照术语形式特征分类,我们就单词型和词组型术语的数量对 2 986 条经直译而来的译名及其对应的汉语术语系统进行了统计,结果如表 15-4 所示。从表 15-4 可以看出,在汉语术语和英译术语系统中,二词词组型术语均是数量最多的术语类型,其次是单词型术语。而且,汉语术语各类型数量和英译术语各类型数量几乎是一致的,这也是对术语直译方法特征的一个系统体现。

表15-3　汉语法学术语直译法举例

直译	纯直译	单词型—单词型	示/announcement/
		词组型—词组型	证券/交易/ securities/exchange/
		单词型—词组型	人性/human/nature/
	直译+音译		卡沃尔主义 Calvo doctrine
	直译+释译		律学 legal science (a traditional Chinese name for the discipline)
	直译+音译+释译		永明律 yong ming code (law made in the reign of Emperor Qi Wu)

表15-4　直译术语系统单词型和词组型术语数量统计

术语类型	汉语术语数量	英译术语数量
单词型	450	448
二词词组型	2 201	2 217
三词词组型	270	298
多词词组型	18	23

通过观察NUTerm术语库法学术语子库中的法学汉英术语数据,我们发现,术语直译常用于汉语术语系统中基础词汇的翻译。所谓"基础词汇",即汉化程度高且使用频率高,可作为典型法学话语标记的术语词汇,如"法""权""法律""权利"等。关于这一点,表15-5所呈现的汉英双语术语系统中高频单词的比照是非常直观的说明。根据表15-5所列的20对汉英高频单词不难发现,二者的匹配度极高,除"诉讼"和"宪法"①外,均有相应的高频英文单词同左侧的高频汉语词素直接对应,这是系统性术语直译的结果。而且,这些同高频英文单词直接对应的汉语词素,也正是构成法学汉语术语及其系统的基础词汇。

表15-5　汉英对译法学术语词汇系统高频单词对比

序　号	汉语术语系统单词	出现频率	英译术语系统单词	出现频率
1	权	427	right(s)	470
2	行政	153	law	372

---

① 在NUTerm术语库法学汉英术语数据中,"诉讼"的对应单词有action和litigation,分别位于英译术语系统单词列表的22位和59位,累计出现频次总和为99次,同汉语词素"诉讼"的出现频次相当。同样地,"宪法"同对应词constitution的出现频次也基本一致,分别出现51次和47次。

续 表

序 号	汉语术语系统单词	出现频率	英译术语系统单词	出现频率
3	行为	150	legal	220
4	法律	136	system	178
5	法	124	criminal	167
6	诉讼	96	administrative	166
7	合同	95	crime	166
8	原则	94	civil	134
9	犯罪	94	contract	128
10	责任	86	act	115
11	犯	80	punishment	106
12	证据	76	evidence	98
13	刑事	75	principle	86
14	保险	68	public	84
15	民事	63	property	83
16	管辖	59	power	80
17	制度	55	insurance	73
18	权利	53	jurisdiction	68
19	财产	52	liability	68
20	宪法	51	state	68

15.3.2 意译法

NUTerm 术语库法学术语子库中运用意译法产生的译名共有 4 122 条，占所有翻译方法的 57.58%，是最重要的翻译方法。表 15-6 中例举了术语意译法的主要应用案例，从表中可以看出，意译法和直译法一样，适用于不同类型术语的英译实践。但是依然存在中国传统法学术语无法单独通过意译法充分传达概念内涵的问题，如"禹刑"和"热审"的英译。这两个术语表达的是中国特有的法律概念，即使通过意译方法提供了英文译名，译入语读者也无法获取其概念内涵，因此需要其他辅助手段。又如"热审"在提供了 summer assizes 的译名后，附加了解释说明，以便于传达其内涵。

表 15-6　汉语法学术语意译法举例

汉语术语	英译术语
不睦	familial disharmony
不通报	failure to disclose
财产罚	property-oriented penalities
陈律	statutes of the Chen Dynasty
垂法而治	rule by law
多众犯	organized crime
法意解释	interpretation in accordance with the intention of legislator
热审	summer assizes (a circuit trial system in the Ming Dynasty)
三角债	Chain debts
禹刑	criminal punishments of Yu
为政在人	administration by humanity

同原汉语术语系统相比，采用意译方法产生的英译术语系统中，单词型和词组型术语数量分布情况发生了较为显著的变化，具体如表 15-7①所示。汉语法学术语系统中，就整体分布特征而言，主要是二词词组型和三词词组型，两者共占总体类型的约 87.80%，其中二词词组型术语占绝大多数（约 65.42%）；而经意译产生的英译术语系统中，三词词组型术语和多词词组型术语明显增多，两者占据了术语总体类型的大多数（约 67.38%）。在意译术语系统中，术语构成类型的变化也导致了术语结构长度的改变。

表 15-7　意译术语系统单词型和词组型术语数量统计

术语类型	汉语术语数量	英译术语数量
单词型	235	335
二词词组型	2 510	982
三词词组型	859	1 167
多词词组型	233	1 553

在术语意译的应用情境中，英译术语的语符结构往往较长，主要原因有两种：第一，汉语和英文构词方法不同，英文中 of、for、to 等词汇的使用造成英文译名长度值较大，例如，"录音/制品/公约"的英文译文是 convention for the

---

① 带有释译或音译信息的译名并未统计在内。

protection of producers of phonograms against unauthorized duplication of their phonograms。第二,由于一些汉语术语没有固定的英文对应词,在提供英文译名的同时需要辅以对汉语术语概念的解释,进而造成英文译名较长。其中以中国传统法学术语和现代特色术语的英译最为见。实际上,从 NUTerm 术语库法学术语子库现有的英译数据来看,释译法是跨语解释术语概念时常用的翻译方法。

15.3.3 释译法

据统计,在 NUTerm 术语库法学术语子库中,共发现 28 处使用释译法进行汉语法学术语英译的情况,部分例证如表 15-8 所示。

表 15-8 汉语法学术语释译法举例

汉语术语	英译术语
参政权	right of participation in government and political affairs
测囚	making a confession from a prisoner by torture
拆迁户	household that has to be relocated due to pull-down of the original home
充军	being sent into exile in ancient China
刺配	tattooing the face of a criminal and sending him into exile
大诰	grand imperial admonitions of the Ming Dynasty
为亲者隐	mutual concealment of offenses among the kin as a Confucian practice
诬告反坐	imposition of the same punishment for the false accuser as he has intended to inflict upon the accused
原心定罪	adjudicating suits in line with the criminal motive
族诛	death penalty imposed on a criminal and his whole family and other kin up to the third degree in ancient China
五刑	the five chief forms of criminal punishment in ancient China

从表 15-8 可以看出,使用释译法英译的法学术语绝大多数是中国传统法学术语,如"充军""刺配""五刑""族诛"等,这些术语表征了中国古代特有的刑罚律例。此外还包括当代中国特色法学术语,如"拆迁户",该术语是最近几十年产生的新名词,反映了当代中国城市化建设的特殊国情。这些术语反映了中国特有的法学理念,在译入语中往往不存在对应的概念。因此,在术语翻译过程中,仅靠一个简短的英文译名往往很难充分揭示其概念内涵,这就要求暂时搁置术

语翻译的"简洁性"原则,将概念内涵的有效传递作为首要任务。

与此同时,释译法也带来了英译名冗长复杂的问题。如表 15-8 举例所示,采用释译的法学术语英文译名长度都在 7 个单词以上,相比之下,源语汉语术语则至多包含 4 个语素。一个显著的例子是"族诛",其对应的释译译名是 death penalty imposed on a criminal and his whole family and other kin up to the third degree in ancient China。就包含的语素而言,两者长度对比达到 2∶21,后者是前者的 10 倍之多。相比源语术语的简洁,英文译名显然过于冗长,不利用传播与使用。从长远看来,还是需要词汇化程度较高的等价术语作为最终译名。

15.3.4 音译法

除了以上情况,还存在音译译名,即提供汉语术语的拼音作为译名,此时通常辅以释译信息,这也是中国传统法学术语英译的典型译法。在 NUTerm 术语库法学术语子库中,统计共有 23 条英译译名是通过音译法产生的,部分例证如表 15-9 所示。

表 15-9　汉语法学术语释译音译结合法举例

汉语术语	英译术语
八辟	Ba Pi (Eight kinds of people may be given a lighter or mitigated punishment through special scrutiny in ancient China)
笞	chi (beating with a bamboo stick or cane)
肉刑复废之争	rou xing fu fei zhi zheng (disputes on the recovery and abolition of corporal punishment)
性三品	xing san pin (the doctrine of three grades in human nature in ancient China)
族刑	zu xing (death penalty imposed on a criminal and his whole family and other kin up to the third degree in ancient China)

从表 15-9 中的示例可以看出,同采用释译法的法学术语类似,采用音译的法学术语的语源也基本上是中国特色的传统法学术语。例如,"八辟""笞""肉刑复废之争""族刑"都是中国古代的刑罚制度,"性三品"则涉及中国古代的人性学说。这些术语都用以表征中国特有的文化概念,在英语中找不到对应译名,利用汉语拼音音译部分地解决了词汇空缺的问题。相比于冗长的释译译名,音译译名具有简洁、词汇化程度较高的优势。但是,音译的弊端在于语义不透明,而释译可以较好地传达源语术语的概念内涵,这也解释了为什么音译译名之后通常要附带释译信息。表 15-9 中术语"肉刑复废之争"也表明了音译的另一大弊端,其音译译名 rou xing fu fei zhi zheng 显然也过于冗长,说明音译译名最适宜

的对象是形式较为简短的汉语术语。

在对以上英译方法进行统计时还发现,NUTerm 术语库法学术语子库现有数据中存在不少一词多译的情况。据统计,现有数据中有 905 个汉语术语存在两个以上英文译名。此外,还有不同汉语术语对应同一英文术语的情况,在现有数据中共发现 203 例。如"受害人"和"被害人"的英译术语均为 victim;"领水权"和"领海权"均对应 territorial waters;"证券经纪公司"和"证券经纪商"都译为 securities brokerage。需要说明的是,除了这种概念相似的同义术语具有相同译名的情况之外,还存在不少错译的案例,在翻译实践中将不同的术语概念混为一谈,如将"署名权"和"作者身份权"均译为 right of authorship。这其实也是西方法学术语的汉译和回译过程中常见的概念混淆问题,在翻译实践中应引起足够的重视。

15.4 汉语法学术语系统英译的形式特征与经济律

第三节基于 NUTerm 术语库法学术语子库,分析描述了汉语法学术语系统英译的方法特点。胡叶、魏向清(2014)提出术语翻译的系统经济律,其中一个维度是从形式特征判断术语翻译系统整体质量的优劣。在本节中,报告将基于 NUTerm 术语库法学术语子库相关数据统计结果,对比描写汉英法学术语形式特征变化,并在此基础上计算比较汉英术语系统的经济指数,进而评价法学术语英译的系统合理性。

15.4.1 汉语法学术语系统英译的形式特征

不同翻译方法的综合应用引起术语系统形式上一定的变化。通过比较 NUTerm 术语库法学术语子库中汉语法学术语系统及其英译术语系统不同长度类型术语的数量分布情况,就能看出来这一点。从表 15-10 中可以看出,词组型术语占据汉语术语系统和英译术语系统的绝大多数,所占比例分别约 86.45% 和 89.00%,英译术语系统中词组型术语所占比例略高于汉语术语系统。此外,从分布特征来看,英译后形成的术语系统中,三词及三词以上的词组型术语明显增多,所占比例由原汉语术语系统中的 20.57% 提升至 44.11%。词组型术语,尤其是多词词组型术语所占比例会明显影响术语系统的长度,因此汉语法学术语对应的英译术语系统的平均术语长度要大于法学汉语术语系统的长度。

表 15-10　汉语法学术语及其英译术语长度类型统计与对比

术语类型	汉语术语数量	英译术语数量
单词型	823	787
二词词组型	4 003	3 212
三词词组型	1 014	1 479
多词词组型	236	1 677

总体而言,法学术语英译系统中词组型术语所占比例偏高,这与翻译方法的使用有直接关系。具体而言,在翻译过程中,各类术语翻译方法的实施会不同程度地引起术语长度的变化。据统计,直译、意译和释译分别对应的汉语术语和译名的平均长度如表 15-11 所示:

表 15-11　汉语法学术语及其英译术语平均长度对比

译　法	汉语术语平均长度	英译术语平均长度
直译	1.83	1.97
意译	2.30	3.41
释译	1.63	8.11

从表 15-11 中可以看出,总体而言,三种译法所对应的译名长度均大于汉语术语本身的长度,且三种译法译名长度呈现明显的递增趋势。这其实是对不同译法特征的直观体现。就直译方法而言,汉语术语与其英译术语的平均长度相差不大。如上文所述,直译法侧重在翻译过程中使译名与源语术语保持形式的一致,产生的译名词汇化程度较高,因此不会对术语系统的长度产生影响。相比之下,意译法产生的译名长度则大于汉语术语,是后者的近 1.5 倍,反映了意译法偏重词汇化程度较高的译名,以传达源语术语概念内涵为目的,因此会在一定程度上增大术语系统长度。表 15-11 显示,释译方法显著增加了术语系统的长度,英译术语平均长度(8.11)是汉语术语平均长度(1.63)的约 5 倍之多。与此不同的是,释译则完全旨在向译入语受众解释源语术语的概念内容,基本不考虑控制译名的长度,因此会在较大程度上增加术语系统的长度。尽管释译有助于阐明概念内涵,但由于形式冗长,不便记忆使用,从术语传播的角度考虑,译者应慎用该翻译方法。

15.4.2　法学术语汉英翻译的系统经济律

上一节分析了法学术语系统英译前后的形式变化,突出表现在两种术语系统术语长度的改变。除了该参数之外,计算术语系统的经济指数还要考虑单词平均术语构成频率。在计算两种参数之后,根据术语系统经济指数公式,可以得出表15‑12所示的汉语术语系统和英译术语系统的经济指数。

表 15‑12　法学术语汉英翻译的系统经济指数

系统参数	汉语术语系统	英译术语系统
术语平均长度	2.12	2.85
单词平均术语构成频率	3.21	4.83
经济指数	1.52	1.69

从表15‑12可以发现,在汉语法学术语英译过程中,除术语平均长度有所增加之外,单词平均术语构成频率也呈现出较为明显的增势,增幅有162%,是术语长度增幅(73%)的两倍多。这足以说明,英译法学术语系统的构词能力要高于汉语法学术语系统。从 NUTerm 术语库法学术语子库的现有数据统计结果来看,汉语法学术语系统的经济指数大约是1.52,英译术语系统经济指数大约是1.69。根据术语系统经济律,一个发展较为成熟的术语系统其经济指数需高于1。以上数据表明,汉语法学术语系统和英译法学术语系统都已初步呈现出体系性的特点。与此同时,英译法学术语系统的经济指数略高于汉语法学术语系统,这在一定程度上能够说明汉语法学话语的基础表达体系仍待完善。

15.5　小结

本文基于中国法学发展的学科史渊源,结合现阶段 NUTerm 术语库法学术语子库中的双语数据,对汉语法学术语的英译现状做了初步分析。其中,在汉语法学术语系统中,汉译外来术语占据多数,同时有部分中国特有的传统术语和现代特色术语。这三类术语在知识内容、语言特征和术语形式方面有各自的特点。

法学英译术语的系统特征取决于英译实践中不同翻译方法的使用。这一点在法学术语系统英译的形式特征方面有显著体现。本文基于 NUTerm 术语库法学术语子库中的双语数据进行统计发现,直译和意译的使用频率很高,法学术语主体部分基本采用了直译和意译的方法。其中,术语意译法使用频率最高,对英译术语系统中的单词总数与单词构成术语的频率产生了关键影响。相比而言,释译法的出现频次较少,却在整体上增加了英译术语的平均长度。

汉语术语系统英译的经济律是用以描述术语翻译实践整体特征的一个重要参照系。现阶段 NUTerm 术语库法学术语子库中英译术语系统的经济指数相对理想,但是该术语库所反映的一些翻译实践问题仍不可忽视,如前文所述的一词多译等不规范的翻译现象在术语翻译实践中应引起足够的重视。

16

汉语社会学术语系统及其英译现状分析

16.1 汉语社会学术语系统构建的学科史背景概述

社会学是对人类的社会生活、群体和社会的科学研究(吉登斯,2009:4)。与其他西方社会科学相比,社会学这门学科出现较晚。1838年,法国实证主义哲学家奥古斯特·孔德(August Comte)在其专著《实证哲学教程》第四卷中首次使用 sociology(社会学)一词,并提出建立这门新学科的大体设想,学术界一般以此为社会学的嚆矢,而孔德也成为西方社会学界公认的社会学创始人。

社会学的产生绝不是一种偶然现象,而是有着深刻的社会历史背景、思想根源和学术背景。18世纪末19世纪初,欧洲出现的工业革命和资产阶级革命是有史以来最为广泛和深刻的社会变迁,使欧洲的社会组织、社会结构、经济生活和社会生活等发生翻天覆地的变化。新兴的资本主义生产方式极大地提高了社会劳动生产率,但是,资本主义在促进经济的快速发展和社会深刻变革的同时,也带来了众多的社会矛盾和社会问题。为了克服当时面临的种种危机,资产阶级知识分子开始关注这些社会问题,积极寻找解决社会问题的途径和方法,试图运用新的方法和理论体系重新组织和安排社会生活秩序,以适应社会发展的需要。

在社会学产生之前,有许多思想家对社会结构、社会变化的规律和未来的社会图景进行了探讨,形成了丰富的经济思想、政治思想、社会思想等,这些思想促使人们对社会进一步认识。对社会学的产生影响最大的是西方近代以来的社会思想,如资产阶级启蒙思想和三大空想社会主义等。欧洲文艺复兴以来,自然科学发展迅速,尤其是考古学、物理学、化学和生物学等获得了突破性进展。这些实证科学的发展启发人们运用自然科学的方法和理论去研究和考察社会。此外,社会调查和社会统计理论的发展也为社会学的经验研究提供了广阔空间(王章留、张元福,2007:1-2)。

正是在这些社会历史条件、思想条件和学术条件基础上,社会学应运而生。但孔德的思想在西方一般仍被归于社会哲学的范畴,换言之,他的社会学思想还没有脱离哲学母体,没有获得区别于其他学科的专门性。社会学真正在西方成为一门独立的学科,一般认为是以法国社会学家涂尔干在 1895 年发表《社会学方法论》,并随后创办《社会学年鉴》为标志。涂尔干还最先在大学里开设社会学课程,使社会学在正式教育体系中确立了独立的学科地位,成为脱离哲学母体的独立学科。

社会学在 19 世纪末 20 世纪初传入中国,在中国的传播和发展大致可分为传入、本土化的最初努力、中断和恢复重建等四个阶段(王章留、张元福,2007:8)。

第一阶段:传入时期(1891—1930)。中国自鸦片战争以来,逐渐沦为半封建半殖民地社会。甲午战争之后,帝国主义加紧对中国的侵略。19 世纪末,我国一批进步青年和知识分子留学日本以寻求救亡图存之道。他们大都学习了社会学,回国后这些留学生成为在中国传播社会学的先导。1891 年春,康有为在广州设立"长兴学舍"(万木草堂),这是中国第一个把"群学"列入教学课程的学校。1896 年谭嗣同在《仁学》一书中最先明确采用"社会学"一词。严复翻译了斯宾塞的《社会学研究》,定名为《群学肄言》,成为引入西方社会学理论第一人。学术界普遍认为,中国第一本社会学译著是章太炎于 1902 年翻译的日本人岸本能武太著的《社会学》(张超,2012:66)。在这一时期,社会改良的思想似乎已经成了社会学整个学科的思想特征。陶孟和是中国最早留学学习社会学的学者之一,也是第一位用社会学方法分析中国社会并撰写出社会学专著的学者,1912 年陶孟和用英文编写的《中国乡村与城镇生活》是论述我国社会组织和社会思想的第一部著作,也是我国研究社会学最早的一部著作。

第二阶段:本土化的最初努力(1931—1951)。社会学本土化是一种使外来社会学的合理成分与本土社会的实际相结合,增进社会学对本土社会的认识和在本土社会的应用,形成具有本土特色的社会学理论、方法的学术活动和学术取向(郑杭生、王万俊,2000:3)。20 世纪 30 年代,社会学在中国的发展一方面是继续介绍西方社会学学说,另一方面是注重研究中国问题,后者其实就是社会学本土化的最初尝试。在这一时期,社会学学者写出了相当多研究中国社会的著作,如孙本文的《现在中国社会问题》、柯象峰的《中国贫困问题》以及李景汉的《中国农村问题》等都是以中国社会为研究对象论述我国社会问题的著作。

第三阶段:中断时期(1952—1978)。1952 年高校院系调整,由于社会学自身的原因、效法苏联的结果以及当时社会上存在的一种认识误差,即社会主义社会不存在社会问题,20 个社会学系先后被取消,从此高等院校社会学教学和研究中止。这给中国的社会学研究造成了不可挽回的巨大损失,这段时间正是西方社会学发展的黄金时期,诞生了大量社会学流派,我国社会学与西方社会学之间的差距随之拉大。

第四阶段:恢复重建时期(1979年至今)。1979年全国哲学社会科学规划会议召开社会学座谈会。邓小平在"坚持四项基本原则"的重要讲话中提出了社会学和其他社会科学一样"需要赶快补课",中断近30年之久的社会学开始重建。各种学会、研究所、图书资料及刊物教材等逐步发展,很多大学建立了社会学系,设立社会学硕博士点等。为了加速发展,"我国社会学界采取的最主要的补课方式,甚至可以说是唯一的补课方式,就是大量引进西方的社会学理论。简而言之,可以将恢复重建后的中国社会学的发展战略称之为'进口替代战略'。在西方社会学理论被大量引进之后,我国社会学的解释主义与套用主义状况便出现了"(叶嘉国、风笑天,2000:259)。

如上所述,中国的社会学学科构建与发展经历了较为曲折的过程。在这个过程中,作为汉语社会学学术话语体系底层建构的社会学术语系统也在不断演化,其使用和研究也体现出不同的阶段性和特点,体现了中国社会学学术研究"本土化"发展的特殊性与复杂性。简言之,汉语社会学术语体系的构建与发展是伴随着社会学在我国的引入并与中国文化不断融合发展的一个动态过程。

中国社会学在其形成之初,不仅有丰富的西方学术传统的理论来源,而且也有深厚的中国学术传统的思想渊源。以先秦儒学、两汉经学、宋明理学和晚清今文经学为主要内容的中国学术传统,孕育了中国社会学关怀人生、体察社会、经世致用和重视道德教化的学术风格(刘少杰,2009:1)。在孔德的实证主义和斯宾塞的著作中,严复发现了与中国传统儒学中"格物致知""经世致用"相吻合的要义。从这一点来看,中国的社会学源流可以说是"古人之说与西学合"了。因此,五四前后的中国,社会学术语本土化的关注点主要在如何让社会学语言契合中国的语言文化,即"以中学释西学",它具体表现在严复的群学思想上。我们从中可以看到西方的思想是如何激活汉语的古老语汇,而汉语的丰富内涵又是如何改造西方概念的。(应星等,2006:190)此间出现了如"群学""仁学""修己安人""天地人类""治乱兴衰"等具有中国传统儒道学色彩的汉译名词,体现出社会学理论在中国传播中的"本土化"问题。以章太炎、刘师培、邓实、黄节诸人为代表的晚清新国学派是西方社会学的主要译介者,他们吸纳西学,但不全盘照搬忘却国情;他们以西方社会学为考察中国社会历史与现实的理论指导,"十分欣喜地引出了许多新的认识"(郑师渠,1992:51),这一阶段被称为"以西学发明中学"(应星等,2006:190)。

20世纪二三十年代,许士廉、孙本文、吴文藻等第一批社会学者开始明确提出了社会学"中国化"的问题。尤其是吴文藻等开创的"社会研究"传统,构成了1949年前"社会学中国化"在社会研究实践中的重要体现,并取得了突出的成就。随着中国社会学本土化论题的演进,术语使用也带上了本土化的烙印。就这一点,陈兆福、陈应年(2001:32)曾言:"可告慰者,自'异化'等开始,我们考虑术语译名不用再依傍东邻（日本）了……从这一个小点开始充分显示出了我国学术独立的强劲。"随着社会主义现代化进程的不断推进，各种带有中国特色的社会学术语层出不穷，如"中国梦""一带一路"等逐渐进入世界人民的眼帘，为社会学术语增添了一分色彩。从外来术语的涌入，到本土译名的成绩，如"蝴蝶效应""个性""阶层""社会变迁"这些已经耳熟能详的社会学术语，我们可以看到中国学界与时俱进的品质，正如陈兆福、陈应年（2001:32）所说："新现象期盼本土术语包装，这须凭前此经验去创造，那真正是独立学术本国特色术语。"

16.2 汉语社会学术语系统的构成类型及特点

16.2.1 汉语社会学术语系统的构成类型

学科术语系统由表征专业概念的术语汇集而成，不同类型的术语及其特征能够反映出一个学科在发展过程中所形成的知识体系的内容特征。社会学术语是表达或限定社会学领域专业概念的约定性符号，它们是社会学理论与实践知识的词汇化表征结果。因此，结合以上对中国社会学学科发展史的概述，我们可以进一步考察并大体描述出汉语社会学术语系统的基本构成类型特征。

根据 NUTerm 术语库社会学术语子库现有相关数据分析，汉语社会学术语系统中主要包含两大类术语：汉译西方社会学术语和中国现代社会学术语。其中，前者是在对西方社会学理论与实践研究借鉴过程中，通过系统的术语汉译实践进入中国社会学学术话语体系的。后者是在西方社会学理论的本土化应用过程中衍生出的新术语，或是基于中国现代社会情境原创的术语表达。事实上，经过"本土化"的"中国社会学既不可能是孔德理想的社会物理学，也不可能是斯宾塞的社会生物学，而是融科学精神和人文精神为一体的新学科，它在中国近代社会变迁中扮演的是一种兼具科学研究与道德教化的角色"（刘少杰，2009:2）。换言之，中国现代社会学术语是中西学术文化融合基础上的新创概念表达，是中国社会学本土研究思想或知识的表征。

总体来看，在汉语社会学术语系统中，外来汉译西方社会学术语占多数，体现出汉语社会学学科构建的输入性特点。NUTerm 术语库社会学术语子库中目前所收录的 2 033 条汉语术语数据可以大体反映出中国社会学术语系统的构成类型及其分布特征。由于学科术语的概念和语义溯源及判定需要非常精深的学科专业知识和翔实的考据过程，我们暂不就汉语社会学术语系统的历史构成做全面的量化分析与统计，仅结合现阶段收录的术语库数据，举例说明汉语社会学术语系统所包含的两大类别术语（见表 16-1）及其主要特征。

表 16-1 汉语社会学术语系统的构成类型举例

汉语社会学术语系统构成类型	举例
西方社会学术语	白领工人、边沁主义、博弈论、超 Y 理论、冲突论模型、恩格尔定律、盖洛普民意测验、核心家庭、后结构主义、基尼系数、经验功能论、三 A 革命、实证主义、象征互动论、霍曼斯命题、块茎分析、情境社会学、萨帕职业发展论、中心场理论、环境权
中国现代社会学术语	大龄青年、独生子女、扶贫帮困、和谐社会、后台、计划生育、经济特区、农村社会保障、人口普查、黑社会组织、敬老院、户籍、敬老爱幼、小康社会

16.2.2 汉语社会学术语的结构特点

术语是人的思维活动高度抽象的产物,是对许多世纪以来人们工作思考的成果的一种概括,因而术语的结构非常复杂,应从形式、内容和功能的角度进行研究(孙寰,2011:8)。通过对 NUTerm 术语库数据进行观察与分析发现,从形式上来看,在汉语社会学术语系统中,没有一个由单音节语素构成的单纯词,单词型的术语也是少数,大多数术语都是由两个或两个以上语素组成的合成词和词组构成。因此,基于社会学术语的形式特点,我们可以把它分为"术语合成词"和"术语词组"两大类,其中,接近 98% 的社会学术语都是以术语词组的形式出现的,具体说明如下:

(1) 术语合成词:在汉语社会学术语词中,"加缀术语词"比重较大,"复合术语词"则很少。"加缀术语词"中出现的前缀主要有 10 种,包括"反—""超—""非—""单—""自—""总—""准—""逆—""不—"和"无—",如"反本质主义""超空间""非人类中心论""单阶段抽样""自变量""总再生产率""准群体""逆城市化""不协调角色""无限定性"等。后缀主要有 11 种,包括"—性""—度""—率""—体""—法""—量""—论""—学""—表""—物"和"—化",如"自获性""城市首位度""人口自然增长率""初级群体""访谈法""自变量""社会有机体论""微观社会学""随机数表""派生物""知识化"等。

(2) 术语词组:术语词组可再分为"二词术语""三词术语"和"多词术语"。二词术语有"职业/选择""民族/团结""性别/歧视""人口/规划""人格/障碍""狭隘/民族主义"等;三词术语有"环境/承载/能力""人才/成长/因素""社会/最优/状态""公共/物品/困境"等;多词术语有"青少年/犯罪/问题/预测""丧失/工作/能力/收入/保险"等。据统计,在 2 033 个汉语社会学术语中,二词术语共有 1 430 个,占全部术语总数的 70.34%。各类型比例见表 16-2:

表 16-2　汉语社会学术语系统术语长度类型统计

	术语合成词	术语词组			总　计
		二词术语	三词术语	多词术语	
数量	241	1430	310	52	2 033
所占比例	11.85%	70.34%	15.25%	2.56%	100%

众所周知,社会学研究的问题庞杂多样,社会学家和自然科学家一样也建立理论,收集和分析资料,进行实验和观察,采用实证的方法努力得出准确的结论(罗伯逊,1990:7-8)。因此,从内容而言,在绝大部分为汉译外来术语,即来自西方的社会学概念的汉语社会学术语系统中,一部分术语与社会学学科体系中的理论、流派和方法等相关,如"冲突论模型""超Y理论""实证主义"等。其中,社会学中很多关于理论、定律的术语都是以其提出者的名字命名的,除表16-1中的相关例证之外,在NUTerm术语库中还发现了其他具有类似命名特征的术语,如"恩格尔系数""金兹伯格职业选择论""洛伦茨曲线""马尔萨斯主义""马克思主义社会学""泰勒制"等。而且,社会学术语概念涉及的范围非常之广,从"社区""公民"到"个人""家族""婚姻""性别""教育""平等""组织""犯罪""行为"等方方面面,体现出其跨学科研究的特点。

此外,对术语库数据考察和分析可发现,由大量经术语汉译而形成的社会学术语系统中,有很多术语的构成采用了比喻的修辞手法,有的是明喻,如"块茎分析"。从生物学来看,"块茎"是指在土壤浅表层匍匐状蔓延生长的平卧茎,是地下变态茎的一种,为节间短缩的横生茎,外形不一,常因肉质膨大呈不规则的块状。块茎最重要的特征之一是它总有多元性的入口、出口和自己的逃逸路线,它可从分叉的层面向四面八方衍生,结出大小不等的鳞茎和球茎,它本身是一个非等级制的系统,没有中心,无法确切地掌控。法国后现代哲学家德勒兹"反对一切中心化和总体化,力求一种外溢式的突破,对一切中心性的拆毁",借"块茎"这种植物的特性来喻指"反中心系统",块茎分析是"理解'无结构'之结构的后现代文化观念的重要路径"(邓伟志,2009:106)。类似的还有如"囚徒困境""工具关系"等术语,都是基于明喻的修辞手法而构成的术语。

除了明喻外,还有很大一部分是借助隐喻构成的社会学术语。符号互动论的代表人物米德1935年将"角色"引入社会学,后来逐渐发展成为角色扮演理论,便有了"角色扮演"这个术语。后来美国社会人类学家林顿创用了"先赋角色"和"自致角色(亦称自获角色、成就角色)",美国社会学家莫顿于1957年提出"角色冲突""角色丛(集)"等术语。1959年,美国社会学家戈夫曼首创了"社会拟剧论",他认为社会系统好比一个舞台,人们的社会行为就是在社会这一舞台上表演,他提出了很多和舞台、表演相关的术语,如"表演框架""补救表演""误导表演""理想化表演""前台""后台"等,还有很多和角色相关的术语,如"角色拥有""角色依附""角色距离""不协调角色""角色外沟通"等。NUTerm 术语库中有 18 个与角色相关的术语。

在认知理论中,隐喻被看作认知模式的主要类型,是概念系统形成的机制,也是语言新意义产生的根源,因此,隐喻既是认知活动的工具,又是认知活动的结果,其基本功能就是以某一领域的经历来理解另一领域的经历。"在术语学发展的现阶段,认知功能是术语最主要的功能,因为术语在认识与思维过程中起到非常积极的作用。作为一种客观存在,术语是对客观现实的事物和现象的本质及人的内心世界长期认识的结果,这是由术语的认知功能决定的。"(转引自孙寰,2010:33)"尽管隐喻是非字面意义、非逻辑的,不可能在逻辑实证主义的意义上得到'证实',但它对科学概念及范畴的重构(再概念化)、新理论术语的引入乃至整套科学理论的构建和发展,发挥着重要的、不可替代的作用。"(郭贵春,2007:43)基于此,不难理解为什么汉语社会学术语中会有如此之多的隐喻性术语了。这些术语将社会学中的专业概念和众所周知的日常概念联系在一起,并且提供了一定的思维框架和理解概念的便捷途径,使概念知识跨语传递的认知负荷减少,从而更容易为目的语使用者接受。

16.3 汉语社会学术语系统英译的方法特点

通过上述对 NUTerm 术语库中汉语社会学术语数据的类型及其特征的初步描述可以看出,汉语社会学术语的构成有着明显的以外译输入为主的特点。在特定的学科语境下,汉语术语系统的构成类型及其特征对于术语系统英译过程中各种翻译方法的使用有着深刻的影响,进而会影响到术语跨语传播的效果及整体特征。具体而言,中国当代新创类型的社会学术语,既吸取西方社会学理论养分,又注重中国社会学实践的创新,其术语表征形式具有较大灵活性,有单词型术语,如"户口""敬老院/"等,也有词组型术语,如"三农/问题/""科技/立/国/""人才/成长/因素/"等。这类术语所表征的概念往往涉及中国特有的一些社会现象,在英译过程中如何经济准确地传递汉语术语的概念义,使其英文译名表述规范且符合西方受众的认知习惯,达到有效沟通交流的目的,选择适当的翻译方法尤为重要。对于大量汉译输入的西方社会学术语来说,有效回译是评判其翻译质量的重要标准,而这类术语本身的词汇化程度、概念透明性等特征对于英译实践中具体方法的选择有直接影响。

基于汉语社会学术语类型特征的多样性,我们结合 NUTerm 术语库中汉语社会学术语系统的英译数据,进一步具体考察与分析不同的翻译方法,对汉语社会学术语英译现状展开初步的描写研究。

在 NUTerm 术语库社会学术语子库现阶段收录的汉英双语数据中,汉语术语共 2 033 个,其英译译名共计 2 737 个[①]。经过进一步整理和分类,我们发现,汉语社会学术语英译方法主要包括四种:直译、意译、释译以及音译。实际上,从现有数据呈现的情况来看,在英译实践中,上述英译方法的应用情境并非完全彼此独立,但为了统计的方便,我们将其视为四个独立的英译方法范畴。例如,带有人名的词组型术语在英译中往往需要通过部分音译来实现,如"泰勒制"英译为 Taylorism,"恩格尔定律"英译为 Engel's law,"洛伦茨曲线"英译为 Lorenz curve,在此一律统计为直译。因此,在社会学术语子库中,最终统计为三类译法,各自数量和所占比例情况如表 16-3 所示。

表 16-3 汉语社会学术语英译的方法统计

英译方法	使用频次	所占比例
直译	2 446	89.37%
意译	283	10.34%
释译	8	0.29%

如表 16-3 所示,汉语社会学术语的英译中,直译法占绝大多数,将近 90%,相比之下,意译法和释译法比例很小,两者合计也不过总译名数量的 10% 强。直译法常用于西方借入术语的回译。如前所述,外来汉译术语在汉语社会学术语中占相当大比重,因此也就不难理解在英译实践中,直译法的应用频次会非常高。NUTerm 术语库社会学术语子库中采用直译法进行英译的典型例证如表 16-4 所示。

表 16-4 汉语社会学术语直译法举例

汉语术语	直译译名
碎片化	fragmentation
基尼系数	Gini coefficient
逻各斯中心主义	logocentrism
文化生态女权主义	cultural ecofeminism

[①] 汉语术语同英文译名数量不一致的原因在于一词多译的现象。据统计,在 NUTerm 术语库中,共有 1 268 个汉语社会学术语有两个以上译名,占全部术语总数的 46%。

续 表

汉语术语	直译译名
粉领工人	pink-collar worker
角色紧张	role strain
矩阵组织	matrix organization
显性文化	explicit culture
超工业社会	super-industrial society
类比法	analogy

采用直译法的汉语术语以词组型术语为主，并有少量单词型术语。如本文表16-2所示，汉语社会学术语中二词术语的数量占术语总数的70%，因此采用直译法的汉语术语中也以二词术语为主。总体来看，汉语社会学术语的词汇化程度很高，而且因其内容与社会生活紧密相关，使用频率很高，所以在英译过程中，很多都是直接采用形式对应的直译，如"粉领工人"译为pink-collar worker，"超工业社会"译为super-industrial society。

在汉语社会学术语的英译实践中，直译的普遍应用对于汉英双语术语词汇系统的形式特征产生了重要影响。对此，基于术语分词，我们分别统计了社会学术语子库中汉语术语系统及其英译术语系统中用以构成术语的单词，并对比呈现了出现频率最高的前10个单词，如表16-5所示。

表16-5 汉英对译社会学术语词汇系统高频单词对比

序 号	汉语术语系统		英译术语系统	
	单词	频次	单词	频次
1	社会	294	social	283
2	社会学	108	sociology	135
3	文化	93	theory	133
4	理论	68	population	69
5	人口	45	group	67
6	群体	43	culture	64
7	家庭	40	society	57
8	社区	31	cultural	55
9	结构	31	family	48

续 表

序 号	汉语术语系统		英译术语系统	
	单词	频次	单词	频次
10	角色	31	system	48
			rate	48

由表 16-5 可知,在汉语社会学术语系统及其英译术语系统中,高频单词的概念匹配度非常高。上表所列的汉语高频单词,除"社区""结构"和"角色"之外,均能在该表中找到对应的英文单词,如"社会学"与 sociology 对应,"群体"与 group 对应。而在英语术语体系中,与汉语高频术语对应的有 community,使用频次为 41 次;其次是 role 35 次,structure 32 次。由此可见,在 NUTerm 术语库社会学术语子库中,英汉术语高频词之间有着惊人的匹配度。

由于术语字面义与其学术含义并不总是完全对应,在一些情况下,过分依赖直译法会使译文流于形式对应而忽视概念的匹配,从而降低英译质量,甚至导致误译。例如,在现阶段收录的英译数据中,有这样一条记录,汉语术语"想象演习"被直译为 imaginary maneuver 和 imaginary drill。我们将这两种术语英译对应词作为检索词,在 Google Scholar® 中进行检索,结果只查到一篇包含 imaginary maneuver 的文献,是在 1954 年发表的评价一次军事行动的文献中提及,没有检索到采用 imaginary drill 的文章。这说明,就术语翻译的传播本质而言,imaginary maneuver 和 imaginary drill 并不是可接受的英语译名。"想象演习"这个术语在邓伟志主编的《社会学辞典》中的定义为:"美国社会学家乔治·米德用语,指在头脑中想象预演各种行动方案,选择那些有助于合作的行为;扮演他人的角色,把自己放在他人的位置上,是思维中运用象征符号的过程。"(邓伟志,2009:52)遍查米德的著作《心灵、自我与社会》(*Mind, Self and Society*)原版与中译本,我们都未见到有 imaginary maneuver 和 imaginary drill 的英文术语表达,而在《企鹅社会学词典》第 361 页中有 imaginatively taking the roles of others 和 conceptions of other-roles,第 420 页中有 imagine ourselves in other social roles 的表述。显然《企鹅社会学词典》中的提法可以更准确地表示"想象演习"的概念内涵,先前的译法容易误导读者。因此,在该类术语的英译实践中,需要注重术语概念优先的基本原则。

在 NUTerm 术语库现有数据中,我们将不拘泥于汉语术语形式,同时又兼顾术语翻译简明性原则的英译实践统一归为意译的范畴。表 16-6 中有相应的典型例证。

表 16－6　汉语社会学术语意译法举例

汉语术语	意译译名
扶贫帮困	anti-poverty
虚假的后现代主义	Disneyland postmodernism
工读学校	reformatory school
对照组	control group
民族杂居区	multi-national area
供养人口	dependency population
偶遇抽样	convenience sampling
最低生活保障	subsistence allowances
户籍	household registration
消费早熟	excessive consumption

如表 16－6 所示,在汉语社会学术语英译实践中,意译法几乎涵盖了汉语社会学术语系统的所有历史构成类型。对于西方外来术语而言,当通过汉英语言形式匹配无法得到原始知识语境中的英文术语时,意译法是在英译实践中实现正确回译,防止术语污染现象的有效途径。而中国现代社会学术语的命名时常会体现出民族特色和国别化特征,在跨语传播过程中,特别是在早期阶段,更需要借助意译来实现术语概念的可接受性,方便跨语沟通,促进传播。例如,表 16－6 中例举的"对照组"意译为 control group 而不是 comparison group,便是对这一西方借入术语概念的正确回译。"扶贫帮困"这一术语很有中国特色,该项举措的根本目的是消除贫困,所以在此意译为 anti-poverty。此译虽然仍有改进空间,但术语概念明确,具有很强的可接受性,易于传播。

对于中国现代社会学术语而言,在英译实践中时常会出现形式与内容的冲突。在一些情况下,意译也不能有效地传达相关汉语术语的核心概念。此时,彻底打破术语翻译的形式束缚,基于术语翻译的二次命名实质,借助解释或阐释方法进行释译是权宜之计,重在术语概念的有效传递。在对社会学术语子库的英译数据进行统计时,我们发现有 8 例可归为释译的范畴,其中包括 4 个现代汉语术语,即"人才成长因素""敬老院""科技立国""'三农'问题"(其中"'三农'问题"有 3 个译名),还有 2 个西方借入术语,即"3C 革命"和"3A 革命"。具体英译情况如表 16－7 所示。

表 16-7 汉语社会学术语释译法举例

汉语术语	释译译名
3C 革命	3C revolution (computerization, communication, control)
3A 革命	3A revolution (factory, office and home automation)
"三农"问题	three issues concerning agriculture, countryside and farmers
	issues of agriculture, rural areas and farmers
	problems facing "agriculture, rural areas and farmers"
敬老院	home for the aged
科技立国	developing a nation via science and technology
人才成长因素	factors affecting the growth of talent

"人才成长因素""敬老院""科技立国"和"'三农'问题"四个术语所表征的概念都极具中国社会学知识或概念特色。例如,"'三农'问题",在我国作为一个概念提出来是在 20 世纪 90 年代中期,此后逐渐被媒体和官方引用,指 21 世纪的中国在历史形成的二元社会中,城市不断现代化,二、三产业不断发展,城市居民不断殷实,而农村的进步、农业的发展、农民的小康相对滞后的问题。在英译实践中,为更充分地传达这样富有民族、国情特色的概念,释译成为其传播初期一种常用的有效方式,但释译倾向于明显突出相关术语概念的外延特征,不可避免地导致术语翻译结果相对冗长,即译名的词汇化程度较低,从而会对英语译名的形式特征产生较为显著的影响。

综上,不同英译方法的运用会直接影响到术语译名的系统特征。对于术语翻译而言,译名系统的形式特征是术语翻译方法合理性最直观的反映,同时也是用以衡量译名系统的系统经济律的重要参数。

16.4 汉语社会学术语系统英译的形式特征与经济律

该部分拟就社会学术语子库中英译数据的形式特征进行系统性描述,以此为基础计算社会学术语汉英翻译的系统经济指数,并尝试进行初步对比分析。具体包括以下两方面内容:汉语社会学术语系统英译的形式特征;社会学术语汉英翻译的系统经济律。前者旨在考察汉语社会学术语英译方法的综合应用对英译术语系统的形式特征产生的整体影响,后者是对汉英术语系统经济指数及其差值的计算,可用以进一步分析术语翻译方法的系统合理性。

16.4.1 汉语社会学术语系统英译的形式特征

为从整体上大致描述不同英译方法的应用对术语系统跨语传播的形式特征所产生的影响,我们可以首先统计并对比汉语社会学术语及其英译术语系统中单词型术语词汇与词组型术语词汇的数量及其比例。基于社会学术语子库现有数据的相关统计结果如表16-8所示。

表 16-8 汉语社会学术语及其英译术语长度类型统计与对比

术语类型	汉语术语数量	英译术语数量
单词型	241	365
二词词组型	1 430	1 693
三词词组型	310	419
多词词组型①	52	260
总数	2 033	2 737

从表16-8可以发现,汉语社会学术语以词组型为主,其中二词词组型术语和三词词组型术语共计1 740个,占汉语术语总数的85.59%。而在对应的英译术语系统中,也以二词词组型和三词词组型居多,二者共占英译术语总量的77.16%。这一形式特征是直译法普遍应用的结果。

相比较而言,英译之后,多词词组型汉语术语和多词词组型英译术语的数量差额比较大。其中,在260个多词词组型英译术语中,长度最大值达到8。除此之外,还有其他几个长度数值格外突出的英译术语,具体情况如表16-9所示。

表 16-9 多词词组型社会学英译术语举例

术语举例	汉语术语长度	英译术语	译名长度
社会/发展/三阶段说/	3	three stages of the progress of the society	8
敬老/爱幼/	2	respect the aged and love the children	7
科技/立/国/	3	developing a nation via science and technology	7
三A/革命/	2	3A revolution (factory, office and home automation)	7
青年/社交/心理/	3	psychology of the youth in social intercourse	7

---

① 此处将长度值大于3的术语或译名分别称为多词词组型术语和多词词组型译名。

续 表

术语举例	汉语术语长度	英译术语	译名长度
"三农"/问题/	2	three issues concerning agriculture, countryside and farmers	7
"三农"/问题/	2	issues of agriculture, rural areas and farmers	7
"三农"/问题/	2	problems facing "agriculture, rural areas and farmers"	7
社会/发展/动力/	3	motive force of the development of society	7

表16-9中所列的术语中,"科技立国""3A革命"和"'三农'问题"正是之前在释译方法分析部分统计过的典型案例。其他几个术语译名作为意译的结果,也带有一定的释译特点。

基于上述统计分析,我们可以初步得出以下结论,即不同英译方法的应用将直接影响到汉语术语英译名的长度。基于NUTerm术语库社会学术语子库中的汉英双语数据,针对每一种英译方法①,我们就其对应汉语术语与英译术语的平均长度做了统计与对比,结果见表16-10。

表16-10 汉语社会学术语与其对应英译术语平均长度对比

英译方法	汉语术语平均长度	英译术语平均长度
直译	2.07	2.17
意译	2.02	2.18
释译	2.13	6.25

根据表16-10的统计可以发现,在汉语社会学术语英译实践中,直译法和意译法并未明显引起英译术语系统长度变化,英译术语的平均长度较汉语术语的平均长度仅有0.1和0.16的增幅,而释译法对英译术语系统的形式特征产生了重要影响,英译术语的平均长度增幅明显,达到4.12。而从整体上讲,英译术语系统中译名的平均长度是这三大主要译名方法共同作用的结果。据统计,NUTerm术语库汉语社会学术语系统的术语平均长度为2.09,术语英译系统的译名平均长度为2.24。

16.4.2 社会学术语汉英翻译的系统经济律

在术语英译系统中,术语长度发生变化的同时,术语系统中单词总数以及单

---

① 音译的情况由于本库中收录较少,本文暂不进行统计。

词的构词频率也随之发生了变化。基于术语分词,经过统计发现,NUTerm 术语库汉语社会学术语系统与其英译术语系统中的单词总数分别为 4 246 和 6 135。以此为基础,可进一步计算出汉语术语系统和英译术语系统中单词的平均构词频率以及这两个系统各自的经济指数,具体计算结果如表 16-11 所示。

表 16-11 社会学术语汉英翻译的系统经济指数

系统参数	汉语术语系统	英译术语系统
术语平均长度	2.09	2.24
单词平均构词频率	3.00	3.69
经济指数	1.44	1.65

从表 16-11 所列数据可以发现,在汉语社会学术语英译过程中,术语平均长度从 2.09 增加到 2.24,英译术语的单词平均构词频率较汉语术语的单词平均构词频率呈现出较为明显的增势,增幅为 0.69,是术语长度增幅的 4.6 倍。这足以说明,英译社会学术语系统的构词能力要明显高于汉语社会学术语系统。因此也就不难理解,在系统英译过程中,英译术语系统的经济指数有升高的趋势。

根据术语系统经济律理论,对于一个发展较为成熟的术语系统而言,其经济指数需高于 1。汉语社会学术语系统的经济指数是 1.44,显然,汉语社会学术语系统已经发展到一个较为成熟的阶段。在某种程度上,这一指数同时也可视为对该学科发展现状的一个直观反映。虽然社会学的发展在我国起步较晚,其间还有中断,但是由于社会学本身的研究对象范围很广,涉及社会发展及现象的方方面面,同时人类社会的发展及社会现象,无论是中国还是西方,存在很多共通之处,很多社会学术语直接从西方引入,出现了目前发展比较成熟的汉语社会学术语系统。

16.5 小结

本文基于中国社会学学科发展史溯源考察,结合现阶段 NUTerm 术语库社会学术语子库中的双语数据,对汉语社会学术语英译现状做了初步分析与描写研究。在汉语社会学术语系统中,汉译外来术语占据多数,同时有少量的中国现代新创术语。这些术语在知识内容、语言特征和术语形式方面有各自的特点,对于当代汉语社会学的英译实践有着至关重要的影响。

作为汉语社会学术语英译的整体结果,社会学英译术语的系统特征取决于英译实践中不同英译方法的应用频率与规律。这一点在汉语社会学术语系统英译的形式特征方面有显著体现。基于社会学术语子库中的双语数据进行统计发现，意译和释译的使用频次只占译名总数的 10% 多一点，却在整体上明显增加了社会学术语英译的平均长度，而直译作为汉语社会学术语英译实践中最常用的方法，对英译术语系统中的单词总数与单词构成频率有关键影响。

从术语系统经济律的视角来看，对于社会学这样的植入型学科而言，现阶段 NUTerm 术语库社会学术语子库中英译术语系统的经济指数处于一个较为合理的水平。但是，在英译的实践过程中，仍有部分术语在概念的准确表达性方面尚有欠缺，有些采用直译法的术语翻译有待进一步研究文献，追根溯源，实现必要的准确回译。对于中国现代自创社会学术语，在英译过程中，应尽可能采用直译或意译，减少释译的比例，以进一步提升汉语社会学术语系统的经济指数，使中国当代社会学话语体系在构建过程中更加趋向独立和自主。

17

汉语民族学术语系统
及其英译现状分析

17.1 汉语民族学术语系统构建的学科史背景概述

民族学研究是对"处于不同社会发展阶段的氏族、部落、部族、民族等族群,以动态的观点研究其历史发展规律,以及生产、生活、社会组织、习俗信仰等物质文化、社团或制度文化和精神文化的全部内容"(宋蜀华,1998:13)。中国古代早已有民族学理念,但民族学作为现代高等教育体系意义上的学科,直到近代以降才在中国得以逐渐确立和发展。

"民族学"(ethnology)这一名称及学科体系诞生于西方,起源于早期的殖民扩张(杨圣敏,2013:8)。而民族学作为一门学科出现,何星亮(2006:43-44)认为是以1839年成立世界上第一个民族学学会,即"巴黎民族学会"为标志。19世纪中叶产生了西方民族学的第一个理论或流派——文化进化论(施琳,2001:85)。之后,西方陆续出现了美国历史学派、英国功能学派、美国心理学派、新进化论学派等主要的民族学流派。

第二次世界大战后西方民族学研究发生了很大的变化。这主要表现在两个方面:第一,"二战"结束以前,国际民族学领域的研究主要集中于非洲、美洲和太平洋岛屿等,而"二战"后,民族学的研究开始转向非工业文明的传统社会(杨圣敏,2012:6-7)。第二,战前西方的研究主要集中于传统的原始民族的研究,战后民族学的研究范围大大扩展,深入社会生活的各个层面。而且,民族学通过与社会科学和自然科学相交产生了很多交叉学科。大体上,西方民族学研究的内容不仅涉及世界范围内各个民族社会、文化生活的方方面面,还显示出其他各学科在民族学研究中的综合应用的成果。西方民族学这一发展特点也体现到其术语体系之中,"民族学术语和术语体系是在民族学调查研究的理论和实践活动中,经过约定俗成,逐步发展形成的"(萧家成,1990:104),因此,西方民族学术语体系也体现了内容的丰富性和跨学科性。

尽管现代民族学源于西方,但中国几千年的传统文化中也蕴含了民族学的思想。黄仲盈(2010:27)认为,在中国的典籍和史籍中已经包含了丰富的民族研究史料,如描写国内各民族的《吴越春秋》《华阳国志》《蛮书》《西域图记》《桂海虞衡志》《百夷传》《西南夷风土记》《蒙古秘史》,以及描述国外民族的《佛国记》《大唐西域记》《瀛涯胜览》《西洋番国志》《异域风土记》《海国图志》等。这些民族学史料为中国传统民族学研究创制了大量中国特有的专门概念和术语。然而,受中国传统学术突出"实践理性"特点的影响,我国传统民族学重在史料叙述,而少于研究,且缺乏一整套的理论指导而不具有系统性,没有形成学科体系。

我国民族学体系正式发展始于近代的"西学东渐"。1903 年,翻译家林纾、魏易将德奥民族学家哈伯兰(Michael Haberland)所著,英国人鲁威(J. H. Loewe)英译的民族学著作 Ethnology 译为中文《民种学》出版,这是中国出版的第一部民族学著作。之后,许多民族学作品通过翻译被介绍到中国,民族学概念和学科体系也随之传入中国①。总体而言,民族学在中国的发展经历了从全盘接受到逐渐本土化的学科构建过程。

19 世纪 40 年代,中国沦为半殖民社会,为了从西方学习救国的方法,早期的中国民族学家将西方的民族学研究借鉴到东方,促使了民种学的本土化研究(杨文炯,2014:62-63)。可以说,1949 年前中国主流民族学研究还是基本属于西方体系(杨圣敏,2013:6)。到了 20 世纪 50 年代后,民族学在中国的本土化进入第二次发展时期。马启成(1998:23-25)把新中国成立后的民族学发展划分为三个阶段:第一个阶段(1949—1955)是民族识别阶段,第二个阶段(1956—1965)主要是对我国各民族进行实地调查,第三阶段从 1978 年至今,民族学领域研究不断取得成果,与国外的学术交流也日益增多。尽管研究者对民族学在 1949 年以来发展的划分不甚一致,但是基本可以说,中国民族学在 1949 年之后"发展成了不同于西方的本土民族学"(杨圣敏,2009:20)。就民族学术语体系而言,在西方民族学术语基础上,大量反映民族学在中国发展的汉语现代民族学术语也得以产生。

概而言之,表征我国民族学概念体系的民族学术语与中国民族学是相伴发展的。这其中,术语的译介活动扮演了举足轻重的角色。具体而言,在民族学甫入中国之际,研究者的工作重心是通过介绍国外民族学的论著引入民族学的学科体系,因此,当时的核心问题是如何汉译表征西方民族学体系的术语。而在中国民族学本土化发展的现阶段,更需要考虑如何英译中国民族学本土化过程中出现的术语,使我国的民族学研究更好地与国际接轨②。本文基于 NUTerm 术

---

① 五四前后,很多中国学者远赴西方或者日本学习民族学知识,回国后致力于介绍西方民族学理论。1926 年,蔡元培倡导民族学研究,这被公认是民族学在中国正式发展的开始(谭必友、陆群,2003:5)。

② 正如宋蜀华(2003:69)所言,民族学本身兼具"国际化"与"本土化",这两个特性应当是相辅相成的,"越是具有自己特点的民族学研究,才越会被吸收而融入世界民族学之中"。在这种情况下,更需要重视民族学术语英译的问题以向国外介绍中国的民族学研究状况,更好地融入国际民族学研究。

语库民族学术语子库的相关数据,旨在客观描述汉语民族学术语的英译现状,以期为我国民族学术语英译提供有益的启示①。

在概述中国民族学学科发展脉络基础上,下文将探讨汉语民族学术语系统的构成类型及特点。

17.2 汉语民族学术语系统的构成类型及特点

格里尼奥夫(2011:65)根据来源将术语分为固有术语、外来术语和混合术语。结合中国民族学发展的实际情况,本文将汉语民族学术语分为三大类:中国传统民族学术语、汉译西方民族学术语和中国现代民族学术语。"中国传统民族学术语"指在独特的中国语境下产生的,与中国本土民族学研究有直接关联的民族学术语。"汉译西方民族学术语"指从西方民族学研究领域汉译而来的术语。"中国现代民族学术语"指称体现中国本土民族学的新发展,在中国特殊情境下所产生的新生术语。

本文就民族学术语子库现阶段收集的 5 039 条术语,举例说明各类型术语(见表 17 - 1)并且分析其主要特点。

表 17 - 1　汉语民族学术语系统的构成类型举例

汉语民族学术语类型	典型术语示例
中国传统民族学术语	馕、锵、西夏、庙会、春节、月琴、秧歌、射荷包、饽饽、打年锣、望夫云
汉译西方民族学术语	牧师、民族学、公民权、蜡染法、盎格鲁撒克逊风格、太波嘎列、太阳神、阿巴达尼、亚民族、非社会、化石智人、哈萨克文、化石化、民族学、联邦制、平均主义、非理性、非单系、亲犹太主义
中国现代民族学术语	中国猿人、中国民族文字、民族统一战线、右江工农民主政府、中国彝民红军沽基支队、壮族土官土地所有制、傣族封建领主土地所有制

中国传统民族学术语是在独特的中国语境下产生的,大多与中国本土民族学研究有直接的关联,包括与中国历史有关的术语(如"西夏"),与中国本地的民俗有关的术语(如"庙会""打年锣"),与中国节日有关的术语(如"春节"),与中国传统食品有关的术语(如"饽饽"),与中国传统音乐有关的术语(如"月琴""秧歌")。此类术语的英译极具挑战性,因为这些在中国独特语境下产生的术语无法在英语文化中找到对应的概念,采用直译的方法,术语概念意义往往不明确,

---

① 王明甫(1988:43)指出,"对术语概念和译名的探讨,本身就是一项相当实际的学术理论研究工作"。虽然他指的是民族学术语的汉译,但是对于现在中国本土民族学术语英译也具有指导作用。

只能意译或者释译。然而,意译不容易揭示此类术语的文化意义,而释译的结果是词汇化程度不高,术语不够简明。还有的术语采用了音译法,虽然最大限度地保留了术语的文化内涵和语言特色,但是术语概念意义的传播性差,往往需要与直译、意译或释译结合使用。

正如前文所述,西方民族学源于西方早期的殖民扩张,在漫长的发展过程中,融入了世界各民族的文化传统术语,如伊斯兰教宗教术语"伊斯兰教"、印度服饰术语"恰达"、希腊神话术语"太阳神"等。西方民族学理论从19世纪起至今出现了不少学术流派和方法,这也同样体现在民族学术语中,如民族学流派"文化史学派"和"传播学派",研究方法"历时"等。这类术语伴随着西方民族学在中国早期发展译介引入汉语,此类术语在英译时通常面临两个问题。一是译者将其回译时,会出现多个汉语术语对应一个英语术语的情况,容易造成概念的混乱。二是由于传入时间长,无法精确溯源,译者在英译时无法确认是否应当使用回译,往往使用直译或者意译等方法,出现了一个汉语术语翻译成数个英译译名的情况,不利于准确表达概念意义,也容易出现误译、误用以及和西方民族学英语术语无法对应的情况。

中国现代民族学术语中除了"中国猿人"和"中国民族文字"这类西方民族学概念与中国语境相结合的术语,还有不少民族政治学方面的术语。严庆、姜术容(2015:102)指出,"从现实发展来看,民族政治学确实也较多地从政治学的视角关注民族因素与政治的交集,而且产生了许多民族与政治议题交织的主题"。这在术语库数据中也有所反映,如"民族统一战线""右江工农民主政府"和"中国彝民红军沽基支队"。在我国,周星于1988年率先提出将民族学和政治学合为一个独立学科进行研究,他的一系列相关论著为民族政治学这一学科在中国的发展打下了基础。相对而言,民族政治学在中国的发展时间较短,因此这一类术语数量不多。西方民族学概念与中国语境相结合的术语在英译时,通常采用西方民族学英语术语加上中国语境的方式,而民族政治学方面的术语在英译时较多使用直译的方式。

汉语民族学术语从组成形式看,可以分为"术语词"和"术语词组"两大类。民族学的术语词包含两种亚类型:单纯词和合成词。合成词包括自由语素结合而成的复合词名词术语,以及由自由语素和黏附语素(或语缀)结合而成的派生词名词术语或加缀术语。单纯词是指由一个语素构成的术语词,如"锵"和"馕"都是由一个音节构成的单音词。多音节的外语音译词也属于单纯词,这类词应作为一个整体使用,其构词成分不能拆开单独解释,否则整个词的意义会发生变化,如"太波嘎列"和"阿巴达尼"。复合词名词术语指由两个或两个以上语素构成的名词,总体意义单纯,如"内丹""婢女"。加缀术语由自由语素和词缀结合而成。在汉语民族学术语系统中,加缀术语较多,主要构成类型分为自由语素加前缀、自由语素加后缀以及自由语素加前缀和后缀三种。汉语民族学术语中自由语素可以附加前缀："非""亚"等构成加缀术语，如"非社会"和"亚民族"。自由语素也可附加后缀，主要是词尾的"人""文""化""主义"等构成加缀术语，如"化石智人""哈萨克文""化石化""民族学""联邦制"和"平均主义"。另外，自由语素加前缀和后缀构成的加缀术语有"非理性""非单系""亲犹太主义"等。

术语词组是指由两个或两个以上的词构成的术语，每个构成的词都有自己的意义，结合起来表示一个整体意义。术语词组可以根据组成的词数分为二词术语、三词术语和多词术语。二词术语，如"射荷包"和"中国猿人"。三词术语，如"中国民族文字"和"民族统一战线"。多词术语，如"右江工农民主政府""中国彝民红军沽基支队"和"傣族封建领主土地所有制"等。

上文从来源和组成形式两方面考察了汉语民族学术语系统的构成特点，这些语源特点及形式特征会对汉语民族学术语英译产生影响。下文将结合民族学术语子库中翻译方法相关数据的统计，进一步发掘、确定并探讨汉语民族学术语系统英译的方法特点。

17.3 汉语民族学术语系统英译的方法特点

通过上文的分析可以看出，汉语民族学术语子库中包括了中国传统民族学术语、汉译西方民族学术语和中国现代民族学术语，这三类术语类型特征不同，其英译处理方法各异。

NUTerm术语库民族学术语子库现阶段收录的汉语术语共5 039个，其英译译名共计6 072个[①]。经过梳理发现，汉语民族学术语英译方法可以大体划分为四种：直译、意译、释译以及音译。在本文中，直译指翻译时保留了原术语的语言形式的译法，如"传递文化"翻译为 disseminate culture。意译是翻译时着重传达原术语意义，不注重保留原术语的语言形式，如"铜钱"翻译为 moon money。释译是在翻译时以解释意义为主，如"三十六天"翻译为 thirty-six layers of heaven believed by Taoist。音译是指借助汉语拼音来标注汉语特有文化术语的处理方法，如"袷袢"翻译为 qiapan。

对民族学术语子库术语及其译名梳理，除去48个错译译名和3个术语没有对应英语译名，我们对剩余6 024个英语译名的翻译方法进行了标注，直译、意译、释译和（完全）音译4种翻译方法的使用频次和各自所占比例的统计结果见表17-2。从表17-2可以看出，汉语民族学术语英译的主要方法是直译，占所

---

① NUTerm术语库民族学术语子库共收录汉语民族学术语5 039个，部分术语对应有2个至4个英译译名，因此英译民族学术语数量有6 072个。

有数量的85.39%,其次是意译,占10.04%,释译和(完全)音译分别占2.16%和2.41%。

表17-2 汉语民族学术语英译方法统计

英译方法	使用频次	所占比例
直译	5 144	85.39%
意译	605	10.04%
释译	130	2.16%
(完全)音译	145	2.41%

在汉语民族学术语子库中使用最多的术语英译方法是直译(举例见表17-3)。直译的方法运用中包括了语素——对应的纯直译和混合型直译,具体见表17-4。所谓混合型直译是指该术语英译时整体采用了直译的方法,但是部分运用了其他翻译方法,如直音合译、直译加注和直音合译加注。

表17-3 汉语民族学术语直译法举例

汉语术语	直译译名
实际人口	actual population
辩护行为模式	advocacy action model
赛跳跑	jump-run race (traditional folk sport of the Tatar nationality)
路不拾遗	(No one) picks up lost articles on the street (a peaceful and prosperous time)
花儿会	Hua'er party
白族	Bai nationality
彝族大三弦	Big Sanxian of Yi
堂子祭	Tangzi sacrifice (royal family sacrifice during the Qing Dynasty)
萨玛酒歌	Wine Songs of Sama (a ballad popular among the Moinba people)

表17-4 汉语民族学术语直译法类型统计

直译类型	纯直译	混合型直译		
		直音合译	直译加注	直音合译加注
使用频次	4 925	207	8	4
所占比例	95.74%	4.02%	0.16%	0.08%

从表17-2可以看出,直译是大多数民族学术语英译采取的方法。表17-5

列出了汉语民族学术语和对应的英译术语中出现频率前十位的词语。

表 17-5 汉英对译民族学术语词汇系统高频单词对比

序号	汉语术语系统		英译术语系统	
	词 语	频 次	词 语	频 次
1	文化	305	culture (cultural)	149(148)
2	民族	171	system	134
3	婚	83	marriage	127
4	社会	79	family	117
5	制度	60	group	105
6	家庭	57	language	70
7	亲属	52	national	69
8	部落	52	ethnic	62
9	关系	48	society	61
10	原始	43	theory	61

从上表中可以看到,汉语民族学术语出现频率最高的是"文化",出现了305次;英语术语中出现最多的为 culture(包括其形容词形式),总共297次。两者频次相差8次,可能主要与英语的构词法有关,culture 在某些词中只作为词干出现,如"多元文化"被翻译成 multiculture,因此不会出现在统计数据中。

这些高频词反映了民族学研究的重点。例如,"文化"是民族学研究的核心问题之一。黄惠焜(1996:24)指出,"民族学应当以人类文化为研究对象。无论它碰到什么问题,它总是从文化这一特殊角度切入,对于民族共同体也是如此"。婚姻制度问题研究也是民族学研究的焦点之一(杨圣敏,2005:9)。这一点在术语库中也得到印证,表现为与婚姻制度及习俗有关的术语比例较高。

此外,这些高频词的结合也体现了民族学研究方向。吴俊、史明明(2014)对 CSSCI 数据库中 2000—2011 年间所有民族学相关文献做了知识图谱数据分析。作者主要考察了关键词、文献引用和作者等参数,从而揭示出我国民族学研究发展的情况。他们整理高频词后发现,2000—2011 年共 12 年中,民族学研究领域使用最多的关键词是民族文化、民族地区、少数民族、人类学、民族关系和民族政策。陈静、史明明(2014)也对 CSSCI 数据库中这 12 年的所有民族学领域文献进行了分年度可视化描写,揭示出民族学每两年的研究热点和变化过程。根据分析的结果,他们将民族学这 12 年的研究划分为六个研究热点:民族文化、民族经济、民族教育、民族关系、民族区域政策和人类学研究。

汉语术语"民族"出现171次,但是相对的英译术语ethnic频率却较低,其原因在于长久以来对"民族"这一术语的争论。郝时远(2004)研究发现,"民族"一词古已有之,但是其所具有的现代民族学含义则是受西方民族学研究的影响。这使得在翻译Ethnology时,"使用的中文词语也不够准确且难以统一,仅学科名称就有'人种学'、'民种学'和'民族学'等多种不同译法"(杨圣敏,2009:16)。

此外,"婚"也是个高频术语,在汉语系统中出现了87次,但是英译术语marriage出现的频次有127次之多。英译术语词出现频次远高于汉语术语词,原因可能与汉语术语分词有关。在对汉语术语分词时,"婚"有时作为附着词缀不单独分为一个词。如"对偶婚"其实是从pairing marriage汉译而成,中文术语表示的整体意义为单纯义,不进行切分,而英语术语却是两个词。但是这种回译的方法需要经过严格的历史溯源,本文从两者语素一一对应考虑,将对该术语的译法归为直译类。

意译是汉语民族学术语英译使用的第二大类方法,举例见表17-6。汉语民族学术语通常采用意译的方式英译那些若直译会造成歧义的术语。表17-6中的"大同文化"无法用直译的方法准确体现其含义,Great Harmony虽然与原术语没有语素的对应关系,却反映出术语的概念内涵,与中华文化的"和"概念相映衬。"奔丧打冤家"的英译是hit the foe,译名虽然没有反映出"奔丧"的对应译语,但是简短且表意明确。

表17-6 汉语民族学术语意译法举例

汉语术语	意译译名
大同文化	Great Harmony
母之女神	Great Mother
奔丧打冤家	hit the foe
幼嗣权	junior right
土名	local name
巫医	medicine man
峒丁	Tong people
本主	Benzhu worship

在意译的术语中也出现了意译和音译相结合的方式。表17-6中"峒丁"的英译译名中出现了"峒"的汉语拼音Tong,"本主"的译名中也出现了拼音

Benzhu。从全部民族学术语译名来看,意译方法中纯意译占96.86%,意音合译只占了3.14%,具体见表17-7。

表17-7 汉语民族学术语意译法类型统计(共605条)

意译类型	纯意译	意音合译
使用频次	586	19
所占比例	96.86%	3.14%

释译是汉语民族学术语英译使用的第三大类方法,举例见表17-8。萧家成(1990:108-109)指出,不少汉语民族学术语源自古汉语相关词语或是从方言中的有关词汇转化而来,如"不落夫家"。此类民族学术语有浓厚的中国特色,在当地运用广泛,但是在英译时会给译者造成很大的困难。从NUTerm术语库民族学术语子库中术语英译的情况来看,在翻译这一类术语时较常采用释译法。例如,"化外人""芦笙"和"三官"在英译时均采用了用英文解释中文术语概念内涵的方式,即解释性释文的形式。再如,"西朗卡布""新媳妇驱鬼""葱蒜定情""哭嫁"和"土主"这五个术语采用了释译加音译的混合方法。以"土主"为例,其英译译名为Tuzhu Worship in the Minority Nationalities in Southwest China,译名重在解释"土主"的意思,其中使用"土主"对应拼音Tuzhu,是释译加音译。

表17-8 汉语民族学术语释译法举例

汉语术语	释译译名
化外人	naturalized persons of ancient China
芦笙	a reed-pipe wind instrument
三官	three Gods worshipped by Taoists
西朗卡布	a literature of Tujia
葱蒜定情	Dong people's allium promise
哭嫁	folk custom of Kujia
土主	Tuzhu Worship in the Minority Nationalities in Southwest China

统计表明,在128条采用释译方法的英语译名中,有102条为纯释译,占所有释译译名的79.69%。此外,还出现释译加音译的方法,占所有译名的20.31%,在这些术语中译名以释译为主,涉及特定的、无对应英文的民族、人名等,因此又采用了音译策略。释译的统计具体结果见表17-9。

表17-9 汉语民族学术语释译法类型统计

释译类型	纯释译	释中含音
使用频次	102	26
所占比例	79.69%	20.31%

表17-10 汉语民族学术语音译法举例

汉语术语	音译译名
冬不尔	Dong Bu Er
奥色密色	Aose Mise
刘三姐	Liu Sanjie
步罡踏斗	Bu Gang Ta Dou(walking along the track of the Big Dipper)
胡饼	Hubing(sesame seed cake originated from Han Dynasty)

汉语民族学术语英译使用的第四种方法是音译,举例见表17-10。音译方法又可分为两种类型:一是只用汉语拼音,如"冬不尔""奥色密色"和"刘三姐";二是先用音译,再进行注释,如"步罡踏斗"和"胡饼"。就汉语民族学术语子库中的数据而言,145条音译术语中,只使用汉语拼音的术语条占大多数,为138条占音译术语的95.17%;音译加注的方法使用不多,只有7条,占所有音译术语条的4.83%,统计结果见表17-11。

表17-11 汉语民族学术语音译法类型统计(共:145条)

音译类型	纯音译	音译加注
使用频次	138	7
所占比例	95.17%	4.83%

本部分对汉语民族学术语的英译方法进行了数据统计与分析,下文将探讨汉语民族学术语系统英译的形式特征并计算汉语术语系统和英译术语系统的经济指数,以期从中发现汉语民族学术语英译方法对英译术语系统的形式特征可能产生的影响。

17.4 汉语民族学术语系统英译的形式特征与经济律

为了考察汉语民族学术语英译方法对英译术语系统的形式特征产生的影响

并在此基础上分析英译方法的合理性,本文对民族学汉英术语系统进行形式特征对比分析并计算比较两套术语系统的经济律特征。

17.4.1 汉语民族学术语系统英译的形式特征

在民族学汉英术语系统中,汉语术语的长度指其所包含的术语词数,如"中国民族文字",根据冯志伟(2012:170-192)的分词原则可以分为三个词,因此,汉语术语的长度为3。对于英译术语而言,其长度指术语中包含的单词数,其中单词型术语长度为1,词组型术语长度大于1,取决于内部的单词数。在民族学术语子库中,汉语民族学术语系统及其英译术语系统的长度统计对比结果见表17-12。

表17-12 汉语民族学术语及其英译术语长度类型统计与对比

术语类型	汉语术语数量	所占比例(%)	英译术语数量	所占比例(%)
(单词型术语)	1 449	28.75	1 870	30.78
(二词词组型术语)	2 920	57.95	3 345	55.06
(三词词组型术语)	545	10.82	492	8.10
(多词词组型术语)	125	2.48	368	6.06

从表17-12可知,汉语民族学术语子库中,单词型术语和二词词组型术语所占比例最大,在整个汉语民族学术语系统中分别占28.75%和57.95%,三词词组型术语占10.82%,多词词组型术语占2.48%。在英译民族学术语中,单词型术语和二词词组型术语也占据了绝大多数,单词型术语有1 870个,在整个系统6 075个术语中占30.78%。二词词组型术语数量最多,有3 345个,在整个术语系统中占55.06%。三词词组型术语有492个,占8.10%。多词词组型术语368个,占6.06%。汉语民族学术语及其英译术语长度统计与对比举例见表17-13。

表17-13 汉语民族学术语及其英译术语长度统计与对比

汉语术语	汉语术语长度	英译术语	译名长度
复合/氏族	2	complex clan	2
文化/成长/形貌	3	configuration of cultural growth	4
闹/枕头	2	stiff neck	2
金山	1	Jinshan	1
宣政院	1	Xuanzheng Yuan (the Advisory Council in charge of Tibetan affairs and religion)	12

续 表

汉语术语	汉语术语长度	英译术语	译名长度
阿西/跳月	2	Moonlight Dance around campfire of Axi	6
化外人	1	naturalized persons of ancient China	5

表 17-13 举了采用四种翻译方法的 7 个例子。"复合氏族"和"文化成长形貌"都采用了直译的方法,汉语术语长度与英译术语长度大致相等。"闹枕头"在英译时使用了意译,汉语术语的长度与其英译译名长度一致(均为 2 词)。"金山"的英译采用了音译法,原汉语术语长度与其英译译名长度一致。"宣政院"在英译时使用了音译加注的方法,原汉语术语长度为 1,但英译译名长度为 12。"阿西跳月"和"化外人"两个术语在英译时都使用了释译法,原汉语术语长度分别为 2 和 1,而英译译名长度则分别为 6 和 5。可以看出,不同的英译方法对英译译名的长度影响较大。表 17-14 中列出了使用四种英译方法前后的汉语术语和英译译名长度对比。

表 17-14 汉语民族学术语及其英译术语平均长度对比

英译方法	汉语术语平均长度	英译术语平均长度
直译	1.86	1.92
意译	1.85	1.83
音译	1.28	1.69
释译	1.64	5.84

从表 17-14 可以发现,在汉语民族学英译实践中,直译法、意译法和音译法没有明显增加术语的长度,特别是意译法使得英译译名的平均长度比原汉语术语的长度缩短了 0.02。但是,使用释译法英译时,术语译名的平均长度增加了 4.2。整体而言,汉语民族学术语系统的平均长度是 1.88,英译译名系统长度为 1.99,平均长度接近,具体见表 17-15。究其原因,这应当是与汉语民族学术语英译过程中有 85.39% 使用了直译法,释译只占 2.16% 有关。从整体上看,这也与前文所述的单词型术语和二词词组型术语共占 86.70% 相佐证(见表 17-12)。

表 17-15 汉英民族学术语系统平均长度对比

	汉语术语系统	英译术语系统
术语平均长度	1.88	1.99

汉语术语的平均长度少于 2 个词(见表 17-15),较为简洁,说明汉译西方民族学术语的汉化程度较高,西方汉译术语大多为术语词的形式,如"民族学""公

民权"等,这说明译介时充分考虑中国语境下大众的接受程度以及术语的简明性。正如前文所言,术语词包含加缀术语这一亚类型。通过加前缀、后缀或者前后缀均加的方法,较好地实现了西方译介术语形式的汉化。此外,一些在中国出现文化缺省的译介词西化较为明显,如"盎格鲁撒克逊风格"和"太波嘎列",这些音译词属于单纯词,也是术语词的一种体现。

中国现代民族学术语常常是西方民族学固有术语结合中国具体的语境而产生,因此常以术语词组的形式出现,有二词、三词、四词甚至多词术语。

17.4.2　汉语民族学术语系统英译的经济律

在汉语民族学术语系统的英译过程中,英译术语长度发生变化的同时,英译术语系统中单词总数以及单词的构词频率也发生了变化。通过对汉语术语进行分词和统计分析可以发现,汉语民族学术语系统与其英译术语系统中的单词总数分别为5 039词和6 072词。在这个基础上可以计算出汉语术语系统和英译术语系统中单词的平均构词频率以及这两个系统各自的经济指数,具体计算结果如表17-16所示。

如表17-16显示,汉语民族学术语英译过程中,其英译术语系统的平均长度增加,增幅为0.11。相比之下,英译术语系统单词的平均构词频率增长幅度更大,增长了0.31,是术语长度增幅的近3倍。这表明,英译民族学术语系统的构词能力高于汉语民族学术语系统。

表17-16　民族学术语汉英翻译的系统经济指数

系统参数	汉语术语系统	英译术语系统
术语平均长度	1.88	1.99
单词平均出现频率	2.42	2.73
经济指数	1.29	1.37

术语系统经济律指出,发展较为成熟的术语系统的经济指数需要高于1。从表17-16可以发现,民族学汉语术语系统和英译术语系统的经济指数均高于1,这说明,汉语民族学术语系统经过百年的发展,已经较为成熟。此外,民族学术语子库中民族学英译术语系统的经济指数略高于汉语术语系统的经济指数,这可能与系统中的术语数量有关,"术语系统的经济指数高低,受到系统中术语数的强烈影响"(冯志伟,2011:367),在民族学术语子库中有6 075个英译术语,这一数量超过汉语术语系统的5 039个,是导致英译术语系统经济指数较高的一个原因。

17.5 小结

本文在回溯中国民族学的学科发展史背景基础上,结合 NUTerm 术语库民族学术语子库中的双语数据,对汉语民族学术语的英译情况进行了总体分析。就构成类型而言,在汉语民族学术语系统中,中国传统民族学术语、汉译西方民族学术语和中国现代民族学术语并存。在翻译方法方面,总体而言,汉语民族学术语的英译以直译为主,以音译、意译、释译或者几种英译方法结合的翻译方法为辅。

统计表明,释译的方法增加了英译术语的平均长度,但是由于使用数量较少,未对整个英译术语系统带来太大的影响。值得注意的是,意译的使用反而使英译术语的平均长度略小于汉语术语的平均长度,但是意译无法在保证传达术语意义的同时保持原术语的形式特征,因此,在英译本土术语时需要根据使用语境的不同加以综合考虑,以便取得最佳的翻译效果。

本研究中发现了汉语民族学术语英译的一些问题。一是汉语术语英译译名不统一,系统性不够。例如,"佤文""瑶文""回鹘文""八思巴文""欧甘文"和"东干文"等术语都含有"文"这个构词成分,而且意义一致,但是有的翻译成了 language,有的翻译成了 writing system,还有的翻译成了 script,在日后的民族学术语翻译研究中需要对这些英译术语进一步考证,规范并且统一英译术语,减少产生歧义的可能性。二是源自西方的民族学术语在英译过程中未能正确回译。例如,"跳骆驼"这个术语被释译为 a celebration in Tehama。Tehama 位于美国加利福尼亚,从英译译名可以推断这一术语涉及美国一地区的庆祝形式,但是英译时译者并没有正确回译到原英文术语。这可能是因为该术语传入时按中国语境中的风俗习惯的表述方法汉译,但是翻译为英语术语时未能回溯到原来的英语术语。这也提示译者在术语翻译实践中要对术语的来源以及运用情况准确考证。三是不同的汉语民族学术语有相同的英译名。例如,"巫术"和"魔术"的英译名都是 magic。这容易让学习者对这两个中文术语概念是否相同产生疑惑其实两者虽有联系,但也存在区别,尤其从感情色彩上看,在不少民族中"巫术"略带贬义,而"魔术"则偏中性。四是汉语民族学术语的英译名还存在一定数量的错译。如"遗风"直接译为 remains,实际上,"遗风"指从过去遗留下来的风气等,而 remains 则多表示从遗留下的废墟等。

本研究使用的汉语民族学术语子库目前只收录了 5 039 个汉语术语,未来的研究可以增收更多的民族学术语,以便对民族学术语的英译做一个更为全面系统的分析。

18

汉语新闻传播学术语系统及其英译现状分析

18.1 汉语新闻传播学术语系统构建的学科史背景概述

"新闻传播学"是近年来我国新闻与传播学界出现的一个新名词,黄旦教授在其专著《新闻传播学》(1995)一书中最早使用该术语。作为一门新兴交叉性学科,"新闻传播学"的内涵在学界尚无权威定义,但是研究者们在以下几方面已达成共识:

首先,新闻传播学是一门研究人类社会新闻传播现象、新闻传播事业及其活动发展规律,如新闻传播原理、内容、媒介、环境、过程、传播者、受众、作用效果、调节和管理等的科学[①]。其次,它是新闻学与传播学交叉渗透产生的边缘学科,但"不是也不应该是'新闻学'+'传播学'"式的简单叠加或拼凑(黄旦,2014:1)。换言之,作为一门独立学科,新闻传播学是在"传统新闻学基础上,通过吸收现代传播学的研究成果和方法"搭建的学科大厦(黄辉,2013:2)。另外,该学科研究内容可根据不同标准具体划分,如结合传统新闻学三大支柱将其分为"新闻传播历史、新闻传播原理与新闻传播业务"研究(徐小鸽,1996:10),或从学科架构角度,分别讨论"新闻传播基础理论、应用理论与发展理论"(刘卫东,1999:10)。蔡铭泽(2003:27-28)和黄辉(2013:3)则从传播要素关系出发,将研究内容分为新闻传播"本体(理论)、客体(理论)、主体(理论)、受体(理论)、载体(理论)、媒体(理论)、效果(理论)、外部环境(理论)、流程和控制"研究等。通常,在学科框架纵向隶属关系层面,新闻传播学归属"传播学"下的"大众传播学"分支(刘卫东,1999:12)。

新闻学与传播学作为新闻传播学科的建构基石,均起源于欧美。19、20世纪之交,新闻学首先在德国和美国形成学科;20世纪40年代,传播学在美国形

[①] 关于"新闻传播学"的界定,在各专著及文章中表述不尽相同,此处的定义主要综合了徐小鸽(1996)、刘卫东(1999)、童兵(2001)、蔡铭泽(2003)、黄辉(2013)等的相关表述。

成学科(陈力丹,2004:56)。由于二者出自不同的社会历史文化背景,其关注点和性质也各有侧重。其中,新闻学是"研究新闻传播规律和新闻事业发展规律的科学",以职业规范为导向;传播学作为一门经验性学科,更关注"人类传播现象和行为以及传播活动的发生、发展规律和人与人、人与社会关系"等(甘惜分,1993:75-80)。后者在前者基础上发展而来,"在借鉴许多社会科学研究成果的基础上扩大了研究视角"(刘卫东,1999:11),并反哺新闻学,为其"注入了更多理论养分",二者可谓相辅相成。

人类的新闻传播活动历史悠久,对新闻传播活动的相关研究可追溯到19世纪中叶,通常,学界以1845年德国学者普尔兹所著《德国新闻事业史》一书的出版为标志。20世纪20年代,系统化的新闻理论创立于世。直至四五十年代,人类的新闻传播研究严格意义上都属于"传统新闻学"框架下的"报学"研究,即以"报业和报纸发展史,报纸的性质、特性和作用,报纸新闻的采写编与报道"为主要研究对象(徐小鸽,1996:2)。彼时,新闻媒介已从最初的报纸、广播,发展到了电子电视和网络传媒时代,社会信息传播结构与传播方式发生了本质变化,信息的交流量随之迅猛增长。另外,社会学、心理学、语言学,和以"信息论、控制论、系统论"为代表的"三论"等在内的多领域学者相继介入新闻传播研究,不仅扩充了新闻学原有的知识框架、理论模式与研究范式,同时也拓展了新闻学理论的应用领域。在此基础上,20世纪40年代,一门与多学科结缘的交叉性学科——传播学,首先在美国诞生,并迅速传到西欧、日本等国家和地区。

最初,学者们一直沿袭新闻学、传播学双轨并行的研究传统,即"新闻学者只研究新闻,传播学者只研究传播"(徐小鸽,1996:3)。但作为工业化社会的产物,传统新闻学的基本原理在解释、指导和预测信息化社会新闻传播现象的过程中逐渐式微,而传播学理论体系却在应用开发中日趋完善。在社会需求与学术现实的双重驱动下,新闻学开始呈现向传播学转变与发展的趋势。20世纪60年代以来,西方多数国家陆续建立传播院系,或将新闻院系改名为新闻与大众传播院系等(同上:1-9)。可以说,新闻传播事业的内部变革直接影响了其学科话语体系的建设,传统新闻学术语和大量新创知识概念之间开始出现巨大的鸿沟(刘卫东,1999:13),新闻学不得不借助传播学等学科进行知识扩容、概念拓展以及术语系统的更新。显然,西方新闻传播学科理论生态驳杂,学术话语体系的建构也面临多重理论与方法的价值取向博弈,呈现出诸多话语异质性。相应地,其术语系统作为学科话语体系的基石,在概念及其表征层面也呈现更加明显的复杂性与多样性。

同西方研究传统相比,中国的新闻传播思想源远流长,最早可追溯到春秋战国时期(蔡铭泽,2003:19)。但就现代意义上的学科建设而言,我国的新闻传播学是一个"舶来品",具有鲜明的植入性特征。20世纪70年代末以前,国内的研究以新闻学为主,1978年传播学自美国引入,带来了全新的知识框架、理论模式和研究规范,同时也为国内研究引入了崭新的知识生态。根据方汉奇(2003),国内的新闻传播学研究可大致分为三个阶段:

第一阶段从19世纪70年代到1949年,这是研究的起步阶段。1873年,《申报》发表了《论中国京报异于外国新报》一文,这是迄今所见最早涉及新闻理论的文字。新闻学科的正式建立则滥觞于1918年10月北京大学新闻学研究会的成立。北京大学徐宝璜教授1919年出版的《新闻学》一书,通常被视为国内第一部新闻理论专著。第二阶段从1949年到1978年,这是国内新闻传播学研究的摸索前进时期,重点关注"新闻学"领域的相关议题。当时,已有学者着手译介西方传播学领域的著作,但"政治风向的改变使之很快中辍",直至1978年日本、美国等地的知名传播学者相继访问大陆,传播学的火种才被重新点燃(廖圣清等,2013:72)。同年7月,复旦大学新闻系刊物《外国新闻事业资料》首次公开介绍传播学,标志着中国传播学研究正式开始。1978年至今是第三阶段,中国的新闻传播事业发展迅猛。1982年,国内新闻界召开了第一次全国传播学研讨会,"造就了中国新闻学与传播学整合的起点"。至90年代中期,越来越多的学者开始呼吁从新闻学向传播学转向。进入21世纪,"传播学的一些关键概念和术语,已不断渗透到社会各领域和日常生活之中,为社会所认可和使用"(黄辉,2013:21-25)。

显然,国内新闻传播学科的核心概念、主要研究命题、研究方法和理论体系等均来自西方。可以说,西方理论体系在我国新闻传播学学术话语体系中占据了绝对主导地位,我们一直在"学习补课",诸多研究不得不"借助西方新闻传播理论进行支撑或阐释",以至于难以摆脱为西方学界"作注脚"的尴尬局面(蒋晓丽、张放,2016:35)。这同样也是影响我国新闻传播研究原创性成果产出,造成我们在国际学界话语权不足和影响力有限的主要原因。然而,需要说明的是,我们并未将西方新闻传播学的话语形态完全移植到汉语语境,而是基于中国特有的社会情境和传播实践,在一定程度上自觉设置"口径、角度、时间点及解读方式"(张涛甫,2015:22),并在译介与应用过程中,对许多核心概念进行了中国特色的跨文化解读、想象与改造。并且,伴随中国当代社会政治、经济等诸多领域的快速发展,我国的新闻传播学学科体系的构建与学术话语体系的创新较学科创建之初已经有了很大进步。这其中,西方新闻传播理论的中国化和基于中国特殊的传播语境与传播实践建立本土化的新闻传播话语,无疑是中国当代新闻传播学学科理论建设与实践探索应有的题中之义。而日益增多的汉语新闻传播学创新概念与术语表达便是这一学科发展趋势的直观体现。

在中国现代新闻传播学科话语体系的构建过程中,其术语资源除了借自西方的概念和表述之外,中国本土数千年来的传统新闻传播思想也不容忽视。春秋战国时期,诸子百家都非常重视新闻信息的传播工作,如荀子的"五帝之外无传人,非无贤人也,久故也"探讨了信息传播中的失真问题;孟子"民为贵,社稷次之,君为轻"关注了人民群众在社会政治生活中的作用(蔡铭泽,2003:19)。这其中,有不少传统术语值得进一步挖掘与诠释。香港学者余也鲁教授也曾多次提到传播研究的本土化问题,并表示"中国的文化遗产里有相当丰富的知识积累……中国传播学的研究应该是非常有意义的"(转引自胡翼青,2011:34)。为此,他积极倡导系统整理中国古代的传播思想,希望借此对西方传播理论有所补充。这些宝贵的资源正是中国现代新闻传播学研究在本土化与国际化过程中实践应用的立足点和理论建构创新的思想之源。换言之,中国的新闻传播研究应主动打破"西方理论、中国经验"的二元框架(胡翼青,2011:34-39),建立"洋为中用"与"古为今用"共存的复合型话语构建机制,在吸纳西方学术资源的同时,重视并探索中国特色传播实践中所发现的普遍规律、原则和方法。

从上述对中西方新闻传播学学科发展历史的概括性描述可以看出,新闻传播学是在传统新闻学基础上,通过借鉴传播学中系统科学(信息论、控制论、系统论)和心理学、符号学、社会学、语言学等学科研究成果,并融汇多种新兴学科的基本原理与方法创建的新兴交叉学科。中国新闻传播学的学科发展主要有三方面知识来源,即引自西方的新闻传播学思想,基于近、现代中国特有的传播实践和社会语境产生的本土新闻传播思想,以及中国传统新闻传播经验与思想。关于这方面,汉语新闻传播学术语系统的构成及特征分析能够较好地反映出中国新闻传播学学科建设的现状与发展趋势。

18.2 汉语新闻传播学术语系统的构成类型及特点

学科术语系统的构成类型与特征能够反映出一个学科在发展与融合过程中所形成的知识体系内容。新闻传播学术语是表达或限定新闻传播领域专业概念的约定性符号,是新闻传播学理论与实践知识的词汇化表征结果。结合上述有关中国新闻传播学科历史沿革与发展特殊性的概要描述,可以考察并大体描述出汉语新闻传播学术语系统的基本构成特点。

具体来说,汉语新闻传播学术语系统的构成主要包括三大类,即译自西方的新闻传播学术语、中国现代本土新闻传播学术语和中国传统新闻传播学术语。其中,西方新闻传播学术语是通过系统的术语汉译实践进入中国新闻传播学话语体系的,是汉语新闻传播学术语系统的核心构成,主要包括新闻学、传播学,以及与之交叉的社会学、心理学、语言学和系统论、控制论、信息论等领域的术语。这类术语的英译在中国当今学术研究情境下面临着系统回译的问题。然而,事实上,诸多充当底层话语建构基石且能产性极强的核心术语,如"传播""文化工业""文化产业"等概念,已在中国的社会与学术语境中被部分或完全重新定义,这种情况下如何妥善处理回译问题是中西学术话语交流的重点与难点。而所谓的"中国现代新闻传播学术语"是指在译介与应用西方新闻传播学理论过程中衍生出的一系列新术语,或是基于中国近现代社会情境原创的术语。在当下国际化的学术话语生态中,这一类汉语术语同中国传统新闻传播学术语有着更为迫切的英译需求,其跨语交流传播也将面临更大挑战。

在 NUTerm 术语库新闻传播学术语子库中,现阶段收录的 3 582 条汉语术语数据已经能够大体反映出中国新闻传播学术语系统的构成类型及其分布特征。鉴于学科术语的历史和语义溯源及判定需要非常精深的学科专业知识和翔实的考据过程,这里,我们暂不就汉语新闻传播学术语系统的历史构成做全面的量化分析与统计,仅结合新闻传播学术语子库现阶段收录的部分数据,举例说明汉语新闻传播学相关类别的术语(见表 18-1)及其主要特征,并以此为相应类别的术语英译研究奠定基础。

表 18-1 汉语新闻传播学术语系统的构成类型举例

术语构成类型	代表性术语示例
西方新闻传播学术语	报业托拉斯、黄色新闻、采访心理、评论式导语、倒金字塔结构、稿件辛迪加、版面编辑、著者-出版年制、播音风格、电视产业、电影技术、新闻法、5W 模式、Java 语言、信宿、媒介即信息、创新-扩散论、把关人、魔弹理论、大众传播、橱窗广告、服务型公共关系、视频博客、媒介经济学
中国现代新闻传播学术语	洋八股、清末政论报刊、大字报、党报思想、帮八股、假大空、吃透两头、两会报道、国营报社、年画广告、儒家传播思想、草根传播、功夫片、五求、中国话语、中国形象、中国政府对外传播
中国传统新闻传播学术语	书法、隶书体、姚体、宋体、仿宋体、魏体、活字、活字印版、捉刀人

根据 NUTerm 术语库新闻传播学术语子库的数据观察与分析,在汉语新闻传播学术语中,绝大部分为汉译外来术语,即来自西方的新闻传播学概念。就其表征的知识内容而言,这一类术语基本涵盖了新闻学与传播学及其分支学科的方方面面,既关注新闻信息的传播现象、过程、要素与模式,也注重对传播主体心理和媒介特点以及传播环境的探索,同时归纳总结了新闻传播的业务技能。如表 18-1 中例举的"大众传播""5W 模式""把关人""魔弹理论"和"评论式导语"等。除此之外,汉译新闻传播学术语系统还涉及编辑出版、广播电视电影、新闻伦理法规、广告业、公共关系、新媒体等领域的核心概念,以及一系列交叉边缘学科的名称,如"媒介经济学""新闻统计学""电视社会学"和"传播政治经济学"等等。

需要说明的是,作为汉译外来术语系统,新闻传播学术语的词汇化程度参差不一。绝大部分外来汉译术语的汉化程度较高,语言形式简明,比较契合汉语表达习惯。例如,有些借助汉语中的词缀、类词缀如"跨—""—学""—型""—式",或显性的双音节构词要素如"理论""模式""制度"等来译介同一系列概念的术语,如"跨界""东方学""邮件型广告""羊群式报道""社会交往理论"和"新闻制度"等。该类术语的概念结构层次较为明确,构词模式完整稳定。这对汉语新闻传播学术语系统的规范以及该学科的话语生态都将产生有益的影响。除此之外,有的术语已逐渐成为汉语话语中的基本词汇,如"传播""媒体""媒介""把关人""公益广告"等。这些汉化程度较高的术语使用频次往往也较高,易于促进西方新闻传播学知识跨语传播与本土化应用。换言之,"人们对这些词语已不再陌生,而是正在运用传播的词语来理解和定义当下的时代和生活"(黄辉,2013:21-25)。

与之相反,有些术语的汉化程度较低,术语形式较为冗长,如"计算机激光汉字编辑排版系统""收视率和发行量调查机构"等,或者不太符合现代汉语表达习惯,如"报业托拉斯""稿件辛迪加",以及 NUTerm 术语库中的"恐惧诉求"等,有些甚至部分或完全保留了西方原术语中的字母,语符形态混杂。据统计,在新闻传播学术语子库中,有 14 个术语含有字母词,如"ROI 理论""七W模式""U 化战略""危机公关 5S 原则"等,这些具有显性西化标志的术语多涉及一般性的传播模式与传播技术,对汉语新闻传播学的话语系统尤其是书写系统无疑会产生一定影响。总体而言,汉译外来术语基本涵盖了整个西方新闻传播学学科的话语体系,我们的"学习与补课"初步告一段落。可以说,"中国对西方传播研究的知识地图已经有了整体印象","国人完全没听说过的全新理论已经不多见"(刘海龙,2015:189)。如何实现该学科话语体系的本土化整合并促进其规范化应用,是需要继续探讨的议题。

在新闻传播学术语子库中,还有少量近、现代新创汉语新闻传播学术语。这些术语往往是基于中国社会现实情境和新闻传播实践产生的新术语,语言形式大都遵从汉语术语命名的简明性原则,以单词型和二词词组型术语为主。例如,"五求"是指去"庸"求"进",去"懒"求"勤",去"贪"求"廉",去"慢"求"快",去"浮"求"实";"吃透两头"中的"两头"分别指"中央、省市和行业的工作大局,方针政策",以及"百姓民生的真实反映"等。在该类术语系统中,有些术语的历史意义表现得更为突出,如"洋八股""大字报""帮八股""假大空"等。这些术语指涉的知识概念并非单纯的学术问题,而是带有明显的历史政治色彩,语言形式也多以口号式的宣传语为主,其对现当代新闻传播学的理论创新与实践应用并未体现太多指导意义。除此之外,还有些术语是为表征中国本土情境下特有的新闻传播现象而创造的,如"两会报道""年画广告""人肉搜索"和"草根传播"等。总体而言,中国现代新闻传播学术语系统的知识构成涵盖了新闻传播学科的主要分支内容,如新闻学、传播学、广告学、编辑出版等,覆盖面较广,命名也较为灵活多变。但术语数量十分有限,不到库内资源的0.8%。这从侧面反映出该类术语体系的诸多不足,如知识结构零散、理论系统逻辑性弱以及实践探索的创新不足等。

除了比较常见的汉译西方新闻传播学术语和部分中国新创术语之外,在NUTerm术语库新闻传播学术语子库中还有少量表征中国古代优秀新闻传播学思想或理念的传统新闻传播学术语。这类术语的概念知识多来自中国传统书法、传统文论和传统技术发明等资源,语言形式往往高度凝练,同时又有着较为宽泛的语义外延。但现阶段,该类术语在本库中收录数量很少。据统计,NUTerm术语库所收录的3 582条汉语新闻传播学术语中,目前只发现9条,如表18-1中的"书法""宋体""捉刀人""活字印版"等。这在一定程度上能够反映出中国传统新闻传播学话语在现当代新闻传播学发展过程中的境遇、地位等相关问题。

18.3 汉语新闻传播学术语系统英译的方法特点

通过上述对NUTerm术语库中现有汉语新闻传播学术语数据的类型及其特征的初步描述可以看出,汉语新闻传播学术语的构成有着明显的以外译输入为主、自主创新为辅的杂糅特点,学科话语生态较为复杂。在特定的学科语境下,汉语术语系统的构成类型及其特征深刻影响着术语系统英译实践中英译方法的选择与应用,进而影响到术语跨语传播的系统特征。对于汉译外来术语而言,回译是衡量其英译质量的重要标准,而这类术语本身的词汇化程度、概念透明性等特征对英译实践中具体英译方法的选择会产生直接影响;中国现代创新型的新闻传播学术语,既有对特定历史时期、特定社会现象的记录式表征,也有吸收西方新闻传播理论养分,并结合中国本土传播实践而创生的新术语。其语符表征形式具有较大灵活性,有单词型术语,如"大字报/""功夫片/"等,也有较长的词组型术语,如"雕版/印刷/广告/"和"中国/政府/对外/传播/"等,这对该类术语英译名的统一与规范而言,着实是一个挑战。中国本土传统术语则体现出鲜明的古汉语构词特征,言简意赅,语义内涵十分丰富,这在英译实践中极易引发术语形式与概念内涵的取舍问题。

基于汉语新闻传播学术语类型特征的多样性和特殊性,我们可以根据NUTerm术语库中汉语新闻传播学术语系统的英译数据,对其英译方法做进一步系统的考察与分析。

在NUTerm术语库新闻传播学术语子库现阶段收录的汉英双语数据中,汉语术语系统容量为 3 582 条,其英译名共计 4 195 条①。经过进一步整理和分类,我们发现,汉语新闻传播学术语英译方法主要包括四种,即直译、意译、释译与音译。实际上,从现有数据呈现的情况来看,在英译实践中,上述英译方法的应用情境并非完全彼此独立。为了统计方便,我们将其视为四个独立的英译方法范畴。例如,带有人名、地名等专有名词的词组型术语在英译中往往需要通过部分音译来实现,如"拉斯韦尔模式"英译为 Lasswell's Model,"波士顿矩阵分析"英译为 Boston matrix analysis,在此一律统计为直译;而在很多情况下借助形式上的对译就可以实现术语概念的有效传递,如"新闻源"英译为 news source,"传播模式"英译为 communication models,对此,我们以术语英译中的形式特征为参照,同样将其归为直译的范畴。

在 NUTerm 术语库新闻传播学术语子库中,上述四大类译法的数量和所占比例如表 18-2 所示。

表 18-2　汉语新闻传播学术语英译的方法统计

英译方法	使用频次	所占比例
直译	3 471	82.74%
意译	686	16.35%
释译	30	0.72%
音译(完全)	8	0.19%

显然,英译汉语新闻传播学术语时,直译法和意译法占绝大多数,比例之和高达 99.09%。相比之下,释译法与完全音译法的比例极小,二者合计不到译名总数的 0.91%。在汉语新闻传播学术语英译实践中,直译法常用于西方植入型的术语翻译。根据前文分析,外来汉译术语在汉语新闻传播学术语中占相当大的比重,这也就不难理解在具体的英译实践中,直译法的应用频率会如此之高。NUTerm 术语库新闻传播学术语子库中采用直译法进行英译的典型例证如表 18-3 所示。

表 18-3　汉语新闻传播学术语直译法举例

汉语术语	直译译名
记者	reporter
守门人	gatekeepers

---

① 汉语术语同英文译名数量不统一的原因在于一词多译现象。据统计,在 NUTerm 术语库新闻传播学术语子库中,共有 521 个汉语新闻传播学术语有两个及以上译名,占全部术语总数的 14.63%。

续　表

汉语术语	直译译名
黄色新闻	yellow journalism
帕尔制	PAL system
大媒介	big media
灯笼广告	lantern advertising
跨界	crossover
网上冲浪	netsurfing
马太效应	Mathew effect
五求	Five Asks
人肉搜索	Human flesh search
书法	calligraphy

采用直译法的汉语术语涵盖了汉语新闻传播学术语体系的各种知识来源,语言表征形式既有单词型术语,也有词组型术语。其中,汉语单词型术语往往是新闻传播学中的基础词汇。这些术语词汇化程度高,且具有较高的使用频率。对于含有前后词缀的单词型术语,在形式上也基本是汉英对应的关系,如"帕尔制"中的"制"同 system 对应,"跨界"中的"跨"同 crossover 中的 cross-对应。就汉语词组型术语而言,这种形式对应关系则表现得更为直观。

在汉语新闻传播学术语英译实践中,直译的普遍应用对汉、英双语术语词汇系统的形式特征产生了重要影响。如表18-4所示,在一词多译情况下,英译新闻传播学术语系统的运行单词总数(R)为 9 529,高出汉语术语系统近2 400词次。但经过数据清洗和再统计,很明显,两个词汇系统中不同单词总数(W)基本持平,均在2 600词次左右。这正是广泛使用直译法以确保基础核心表达大体对应的结果,如此,核心概念也理应具有较高的匹配度。至于汉语术语系统的不同单词数(W)在英译后为何会减少,下文将做具体分析。

表 18-4　汉语新闻传播学术语系统及其英译术语前后词汇量对比

	汉语术语系统	英译术语系统
术语数量(T)	3 582	4 195
术语总长度(运行单词总数 R)	7 130	9 529
不同单词总数(W)	2 674	2 664

另外，我们基于术语分词，分别统计了 NUTerm 术语库新闻传播学术语子库中汉语术语系统及其英译术语系统中用以构成术语的单词，并对比呈现了出现频率最高的前 10 个单词，如表 18-5 所示。

表 18-5　汉英对译新闻传播学术语词汇系统高频单词对比

序　号	汉语术语系统		英译术语系统	
	词	频　次	单　词	频　次
1	新闻	239	media	208
2	广告	188	news	204
3	电视	124	advertising	141
4	媒介	116	communication	125
5	传播	94	public	105
6	编辑	92	television	95
7	报道	71	theory	88
8	广播	57	advertisement	79
9	信息	52	information	70
10	理论	49	editing	69

由表 18-5 可知，在汉语新闻传播学术语系统及其英译术语系统中，高频单词的概念匹配度极高，验证了上文的预测。在上表所列汉语高频单词中，除"广播"与"报道"之外[①]，均能在该表中找到对应的英文单词，如"新闻"与 news 对应，"媒介"与 media 对应。

实际上，这种形式上的一一对应关系并不限于外来术语的汉译。通过观察 NUTerm 术语库中的具体例证可以发现，对于少量中国本土术语而言，其中包括现代创新型术语和传统术语，在汉英词素之间或汉字与英语单词之间也可实现对应关系，因而在英译时也采用了直译法，如表 18-3 中的"五求""人肉搜索"和"书法"等。需要指出的是，由于术语字面义与其学术含义并不总是完全对应的，在一些情况下，过分依赖直译法容易落入术语翻译的形式对应窠臼，从而降低英译质量，造成术语系统的信息冗余，甚至导致误译现象。在类似的英译实践中，需要注重术语概念优先的基本原则。在 NUTerm 术语库现有数据中，我们将这些不拘泥于汉语术语形式，同时又兼顾术语翻译简明性原则的英译实践统一归为意译的范畴，典型例证见表 18-6。

---

①　据统计，汉语单词"广播"与"报道"的英译名也有较高的出现频率，二者分别与 broadcast(ing)/radio 和 report(ing)/coverage 对应，据统计，它们的英译名总频次分别为 98 和 78。

表 18-6　汉语新闻传播学术语意译法举例

汉语术语	意译译名
5W 模式	5W
新闻特写	feature story
快报	news flash
涵化假说	cultivation theory
稿件辛迪加	syndicate
传播的基本要素	factors of communication
吃透两头	through understanding at two ends
捉刀人	ghostwriter
宋体	Song-dynasty style typeface
活字	type

如表 18-6 所示，在汉语新闻传播学术语英译实践中，意译法几乎涵盖汉语术语系统的所有历史构成类型。对于西方外来术语而言，当通过汉英语言形式匹配无法得到原始知识语境中的英文术语时，意译法是在英译实践中实现正确回译、防止术语污染现象的有效途径。中国现代创新型术语的命名时常体现出民族性特色，如"宋体""吃透两头"，在跨语传播过程中，特别是在早期传播阶段，更需要借助意译法来实现术语概念传播的可接受性，这对于中国传统新闻传播学术语而言尤为必要。

另外一些术语，尤其是具有缩略语特征的新闻传播学术语，在英译实践中时常会出现形式与内容的冲突。在某些情况下，即便通过意译也不能有效地传达相关汉语术语的核心概念。此时，彻底打破术语翻译的形式束缚，基于术语翻译的二次命名实质，重点关注术语概念的有效传递，通过阐释进行释译是较为恰当的选择。在对 NUTerm 术语库新闻传播学术语子库的英译数据进行统计时，我们发现了 30 例该类情况，将其统归为释译法的范畴。这其中，既包括汉译外来术语，也有中国传统和现代创新型术语。典型的英译举例如表 18-7 所示。

表 18-7　汉语新闻传播学术语释译法举例

汉语术语	释译译名
对角题	title with two lines in the upper left and lower right of an article
文责共负	the author and the editor take responsibility for the author's views together

续 表

汉语术语	释译译名
有闻必录	every piece of news is to be recorded
针砭	point out one's errors and offer salutary advice
发行时效	circulation effectiveness for a given period of time
务虚	discuss principles or ideological guidelines
姚体	script represented by tablet inscription of a surname Yao
帮八股	eight-part essay of "the Gang of Four"

在 NUTerm 术语库新闻传播学术语子库中，释译法多用于传统报刊学领域相关汉语术语的英译实践，如"对角题""腰带题""文责共负"和"编辑管理"等。该类术语重点关注报纸新闻的采写编与报道工作，语言简洁凝练，呈现出缩略语的形式特征。而"姚体""帮八股"等术语所表征的概念则极具中国新闻传播学知识或概念的特色。在英译实践中，为更充分地传达这些术语的内涵与特征，释译成为最常用的译介方式。但释译倾向于显化相关术语概念的外延特征，不可避免地会导致术语翻译结果相对冗长，即译名的词汇化程度较低，从而对英语译名的形式特征产生较为显著的影响。

表 18-8 汉语新闻传播学术语完全音译法举例

汉语术语	音译（完全）译名
宝莱坞	Bollywood
贝塔	Beta
格式塔	Gestalt
哥特式	Gothic
马赛克	mosaic
统行	tonghang
嬉皮士	hippies
辛迪加	syndication

在 NUTerm 术语库新闻传播学术语子库中，我们还发现 8 例采用完全音译法的术语，都为正确的回译，见表 18-8。采用音译法的术语基本都是源自西方的新闻传播学概念。这些汉语术语的词汇化程度较高，语言形式简明易懂，多以单词型术语为主。在最初的外来术语汉译实践过程中，这种"陌生化"的音译法极大地丰富了汉语言的表达，通过广泛的使用和跨语传播，该类术语已实现了较

高程度的汉化,不仅概念语义为大众所熟知,很多甚至已成为汉语话语体系的基础词汇,如"马赛克"和"格式塔"等。这也是该类型术语系统可以通过完全音译实现正确回译的原因和前提。

从上述对汉语新闻传播学术语系统英译现状的初步尝试性分析可以看出,不同英译方法的运用会直接影响到术语译名的系统特征。对于术语翻译而言,译名系统的形式特征是这一整体性影响最直观的体现,同时也是用以衡量译名系统的术语性特征,进而评价术语翻译实践的重要参数。

18.4 汉语新闻传播学术语系统英译的形式特征与经济律

该部分拟就 NUTerm 术语库新闻传播学术语子库中英译数据的形式特征进行系统性描述,以此为基础计算新闻传播学术语汉英翻译的系统经济指数,并尝试进行初步的对比分析。具体拟从以下两方面进行:(1) 汉语新闻传播学术语系统英译的形式特征;(2) 新闻传播学术语汉英翻译的系统经济律。前者旨在考察汉语新闻传播学术语英译方法的综合应用对英译术语系统的形式特征产生的整体影响,后者是对汉英术语系统经济指数及其差值的计算,可用以进一步分析术语翻译方法的系统合理性。

18.4.1 汉语新闻传播学术语系统英译的形式特征

为从整体上大致描述不同英译方法的应用对术语系统跨语传播的形式特征所产生的影响,我们可以首先统计并对比汉语新闻传播学术语及其英译术语系统中单词型术语与词组型术语的数量及比例。基于 NUTerm 术语库新闻传播学术语子库现有数据的相关统计结果如表 18-9 所示。

表 18-9 汉语新闻传播学术语及其英译术语长度类型统计与对比

术语类型	汉语术语系统		英译术语系统	
	数 量	所占比例	数 量	所占比例
单词型	748	20.88%	735	17.52%
二词词组型	2 231	62.28%	2 375	56.62%
三词词组型	504	14.07%	649	15.47%
多词词组型①	99	2.76%	436	10.39%
总计	3 582	100%	4 195	100%

---

① 此处将长度值大于 3 的术语或译名分别统称为多词词组型术语和多词词组型译名。

从表18-9呈现的统计结果可以看出,汉语新闻传播学术语以词组型为主,其中,二词词组型术语和三词词组型术语共计2 735个,占汉语术语总量的76.35%。而在相应的英译术语系统中,同样以二词词组型和三词词组型术语居多,二者共占英译术语总量的72.09%。与之相比,英译之后,多词词组型汉语术语和多词词组型英译术语的数量差额变化较大。其中,在436个多词词组型英译术语中,长度最大值高达14。除此之外,还有其他几个长度值格外突出的英译术语,都是运用释译法的典型案例,具体情况如表18-10所示。

表18-10　汉语新闻传播学术语及其英译术语长度统计与对比

汉语术语	术语长度	英译术语	译名长度
对角/题/	2	title with two lines in the upper left and lower right of an article	14
眉心/题/	2	title with a horizontal line in the upper middle of an article	12
文责/共负/	2	The author and the editor take responsibility for the author's views together	12
齐/肩/	2	have the same space for every line in its beginning	10
串文/题/	2	title typeset in a line partly occupied by an article	10
右齐式/标题/	2	title with several lines with their last letters vertically even	10
姚体/	1	script represented by tablet inscription of a surname Yao	9
缩格/	1	typesetting not from the first check of a line	9

基于上述统计分析,我们可以初步得出以下结论,即不同英译方法的应用将直接影响到汉语术语译名的长度。从系统统计的角度来看,英译方法同术语长度变化之间的关系尤为明显。对此,本研究基于NUTerm术语库新闻传播学术语子库中的汉英双语数据,针对每一种英译方法,就其对应汉语术语系统与英译术语系统的平均长度进行统计与对比,结果见表18-11。

表18-11　汉语新闻传播学术语及其英译术语平均长度对比

英译方法	汉语术语平均长度	英译术语平均长度
直译	1.99	2.24
意译	2.03	2.18

续 表

英译方法	汉语术语平均长度	英译术语平均长度
释译	1.55	8.00
音译	1.13	1

如表 18-11 所示,在汉语新闻传播学术语英译实践中,音译法并未引起术语长度的变化,英译术语系统的平均长度反而更低;直译法与意译法同样未引起术语长度的明显变化,相关英译术语的平均长度只有 0.25 与 0.15 的增幅。而释译法对英译术语系统的形式特征产生了重要影响,释译后术语的平均长度增幅高达 6.45。从整体上讲,英译术语系统中译名的平均长度是这四大主要译名方法共同作用的结果。据统计,NUTerm 术语库汉语新闻传播学术语系统的术语平均长度为 1.99,术语英译名系统的平均长度为 2.27。

18.4.2 新闻传播学术语汉英翻译的系统经济律

在术语系统英译过程中,术语长度发生变化的同时,术语系统中单词总数以及单词的构词频率也相应发生了变化。基于术语分词,我们发现,汉语新闻传播学术语系统与英译术语系统中的单词总数分别为 7 130 个和 9 529 个。以此为基础,进一步计算得出汉语术语系统和英译术语系统中单词的平均构词频率以及这两个系统各自的经济指数,具体计算结果如表 18-12 所示。

表 18-12 新闻传播学术语汉英翻译的系统经济指数

系统参数	汉语术语系统	英译术语系统
术语平均长度	1.99	2.27
单词平均术语构成频率	2.67	3.58
经济指数	1.34	1.57

从表 18-12 所列数据可以看出,在汉语新闻传播学术语系统英译过程中,随着术语平均长度的增加,单词的平均术语构成频率也呈现出较为显著的增势,增幅有 0.91,是术语平均长度增幅的 3 倍。这足以说明,在英译术语系统中,英文单词的术语构成能力要高于汉语新闻传播学术语系统词汇的构词能力,前者是后者的 1.3 倍。在汉语术语系统英译过程中,随着术语总量与运行单词总数的增长,不同单词的数量反而会降低。显然,英译术语系统词汇的术语构成力强,高频词数目多,随着术语条数的增加,高频词反复出现,而绝对频率相同的单词的增长速率则会越来越小,这即是冯志伟先生(2011:369)所提及的"生词增幅递减律"的具体体现。例如,与"传媒""媒介""媒体"这三个汉语术语对应的英文

术语都是media,在表征新创术语概念时,英文系统只需在media基础上进行增添组合(如media market、big media和the fourth media),而汉语术语系统则需要在三个语词间做选择,如传媒市场、大媒介、第四媒体,显然,三个新创汉语术语的系统逻辑性明显低于其对应的英文术语。这一情况在汉译外来术语过程中不可避免会造成"一词多译"现象,如针对media economics这一概念,国内学界至少有"媒介经济学""传媒经济学"和"媒体经济学"三种不同的表述(丁和根,2015:120-125)。如是,不仅拉低了汉语术语词汇系统的平均构词频率,而且会增加相应汉语话语体系的信息负荷,甚至在具体的跨文化交流中产生错译、误译现象,影响传播效果。

借助表8-12的数据也就不难理解,在汉语术语系统的英译过程中,经济指数会呈现升高的趋势。根据术语系统经济律理论,对于一个发展较为成熟的术语系统,其经济指数需高于1。显然,以西方新闻传播学为主要知识体系构成来源的汉语新闻传播学术语系统及其英译术语系统的发展已经相对完善,经济效应较高。在某种程度上,这一指数也可视为对该学科发展现状的一个直观反映。需要指出的是,从NUTerm术语库新闻传播学术语子库的现有数据统计结果来看,英译术语系统的经济指数(1.57)仍高于汉语术语系统(1.34),这在很大程度上是由于中国本土新闻传播学术语系统及其英译系统的双重影响。作为对这一统计结果的反思,我们认为,因汉语新闻传播学术语英译实践中普遍存在的回译问题以及新闻传播学本土术语尤其是传统术语英译的特殊性,需研究和探索更具体可行的英译方法,以满足当代新闻传播学术语英译的现实需求。

18.5 小结

本文基于中国新闻传播学学科的发展史,结合现阶段NUTerm术语库新闻传播学术语子库中的双语数据,对汉语新闻传播学术语的英译现状做了尝试性描写与初步分析。具体来说,汉语新闻传播学术语系统以汉译外来术语为主,同时含有少量中国现代创新型术语和中国传统术语。这三类术语在知识内容、语言特征和术语形式方面各有特色,并对当代汉语新闻传播学科的英译实践产生了至关重要的影响。

作为汉语新闻传播学术语英译实践的结果,新闻传播学英译术语的系统特征取决于实践中不同英译方法的选择与使用。这一点,在其形式特征方面表现尤为显著。本文基于NUTerm术语库新闻传播学术语子库中的双语数据进行统计,发现作为汉语新闻传播学术语英译实践中最常用的方法,直译法对英译术语系统中的单词总数与单词构成频率起到了关键影响,而意译与释译的使用频次虽不到译名总数的1%,却在整体上增加了英译术语系统的平均长度,影响同样不容小觑。而英译术语的系统经济指数作为对译名系统自身的评价指数，也是用以衡量英译系统实践的一个重要参数。对于新闻传播学这样植入性鲜明的舶来学科而言，现阶段 NUTerm 术语库新闻传播学术语子库中英译术语系统的经济指数还并非一个绝对理想的数值。这说明，目前在汉语新闻传播学术语的英译实践过程中仍存在诸多问题，如外来术语英译中错误的回译现象以及不必要的一词多译等现象。就整个英译术语系统而言，这些英译现象极易引起英文单词总数的增加，削弱英文单词的术语构成能力，从而影响到英译术语系统的经济指数。

实际上，汉语新闻传播学术语英译实践中存在的问题同汉语新闻传播学术语系统本身的诸多不稳定性因素紧密相关。从现阶段 NUTerm 术语库新闻传播学术语子库中汉语术语数据的内容来看，仍存在一部分词汇化程度较低的外来术语，而传统新闻传播学术语在沿用古义而不做现代创新的情况下，分词时难以找到一个较为合理的标准，这些情况都会增加单词的总数，从而削减汉语新闻传播学术语系统的经济指数。因此，外来新闻传播学术语的汉化以及中国传统术语的现代化和术语化是提升汉语新闻传播学术语系统经济指数所面临的重要挑战。这同时也是中国当代新闻传播学话语体系在构建过程中更加趋向独立和自主的关键所在。

上述基于大规模语料对新闻传播学术语系统英译现状的描述分析，不仅为新闻传播学学科术语系统的跨语传播与应用研究奠定了基础，对术语翻译本体研究也有一定的启示作用。一方面，术语翻译研究需跳出传统的学科个案分析框架，放宽视野，更多关注当下社会情境与学术语境中的基础问题，为中国学科话语体系建设和当代学术话语发展研究提供更多的着力点和有益参考；另一方面，本研究所采取的自下而上的术语数据库实证分析和描述研究，也可以为其他人文社科专业领域的术语翻译研究提供方法论借鉴，并为传统术语翻译研究重主体经验和规范研究的取向提供一定补充。

19

汉语图书情报学术语系统及其英译现状分析

19.1 汉语图书情报学术语系统构建的学科史背景概述

同人文社科领域的其他学科相比,图书情报学的学科知识体系具有显著的复合型特征。从该学科整体的知识结构来看,图书情报学主要由图书馆学与情报学这两个知识群落构成,"图书情报学"作为学科名称,是对这两个子学科的统称。若进一步追踪该学科知识体系的演化轨迹,图书情报学的产生与发展实际上是上述两个子学科之间知识交互与融合的结果。可以说,图书情报学是"在图书馆学的传统学科中,渗进新型的情报学这一概念而产生的新的学科"(津田良成,1986:1)[①]。这种"渗进"式的知识复合过程,也是图书情报学理论创新的主要途径。学科话语作为学科知识应用与传播所需的体系性工具,很大程度上能够直观地反映出这种复合型知识生产逻辑,这在图书情报学学科术语的形成与应用方面体现得尤为明显。换言之,图书情报学学科史的复合型特征将直接影响到该学科术语系统的状貌。

谈及图书情报学的学科渊源,或许要追溯到在人类知识文明早期实践中就已产生的图书馆学这一学术传统。图书馆学是"研究图书馆事业的全部活动及其发展规律的科学","是随着人类社会的演变、发展并且适应人类社会各个历史时期的实际需要而产生和发展起来的"(黄宗忠等,1960:28)。在我国传统文献体系中,周代的《周礼》、汉代的《七略》《别录》等都含有图书馆学相关的学术思想。在西方,古希腊时期伽利玛库斯为亚历山大里亚图书馆编成的著名目录《抄本》以及罗马人瓦尔罗在公元前二世纪撰写的《论图书馆》都是图书馆学早期发展的代表性著作(黄宗忠,2009:6)。至19世纪,在早期图书文献事业中形成的

[①] 译著以扩注的形式说明了图书馆学的研究对象,即"文字、印刷品、出版物、各种文献资料以及系统地收集、贮存和提供这些文献资料的各类图书馆的工作"。

图书馆学传统逐渐走向学科化发展的道路①,相关的理论探讨在西方学界愈发活跃,在20世纪二三十年代已初具规模②,与图书馆事业之实践与研究有关的术语表达也随之日益丰富。

西方活跃的图书馆学理论研究对同一时期我国图书馆学的学科建设也产生了一定的积极影响。1923年,在西方图书馆学理论的影响下,杨昭悊的《图书馆学》③出版,"实开中国图书馆学通论之先河"(王子舟,2000:2)。伴随着我国图书馆学文献的本土创作与积累,用以表征与研究"图书的购求、分类、编目、典藏、目录、利用、图书馆职能、管理、馆员要求等"(黄宗忠,2009:6)基本现象的汉语图书馆学术语体系也逐渐发展起来,成为当代汉语图书情报学术语系统构成的基础。

图书馆学的学科化发展,某种意义上讲,是对图书馆的"情报性本质"不断认识与挖掘的过程。所谓"情报性本质",即在图书馆文献事业这一现象背后,实际上进行的是信息与知识交流活动。可以说,"图书馆工作发展的历史,基本上是利用文献这个情报交流工具进行情报交流的历史。图书馆学的理论基本上是利用文献进行情报交流工作的经验的结晶"(周文骏,1983:13)。正是基于图书馆学中的文献学与文献工作,情报学应运而生④。图书馆学也就成了情报学的前导科学(同上)。情报学往往被视为新生科学领域,主要原因在于其研究对象并不限于传统图书馆学所倚重的文献,而是紧跟社会大情报环境的演化,通过跨学科理论移植的方法,如引入信息科学中的"三论"(即系统论、控制论和信息论)、借鉴波普尔的"第三世界"知识论观点等,先后开拓了信息转向与知识转向的专门研究。在情报学的早期发展阶段,这种跨学科理论移植很大程度上促使情报学术语发展成一个有别于图书馆学术语的独立系统。

除了始于学科构建初期的理论移植之外,情报学的深入发展还离不开跨学

---

① "1807年德国学者马丁·施莱廷格(Martin Schretinger,1772—1851)首次使用了'图书馆学'这一核心概念。1808年他在《试用图书馆学教科书大全》中建立了以图书馆整理为核心的学科体系,标志着图书馆学学科的诞生。"(陈海珠、包平,2013:42)此外,1887年于德国哥丁根大学举办的图书馆学讲座已经系统地呈现了目录学、古文献学、图书馆管理学等一系列知识主题,一般被认为是现代图书馆学建立的标志(周文骏,1983:10)。

② "20世纪20年代莱丁格(G. Leidingen)提出包括图书学、书志学、图书馆管理学和图书馆史四部分的图书馆学结构。20世纪30年代,德国米尔考(F. Milkau)出版的《图书馆学大全》,包括'文学与书籍'、'图书馆行政'和'图书馆史与民众图书馆'等部分。"(黄宗忠,2009:6)

③ 该书内容"多取日、美两国之成法糅合贯通而成"(王子舟,2000:2)。其后,一系列出中国本土学者著述的图书馆学著作先后问世,如洪有丰的《图书馆组织与管理》(1926)、杜定友的《图书馆学概论》(1934)、刘国钧的《图书馆学要旨》(1934)、程نی群的《比较图书馆学》(1935)、愈爽迷的《图书馆学通论》(1936)等(黄宗忠,2009:7)。

④ 1945年,美国学者范内瓦·布什(Vannevar Bush)在《大西洋月刊》发表《诚如所思》("As we may think")一文,标志着情报学的诞生(陈海珠、包平,2013:42)。

科视阈下的方法移植。方法移植是情报学话语体系自我完善的主要路径,同时也极大地促进了图书馆学与情报学的融合,推动了图书情报学话语的一体化发展。例如,通过借鉴数学与统计方法,先后产生了书目统计学、图书馆计量学、文献计量学等一系列复合型研究;又如,计算机方法的引入帮助实现了数字图书馆的实践模式,有效拓展了图书情报学的研究视阈,甚至有学者认为,"现代图书情报学就是图书馆学加计算机技术"(黄晓鹏、刘瑞兴,1994:43)。

图书情报学话语的一体化也是当代图书情报学话语创新机制之所在。美国情报科学技术学会前任主席哈恩(T.B. Hahn)曾指出,20世纪图书情报领域的主要成果是"书目计量""引文索引""计算机文献处理""用户信息查询与选择""国家信息政策"这五个方面(陈海珠、包平,2013:42)。由此可以看出,图书馆学与情报学的有机结合已经成为本学科深化发展的重要路径。在这一背景下,"图书馆自动化""用户信息服务系统"等一系列新生复合型术语不断积累,丰富了图书情报学术语系统的构成类型。

上述国际视野下情报学的分化同图书情报学的一体化,为我国图书情报学的学科构建实践提供了重要参照。自20世纪70年代末、80年代初起,我国图书情报学进入空前的快速发展阶段,随后,图书馆学专业和情报学专业的课程设置出现了交叉和渗透的倾向,最终在90年代基于传统情报观向当代信息观的转变,借助"信息管理化"的模式基本实现了图书情报学的学科一体化(王知津,2001:68-70)。在这一过程中,译介而来的西方图书情报学话语体系得到了广泛的传播与应用,甚至一度出现了"我们所使用的元理论、元概念、元方法等多为舶来品,研究动作处于'除法模式'①之中"(王子舟,2000:3)的话语套用现象。相应地,在很大程度上,汉语图书情报学术语系统也就具有同该领域西方术语类似的复合型特征。

19.2 汉语图书情报学术语系统的构成类型及特点

汉语图书情报学术语系统是我国图书情报学话语体系发展到一定阶段的产物。由上文可知,我国图书情报学话语明显具有植入性特点。汉语图书情报学术语系统的复合型特征因而也十分显著。就其系统构成而言,主要包括图书馆学术语、情报学术语以及由这两个学科分支交汇形成的新型复合术语这三大类型。在NUTerm术语库图书情报学术语子库现阶段收录的4 359条数据中,这一复合形态的类型特征已有基本体现,各术语类型中的典型例证见表19-1。

---

① 对于"除法模式"这一提法,王子舟(2000:3)的解释是,"即'被除数'是舶来的某一理论,'除数'是中国的某些经验事例,两者相除所得的'商'(含'余数')则属此除法的理论研究成果"。

表 19-1　汉语图书情报学术语系统的构成类型举例

图书情报 学术语系统构成类型	代表性术语示例
图书馆学术语	版本学、编年体、布沙体系、藏书史、藏-用矛盾说、地方志、馆际互借、广域图书馆思维、建模测试、经验图书馆学、跨界出版、目录编制、泥版文书、手稿本、搜集、索引法、图书史、文献、文献保存、文献传递、校勘学、要素说、印刷史、在版编目、整理说、竹刻、著录、著录条例、装订术、装潢、准实验法
情报学术语	布拉德福定律、布拉德福分散定律、大数据、耗散结构、机器学习、科学交流、科学情报、洛特卡定律、齐夫定律、情报计量模型、情报交流系统、情报系统、权变管理、人工智能、社会网络分析、数据挖掘、四 R 原则、信息计量、信息经济、信息可视化、信息素养、信息资源管理、元数据、知识本体、知识方程式、知识基础论、指数增长和老化、自动化集成
新型复合术语	电子出版、复合图书馆、汉语切分、价值实现、联机检索系统、书目计量、书目统计学、数字图书馆、图书馆计量学、图书馆自动化、文献计量、文献资源共享、信息共享空间、叙词表、用户信息服务、知识服务、知识管理、知识库、知识扩散、知识流动、知识流动广度、词性标注、智库、主题词、作者关键词耦合

通过观察 NUTerm 术语库图书情报学术语子库术语数据发现,图书馆学术语概念往往同传统意义上的文献工作经验密切相关。具体而言,其中有用以指代不同文献载体类型的术语,如"泥版文书""手稿本""地方志"等;有关于文献管理流程与方法的术语,如"装订术""文献保存""索引法"等;除了这些直接用于文献工作实践的术语之外,还有部分通过抽象总结实践规律提出的理论型术语,如"布沙体系""整理说"等,这些理论型术语的应用是图书馆学学术话语体系成熟化发展的重要标志。

整体而言,图书馆学是一门经验色彩较为浓重的学问。在现有的汉语图书馆学术语这一话语子系统中,除了来自西方的汉译术语之外,还有少量能够反映我国本土经验与相关学理思考的本土图书馆学术语。例如,通过"尺牍""敦煌遗书""活字""刻本""类书""摺本"等术语,可以进一步了解我国传统的文献工作实践;"要素说""矛盾说"也都是由我国本土学者提出的代表性理论。据统计,在 NUTerm 术语库图书情报学术语子库现有数据中,中国本土图书馆学术语共计 69 个。

图书馆学作为一门经验科学,是图书情报学学科化发展的基础。随着人类社会的进步,特别是网络时代的到来,文献属性以及文献处理经验都普遍发生了质的飞跃,以文献为核心研究对象的图书馆学在基础理论向度和方法论层面因而也面临着革新的需求。以信息化和知识化为研究理念的情报学便是这新时期信息环境变革中的产物。图书情报学学科建设的现代化进程受益于情报学研究的崛起与进步。而且,"图书馆情报学正在将重心转向情报学的领域方向是显而易见的"(李农,2003:8)。

通过观察 NUTerm 术语库图书情报学术语子库数据可以发现,情报学术语的生成机制有别于图书馆学术语。如前所述,图书馆学术语子系统整体上呈现出实践性趋向。而情报学术语很大程度上是随着学科基础理论向知识论和信息论的拓展、基于跨学科话语移植产生的新生表达。例如,"权变管理"和"社会网络分析"就分别源于管理学和社会学。除了这些直接借用而来的术语之外,还有相当一部分情报学术语是在借鉴跨学科研究理念的基础之上,通过语素组合新创产生的,如"情报计量模型""情报交流系统""信息可视化"等。

汉语情报学术语体系的形成其实是我国图书情报学跨学科创新发展在话语层面上的直观体现。在这一过程中,除了在学科理念层面移植和新创术语之外,还引入了大量的技术性术语。就现有术语数据来看,这些术语大多源于计算机信息技术领域,如"机器学习""数据挖掘""元数据""知识本体"等。这些技术性术语的跨域应用对我国图书情报学研究的话语生态产生了重要影响。例如,邱均平、余厚强(2013:9)基于中国知网统计分析图书情报学相关文献发现,计算机软件及计算机应用已经成为最为活跃的跨学科研究领域。这同图书情报学研究的国际趋势较为一致[①]。在这样一个研究趋势下,传统图书馆学中的研究要素往往被置于大数据的知识环境下重新审视,由此衍生出当代图书馆事业的全新理念,如"复合图书馆""数字图书馆""图书馆自动化"等新型复合术语所示。在这种由计算机技术引发的"第四范式"的视阈下,传统研究的对象与材料也逐渐实现了信息化和知识化转型,"文献计量""信息共享空间""知识流动""智库"等新型复合术语不断涌现,反映并指导着我国新时期的图书情报实践。

通过分析 NUTerm 术语库图书情报学术语子库中汉语术语的系统构成,我们不难发现,我国图书情报学话语的西化取向比较明显。这其实也是该学科发展历史的又一重要特点。在这一西化取向的话语状貌中,本土话语创新已然成为我国当代图书情报学自主发展的特殊需求。吴慰慈(1998:1)认为,我国图书馆学学科建设需要本土化,即"立足中国本土社会的实际,最终的目的是建立一个自立于世界民族之林的中国学派"。丁国顺(1999:55)进一步指出,"在确立图

[①] 刘佳、韩毅(2014:60)通过分析 SCI 所收录的 16 种高影响力图书情报学外文期刊发现:"国际上图书馆研究已经逐渐开始淡化,而信息检索技术的研究在 2007 年开始走向高峰,并逐渐偏向于用户层面,注重情景因素的作用,同时网络环境下的用户行为研究、知识管理研究以及网络计量学研究受到越来越多的关注。"

书馆学研究对象、基本概念、构建图书馆学基础理论时,要充分关注中华民族理论思维的特点和思辨方式"。也就是说,学科本土化最终需要落实到能够切实反映研究对象实践特征的概念表达方面。这就在学科话语层面上对本土学者的术语应用意识提出了更高的要求,尤其是在术语创新方面。关于这一点,我国图书情报学研究中先后出现的新创术语如"中介交流论"(吕斌,1988)、"数字悟性"(赵宇翔,2014)等都是术语本土化构建实践中的典型案例。从这个意义上讲,汉语图书情报学术语这一复合型系统又有其自身的特殊性。

19.3 汉语图书情报学术语系统英译的方法特点

以上大体勾勒了中国图书情报学学科史的发展轨迹,并分析了当代汉语图书情报学术语构成的类型特征。图书情报学的植入型特征决定了其话语体系中西方图书情报学术语的主体地位,这些术语是经由汉译进入汉语图书情报学话语体系的。在本土化发展进程中,图书情报学也吸收了少量能够反映我国本土经验与相关学理思考的本土图书馆学术语。此外,我国图书情报学的当代发展,也出现了一批体现中国图书情报学研究新理念和新思想的新创术语。在汉语图书情报学术语系统英译过程中,以上术语系统的语源特征及形式语义特征都将对英译方法的选择产生影响。在本节中,我们基于 NUTerm 术语库图书情报学术语子库中的相关数据,尝试描述汉语图书情报学术语的英译现状,以期为此类术语的英译提供有益的借鉴。

该部分主要基于统计数据进行描述性研究。具体而言,以 NUTerm 术语库图书情报学术语子库中的汉语术语及其对应的英语译名为对象,一一标注英译术语的翻译方法,统计每一种方法的数量,然后结合实例进行描述分析。对于翻译方法,本文不做翻译学意义上的严格区分和探讨,主要从术语翻译的特殊性及便于统计的考虑出发,将其划分为四大实践类别,即直译、意译、音译、释译。直译侧重对源语术语和目的语术语中构成语素的一一对应,如"安全门"与其英译术语 security gate。意译主要考虑目的语术语对源语术语内涵意义的传达,如"加固布衬"的英译术语 cloth joint。音译则是强调译音,如"奇客"的英译术语 geek,是汉语术语对英语术语的音译,在汉译过程中要回译到原来的术语。而释译则是用英语直接阐述汉语术语的概念,如"训诂"对应的是 explanations of words in ancient books。

NUTerm 术语库图书情报学术语子库中的图书情报学术语共有 4 589 条英文译名,在所有译名中上述四种类型翻译方法的使用频次和所占比例统计结果如表 19-2 所示:

表 19-2 汉语图书情报学术语英译的方法统计

翻译方法	使用频次	所占比例
直译	3 247	70.76%
意译	1 271	27.70%
音译	36	0.78%
释译	35	0.76%

从表 19-2 可以看出,在汉语图书情报学术语英译中,直译和意译方法所占比例之和为 98.46%,在所有翻译方法中占了绝对多数。相比之下,音译和释译两种方法所占的比例之和仅为 1.54%,在翻译方法中使用的频次相当低。从这四种翻译方法的特点来看,直译和意译最大的优势在于产生的译名词汇化程度较高,且能够兼顾术语概念的传递。从术语使用和传播的角度考虑,此类译名是较为妥帖的。鉴于以上特点,这两种翻译方法是在术语翻译中值得优先使用的,表 19-2 中的数据也为这一理论推断提供了支持。而音译和释译这两种方法分别具有表意不透明和形式冗长的弊端,不利于术语的跨语传播。因此,这两种方法是次要选择的翻译方法,表 19-2 的数据显示这两种方法使用频率相当之低,也为这一推断提供了佐证。

表 19-2 显示直译和意译是最主要的翻译方法,直译的使用频率远远超过意译,统计数据显示直译的使用比例是意译的约 2.55 倍。一方面,这与汉语图书情报学术语的主体是译介西方术语的构成特点有关。在图书情报学学科体系构建过程中,大量西方图书情报学术语经直译进入汉语系统。在汉语图书情报学术语英译时,这些术语必然要回译到源语术语。另一方面,意译较直译而言,尽管都重视译名的词汇化,但意译更重视术语概念内涵的表达,译名的形式简洁是次要考虑对象,这也影响了其使用。此外,表 19-2 还显示,在两种较不常用的翻译方法中,音译的使用频率略高于释译。尽管在传达术语概念内容方面,音译逊于释译,但音译译名形式更简洁,是术语翻译中优先考量的因素。

以上基于表 19-2 数据大致描述了图书情报学学科术语翻译方法使用的总体情况,以下将具体分析其相关特征。

19.3.1 直译法

NUTerm 术语库图书情报学术语子库中运用直译法产生的译名共有 3 247 条,占所有翻译方法的 70.76%,是汉语图书情报学术语最常用的翻译方法。直译法的主要应用案例如表 19-3 所示。

表 19-3 汉语图书情报学术语直译法举例

汉语术语	直译译名
安全墨水	safety ink
标准页面描述语言	standard page description language
报刊索引	newspaper and periodical index
读者著者目录	reader's author catalog
表演者权	right of performers
播放信道配置	configuration of playback channels
参考资料指南	guide to reference material
电话咨询	reference by phone
按需出版	demand publishing
布质图书	cloth book
成人读者服务	adult service
电子学位论文	electronic theses and dissertations
版式	format
不透明度	opacity
碑帖	stele rubbing
包背装	wrapped-back binding

从表19-3的举例可以看出,在应用直译法翻译汉语图书情报学术语时,基本遵循了上文所述的偏重形式的源语术语和译入语术语语素对应的翻译特征。部分汉语术语和其英文译名的语素可以完全对应,如"安全墨水"的译名safety ink,"标准页面描述语言"的英文译名standard page description language。除此之外,受到英语术语形式语言的影响,汉语术语的英文译名在语素对应的同时还会使用虚词等语法手段。例如,"读者著者目录"的英文译名reader's author catalog中使用了表示所有关系的所有格's形式。表达所属关系时,of经常出现在译名中,如"表演者权"的译名right of performers,"播放信道配置"的译名configuration of playback channels。此外,by、to等也是较常出现的虚词手段。使用形式手段的译名在主要语素构成方面与源语术语是相同的,只是译名的长度有所增加。

除了构成语素严格的对应,直译法也包括一些增译和减译的现象。如表19-3举例所示,"布质图书"和"成人读者服务"的译名分别为cloth book与adult service,相比源语术语均少了若干语素。而"电子学位论文"的译名

electronic theses and dissertations 相较于汉语术语补充了若干内容。表19-3的举例显示,直译法还体现在两种语言的对应范畴互译,如"版式"和"不透明度"的译名 format 和 opacity 主要表现在单词型术语上。另外,值得一提的是,中国特有的术语也部分采用了直译的方法。如表19-3所示,"碑帖"和"包背装"都是中国传统的概念,译名分别是 stele rubbing 和 wrapped-back binding,均采用了直译的方法,保留了汉语术语的命名理据,有助于中国文化概念的传播。

通过观察 NUTerm 术语库图书情报学术语子库中的汉英术语数据,我们发现直译法常用于由高能产型语素构成的汉语术语的翻译。此类语素使用频率高,常用作汉语图书情报学术语的构成成分,如"信息""检索""图书""目录""文献""图书馆"等。在英译过程中,以上高频语素也会直接对译为相应的英语单词,结果必然导致它们在英译术语系统中有相当高的出现频率。表19-4例举了汉语术语系统和英译术语系统中出现频率最高的单词,可以看出两者基本是高度匹配的[①]。这些高频汉英词素也正是构成图书情报学汉语术语及其系统的基础词汇。这些高频语素构成的词汇可作为典型图书情报学话语标记,也体现了术语系统性直译的结果。

表19-4　汉英对译图书情报学术语词汇系统高频单词对比[②]

序号	汉语术语系统单词	出现频率	英译术语系统单词	出现频率
1	信息	100	book	150
2	检索	95	information	118
3	图书	88	system	73
4	目录	82	reference	70
5	文献	81	edition	68
6	服务	79	service	63
7	电子	61	search	60
8	系统	60	catalog	58

① 在表19-4中,只有3个汉语术语系统中高频单词,即"网络""读者""期刊"的英文对应单词没有出现。在 NUTerm 术语库图书情报学术语子库汉英术语数据中,"网络"的对应单词是 network,后者出现的频率位于列表的第22位,两者使用频率相差不大。"期刊"的对应单词 periodical 位于列表的第159,"读者"的对应单词 readers 位于列表的713位。后两个术语对应的英文单词频率相对靠后,主要是由于这两个词通常有多种译法,如"期刊"对应的英文还有 journal、magazine 等,"读者"除了 readers 之外还会对应 users、borrower 以及省略不译,考虑到这些因素,总体上汉语术语及其英译术语的使用频率基本一致。

② 根据统计结果,of 在英译系统中出现的频率最高,达到194次,考虑到介词并不能表达实在的意义,在选择高频英语语素时,我们将其排除在外。

续 表

序号	汉语术语系统单词	出现频率	英译术语系统单词	出现频率
9	网络	57	title	57
10	索引	49	library	56
11	记录	48	index	55
12	读者	46	file	53
13	参考	43	electronic	49
14	装订	43	record	48
15	期刊	41	indexing	46
16	书目	40	binding	45
17	数据	40	number	43
18	编目	38	data	41
19	题名	38	digital	39
20	图书馆	37	network	39

19.3.2 意译法

NUTerm 术语库图书情报学术语子库中运用直译法产生的译名共有 1 271 条,占所有翻译方法比例的 27.70%,是汉语图书情报学术语翻译中仅次于直译的最常用翻译方法。意译法举例如表 19-5 所示。

表 19-5 汉语图书情报学术语意译法举例

汉语术语	意译译名
加固布衬	cloth joint
结尾标记	tailpiece
紧排	keep in
跨页广告	double-pages spread
科技查新	novelty search
快捷方式	keyboard shortcut
文摘编制	abstracting

续　表

汉语术语	意译译名
上位扩展法	expansion search at generic level
软脊订线法	flexible sewing
胶版复印法	hectograph process
连续出版物	serial
卡农铅字	cannon
名人录	who's who
善本	rare book
六体	six calligraphic scripts
绢本	silk scroll

从表19-5的举例可以看出,在汉语图书情报学术语意译中,译者不再拘泥于直译方法中源语术语和译入语术语形式层面的语素一一对应。译者有较大的灵活度,从译入语使用者接受的角度考虑,对术语进行"二次命名"。从翻译的最终结果来看,两者在语言形式上有较大差异。例如,cloth joint、tailpiece、keyboard shortcut、who's who 分别可以逐字译为"布关节""尾部片""键盘捷径"以及"谁是谁"等,但都难以有效传达原术语的概念内涵。而通过意译方法产生的汉语译名"加固布衬""结尾标记""快捷方式"以及"名人录"则有效揭示了原术语的概念意,且符合汉语的文化心理及表达习惯。意译方法对于中国特有的文化概念尤为重要。如表19-5所示,"善本""六体"和"绢本"都是我国传统的古籍文献概念,按照字面直译显然难以在目的语群体中阐释其概念内涵。相比之下,意译方法则在传达概念的同时更符合英语受众的表达习惯。

除了"二次命名"之外,意译法还会借助凸显原术语隐性的概念内容来实现有效跨语转换的目的。如 tailpiece、abstracting、serial、cannon 等术语对应的译名分别是"结尾标记""文摘编制""连续出版物""卡农铅字",以上术语在意译过程中显化了"标记""编制""出版物"以及"铅字"等原术语中被隐化的范畴词。通过显化此类范畴词,原术语的概念内涵得以有效揭示。另外,考虑到最初的英文术语如按照字面翻译,不符合汉语的表述习惯,意译法的另一个表现是调整表达式的结构。如表19-5中的术语 novelty research 若直译为"新颖查询",不但表意不透明,而且不符合汉语动名组合结构的语言使用习惯,而其译名"科技查新"则较好地照顾了汉语意义和语言两个层面的需求,从而有利于术语的有效跨语传播。

19.3.3 音译法

NUTerm 术语库图书情报学术语子库中共有 36 条译名采用音译法,占所有翻译方法的 0.78%,使用频率略高于释译,是较不常用的翻译方法。音译法举例如表 19-6 所示。

表 19-6 汉语图书情报学术语音译法举例

汉语术语	音译译名
奇客	geek
波特	baud
珂罗版	collotype
数字朋克	cyberpunk
以太网	ethernet
兆赫兹	megahertz
万维网浏览器	Web Browers
布尔代数	Boolean algebra
互动百科	baike

表 19-6 中的汉语术语除"互动百科"之外,语源上都是西方的术语。这些术语在英译时要回译成原初的英文术语。它们是经音译进入汉语图书情报学术语系统的,故其英译时可以同样采用据音回译的方法。从表 19-6 可以看出,这些采用音译的术语表达的是新生概念,尚未在译入语中找到合适译名,暂且采用音译的形式。例如,geek 一词在计算机领域指的是对计算机和网络技术有狂热兴趣,通常高智商,且行为古怪的人群。该词是伴随计算机和网络兴起而产生的,大约诞生于 20 世纪 80 年代。又如 ethernet,其中的 ether 是古希腊哲学家亚里士多德所设想的一种物质。这些概念在汉语中存在概念空缺,音译译名在概念引介中发挥了积极的作用。另一种使用音译的情形是人名的翻译,如表 19-6 中的 baud,magahertz 中的 Hertz("赫兹"),Boolean algebra 中的 Boole ("布尔")等均为相关人名。

就音译的形式而言,如表 19-6 所示,大多数情况下是译名模仿原术语的发音特点,如 collotype 中的"珂罗",cyberpunk 中的"朋克","互动百科"的汉语拼音 baike，以及上述对术语中人名的音译等。在某些情况下，译者会尽量使音译译名做到音义兼顾，如表 19-6 中的 geek 的译名"奇客"，既做到了发音相似，同时也蕴含了此类人行为怪异的特点。此外，Web Browser 的译名"万维网"也在某种程度上做到了音义合一。音译译名通常表意不透明，读者很难根据字面形式判断术语表达的概念内涵，因此纯粹的音译译名通常难以实现跨语传播的目的，尤其在概念传播之初，往往需要辅以释译阐释术语的概念内容。

19.3.4 释译法

NUTerm 术语库图书情报学术语子库中共有 35 条译名采用释译法，占所有翻译方法比例的 0.76%，是使用频率最低的翻译方法。关于释译法的主要应用案例如表 19-7 所示。

表 19-7 汉语图书情报学术语释译法举例

汉语术语	释译译名
仿宋体	typeface imitating the "Song" style
杀青	pre-writing cleaning of bamboo slips
阳文	characters cut in relief
竹帛	document on bamboo and silk
山水志	topographical gazetteers of famous mountains and rivers
修订版标识	designation of named revision of edition
主题词检索	search by subject heading
专书目录	bibliography related to a specific book
期刊他引总引比	ratio of citation numbers by other journals to total citation numbers

从表 19-7 可以看出，部分采用释译法的汉语术语表达的是中国传统文化概念，"仿宋体""杀青""竹帛"以及"山水志"。以"仿宋体"为例，该术语指称的是一种汉字印刷活字体，其概念的形成与我国古代的雕版印刷术有关。又如"山水志"是以记述山水为主的志书，是地方志的一个重要分支。此类术语表征的都是我国特有的概念内容，属于文化特色术语范畴，在译入语中不存在对等词，从推广汉语术语角度出发，在英译中需要优先传达此类术语的概念内涵。与中国传统术语不同，表 19-7 中的另一部分应用释译法的汉语术语可以视为中国图书情报学领域新创的术语，反映了中国图书情报学研究的理论创造。例如术语"专书目录"，尽管中西均有类似针对某一著作编撰文献目录的学术活动，西方尚未为这一概念创制术语，可以推断这一术语是由国内研究者提出的。翻译此类

术语时也适于释译法,如"专书目录"释译为 bibliography related to a specific book。

就释译译名的语言形式而言,可以明显看出译名的长度比汉语术语有较大幅度增加,这种变化在中国传统术语和当代创造的汉语图书情报学术语的翻译中均有体现。例如,上述表 19-7 中的中国特色术语通常由 2 到 3 个汉字组成,形式简练,而经过释译后的英语译名都在 4 个单词以上,"山水志"的译名 topographical gazetteers of famous mountains and rivers 则达到了 7 个单词。当代新创的汉语图情术语不如传统术语表达形式凝练,如"期刊他引总引比"是多词词组型术语,尽管具有表意透明的优势,但在英译过程中呈现其组合复杂意义需要相当长度的文字说明,其译名 ratio of citation numbers by other journals to total citation numbers 就包含了 11 个单词。释译方法在传达源语术语概念,尤其是文化特有术语概念方面具有优势,但是通过这种方法产生的译名形式冗长,不便于记忆和交流,很大程度上阻碍了术语跨语传播。

19.4 汉语图书情报学术语系统英译的形式特征与经济律

本节基于 NUTerm 术语库图书情报学术语子库相关数据统计结果,首先描写统计与对比汉语图书情报学术语及其英译术语长度,在此基础上计算比较两种术语系统的经济指数,进而评价图书情报学术语英译的系统合理性。

19.4.1 汉语图书情报学术语系统英译的形式特征

长度是考量术语形式的主要特征,在术语翻译过程中,源语术语系统和译入语术语系统长度会有所变化,进而从整体上反映术语翻译的特征。按照术语长度类型,我们统计得出了 NUTerm 术语库图书情报学术语子库中的汉语术语及其英译术语的长度统计对比情况,结果见表 19-8。

表 19-8 汉语图书情报学术语及其英译术语长度统计与对比

术语类型	汉语术语系统		英译术语系统	
	数量	比例	数量	比例
单词型	1 036	23.77%	1 046	22.79%
二词词组型	2 582	59.23%	2 724	59.36%
三词词组型	618	14.18%	600	13.07%
多词词组型	123	2.82%	219	4.77%
合计	4 359	100.00%	4 589	100.00%

从表 19-8 中可以看出,两种术语系统均是以二词词组型术语为主,所占比例分别为 59.23% 和 59.36%,数量基本一致。另一种主要术语类型是单词型术语,该类型术语在两种术语系统中所占比例分别为 23.77% 和 22.79%。可见两种术语系统均是以单词型和二词词组型术语两种形式简洁的术语类型为主,两者的比例分别为 83% 和 82.15%,基本持平。就三词及以上的词组型术语而言,它们在汉语和英译两种术语系统中所占比例也近乎相同,分别为 17% 和 17.84%,英译术语系统中多词型术语所占比例略大。尤其对三词以上的多词词组型术语而言,它们在译入语术语系统中的比例比在汉语术语系统中的比例增加了约 1.95%。多词词组型术语比例增多会增加译入语术语系统的整体长度,但由于其在整体术语系统中所占比例较小,因此,其对整体术语长度影响不是特别明显。根据以上分析,从术语长度类型来看,两种术语系统的长度相差无几。根据统计的结果,汉语术语系统和英译术语系统的术语平均长度分别为 1.96 和 2.02,两者基本相同。

以上是从术语类型维度进行的分析,具体到翻译方法,它们对术语长度的影响也不尽相同,我们分英译方法统计了图书情报学术语英译前后的长度变化,结果见表 19-9。

表 19-9　汉语图书情报学术语及其英译术语平均长度对比

英译方法	术语英译前后长度对比	
	汉语术语平均长度	英译术语平均长度
直译	1.97	2.06
意译	1.97	1.85
音译	1.94	1.97
释译	2.03	5.09

从表 19-9 可以看出,在翻译图书情报学术语时,直译、意译和音译三种方法产生的译名和原汉语术语在长度上相差分别为 0.09,0.12 和 0.03,差值均在 0.1 范围内,基本可以忽略不计。采用这三种方法产生的英译术语和汉语术语平均长度多为 2 个词,形式较为简洁,说明在图书情报学术语英译过程中,以上三种翻译方法产生的译名词汇化程度较高。相比之下,在图书情报学术语英译中,释译方法产生的译名平均长度约是汉语术语长度的 2.5 倍,原汉语术语平均长度值约为 2.03,即多由两个词组成,而经过释译后平均长度值约 5.09,表明英译译名的长度在 5 个词以上,显然词汇化程度不高,形式较为冗长。从这方面来看,释译方法的使用会导致英译术语系统长度增加。由于目前系统中该方法使用的频率较低,对图书情报学英译术语系统整体长度未产生太大影响。

19.4.2　图书情报学术语汉英翻译的系统经济律

汉语图书情报学术语经过英译之后,英译术语系统术语长度发生了改变。单词平均术语构成频率是计算术语系统经济指数的重要参数。基于这两个参数,可以计算得出表 19-10 所示的汉语术语系统和英译术语系统的经济指数。

表 19-10　图书情报学术语汉英翻译的系统经济指数

系统参数	汉语术语系统	英译术语系统
术语数量	4 359	4 589
术语平均长度	1.96	2.02
单词平均术语构成频率	2.45	3.13
经济指数	1.25	1.55

从表 19-10 可以看出,尽管英译术语系统术语平均长度和汉语术语系统平均长度接近(英译术语系统平均长度略高于汉语术语平均长度,差值为 0.06)。在单词平均术语构成频率方面,英译术语系统明显大于汉语术语系统,前者是后者的约 1.28 倍。这反映出英译图情术语中单词的构词能力较强。

在这两个参数的影响下,两个术语系统的经济指数也呈现出差异,图书情报学英译术语系统的经济指数(1.55)要高于汉语图书情报学术语系统经济指数(1.25)。一方面,两个系统的经济指数均高于 1,说明两种术语系统均已处于较为成熟的发展阶段,尤其是汉语图书情报学术语系统经济指数较高,反映出其理论及话语体系移植西方的特点。另一方面,汉语图书情报学术语系统经济指数低于英译术语的经济指数,折射出图书情报学正处于快速发展中。图书情报学术语,尤其是图书情报学在中国本土化发展过程中吸收的传统图情术语和近现代创制的反映图情学科在中国发展的特色术语,其规范和系统英译尚需进一步发展。

19.5　小结

本文首先概述了汉语图书情报学术语系统构建的学科史背景,指出图书情报学的产生与发展实际上是图书馆学与情报学这两个知识群落之间知识交互与融合的结果,这种学科史的复合型特征直接影响到该学科汉语术语的系统状貌。在此基础上,本文基于 NUTerm 术语库汉语图书情报学术语子库,分析了汉语图书情报学术语系统的构成类型及特点,指出其系统主要包括图书馆学术语、情报学术语以及由这两个学科分支交汇形成的新型复合术语这三大类型。汉语图书情报学术语系统体现了两个学科的互相渗入特征。此外,汉语图书情报学体系发展的过程也伴随西方图书情报学话语的移植,以及我国图书馆学文献的本土创作与积累,这也形成了汉语图书情报学术语系统中西杂糅的复合特性。

关于汉语图书情报学术语英译方面,本文描述了汉语图书情报学系统英译的方法特点。从 NUTerm 术语库图书情报学术语子库的统计数据来看,在汉语图书情报学术语的英译过程中,直译和意译法在所有翻译方法中是最常采用的。相比之下,音译和释译两种方法在翻译方法中使用的频次相当低。之后分析了汉语图书情报学术语系统英译的形式特征与经济律。根据统计结果,汉语术语系统和英译术语系统的术语平均长度分别为 1.96 和 2.02,两者基本相同。在单词平均术语构成频率方面,英译术语系统明显大于汉语术语系统,前者是后者的约 1.28 倍。这也最终导致英译术语系统的经济指数(1.55)要高于汉语术语系统的经济指数(1.25)。

本文基于 NUTerm 术语库图书情报学术语子库中的数据对当前汉语图书情报学术语的构成形式特征及英译情况进行了描述性分析。由于图书情报学是正处于快速发展中的学科,学科话语中少数术语一直存在意义模糊、含义重复等现象,术语的英译译名也有不一致、不统一的问题。亟待今后进一步扩充汉语图书情报学术语的研究范围,对图书情报学术语的概念确立及其英译方法标准展开深入探讨。

20

汉语教育学术语系统及其英译现状分析

20.1 汉语教育学术语系统构建的学科史背景概述

教育学是一门以教育现象和教育问题为研究对象,探索教育规律的科学(汪刘生,2007:2)。教育现象是对各种教育活动的概括,是各种各样教育活动的外在表现。当教育现象中的某些问题引起了人们的关注,并且具有一定研究价值,就构成了教育学的研究问题,成为教育学的研究对象。

教育学研究的中心就是通过对教育现象和教育问题的分析、研究去探索教育规律,构建教育学的理论体系。其中,教育规律分为外部规律和内部规律:一个是教育同社会发展的联系,即教育的外部规律;一个是教育与人的发展的联系,即教育的内部规律。相应地,其术语系统所涉及的概念体系应该具有群体性和个体性两种特征的知识内涵。

教育活动是一种特殊的社会活动,其特殊性在于:教育活动既相对独立于科学、艺术活动之外,又与科学、艺术活动不可分割。一方面,各种科学和艺术活动大都渗透了教育活动的因素;另一方面,在各种教育活动中,既有科学性活动,又有艺术性活动,还有社会性活动。教育学不属于单一的自然科学、社会科学或人文科学,而是兼具科学性、社会性和人文性的横断学科(苏春景,2010:5)。教育学作为一个综合性学科,形成了集理论学科、技术学科、分支学科为一体的学科群。

正如中国的现代学校教育体系深受西方发达国家的影响一样,中国的教育学也同样深受西方教育学理论体系影响。随着清末"废除科举兴学堂",赫尔巴特的教育学理论从日本被介绍到中国,近代中国教育学者开始关注和研究"教育学"。20世纪,中国教育学的演变大体可以分为三个阶段。第一个阶段,了解和引进西方教育学阶段。随着国门的打开,中国学界以日本为中介,了解和引进西方的教育思想和教育理论。第二阶段,开启中国教育学研究阶段。20世纪20年代到40年代,中国的教育学一方面表现为继续译介西方国家教育学理论,并且从日本扩展到英语国家,以服务于教学和教育研究双重需要;另一方面,在译介基础上开始撰写教育学方面的教科书。据不完全统计,1917—1918 年,国内先后出版教育学类著作 78 部。在进行教育学理论探索的同时,也开展了立足于教育改革的实验研究。第三阶段,中华人民共和国成立后中国教育学科体系的发展。1949—1957 年期间,中国的教育学主要是批评西方和 1949 年前的教育学思想和实践,同时学习苏联的教育学理论。1957 年以后,中国的教育学者开始以毛泽东思想为指导,努力探索中国化的社会主义教育学。十一届三中全会后,教育学理论中的许多重要问题得以澄清,同时开始了对西方教育学理论的再次译介(朱家存等,2010:15-16)。

从现代意义上的教育学学科建设与发展阶段来看,中国教育学主要的学科理论和学术概念均来自西方,有着非常鲜明的植入性特点。需要说明的是,在引进西方理论的同时,中国的教育学研究者并没有忘记从中国传统教育思想宝库中汲取营养,如余立(1995)、梅汝莉(2009)、聂翔雁(2012)、李申申、李志刚(2016)等都关注了传统学术资源对于现代教育的价值。另外,伴随着中国当代社会政治、经济等诸多领域的快速发展,经过短短数十年的发展,基于不同于西方的中国教育情境,我国教育学研究学术创新系统初具雏形,较学科创建之初已经有了很大的进步。这种进步主要体现在中国现代教育学理论话语的显性化发展。从改革开放 30 年来的学术话语变迁来看,它经历了 1980 年代的"反政治化的政治化"阶段,1990 年代的"知识化和专业化"阶段,以及 2000 年代"超越知识的文化追求"阶段(于述胜,2008:4-19)。

可以说,西方教育理论的中国化、中国传统教育思想的现代化、中国现代化建设过程中教育经验与理论的系统化无疑是中国当代教育学学科理论建设与实践探索的三大主题。中国的教育学研究者们也意识到了构建中国教育学话语体系的重要性。其中,日益增多的汉语教育学术语的创新性表达与应用便是这一学科发展趋势的直观体现,如"教育支边""三好学生"以及"充电"等。

在中国现代教育学的学术话语体系构建过程中,其术语资源除了借自西方的概念和表述之外,中国本土数千年来的传统教育思想和实践经验也不可忽视。冯建军(2015:1-8)认为,"确立马克思主义的指导思想,深入教育改革与实践,立足传统文化精神,寻求与西方理论的对话,是建设中国教育学话语体系的基本策略"。这些宝贵的中国传统教育学思想与实践经验正是教育学研究的国别特色的主要体现,也是中国教育学研究创新的思想之源。换言之,中国的教育学研究应建立在"洋为中用"与"古为今用"共存的复合型话语机制之上,在吸纳西方学术资源的同时,重视并探索中国长期教育实践中所发现的普遍规律、原则和方法。就目前来看,国内外对中国传统教育学的关注都有明显增多,关于"中国教育""中国式教育""东方教育"等方面的著述不断增多。举例来说,我们在中国知网以"中国式教育"为关键词,对核心期刊进行搜索,在 2000—2005 年间的期刊中共检索到 8 篇文章,2005—2010 年间期刊中共检索到 12 文章,而 2010—2015 年间的共检索到 47 篇文章。

从中国现代教育学学科发展的总体描述可以看出,它的发展主要有三方面知识来源,即引自西方的现代教育学思想、基于现代中国特殊情境而产生的本土教育学思想以及中国传统教育学思想。汉语教育学术语系统的构成及特征分析应该能够较好地反映出这种发展趋势与特点。

20.2　汉语教育学术语系统的构成类型及特点

任何一门学科话语体系的形成都以其核心概念、基本范畴和主要观点的确立为基础。术语表征学科领域的专业概念,术语系统的构建与学科知识谱系的演化与发展密切相关。因此,一定程度上,学科术语系统的构成类型与特征能够反映出学科发展过程中不断扩展形成的知识体系内容及特点。教育学术语是表达或限定教育学领域专业概念的约定性符号,它们是教育学理论与实践知识的词汇化表征结果。结合上述有关中国教育学学科历史沿革与发展特殊性的概要描述,可以考察并大体描绘出汉语教育学术语系统的基本构成特点。

与三大研究主题相对应,汉语教育学术语系统的构成主要包括三大类型,即由西方译介而来的教育学术语、中国现代教育学术语以及中国传统教育学术语。其中,西方教育学术语是通过系统的术语汉译实践进入中国教育学学术话语体系的。这类术语在中国当今的学术研究情境下面临着系统回译的问题,而如何妥善回译是其中的重点与难点。所谓的"中国现代教育学术语"是在西方教育学理论的本土化应用过程中衍生出的新术语,或是基于中国现代社会教育问题和教育现象的原创术语表达。在当下的国际化学术话语生态中,这一类汉语术语有着更为迫切的英译需求。另外,源于中国传统教育思想的术语对中国现代教育学发展有着巨大的影响,具有中国特色,是我们同西方教育界进行对话的基础,所以,这类术语的英译具有极为重要的价值。

在 NUTerm 术语库教育学术语子库中,现阶段收录的 6 564 条汉语术语数据已经能够大体反映中国教育学术语系统的构成类型及其分布特征。鉴于学科术语的历史和语义溯源及判定需要非常精深的学科专业知识和翔实的考据过程,这里,我们暂不就汉语教育学术语系统的历史构成做全面的量化分析与统计,仅结合教育学术语子库现阶段收录的部分数据,举例说明汉语教育学相关类别的术语(见表 20-1)及其主要特征,以此为相应类别的术语英译研究奠定基础。

表 20-1 汉语教育学术语系统的构成类型举例

汉语教育学术语系统构成类型	代表性术语示例
西方教育学术语	学校顺应、日托中心、研究型大学、游戏说、职业教育、非连续性教育、远距离教育、校外活动、形成性评价、高级专门人才、个别指导性教学、自主运动效应、低度就业、晕轮效应、约翰逊模式、寄宿制、可教性
中国现代教育学术语	应试教育、班主任津贴、四项基本原则教育、工农兵学员、希望工程、五爱教育、教育支边、思想品德教育、政治辅导员、超常实验班、主题班会、保送生、独生子女教育、职工学校
中国传统教育学术语	新故相资、格心、教坊、明人伦、明体达用、修身、七略、四学、五典、公荐、敏行、净明道、顿悟、家学、家范、家训、家礼、师表、义利、海人不倦

在 NUTerm 术语库汉语教育学术语子库中,有 6 564 条汉语教育学术语,约有 3 509 条(占 53.5%)为汉译外来术语,即来自西方教育学概念的相关术语。就其表征的知识内容而言,这一类术语主要关注教育过程中的教育类型与教育理论等,具有西方学术研究的分析性特征,如表 20-1 中所举的"远距离教育""非连续性教育""游戏说"等。其中,关于教育理论的术语,从形式上看,有不少是借助哲学或心理学理论命名形成的。关于这一点,除表 20-1 中的相关例证之外,在教育学术语子库中还发现了其他具有类似命名特征的术语,如"实在主义课程观""联想主义心理学""自然主义教育""改造主义课程观""弗洛伊德主义""发生认识论""新人文主义教育"等。相比较而言,我国现代新创术语在这方面似乎尚有深化的空间,我们提出的术语很多只是教育现象或问题本身,如"应试教育""班主任津贴""四项基本原则教育""工农兵学员"等。这些新创汉语教育学术语中,有一定学理价值的理论性术语相比于西方教育学术语而言,并不是很多。

需要说明的是,作为外来术语汉译而形成的术语系统,教育学术语的词汇化程度参差不一。有些术语汉化程度较低,术语形式大多较为冗长,如"韦斯特利麦克莱恩模式""爱德华个人爱好程序表"等;或者不太符合现代汉语表达习惯,比较生硬,如表 20-1 中的"学校顺应""个别指导性教学"等;个别术语甚至部分或完全保留了西方原术语中的字母,语符形态混杂。据统计,在教育学术语子库中,有 5 个术语含有字母词,如"R-S 预期""S-S 预期"等,这些具有显性西化标志的术语多涉及一般性的教育方法与原则,对汉语教育学的话语系统尤其是书写系统无疑会产生一定影响。与此相反,有些汉译外来术语,其汉化程度较高,比较契合汉语表达习惯,逐渐成为汉语话语中的基本词汇,如"访问学者""研究生院""教育经济学""数据库"等,甚至归化成为具有中国本土话语特色的术语表达,如"活动中心说"等。这些汉化程度较高的术语使用频次往往也较高,易于促进西方教育学知识跨域传播与本土化应用。

在教育学术语子库中,数量仅次于汉译外来术语的是现代新创汉语教育学术语,共有 1 676 条,占整个术语总数的 25.5%。这些术语往往是基于中国社会现实情境和教育实践产生的新生术语,在语言形式上也往往遵从汉语术语命名的简明性原则,表达简练。例如,"政治辅导员"中的"政治"是指"思想政治","辅导员"是指"辅导思想教育的人员";"工农兵学员"是指"从工人农民和军人当中推荐上大学的学生"。在这一类术语系统中,有不少术语是用以表征中国本土情境下特有的社会教育现象,其中比较常见的构词方式是把两个汉语术语组合构成新型术语,如"应试教育""教育支边""职工学校""政治辅导员"等等。除此之外,一些带有中国特色的政治术语如"四项基本原则""独生子女"等,也是这些新创术语命名形式中常见的语言要素,如"四项基本原则教育""五爱教育""独生子女教育"等。

除了比较常见的汉译西方教育学术语和部分中国新创术语之外,在教育学术语子库中还有相当数量表征中国古代优秀教育学思想或理念的中国传统教育学术语。此类术语的概念知识多来自以中国传统哲学思想为代表的学术资源,语言形式往往高度凝练,同时又有着较为宽泛的概念外延,对中国现代教育有着较大影响。据统计,在 NUTerm 术语库所收录的 6 564 条汉语教育学术语中,目前大概有 1 379 条该类术语,占到术语总数的 21%。这些术语涉及了教育学中的学习内容、方法、目标等,如"新故相资""格心""明体达用""净明道""顿悟"不仅说明了学习的方法,还表明学习的目标不仅是学习知识,还在于"达用",即人格的养成,如"明道""明人伦""义利"。"六艺""四学""七略"等术语表示表明了学习的丰富内容,而"家训""家范""家学"则表示家庭教育在知识传授和品格养成方面的重要作用。这些术语在一定程度上能够反映出中国传统教育学话语在中国现当代教育学发展过程中的重要影响和地位等相关问题。相较于中国现代本土创新教育学术语而言,来自中国传统教育思想的术语具有一定的理论价值,有必要促进进一步挖掘,促进这些术语的跨语译介和传播。

20.3 汉语教育学术语系统英译的方法特点

通过上述对 NUTerm 术语库中现有汉语教育学术语数据类型及其特征的初步描述,可以看出,汉语教育学术语的构成有着明显的人文性。这种文化特殊性影响下的学科术语的跨语传播势必有其复杂性。在特定的学科语境下,汉语术语系统的构成类型及其特征深刻影响着术语系统英译实践中不同英译方法的运用,进而影响到术语跨语传播的系统特征。具体来说,对于外来汉译类型术语,回译是衡量其英译质量的重要标准,而这类术语本身的词汇化程度、概念透明性等特征对于英译实践中具体英译方法的主体性选择有直接影响。中国当代新创类型的教育学术语,既吸取西方教育学理论养分,又注重中国教育学实践创新,其术语表征形式具有较大灵活性,有单词型术语,如术语库中的"留学/""免试/"等,也有多词词组型术语,如"民族/中等/职业/技术/教育/"等,这对于该类术语英文译名的统一与规范使用是一个挑战。中国传统本土术语则体现出鲜明的古代汉语构词特征,多言简意赅,如"明道/救/世/""明/明德/",这在英译实践中也更易引发术语形式与概念内涵的具体取舍问题。

鉴于汉语教育学术语类型特征的多样性和特殊性,我们可以根据术语库中汉语教育学术语系统的英译数据,进一步对其英译方法进行系统的考察与分析。这可以看作对汉语教育学术语英译现状的一个尝试性描写研究。

在教育学术语子库现阶段收录的汉英双语数据中,汉语术语共 6 564 个,其英译译名共 7 118 个[①]。经过进一步整理和分类,我们发现,汉语教育学术语英译方法主要包括四种:直译、意译、释译以及音译。翻译方法从本质上讲是对翻译现象简单化描写的一种方式,翻译现象是复杂的,翻译方法自然也是复杂的。从现有数据呈现的情况来看,在英译实践中,上述英译方法的应用情境并非完全彼此独立,为了统计的方便,我们将其视为四个独立的英译方法范畴。

在教育学术语子库中,上述四大类译法的数量和所占比例情况如表 20-2 所示。

表 20-2　汉语教育学术语英译的方法统计

英译方法	使用频次	所占比例
直译	6 092	85.59%
意译	403	5.66%
释译	441	6.20%
(完全)音译	182	2.55%

显然,英译汉语教育学术语时,直译法占绝大多数。相比之下,意译法、释译法和完全音译法的比例极小,三者合计只占总译名数量的 14.41%。在教育学术语子库中,完全音译的情况只发现 182 例,均为中国传统教育的术语,如"正蒙"英译为 Zheng Meng,"践友"英译为 Jian You。事实上,这样的音译方法并没有

---

① 汉语术语同英文译名数量不统一的原因在于一词多译的现象。据统计,在 NUTerm 术语库中,共有 188 个汉语教育学术语有两个以上译名。

传播实际的内容。其他中国传统教育术语更多的是采用了音译加意译的方法，如"家诫"翻译为 Jia Jie（family instruction），或者音译只是其翻译方法的一种，如"方术"的译名分别有 Fang Shu、alchemy、magic arts、Chinese alchemy 和 fortune-telling 等。

在汉语教育学术语英译实践中，直译法常用于西方植入型术语的翻译。根据上述分析，汉语教育学术语英译中直译法所占比重高于西方外来术语比重，这也就不难理解在实际的英译实践中，直译法的应用频次会如此之高，说明本土术语英译策略过于单一，我们对于本土教育学术语的概念传播价值和学科理论建构价值没有充分的认知。在教育学术语子库中，采用直译法进行英译的典型例证如表20-3所示。

采用直译法的汉语术语既有单词型术语，又有词组型术语。其中，汉语单词型术语往往是教育学中的基础术语。这些术语词汇化程度高，且具有较高的使用频率。对于含有前后词缀的单词型术语，在形式上也基本是汉英对应的关系，如"有机论"中的"论"同 organicism 中的-ism 对应，"投机主义"中的"主义"同 opportunism 中的-ism 对应，等等。就汉语词组型术语而言，这种形式对应关系更为直观。

表 20-3　汉语教育学术语直译法举例

汉语术语	直译译名
入学标准	admission standards
工读	reformatory school
目录	catalogue
民众教育	mass education
道德评价	moral evaluation
教道	doctrine of education
小学教师	primary school teachers
职业咨询	vocational counseling
高才生	top student
庙学	Temple school
性情	disposition
投机主义	opportunism

在汉语教育学术语的英译实践中，直译的普遍应用对于汉英双语术语词汇

系统的形式特征产生了重要影响。对此,我们基于术语分词,分别统计了教育学术语子库中汉语术语系统及其英译术语系统中用以构成术语的单词,并对比呈现了出现频率最高的前10个单词,如表20-4所示。

在汉语教育学术语系统及其英译术语系统中,高频单词的概念匹配度极高。在上表所列的汉语高频单词中,除"社会""文化"之外,均能在该表中找到对应的英文单词,如"教育"与education对应,"教学"与teaching对应。

表20-4 汉英对译教育学术语词汇系统高频单词对比

序 号	汉语术语系统		英译术语系统	
	单 词	频 次	单 词	频 次
1	教育	918	education	578
2	教学	206	educational	251
3	学	169	teaching	200
4	学校	149	school	168
5	课程	119	theory	115
6	教师	104	learning	108
7	学习	100	system	88
8	社会	97	curriculum	81
9	文化	85	examination	77
10	理论	72	teacher	73

实际上,这种形式上的一一对应关系并不限于外来术语的汉译。观察术语库中的具体例证可以发现,对于中国本土术语而言,其中包括现代创新型术语和传统术语,在汉英词素之间或汉字与英语单词之间也可实现对应关系,因而在英译时也采用了直译法,如"学术梯队""义务教育法"和"主题班会"。

需要指出的是,由于术语字面义与其学术含义并不总是完全对应的,在一些情况下,过分依赖直译法容易落入术语翻译的形式对应窠臼,从而降低英译质量,甚至导致误译。例如,在教育学术语子库现阶段收录的英译数据中,有这样一条记录,汉语术语"文凭教师"被直译为diploma teacher。实际这个译名并不能反映"文凭教师"的概念,它应该指的是"持有文凭的教师"。这说明,就术语翻译的传播本质而言,diploma teacher并不是一个可接受的英语译名。在英译实践中需要注重术语概念优先的基本原则。我们将术语库的现有数据中将这些不拘泥于汉语术语形式,同时又兼顾术语翻译简明性原则的英译实践统一归为意译的范畴。表20-5中是相应的典型例证。

表 20-5　汉语教育学术语意译法举例

汉语术语	意译译名
学历	academic credentials
致乐治心	study music for purifying mind
简易工夫	moral practice with simplicity
英才	person of outstanding ability
回国留学生	student returned from abroad
心中贼	improper thought in one's mind
九流	people of all sorts
教态	teachers' demeanor and deportment
渐隐	fading
养气	cultivate and discipline one's capacity for greatness

如表 20-5 所示，在汉语教育学术语英译实践中，意译法几乎涵盖了汉语教育学术语系统的所有历史构成类型。对于西方外来术语而言，当通过汉英语言形式匹配无法得到原始知识语境中的英文术语时，意译法是在英译实践中实现正确回译，防止术语误译现象的有效途径。中国现代创新型术语的命名时常体现出民族性特色，在跨语传播过程中，特别是在早期阶段，更需要借助意译促进实现术语概念传播的可接受性，这对于中国传统教育学术语而言尤为必要。例如，表 20-5 中例举的"致乐治心"就是一个典型的中国传统教育学术语，含有"在音乐学习中净化心灵"的意思，体现了中国传统教育中对音乐功能的认识以及对于学习目标的定位。就术语库目前收录的译名 study music for purifying mind 而言，尽管还存在可改善的空间，但在一定程度上已经能够通过意译传达出相关含义。表 20-5 中例举的中国现代教育学术语"教态"及其英译也是类似的情况。

对于中国现代创新型教育学术语和中国传统教育学术语而言，在英译实践中时常会出现形式与内容的冲突，在一些情况下，即便通过意译也不能有效地传达相关汉语术语的概念内涵。此时，彻底打破术语翻译的形式束缚，基于术语翻译的二次命名实质，借助解释或阐释进行释译是较为适当的权宜之法。在对 NUTerm 术语库教育学术语子库的英译数据进行统计时，我们发现了为数不少的该类情况，将其归为释译的范畴。其中包括四个不同的方式，即"直译加释译""意译加释译""音译加释译"，还有一个是完全"释译"。具体英译情况如表 20-6 所示。

表 20-6　汉语教育学术语释译法举例

释译方法	汉语术语	释译译名
音译加释译	体用	Ti Yong (cardinal principle and specific methods)
直译加释译	学究	Scholastic arts, a curriculum of ancient Chinese imperial examination
意译加释译	庶民教育	plebeian education (a primary education in ancient Japan, having farmers, workers and businessmen as its target students)
释译	委托培养	entrust a certain institution to train one's personnel

上述表中的汉语术语所表征的概念都极具中国教育学知识或概念特色。例如,"委托培养"是中国计划经济时代特定时期基于用人单位人才紧缺的情况下产生的术语,具体指由用人单位委托院校定向培养人员。在英译实践中,为更充分地传达这些文化特色概念,释译成为其传播初期一种常用的有效方式。释译倾向于显化相关术语概念的外延特征,不可避免地会导致术语翻译结果相对冗长,即译名的词汇化程度较低,从而对英语译名的形式特征产生较为显著的影响。

实际上,从系统的视角来看,不同英译方法的运用会直接影响到术语译名的系统特征。对于术语翻译而言,译名系统的形式特征是这一整体性影响的最直观体现,同时也是用以衡量译名系统的术语性特征,进而评价术语翻译实践的重要参数。

20.4　汉语教育学术语系统英译的形式特征与经济律

该部分拟就 NUTerm 术语库教育学术语子库中英译数据的形式特征进行系统性描述,以此为基础计算教育学术语汉英翻译的系统经济指数,并尝试进行初步的对比分析。具体拟从以下两方面进行:(1) 汉语教育学术语系统英译的形式特征;(2) 教育学术语汉英翻译的系统经济律。前者旨在考察汉语教育学术语英译方法的综合应用对英译术语系统的形式特征产生的整体影响,后者是对汉英术语系统经济指数及其差值的计算,可用以进一步分析术语翻译方法的系统合理性。

20.4.1　汉语教育学术语系统英译的形式特征

为从整体上大致描述不同英译方法的应用对术语系统跨语传播的形式特征所产生的影响,我们可以首先统计并对比汉语教育学术语及其英译术语系统中单词型术语词汇与词组型术语词汇的数量及其比例。由于有些汉语术语对应的英译术语存在多个译法,这里的英译术语主要按平均长度来计算。基于教育学术语子库现有数据的相关统计结果如表 20-7 所示。

表 20-7　汉语教育学术语及其英译术语长度类型统计与对比

术语类型	汉语术语数量	英译术语数量
单词型	928	776
二词词组型	3 707	3 021
三词词组型	1 469	1 029
多词词组型①	460	1 738
总数	6 564	6 564

从表 20-7 呈现的统计结果可以发现,汉语教育学术语以词组型为主,其中二词词组型术语和三词词组型术语共计 5 176 个,占汉语术语总数的 78.85%。而在对应的英译术语系统中,以二词词组型和多词词组型居多,二者共占英译术语总量的 72.5%。这一形式特征是直译法普遍应用的结果。

相比较而言,英译之后,多词词组型术语数量有所增加,其他类型的术语则都有所减少。在 1 738 个多词词组型英译术语中,长度最大值高达 30。除此之外,还有其他几个长度数值格外突出的英译术语,具体情况如表 20-8 所示。

表 20-8　汉语教育学术语及其英译术语长度统计与对比

汉语术语	汉语术语长度	英译术语	译名长度
述/而/不/作/	4	only elaborate the theories of the predecessors and do not/have original ideas of one's own (Confucian's attitude on how/to deal with historical literature)	25
束/发/	2	Shu Fa (a hairstyle worn by young boys who are more than 15 years old while less than 20 years old in ancient China)	24
黄/笔/	2	one kind of yellow pen used by official members when they proofread the exam papers in the imperial examination in ancient China	22
训导/长/	2	Director of Moral Education and Ideological Guidance Office (at institutions of higher education during the period of the Republic of China)	21

---

① 此处将长度大于 3 的术语或译名分别统称为多词词组型术语和多词词组型译名。

续 表

汉语术语	汉语术语长度	英译术语	译名长度
五/爱/教育/	3	Five-Love Education, love the motherland, the people, labor and science, and take good care of public property	17
四/有/人才/	3	new generation of talents with lofty ideals, integrity, knowledge and a strong sense of discipline	15

如上,表20-8中所列的术语中,前三个译名正是之前在释译方法分析部分统计过的典型案例,它们都是来自中国传统教育的术语,英译时要传达其概念内容,就需要借助释译来补充说明。其他几个术语译名来自中国现代教育,具有特定的时代和社会特点,也都采用了释译方法。

基于上述统计分析,我们可以初步得出以下结论,即不同英译方法的应用将直接影响到汉语术语译名的长度。从系统统计的角度来看,英译方法同术语长度变化之间的关系尤为明显。对此,本研究基于教育学术语子库中的汉英双语数据,针对每一种英译方法[①],就其对应汉语术语与译名的平均长度做了统计与对比,具体情况如表20-9所示。

表20-9 汉语教育学术语及其英译术语平均长度对比

英译方法	汉语术语平均长度	英译术语平均长度
直译	2.28	2.67
意译	2.27	2.12
释译	2.34	8.47

从表20-9可以发现,在汉语教育学英译实践中,直译法和意译法并未明显引起术语长度的变化,英译术语的平均长度只有0.39的增幅,而意译法却有0.15的降幅。释译法对英译术语系统的形式特征产生了重要影响,通过释译进行翻译之后,术语的平均长度增幅明显,达到了6.13。从整体上讲,英译术语系统中译名的平均长度是这三大主要译名方法共同作用的结果。据统计,汉语教育学术语系统的术语平均长度为2.23,英译术语的平均长度为3.11。来自西方教育学的术语和现代中国本土教育学术语大多采用了直译的方法,而中国传统教育思想的术语大多采用意译的方法,有相当一部分采用了释译的方法,这可能是因为现代中国教育学科受西方影响较大,而中国传统教

---

① 音译的情况由于本库中收录较少,本处暂不进行统计。

育思想则具有很高的中国文化特色,仅用直译的方法,不能把中国特色的概念思想传播出去。

20.4.2 教育学术语汉英翻译的系统经济律

在术语系统的英译过程中,术语长度发生变化的同时,术语系统中单词总数以及单词的构词频率也发生了变化。基于术语分词,我们统计发现,汉语教育学术语系统与英译术语系统中的单词总数分别为 4 385 和 5 424。以此为基础,我们可进一步计算得出汉语术语系统和英译术语系统中单词的平均构词频率以及这两个系统各自的经济指数,具体计算结果如表 20-10 所示。

表 20-10 教育学术语汉英翻译的系统经济指数

系统参数	汉语术语系统	英译术语系统
术语平均长度	2.23	3.11
单词平均构词频率	3.34	4.63
经济指数	1.50	1.49

英译术语的系统经济指数作为对译名系统本身的评价指数,同时也是用以衡量英译系统实践的一个重要参数。从表 20-10 中所列数据可以发现,在汉语教育学术语英译过程中,随着术语平均长度的增加,单词的平均构词频率也呈现出较为明显的增势,增幅有 0.29,是术语长度增幅的 1 倍多。这足以说明,英译术语系统的构词能力要高于汉语教育学术语系统。但是,在系统英译过程中,英译术语系统的经济指数没有明显的变化。

需要指出的是,从教育学术语子库的现有数据统计结果来看,汉语教育学术语系统的经济指数达到了 1.50。根据术语系统经济律理论,对于一个发展较为成熟的术语系统而言,其经济指数需高于 1。在某种程度上,这一指数同时也可视为对该学科发展现状的一个直观反映。在术语英译过程中,仍存在一部分词汇化程度较低的外来术语,而传统教育学术语在沿用古义而不做现代创新的情况下,分词时大多情况下以单字作为切分单位,如本文中提及的"再/生产/科学/""产/教/研/三结合/""资/优/儿童/""即/物/穷/理/",这些情况都会增加单词的总数,从而削减汉语教育学术语系统的经济指数(1.50)。显然,汉语教育学术语系统英译有进一步的完善空间。作为对这一数据统计结果的反思,我们认为,对于汉语教育学术语英译实践中普遍存在的回译问题以及教育学本土术语尤其是传统术语英译的特殊性,需研究和探索更具体可行的英译方法,以满足当代教育学术语英译的现实需求。

20.5 小结

本文基于中国教育学发展的学科史渊源,结合现阶段 NUTerm 术语库教育学术语子库中的双语数据,对汉语教育学术语的英译现状做了尝试性描写与初步分析。其中,在汉语教育学术语系统中,汉译外来术语占据多数,同时有相当数量的中国现代新创术语和传统术语。这三类术语在知识内容、语言特征和术语形式方面有各自的特点,对于当代汉语教育学的英译实践有着至关重要的影响。

作为汉语教育学术语英译的整体结果,教育学英译术语的系统特征取决于英译实践中不同英译方法的应用频率与规律。这一点,在教育学术语系统英译的形式特征方面有显著体现。本文基于教育学术语子库中的双语数据进行统计发现,直译作为汉语教育学术语英译实践中最常用的方法,对英译术语系统中的单词总数与单词构成频率有关键影响。意译和释译的使用频次虽不及译名总数的 5%,却在整体上明显增加了教育学英译术语的平均长度。现阶段,这种术语翻译方法虽然在形式方面有一定的局限性,但基本有效传达了概念的内涵。

实际上,汉语教育学术语英译实践中存在的问题同汉语教育学术语系统本身的诸多不稳定性因素紧密相关。这一点,可以通过汉语教育学术语系统及其英译术语系统的指数差值体现出来。因此,外来教育学术语的汉化以及中国传统术语的现代化和术语化是提升汉语教育学术语系统经济指数所面临的重要挑战。这同时也是中国当代教育学话语体系在构建过程中更加趋向独立和自主的关键。

21

汉语体育学术语系统及其英译现状分析

21.1 汉语体育学术语系统构建的学科史背景概述

体育学是一门由现代体育实践带动发展起来的学问。所谓"现代体育",是相对于原始体育、古代体育和中世纪体育而言的,具有"世俗主义""平等的竞争机会和条件""角色专门化""理性化""科层化""量化""追求纪录"这七大特征(古特曼,2012:20)。这些特征不仅仅是体育实践环境现代化重塑的结果,究其根本,还得益于生理学、伦理学、社会学等其他不同分支学科研究成果在体育实践中的广泛应用,现代体育学研究也因此整体呈现出一种综合性的"学科群"[①]的特点。体育科学体系的结构、层次及其演变,各子学科之间的相互渗透与综合发展的关系也就成为现代体育学的重要研究内容。

德国通常被认为是现代体育科学的主要发源地,早在1794至1818年间,就先后出版了3卷本的《体育辞典》。而19世纪则是体育的"科学世纪"(王琪,2014:36-40)。在此期间,以物理学、医学、生物学等为代表的自然学科中的实验研究大大推动了面向体育现象和规律的科学化探索。正是在这一时期,"体育学"这一术语作为借自日语的新词进入中国语文体系与当时的学制教育话语体系,并成为反思民族命运与国家时局中的一个重要概念[②],这一术语的传播与应用同时也标志着中国现代体育理念的萌生。1922年,北洋政府的新学制中正式使用"体育课"取代原有的"体操科",此后,"体育"一词得到广泛传播(张晓宁、赵

[①] 陈安槐、陈萌生主编的《体育大辞典》将"体育科学"界定如下:"研究体育的现象及规律的学科群,研究和解释利用体育的手段和方法,全面发展、改善和提高人类身体、心理和运动水平及其对社会影响关系的规律,是建立在生物科学和社会科学基础上的综合性(多学科的综合)、交叉性(自然科学与社会科学交叉)极强的专业技术科学。"

[②] 根据吴兆祥(1998:124),在康有为编纂的《日本书目志》(1897)一书的"教育门"中,列有《体育学》书目,使中国文字中第一次出现了标记体育概念的"体育"一词。另根据王宏(2014:39),在同年(1897年)由南洋公学编纂的《蒙学读本》三编中,有以下陈述:"泰西之学,其旨万端,而以德育、智育、体育为三大纲。……体育者,卫生之事也……是编故事六十课……属体育者十五。"王文还指出,戊戌变法失败后,"人耻文弱,多想慕于武侠……有志之士,乃汇集同志,聘请豪勇军帅,以研究体育之学。"

永明,2014:186)。20世纪20年代至中华人民共和国成立前的一段时期内,少数体育理论工作者已经开始对体育学的学科化发展进行了初步探索。1923年,王庚(1923:1-20)提出了"体育学是科学"的观点。随后,在1924年,上海中华书局出版罗一东专著《体育学》,这是我国把体育学作为专门学科进行综合性研究的开端。

"科学史研究早有明示,体育学科欲在学术之林独立成株并挺拔参天,基础条件之一就是凝练地提出一个独立而完整的概念术语体系。"(张岩,2004:26)对于我国体育学学科发展而言,其中的汉语术语体系主要是基于国外体育学术语的译介与应用形成的。中华人民共和国成立以后,我国新建了一批体育类专门院校,全面引入苏联式的体育管理体制及相关的体育基础理论、体育教育理论以及运动训练理论等学术思想。相应的术语概念如"体育教育""医疗体育""体育医务监督""竞技运动培养集体主义"等也随之进入汉语体育学术语体系。20世纪70年代末至80年代初期,我国体育学工作者开始对基于苏联体育理论的套用模式进行反思,并将重心转移到对西方国家体育理念与体育学理论的引介。这一时期至北京申奥成功前后,我国大部分体育学术语基本译自西方主流体育文化,其中一项重要的资料是卢先吾、熊斗寅于1983年翻译的《体育运动词汇》。该文件原文于1974年由国际体育名词术语委员会出版,阐释了体育运动的基本术语和概念(韩丹,1999:46),为我国体育运动基本概念的翻译和规范提供了有益的参考。除了诸多体育项目相关的规则和技术术语之外,在这一时期还涌入了大量的跨学科理论术语,如"全人教育理论""自由女性主义""体育媒体社会化""体育社会学"等。西方体育学术语的系统译介进一步促进了中国现代体育学学科交叉与分化的动态发展。

1988年,周西宽教授等编著的《体育学》出版。该书是新中国第一部体育学专著,系统总结了我国现代体育科学成就。1997年,我国正式确立体育学为一级学科,下设体育训练学、体育人文社会学、运动人体科学和民族传统体育学四个二级学科,至此,我国体育学学科专业体系基本形成。该学科体系是在中国"体育新学科"这一大格局背景下发展起来的。所谓"体育新学科",不仅仅"是体育实践发展在理论形态上的反映"(方新普、黄文仁,2007:146-148),还体现了对中国本土体育传统与相关体育学思想价值的反思意识。上述"民族传统体育学"的学科化设置就说明了这一点。我国的民族传统体育是体育文化的重要组成部分,是由各民族共同创造而形成的独具中华民族特征和历史文化特色的文化形态。民族传统体育涉及养生、健身、竞技、搏击、休闲、娱乐等多方面内容。

关于中国体育传统,袁旦(2011:1-6)曾指出,"中国文化中长期盛行'重文轻武'、'劳心者治人,劳力者治于人'的等级观念,社会生活中'劳心者'与'劳力者'的两极分化……直到心目中滋生一种对身体和身体运动极端扭曲和反人性的功利主义价值观和审美观念,成为极端的工具理性体育价值观产生的文化根源"。这也就不难理解为什么中国本土缺少关于体育现象的深入而细致的研究。这种理论话语几乎缺失的现象同中国本土民族体育项目所呈现出的丰富图景[①]形成了强烈反差。这恰恰也正说明了当下面向民族传统体育进行话语构建反思的必要性。而实际上,我国古代虽然未能形成独立的体育学理论话语体系,却"历史地产生了建立在'经验、直观'基础上的朴素的体育观,即从总体上对体育的问题作笼统的感性描述"(惠蜀,1985:3-7)。例如,"生死范畴""人天关系""身心关系""中和"等都是中国传统体育哲学中的重要范畴。相应地,传统体育思想的术语化整理与应用研究也理应成为中国当代体育学话语构建反思中的核心工作,并以此促进汉语体育学术语系统的动态发展。

从上述体育学学科建设的历史进程可以看出,我国体育学学科系统主要有两条发展路径:一是引入和吸收西方体育学学科系统的成熟框架,二是发展中国特色的民族传统体育。这一双重路径代表了两种学科话语构建方式,将直接影响到汉语体育学术语系统类型特征的形成。

21.2 汉语体育学术语系统的构成类型及特点

体育学术语因其学科属性而兼具自然科学与人文社会科学的特征。与其他人文学科相比,体育学对应用性的要求较高:"体育学既要包括能促进本学科发展的理论,又要能满足现代体育实践的需要。"(周西宽 等,1988:6)总体而言,体育学术语,尤其是体育技术术语,呈现出较为明显的自然学科特点,所指比较客观、确定,更容易规则化和系统化。同时,由于体育学是研究"人"的科学,关于一些基础性理论概念的理解和阐释会有不尽相同的情况,需要进一步整理和界定。再者,体育学术语中存在相当高比例的同义术语,这些同义术语的成因较为复杂,相关的概念分析和术语甄选也需要借鉴人文学科的思辨路径。

NUTerm 术语库体育学术语子库现阶段收录的 4 773 条汉语术语数据能大致反映出体育学术语的综合性特征。从数据可以看出,中国体育学术语系统的构成主要包括两大类型,即由译介而来的西方体育学术语和中国本土的民族传统体育学术语,这两种术语类型的划分与我国体育学的学科发展史相契合。从数量上看,由西方译介的体育学术语约占总数的 98%,构成了体育学术语系统

---

① 根据倪依克、胡小明(2006:66-70),1979 年 1 月,国家体委下发了《关于发掘整理武术遗产的通知》,拉开了挖掘整理形态文化遗产的序幕。随后在各省(市)体育志基础上,汇编了《中华民族体育志》,其中收录的民族体育项目多达 977 项。

的主体部分；民族传统体育学术语约占总数的 2%，同样是体育学术语系统中不可或缺的组成部分。表 21-1 展示了 NUTerm 术语库体育学术语子库的两种术语类型及样例。

表 21-1　汉语体育学术语系统的构成类型举例

术语系统构成类型	代表性术语示例
西方体育学术语	锦标赛、犯规、决胜局、手球、花样滑冰、跳水运动、起跑器、篮球场、跳台、总裁判、记分员、前锋、站位、乌龙球、反手抽球、萨霍夫跳、压水花技术、强攻打法、发球失误、二十分制、体育文化、全人教育、体育新媒体、休闲体育、体育消费者行为模型、竞技运动认识论
民族体育学术语	气功、五禽戏、八段锦、武术、太极拳、咏春拳、形意拳、戟、双刀、传统剑、双节棍、虚步、弓步、压桥、白鹤亮翅、歇步亮掌、提子、长生劫、杀棋局面、道教导引术、身心论

西方体育学术语概念通过系统的术语汉译实践进入中国体育学学术话语体系，构成了中国体育学术语系统的主体部分。就其表征的知识内容而言，这一类术语不仅仅涉及体育项目名称、参与人员、体育场地和器材、技术技巧、规则等体育竞技术语，还含有相当比重的理论术语，如表 21-1 所示的"全人教育""竞技运动认识论"等。随着体育运动与体育文化的普及，有相当一部分体育学术语进入了日常词汇，如"犯规""助跑"等。

由于西方体育学学科体系较为成熟，这类体育学术语层次清晰，概念明确，基本可以通过国际体育界已审定的英语术语概念构建我国体育学术语系统，因此，这类术语的汉译显得尤为重要。通过分析 NUTerm 术语库体育学术语子库的数据可知，相当一部分高频使用的汉语体育学术语带有隐喻的命名特点，如"前锋""边锋""中锋""强攻打法""消极防御"等以战争为譬，"鱼跃扑球""燕式旋转""山羊挺身"等以动物的某些生物特征为喻。此外，一部分术语比照了国内已有的术语，在形式上更趋于汉语表达，例如国际象棋的不少术语都借自我国的象棋术语，典型例证包括"象"(bishop)"马"(knight)"丢车保帅"(give up a pawn to save a chariot)"吃过路兵"(capture pawn enpassant)等。

整体来看，汉语体育学术语系统比较完善，部分词缀构词能力强，然而，由于最初汉译策略等因素的影响，就术语形式特征来看，还明显存在不少问题。例如，同一英文术语对应多个汉语术语现象的存在就使得很大一部分体育学术语表达的规范化程度并不理想，影响了汉语体育学术语的生态系统。根据词表整理的统计结果，NUTerm 术语库体育学术语子库中，对应至少 2 个汉语译名的英语术语共计 1 097 条，如 penholder grip 就对应了"直握拍""直握拍法"和"直握状态"3 个汉语术语。此外，关于一些技术类术语概念，最初汉译时倾向于通过解释与说明的意译方式将主要技术动作译出,造成汉语术语过长,如"比赛结束前最后一投"(buzzer beater)、"仰泳两腿交替打水动作"(bicycle pedaling)、"切入空档溜底线偷袭"(back-door play)等。这些术语的词长不符合汉语表达习惯,在传播和使用时会受到较多限制。

上表 21-1 呈现的民族体育学术语主要表征中华民族传统体育思想与文化。NUTerm 术语库体育学术语子库中现阶段收录了关于武术和围棋的一部分代表性术语,例如武术术语中的拳种名"太极拳""咏春拳""形意拳";器械名"戟""双刀""传统剑""双节棍";基本术语"虚步""弓步""压桥"以及武术套路中的招式名称"白鹤亮翅"和"歇步亮掌"等(见表 21-1)。

以武术术语为代表的民族传统体育学术语大多简约洗练,通常为单义术语,讲求以形象寓意,注重术语的审美价值。此外,受中国传统哲学思想的影响,许多术语重在揭示中华传统文化的渊源和机理,蕴含了东方话语方式的哲思和旨趣。武术典籍对"太极拳"和"形意拳"的原理阐释就是佐证,如"太极者,无极而生,阴阳之母也,故太极拳刚柔相济,动静相递,开合相依"[①];而形意拳"心与意合,意与气合,气与力合,手与足合,肘与膝合,肩与胯合"[②]。

21.3 汉语体育学术语系统英译的方法特点

在分析汉语体育学术语系统的构成类型及特征的基础上,我们将根据 NUTerm 术语库体育学术语子库的英译数据,考察和探讨体育学术语的翻译方法和特点。汉语体育学术语系统的英译属于我国当代体育学话语构建中的基础性研究,对于我国体育学研究融入国际学界有重要影响。具体而言,对于汉译而来的西方体育学术语,能否正确回译为原有英译术语非常关键。而对于民族传统体育学术语而言,其英译关乎跨文化传播的成效,在具体英译实践中,翻译方法和翻译策略的选择至关重要。同时,已有多个英语译名的术语还面临着一系列术语规范的问题。

在 NUTerm 术语库体育学术语子库现阶段收录的汉英双语数据中,汉语术

---

① 根据汲智勇(1995:14),该引句出自明朝戚继光所著《纪效新书》。经考证,戚继光是参考了明朝王宗岳所著《太极拳论》。《太极拳论》(郝和珍藏本)中有如下语句:"太极者,无极而生,动静之机,阴阳之母也。动之则分,静之则合。"

② 该句引自汲智勇(1995:14),但文章作者未注明该句出处。经查考,该引句系中华武术的理论术语"内三合"与"外三合"的内容。这两个术语在中华武术界广为流传,但其内容的具体出处不详,普遍说法是来自传说中岳飞所著《武穆遗书》。

语共计 4 773 条,英译译名共计 6 754 个[①]。经过进一步整理和分类,我们归纳了四种汉语体育学术语英译方法,分别是直译、意译、释译以及音译。需要说明的是,部分术语的英译综合运用了两种翻译方法,但为了统计之便,暂以其主要的翻译方法进行归类。例如,带有专有名词的词组型术语的英译通常由部分音译实现,如"埃菲尔步式"(Eiffel walk)、"托马斯全旋"(Thomas circle),我们将其统一归为音译;"单臂出水侧游"的英译为 northern stroke(over arm sidestroke),虽然包含了 over arm sidestroke 这一释译成分,但仍按照 northern stroke 的翻译方法将其归为意译。

NUTerm 术语库体育学术语子库四种译法的数量和所占比例情况如下:

表 21 - 2　汉语体育学术语英译的方法统计

英译方法	使用频次	所占比例
直译	3 876	57.39%
意译	2 787	41.26%
释译	17	0.25%
音译	74	1.10%

从表 21 - 2 可以看出,在 NUTerm 术语库体育学术语子库中,直译法和意译法是英译实践中最常用的翻译方法,而直译法相对而言所占比例更大。使用了释译法和音译法的术语数量不多,其中释译法共计 17 例,音译法共计 74 例。以下将举例分析每种翻译方法应用的语境和特点。

直译法在体育学术语翻译实践中被广泛应用,不仅大多数外来术语的英译与汉语术语一一对应,一些民族传统体育术语也采用了较多对译的方法。表 21 - 3 列举了 NUTerm 术语库体育学术语子库中采用直译法的典型实例。

表 21 - 3　汉语体育学术语直译法举例

汉语术语	直译译名
边线	side line
试跳	trial dive
手球	handball
低传球	lowpass
直发球	straight service
假进攻	feint attack

---

① 由于存在一词多译现象,汉语术语总数与英译术语数量不统一。据统计,NUTerm 术语库体育学术语子库中共有 1 258 条汉语体育学术语有两个以上英语译名,约占全部体育学术语总数的 26.36%。

续 表

汉语术语	直译译名
申诉权	right of petition
网球场	tennis court
正手射门	forehand shot
双裁判制	double referee system
双手刀	two-handed broadsword
并步点剑	point the sword with feet together

表 21-3 所列的前 10 个术语本身就是经由直译而引入的西方体育学术语，除个别术语的语序调整外，汉英术语在字符和概念层面都相互对应。此处的"直译"指跨语情境下，在汉英体育学术语各自的"语符—概念"关系之间，又形成了一种对称映射。此类使用直译法进行英译的汉语术语，其词汇化程度往往比较高。随着体育运动的推广和传播，其中的某些译语词素逐渐固化为体育学术语系统中的基础常用词素，显著提高了汉语体育学术语的词汇能产性。例如，表 21-3 中的"假进攻"(feint attack)是击剑术语，属于假动作的一种，是以佯装进攻迷惑对手从而为己方创造有利时机的策略。通过对 NUTerm 术语库体育学术语子库的数据分析，我们发现了一系列以"假"作为类词缀的体育学术语："假防守"(feint parry)、"假冲刺"(feinted spurt)以及"假击打"(false beat)，分别来自击剑运动、自行车运动和拳击运动。虽然英文对应词形式略有差异，但借由汉语译名中的"假"而形成的"假动作"概念范畴更有利于对这类术语的理解和传播。

表 21-3 中的"双手刀"和"并步点剑"是民族传统术语直译的典型例证。NUTerm 术语库体育学术语子库收录了 93 条民族传统体育学术语，共计 117 个英语译名，其中 71 例采用了直译，占比 60.68%。对于具有中国特色的体育学术语而言，直译法更适用于器械和部分技术术语的英译。然而，对于仅译出字面意思的个别术语，还需要通过加注、图解等手段补足其蕴含的文化信息。比如，在体育学术语子库中，"压桥"对应的英语译名为 break the bridge。"压桥"是桥法的一种，属于武术技法术语，"桥法"指"运用前臂进攻和防守的方法……做桥时，大多以肩、肘、腕为轴，或为支撑点做直臂或屈臂绕环"(中国武术大辞典编委会，1990:249-250)。"压桥"是屈肘以小臂向下防守的桥法(康戈武，1990:437)。《汉英英汉武术词典》中"压桥"条目的英译是 pressing bridge (pressing the forearm to defend oneself with the elbow bent)(段平、郑守志，2006:84)，此英译的括弧释译部分补足了对"压桥"技法特点的说明，更易于增进对该术语概念的理解。

除直译外,意译在体育学术语英译实践中也举足轻重,这种翻译方法尤其适合有较强命名理据或带有文化色彩的术语,使之在跨语译介时能较好地跨越中英两种语言层面的差异。表21-4例举了NUTerm术语库体育学术语子库中采用意译法的典型实例。

表21-4 汉语体育学术语意译法举例

序号	汉语术语	意译译名
1	窄蹬腿	whip kick
2	勾手扣球	windmill smash
3	掩护射门	screen shot
4	直角支撑	L support
5	全攻打法	all-out attack
6	和棋	drawn game
7	长生劫	eternal life
8	推手	hand slap
9	太极剑法	sword of Dao
10	旋子转体	butterfly with full twist

表21-4例证1-3的英译都蕴含了隐喻成分,形象地传达出"窄蹬腿""勾手扣球"和"掩护射门"三个技术动作的完成效果。表中的L support属于图形术语,与汉译"直角支撑"所要描述的技术动作要领"异语同工"。在NUTerm术语库体育学术语子库中我们发现了多个类似的术语,例如"三角阵势"及其英译V-formation和"之字形滑行"及其英译Z-sliding,虽然使用了不同的形状,但描摹了同一体育学概念。表21-4的例证6-10来自民族传统体育学,其中,"和棋"和"长生劫"是中国围棋术语,"和棋"指"对局不分胜负"(陈安槐、陈萌生,2000:717),而"长生劫"指"有关整块棋生死的特殊循环着法……被围困的棋始终生生不息……"(同上:720)。这两个术语相应的英译drawn game和eternal life与其概念内涵基本对等。最后8-10的武术术语的英译也采用了类似的翻译策略,比如"旋子转体"的英译以蝴蝶作为喻体,译出了武术旋转性跳跃动作的完成体态,译法更倾向于归化。

由于中国体育文化具有强烈的民族特点,一些借由意译法翻译的民族传统体育学术语或多或少存在概念的缺失,有时甚至会造成对术语概念的误读。比如"散手比赛"的英译free sparring contest译出了徒手进行搏斗的表层含义,但探究其来源，散手是"两人按照一定的规则，运用踢（各种腿法）、打（各种手法）、摔（各种摔法）、拿（各种拿法）等武术技击方法相互斗智较技、致胜对方的攻防格斗项目"（陈安槐、陈萌生，2000：822）。从这一定义可以看出，散手事实上是遵循一定规则、使用规定技法的一项武术运动，这也从一定程度上解释了国际武术联合会将"散手"的英译确定为 sanshou，从而将这项武术运动区别于其他无器械搏斗。

在 NUTerm 术语库体育学术语子库中，我们观察到 17 例采用了释译方法的英译数据。这些术语大部分来自对动作名称有严格要求的体操术语，具体例证如表 21-5 所示。

表 21-5 汉语体育学术语释译法举例

汉语术语	释译译名
远腾回环	giant swing forward and stoop through
后撑前回环	free hip circle rearways forward
马头全旋面向内	double-leg circle in cross support frontways
卡尔法跳	handspring entry, ½ turn off to a backward salto
通臂拳	ape's back and forelimbs boxing

表 21-5 的"远腾回环""后撑前回环""马头全旋面向内"和"卡尔法跳"[①]都属于体操术语，而体操术语概念的一大特点在于对动作序列的完整描述。这一概念特点在跨语情境下往往会显化出来，这在以上四个术语的英译部分术语中得到了充分体现。从数据上看，采用释译法的体操术语占比很小，这从一个侧面说明释译法并非其主流英译方法。表 21-5 的最后一个术语"通臂拳"[②]，又称"通背拳"，是中华武术拳种之一。中华通臂拳协会这样解释"通臂拳"的命名缘起："其名取义有二：一、取力通于臂，或力由背而通，因又称通背。二、取象通臂猿猴臂长身灵，故拳尚快捷"。由此看来，ape's back and forelimbs boxing 阐释了第二个命名缘由，但译名相对冗长，且"通背"之义并非 ape's back，其英译还需要进一步斟酌。

在对数据分析的时候我们整理出一类以音译为主的术语，这类术语又可分为三种情况，即"纯音译""音译加直译"以及"音译加意译"三种类别。表 21-6 例举了 NUTerm 术语库体育学术语子库中采用音译法的典型实例。

---

① "卡尔法跳"的另一英译术语为 Cuervo，较 handspring entry, ½ turn off to a backward salto 更常用。在统计中，Cuervo 被归为使用了音译法的术语英译。

② "通臂拳"的译法结合了释译法和直译法，但据其主要译法将其归为释译法。

表 21-6　汉语体育学术语音译法举例

音译译法类型	汉语术语	音译译名
纯音译	斯诺克	snooker
	跆拳道	taekwondo
	太极拳	taijiquan
音译加直译	少林拳	Shaolin boxing
	托马斯全旋	Thomas circle
	布达佩斯防御	Budapest defence
音译加意译	乌龙球	own goal
	武术家	wushu expert
	太极推手	taiji push

对于民族传统体育学术语而言，音译法是传播中国概念的一个很常见的英译方法，比如目前已经基本定名的武术（wushu）、功夫（kungfu）、太极拳（taijiquan）等都直接借自汉语。除"纯音译"外，"音译加直译"和"音译加意译"的方法也较为常见，如表 21-6 中的"少林拳"（Shaolin boxing）、"武术家"（wushu expert）和"太极推手"（taiji push）。通过数据的分析可以看出，音译法仅适用于已有约定俗成的音译名、包含固定音译成分的术语和少量包含丰富文化信息的术语，比如 NUTerm 术语库体育学术语子库中的"武术基本功"（wushu fundamentals）、"武术棍"（wushu rod）、"武术对练"（wushu sparring）等。又如上文提到的"通背拳"，中华通臂拳协会和一些文献（如李长林，1993：26）都建议译为 Tongbeiquan。需要指出的是，在翻译文化负载型术语时应注意考证其源流，从而选择适宜的英语译名，不可滥用音译法。

21.4　汉语体育学术语系统英译的形式特征与经济律

在分析汉语体育学术语英译方法与特点的基础上，本节将从数据统计的角度对 NUTerm 术语库体育学术语子库中英译数据的形式特点进行整体描述，并考察体育学术语系统的经济律。术语形成的经济指数是用以衡量术语系统性的一个重要参数，也体现了语言的经济机制在术语系统中的作用，通过考察体育学术语系统的经济律特征可以进一步认识现有体育学英译术语的系统合理性。

21.4.1　汉语体育学术语系统英译的形式特征

为了描述不同英译方法的应用对术语系统跨语传播的形式特征所产生的影

响,我们首先统计了汉语体育学术语及其英译术语系统中单词型术语与词组型术语的数量及其比例。基于 NUTerm 术语库体育学术语子库现有数据的相关统计结果如表 21-7 所示。

表 21-7 汉语体育学术语及其英译术语长度统计与对比

术语类型	汉语术语	英译术语
单词型	337	1 325
二词词组型	3 204	3 917
三词词组型	958	994
多词词组型	274	518
总数	4 773	6 754

从表 21-7 的统计结果可以看出,NUTerm 术语库体育学术语子库的汉语术语以词组型为主,其中二词词组型术语、三词词组型术语共计 4 162 个,占汉语术语总数的 82.86%;而在英译术语系统中,单词型术语所占比例由 7.06% 上升至 19.62%,二词词组型术语和三词词组型术语共计 4 911 个,共占英译术语总量的 72.71%。

基于上述统计分析,我们采用 NUTerm 术语库体育学术语子库中的汉英双语数据,进一步对比了每一种英译方法对应的汉语术语与英译术语译名的平均长度,统计结果如表 21-8 所示。

表 21-8 汉语体育学术语及其英译术语平均长度对比

英译方法	汉语术语平均长度	英译术语平均长度
直译	1.97	2.12
意译	2.37	2.08
释译	2.18	5.88
音译	1.76	1.71

从表 21-8 可以看出,在汉语体育学术语英译实践中,直译法和释译法的使用对英译术语系统的形式特征造成了比较大的影响,术语的平均长度都有不同程度的增长,而经过意译或音译的术语平均长度均表现出小幅度的缩减趋势。通过对具体数据的分析,我们发现,这一统计结果不仅与我国体育学输入型的学科性质相关,也与汉英体育学术语的表达习惯相关,在意译术语数据中尤为显著,表 21-9 展示了部分实例。

表 21-9 汉语体育学术语及其英译术语长度统计与对比

汉语术语	汉语术语长度	英译术语	译名长度
单/脚/起跳/屈体/空翻/内转/	6	Brandy	1
比赛/结束/前/最后/一/投/	6	Buzzer beater	2
侧面/抱/腿/和/颈/翻/	6	jackknife cradle	2
切入/空档/溜/底线/偷袭/	5	back-door play	2
长/抽/短/吊/战术/	5	rocking tactics	2
以/手掌/格挡/来拳/	4	catch	1

表 21-9 中的 6 个英译术语都来自西方体育学，在汉语体育学语境下，术语所指的动作技巧及内涵倾向于完整译出，例如第 1 个体操术语"单脚起跳屈体空翻内转"按序列呈现了所有技术动作，而乒乓球术语"长抽短吊技术"通过带有口诀性质的"长抽短吊"阐释了 rocking tactics 的技术要领。实际上，对于部分术语概念，翻译过程中完全可以通过更好的译名优化现有的术语形式，比如表 21-9 的第 2 个篮球术语"比赛结束前最后一投"就可以简化为使用频率更高的"压哨球"。而此类汉语体育学术语群落的跨语形成机制，又会直接影响当下开展的术语英译实践。

21.4.2 体育学术语汉英翻译的系统经济律

术语形成的经济律反映了术语系统内的术语构词规律，可作为衡量术语系统经济性的一项重要指标。基于术语分词的结果，NUTerm 术语库汉语体育学术语系统与英译术语系统的单词总数分别为 10 817 和 14 242，在此基础上，我们可以计算出汉语术语系统和英译术语系统中单词的平均构词频率以及这两个系统各自的经济指数，如表 21-10 所示。

表 21-10 体育学术语汉英翻译的系统经济指数

系统参数	汉语术语系统	英译术语系统
术语平均长度	2.21	2.11
单词平均构词频率	3.01	4.70
经济指数	1.36	2.23

从表 21-10 可以看到，汉语术语系统的术语平均长度略高于英译术语系统。前一小节已讨论了部分影响因素，加之使用意译法的术语占总数的 41.26%，这一统计结果应在可预测范围之内。其次，英译术语系统单词的术语构词频率约为汉语术语系统的 1.5 倍，这意味着英译术语系统的构词能力高于

汉语术语系统,这一变量很大程度上影响了汉语术语系统经济指数与英译术语系统经济指数,后者约为前者的 1.56 倍。

从统计结果来看,汉语体育学术语系统的经济指数为 1.43,高于临界值 1,这说明经过多年体育学实践检验的汉语体育学术语系统已基本适应我国体育学研究和发展的需要。但由表 21-9 的部分例证可知,部分西方体育学术语汉译译名依然存在较大的优化空间,例如,适当缩短汉语术语长度,以增强汉语术语的简明性,便是一个可优化的重要方面。此外,从英译术语系统高达 2.23 的经济指数可以看出,西方体育学术语概念的系统性明显更为突出,我们在优化汉语体育学术语时,也需要参照西方体育学术语系统的构成特征,考虑增加汉语词素的术语构成频率,从而在保证术语表达简明的基础上,提高汉语术语系统的经济指数。需要指出的是,NUTerm 术语库体育学术语系统收录民族传统体育学术语的数量较少,无法依据现有数据就中国本土体育学术语系统英译实践的特征形成指向性比较明确的结论。但基于以上经济指数相关数据,不难得出以下启示,即民族体育学术语的翻译实践不仅仅需要考虑到单个英译案例中概念传达的准确性,还需整体观照英译后的术语系统经济性,从中选择适切的英译方法。

21.5　小结

本报告结合体育学学科发展的背景,通过 NUTerm 术语库体育学术语子库双语数据的整理和分析,对汉语体育学术语的英译现状初步展开了描述性研究。研究发现,一方面,我国体育学汉语术语系统的构成与其学科发展的历史沿革紧密相关。在体育学术语子库中,汉译外来术语构成了体育学术语系统的主体部分,而本土传统体育学术语所占比例明显偏低。某种程度上,NUTerm 术语库中这两类术语的比重差距也从侧面说明了反思本土传统体育学话语构建的现实需求。这种反思,其实是对"体育"这一研究对象之人文本质的再思考。体育的人文性,说到底是历史的产物。就历史延续的内部成因来说,体育人文是文化基因表达的结果,而从历史发展的外部条件来看,体育人文脱胎于不同时期与区域的社会经济条件。那么,关于本土体育人文特征究竟如何这一问题,就需要基于本土的文化基因和历史语境来创造答案。说是"创造"答案,原因在于,无论是各民族具体的体育项目,或是典籍中抽象的体育思维表达,都不只是囿于某一区域或时期的实践工具或思维工具,而是很可能在时空层面上会体现出文化基因作用的遗传特征和历史语境造就的谱系特征。这种可能性指向的是一种在描写体育之工具理性的基础上,通过时空错移重塑其价值理性的创造路径,这其实也正是阿伦·古特曼(2012:19)在揭示现代体育的本质时所说的,"将一种现象放在不属于它的背景下来观察是理解这种现象的一种方式"。体育学话语构建因此可以看作一种透过体育现象,无论是体育实践或体育思想,来重构知识体系的创新过程。其中不可忽略的基础实践便是民族体育学术语的创造与应用。

另一方面,就 NUTerm 术语库中现有的双语术语数据来看,体育学汉语术语英译实践以直译法和意译法为主,释译法和音译法仅占译名总数的 1.35%。在分析这四种英译方法的应用情境时,我们发现,每类译法都有其适用范围和特点,而不同译法的应用又会在整体上影响英译术语的系统特点。需要说明的是,由于术语翻译方法差异、大众传媒的不规范翻译、地域性因素等影响(惠弋,2016:107-108),目前我国体育学术语译名依然存在诸多混乱现象,主要表现为误译、一词多译和多词同译(惠弋,2013:128-129)。这一问题在我国民族传统体育学术语英译方面更为突出。以武术术语的英译为例。武术术语通常形约而意丰,在具体的翻译中往往会存在归化和异化之争,造成了许多一词多译的情况。而 NUTerm 术语库中现有的双语数据表明,目前我国传统武术术语的译介工作尚未系统开展,而事实上也确实如此。例如,国内现已出版的三部双语武术词典,即《汉英武术词汇》(1988)、《英汉汉英常用武术词汇》(1989)、《汉英英汉武术词典》(2007)中,前两部成书于 20 世纪 80 年代,基本为双语对照词集,时效性和适用性相对有限,《汉英英汉武术词典》相对而言在词典体例上更完善,但其中的一些词条仍出现了误译或处理不当的情况(李晖,2012)。此外,国际武术联合会对武术术语的英译虽做了初步的规范工作,但缺乏系统性的总结、研究和推广,不利于武术术语的规范性跨语传播与应用。对于这一问题,张森、季蕊(2016:67-70,87)认为,基于术语管理技术和工具构建武术术语库、翻译记忆库和语言知识库,并充分利用互联网开放平台中的云技术,有望提高武术文化的交流效率与传播质量,促进中华武术的国际传播。实际上,NUTerm 术语库的构建也正体现了这一观点,值得进一步研究。

22

汉语统计学术语系统及其英译现状分析

22.1 汉语统计学术语系统构建的学科史背景概述

统计学是关于收集、分析、表述和解释数据的科学与艺术(吴启富,2012:48)。统计学的目的是让我们更好地掌握环绕我们周围的不确定性,以便做出科学的决策。统计学的产生和发展与社会经济现象具有天然的不可分割性。从统计学的起源看,人类最初的统计是关于人口、财产与土地的调查。例如公元前约2700年,古埃及为建造金字塔进行了全国人口和财产的调查;公元前约2100年,中国的夏禹将全国的人口和土地数目铸于九鼎;公元前约400年,古印度建立了人口登记制度。同期,古罗马、希腊等也都进行了类似的统计调查(李金昌,2013:31)。后来,统计工作的范围逐步扩展到农业、工业、贸易、银行税收、保险、海关等领域。一般来说,统计学所要研究的规律有四种:状态规律、频度规律、发展规律和关系规律。统计学早期诞生与发展的历史形成了其话语体系中基本概念的范围和特点。

任何学科的产生都有其社会背景,其发展都与其他相关学科有密切关系,同时也表现出阶段性特点。从学科史发展进程看,统计学在西方可以分为古典、近代和现代三个时期。具体而言,古典统计学时期起源于德国的国势学派。该学派认为统计学是关于"国家显著事项"的学问,是用文字归纳的方式来表述和记录国家在人口、财产、领土、军事、政治、法律制度等方面的特征及其因果关系,目的是满足国家管理的政治需要,其研究范围以社会政治领域为主。由于该学派主要以文字的形式记述国家的显著事项,故也称记述学派。其主要代表人物是康令(H. Gonring)和阿亨瓦尔(G. Achenwall)。阿亨瓦尔最早在《近代欧洲各国国势学纲要》一书绪论中提出了"统计学"(Statistik)这一名词,该词后被转译成英文(statistics)而为越来越多的人所接受(童光荣、卢铁庄,2010:58)。

西方古典统计学时期的另一学派是英国的政治算术学派。该学派在研究范式上与国势学派有很大不同,主张以数字定量表现的方式代替文字表述的方式。但政治算术学派研究的目的依然是满足国家管理的政治需要,即"用数字、重量和尺度来表现各项国家事务",用分组、比较和推算的方法来研究国家显著事项的规律及其因果关系,其研究范围同样偏重于社会经济现象。早在1661年,格朗特(J. Grant)在《对死亡表的自然观察和政治观察》一书中对当时英国的人口数据进行了分析,揭示出一系列的数量关系,例如男婴出生多于女婴(男婴女婴比例为14:13),男性死亡多于女性,一切疾病和事故在全部死亡原因中占有稳定的百分比,等等。他在该书中指出,为了提出一个要在多年内形成的规律,需要进行多次观察。虽然格朗特没有提到统计学这一名词,但是他在实践中却已应用了现代统计学研究中的大量观察方法去发现规律性的思想。这种独特和新颖的方法具有启示性。接着,英国的配第(W. Petty)撰写了著名的《政治算术》一书。该书揭示了一些经济学的科学原理,研究了许多经济学范畴和经济关系。它既是一本重要的经济学著作,同时又是一部很有价值的统计学著作(童光荣、卢铁庄,2010:58)。以上国势学派和政治算术学派是西方统计学的古典学派。作为一门学科,统计学的核心概念、基本术语等在这一时期逐渐形成系统,从而构建了早期的西方统计学学术话语体系。

西方近代统计学时期是指18世纪末到19世纪末这一百年间的统计学。这一时期是统计学的发展时期,各种学派的学术观点渐趋成熟,形成两大主要学派:社会统计学派和数理统计学派。社会统计学派以德国为中心,由德国经济学家、统计学家克尼斯(K. G. A. Knies)创立,主要代表人物有恩格尔(C. L. E. Engel)、梅尔(G. V. Magr)等人。他们融合了国势学派与政治算术学派观点,研究社会现象变动原因和规律性。与此相对的是数理统计学派,二者在通用方法论上是相对立的。数理统计学派产生于19世纪中叶,它是在概率论已有相当发展的基础上把概率论引进统计学而形成的,比利时人阿道夫·凯特勒(A. Quetelet)首次把概率论引进社会经济现象研究,从而促进了统计学的新发展(吴润、薛襄稷,2015:2)。可以看出,随着西方统计学在近代的进一步发展,原先的国势学派和政治算术学派融合为社会统计学派,它与数理统计学派是对立与互补的关系。国内外有学者甚至将数理统计学视为统计学的理论研究,而将社会经济统计学视为对理论统计学的应用。在这种情况下,两个学派的交融互渗构成了西方统计学学术话语体系的基本框架和主体。

在西方现代统计学时期,数理统计学由于广泛应用于自然科学和工程技术而获得快速发展,并进入了鼎盛时期。它在随机抽样的基础上建立了推断统计的理论和方法。在此之前的描述统计指对所搜集的大量数据资料进行加工整理、综合概括,通过图示、列表和数字,如编制次数分布表、绘制直方图、计算各种特征数等,对资料进行分析和描述(龚鉴尧,1995:11)。而所谓推断统计是通过随机样本来推断总体数量特征的方法。这种方法源于英国数学家哥塞特(W. S.

Gosset)的小样本 t 分布理论,其后由费雪尔(R. A. Fisher)加以充实,并由波兰统计学家尼曼(J. Neyman)以及皮尔生(E. S. Person)等人进一步发展。后来美国统计学家瓦尔德(A. Wald)又将统计学中的估计和假设理论加以归纳,创立了"决策理论",对社会经济现象进行发展趋势预测或因素关系预测。这样,统计学从描述统计到推断统计,从统计事实到统计预测再到统计决策,产生了一系列质的飞跃。从以上统计学学科史概述中可以看出,在西方统计学的发展过程中,不同学派的对立与交融促进了学科的不断演化和发展。在此过程中,不同的理论及概念相继进入学科话语体系,基于这些理论和概念,大量术语创立并逐渐形成学科术语系统。

中国的统计学是在 20 世纪前期形成和发展起来的。在相对较短的近半个世纪时间里,中国统计学的发展浓缩了西方统计学近两百年的发展历程。在此之后,一直到当代,统计学在中国发展的整个过程中既反映了西方统计学的总体内容和样态,同时也表现出了其自身的独特性。换言之,中国统计学的发展往往受到特定时期的社会政治、经济、文化等方面的影响,其学科话语体系的形成和演化也离不开外部因素的影响。

综合不同研究者的观点,我国统计学的发展大致可以分为以下三个阶段(袁卫,2011:3)。在第一阶段,即从 20 世纪初统计学传入我国到 1949 年中华人民共和国成立,其间传入我国的主要是德国和日本的社会统计学以及英美的数理统计学。从这个意义上说,我国统计学学科话语体系的初步构建还是比较完整的。除了直接从国外译介统计学学术成果之外,中国本土学者在此期间也为统计学话语体系的完善与创新发展做出了卓越贡献。例如,中国学者许宝騄就是多元统计分析学科的开拓者之一。他于 1938 年对 Behrens-Fisher 问题的研究被著名统计学家 H. Scheffe 称为"数学严格的典范",他的"许方法"至今仍被认为是解决这一问题的最实用方法(陈家鼎、郑忠国,2010:642)。此外,他还提出了"线性模型方差的最优二次估计"和概率论中"完全收敛"的概念和定理。本土学者的话语创新也使得中国的概率论与数理统计学研究曾一度处于世界先进水平。

第二阶段,从解放初到改革开放之初(1951—1978),是我国统计学科深受苏联影响,分为两门统计学的特殊时期。在统计科学领域有这样一种传统和流行的观点,即将统计学一分为二,认为数理统计属于应用数学,而社会经济统计则是有阶级性的社会科学。前者是统计学的方法部分,是没有阶级性的纯自然科学;而社会经济统计学作为马列主义的武器,是有阶级性和党性的社会科学。"两门统计"由此诞生,在相当长的时间里互相之间很少往来。数理统计越来越理论化,即使应用于实践,也不太敢碰社会经济现象;社会经济统计则越来越概念化、指标化、简单化,很少使用数理统计方法。统计理论与应用被人为地割裂开来。在计划经济的大环境下,我国这30年的统计学教学和研究是以所谓的"部门统计学"为主线设计的,统计学专业大部分设置在"计划统计系",与计划经济运行体制高度相关,与国家统计工作保持高度一致。而作为一门"科学"其领域和方法越来越窄,往往将简单问题复杂化,严重影响了我国统计学的学科发展(吴启富,2012:48)。可以看出,在这一特殊时期,我国的统计学话语体系是不完整的。

第三阶段,改革开放之初至今,是我国统计学从拨乱反正到"大统计",再到统计学成为一级学科的建设和快速发展时期,为追赶国际先进水平打下了基础。1978年以来的改革开放特别是峨眉会议以后,统计学界逐渐打破过去的僵化、教条局面出现了讨论和争鸣,大家开始思考统计学是一门还是两门学科,数理统计学到底是不是统计学。到20世纪90年代"大统计"的主张逐渐被大家认可,特别是原"社会经济统计学"专业人士认识到统计学再也不能仅仅作为政府统计工作的解释,必须回归到"数据"才是唯一的出路。关于统计学究竟是一门学科还是两门学科的争议也逐渐平息,大家基本公认"统计学是关于收集、分析、表述和解释数据的科学与艺术",从此,统计学进入了全面发展的新时期。西方先进的统计学思想和技术逐渐引入中国,同时也开展了与中国国情相结合的各类统计研究和实践活动。这些思想、技术、研究和实践必然推动中国统计学的发展,推动中国统计学话语体系的不断发展。

伴随着"大统计"思想的提出,1998年教育部新颁布的《普通高等学校本科专业目录和专业介绍》将经济类的"统计学"专业与数学类的"数理统计"合并成"统计学类",归入理学门类一级学科。2011年2月,国务院学位委员会通过了《学位授予和人才培养学科目录(2011)》,将原经济学门类"应用经济学"一级学科下的"统计学"专业与原理学门类"数学"一级学科下的"概率论与数理统计"专业合并为"统计学"一级学科。统计学一级学科地位的确定,在形式上与国际统计学已经接轨,这无疑会极大地促进国际学术交流,有利于统计学科的发展(龚鉴尧,1995:45)。

与此同时,国家质量技术监督局分别于1992年和2009年先后两次制定和颁布国家标准《学科分类与代码》(GB/T 13745—1992&2009),其中有关统计学科的内容、分类和变化在相当程度上反映了人们在当时条件下对于该学科基本问题的一般认识。在1992年国家标准《学科分类与代码》中,有关"统计学"分类的一个最为显著的进展就是它被从经济学等学科中划分出来,上升到了一级学科的地位,列在"人文与社会科学"门类之中(杨灿、董海龙,2010:52)。

从以上统计学在中国传入和学科发展的简述以及学科分类中可以看出,统计学由于是外来输入学科,其主要理论以及概念均来自西方。相应地,统计学学科术语系统构成有着鲜明的外来汉译植入特点以及以经济学和数学为代表的多学科交叉融合性。汉语统计学术语系统的杂糅性正是其学术话语资源多样性的体现。

22.2 汉语统计学术语系统的构成类型及特点

22.2.1 汉语统计学术语的分类标准

任何一门学科话语体系的构建，其基本范畴、核心概念和主要理论观点的确立是必要前提。作为人类科学知识结晶的术语及其系统是该学科话语体系得以构建的基础要件。学科术语系统的构成类型和特征可以反映学科在发展和融合过程中知识生产与体系化拓展的特点。统计学术语是表达或限定统计学领域专业概念的约定性符号。如上文所述，统计学在形成和发展过程中，经历了国势学派、政治算术学派、描述统计学、推断统计学、社会经济统计学、数理统计学等不同的学派或研究范式之间的互动与融合，作为统计学领域理论与实践知识词汇化表征结果的术语系统自然会具有一定的复杂性。这种复杂性主要体现在学科术语构成类型和结构特点方面。下文拟结合上文所述的国内外统计学思想发展脉络以及国内统计学学科历史沿革与发展状况的概述，考察并大体上描述汉语统计学术语系统的构成特点。

分类就是按照事物的性质、特点、用途等作为区分的标准，将符合同一标准的事物进行聚类的认识事物方法。合理的分类标准，其必备要件是穷尽性，也就是说，按照某标准进行分类，所有的个体必须且只能从属于某一个类别。对于统计学学科而言，在不同的历史阶段，其术语分类的标准会有所不同。在统计学学科发展史上，曾经有过国势学派统计学术语和政治算术学派统计学术语、社会经济统计学术语与数理统计学术语、描述统计学与推断统计学术语的区分。而以现当代为横切面，对于现代统计学术语而言，从不同的角度出发，分类的标准也是不同的。从学理上说，至少可以采用两种分类方式：第一种是分为社会经济统计学和数理统计学。现代统计学的主流是数理统计学，社会经济统计学可以视为数理统计学在社会经济生活领域的应用。除此以外，还有人口统计、生命统计、犯罪统计、医疗卫生统计、体育统计、司法统计、法律统计、教育统计、广播电视统计、旅游统计、资源统计、地质统计、地震统计、环保统计、生物统计等。随着人类社会生活的发展，统计学的应用领域具有开放性，因此这种分类方法的缺点是术语分类的不完整性或不可穷尽性。第二种是分为描述统计学和推断统计学。如前文所述，描述统计是对所搜集的数据资料进行加工整理、综合概括并通过图示、列表和数字等，编制次数分布表，绘制直方图，计算各种特征数等,对资料进行分析和描述。而推断统计,则是在搜集、整理观测样本数据的基础上,对有关总体做出推断。也就是说,描述统计是对过去和当前情况的说明,而推断统计是在描述过去和当前情况的基础上对未来可能发生情况的预测。相比较而言,第二种方法符合分类的穷尽性标准,因此本研究拟采用该方法,将统计学术语分为描述性术语和推断性术语。当然,以上分类并不是绝对的。事实上,有一些术语表征基础性的统计学概念,在描述统计和推断统计实践和研究中都会涉及。我们进行分类的主要目的在于更加细致地描述统计学术语的结构特点。

22.2.2 汉语统计学术语构成的形式特点

术语可以是词,即单词型术语,也可以是词组,即词组型术语。从 NUTerm 术语库统计学术语子库现阶段收录的 3 852 条术语来看,汉语统计学术语既有单词型术语,也有词组型术语。在数量和比例上,词组型术语占绝大多数,共有 3 634 条,占总数的 95.04%。而单词型术语仅有 191 条,占总数的 4.96%。汉语统计学术语长度结构特点如表 22-1 所示。

表 22-1 汉语统计学术语系统的构成类型举例

术语系统的构成类型		代表性术语示例
描述统计学术语	单词型术语	测量/、总体/、数据/、频数/、比例/、百分比/、均值/、离散/、偏态/
	词组型术语	区间/中点/、右偏/数据/、伴随/变量/、Bursty/现象/、弗雷歇/分布/、集中/趋势/测度/、离散/矩形/分布/、逆/β/分布/、双变量/负/二项/分布/、高尔顿/个体/差异/问题/
推断统计学术语	单词型术语	概率/、方差/、可靠性/、似然/、抽样/、趋势/
	词组型术语	概率/分布/、Z/统计量/、置信/区间/、假设/检验/、阿贝尔/不等式/、艾特肯/估计量/、Siegel/-Tukey/检验/、非/概率/抽样/、连续/概率/法则/、埃利/-布雷/定理/、累积/对数/风险/图/、凯瑟/-迈耶/-奥尔金/抽样/充分性/测量/、考克斯/比例/风险/模型/

表 22-1 列举了描述统计学和推断统计学术语中不同长度的汉语术语。如上可见,虽然中国自古代开始就有统计实践,但是作为一门学科,统计学是舶来之学,统计学核心术语也均由国外汉译传入。在语言结构上,统计学术语具有印欧语言典型的分析性特征,即除少数单词型术语之外,词组型术语往往以核心词为中心,采用限定、合成、加缀等方式构成。例如"对称数据""中位数""离散矩形分布""*p* 值""艾特肯估计量""Siegel-Tukey 检验"等,除此以外还有"卡方分布"

"费希尔精深检验""t 分布""Pearson 相关系数""广义线性模型""Logistic 回归""因子分析"等。

22.2.3　汉语统计学术语中的混合型术语

除了以上形式结构特点之外,汉语统计学术语中还包含较多的语符混合型术语。所谓混合型术语是指操不同语言的人在长期接触中,在不懂对方语言的情况下,由于交际需要而把两种或两种以上的语言混合简化后生成的语言(傅洁、谢祖全,1995:87)。混合型统计学术语中多含有人名等专名,例如"Jolly-Seber 模型""Mack-Wolfe 检验""Papadakis 分析"。以"Pearson 相关系数"为例,该术语中的英文成分 Pearson 指的是著名统计学家、数理统计学的创始人卡尔·皮尔逊(Karl Pearson)的姓。该术语用来衡量两个数据集合是否在一条线上面,定距变量间的线性关系,以及国民收入和居民储蓄存款、身高和体重、高中成绩和高考成绩等变量间的线性相关关系。由于有混合语符成分,此类术语往往以词组型术语的形式出现。其他具有类似形式特征的混合型统计学术语如表 22-2 所示:

表 22-2　统计学混合型术语举例

统计学混合型术语	二词词组型术语	Arjas/作图/、Berkson/悖论/、Brier/评分/、Bursty/现象/
	三词词组型术语	Box/-Behnken/设 计/、Buffon/投 针/问 题/、Cochrane/-Orcutt/过程/
	多词词组型术语	Conway/-Maxwell/-Poisson/分 布/、Courant/-Fisher/极 小/极大/定理/、Diggle/-Kenward/丢失/模型/

值得注意的是,从术语库现收录的数据中可以发现,此类混合型汉语统计学术语在专名成分的译写方面仍存在着不统一甚至不规范的问题。表 22-2 所列术语均是借助零翻译的方式从相应的英文话语中直接移植专名成分。与此同时,通过音译以纯汉语术语的形式进入汉语统计学话语体系的情况也比较常见,如"哈里森方法""汉森-赫维茨估计量""豪斯多夫维数"等等。这种不统一的外来术语译写方法容易导致术语使用的混乱现象。如上文提到的"Pearson 相关系数",在实际的术语应用生态中,还有"皮尔森相关系数""皮尔逊相关系数"等同一概念的不同术语表达。这种术语译写的混乱现象不仅会对汉语统计学话语生态产生一定的消极影响,在汉语统计学术语的当代英译实践中,也容易对术语概念的正确回译造成一定的障碍。

22.2.4　汉语统计学术语中字母和符号的使用

汉语统计学术语的一个显著特征是西文字母和符号的保留使用,这种术语语符层面的异质性混杂特征说明其学科话语体系的外来植入性特点。具体而言,汉语统计学术语中所保留的西方语言符号主要包括两类:希腊字母和统计符号。前者如 α、β、γ、δ 等,后者为统计符号,如 S、Z 等,往往和术语中其他文字部分结合使用,如下表 22-3 所示。包含此类字母和符号的术语有"S 形""Z 变换""α 截尾均值""β-二项分布""Γ 函数"等。其中不同字母和符号的涵义具体见下表 22-3 的相关示例。

表 22-3　统计学术语系统常见字母与特殊符号举例及其含义说明

符　号	含　义
S	样本空间(概率论)
E	事件(概率论)
∪	多个集合的并
∩	多个集合的交
N	总体容量
P	一致的点对(关联度的顺序测量)
Q	不一致的点对(关联度的顺序测量)

22.2.5　汉语统计学术语中词尾形式的相似性

通过汉语统计学术语系统形式的考察与分析,汉语术语中概念要素表征的相似性主要体现在术语的词尾部分。所谓术语词尾的相似性,是指由于统计学特殊的学科特点,术语词尾部分存在较多的相同词缀。也就是说,对统计学术语进行概念区分主要借助此类术语词头的限定成分。我们对统计学术语子库中主要词缀的使用频率进行了统计,具体如下表 22-4 所示:

表 22-4　汉语统计学术语常见词尾举例及其频率统计

术语词尾	使用频率
分布	370
检验	277
计量	163
模型	145
法	121
图	115

续　表

术语词尾	使用频率
差	104
设计	103
函数	78
方法	75

以上表所列的词尾"分布"为例,包含该词尾的统计学术语有"β分布""J形分布""波利-韦布尔分布""超几何等待时间分布""Creedy-Martin 广义 γ 分布",等等。相同词尾的高频率使用对术语系统的经济指数会产生直接的影响。

22.3　汉语统计学术语系统英译的方法特点

通过对统计学术语子库中现有统计学术语类型以及结构特点的初步分析,可以发现,汉语统计学术语的来源类型与结构有着不同于其他人文社会科学学科的特点,即基本上均为外来输入术语,词组型术语占绝大多数,有较多语符混合型术语(保留了大量西文字母和符号),等等。对特定的学科而言,汉语术语系统的构成类型及其特征深刻影响着术语系统英译实践中不同英译方法的运用。由于统计学术语的外来输入特点,再加上统计学概念往往为反映具有全人类普遍性的自然和社会科学概念,绝大多数统计学术语的英译采用直译的方法,即直接按照汉语术语的语言结构对译为英语,包括字面完全对应的词对词直译以及字面语序有所调整的直译。统计学术语直译的示例如表22-5所示：

表22-5　汉语统计学术语直译法举例

汉语术语	术语英译
数据	data
样本	sample
回答律	response rate
后代分布	offspring distribution
回顾同期群研究	retrospective cohort study
回归中的选择方法	selection methods in regression

续 表

汉语术语	术语英译
混合效果逻辑回归	mixed effect logistic regression
基因环境的相互作用	gene-environment interaction
混合自回归滑动平均过程	mixed autoregressive-moving-average model

如上表所示,以术语"后代分布"和"回归中的选择方法"为例,前者的两个部分"后代"与"分布"与英译中的 offspring 和 distribution 是一一对应的。类似的术语还有"基线平衡"(baseline balance)、"极端值"(extreme value)、"季节性波动"(seasonal fluctuation)等。后者译为 selection methods in regression,因为介词 in 的使用而将术语的语序进行了调整。类似的术语还有"集中趋势度量"(measure of central tendency)、"检验变换总时间"(total time on test transformation)等。

需要指出的是,在大量的汉语统计学术语直译实践中,其中有不少案例含有音译和零翻译成分。这其实是汉语统计学术语英译实践中遵从回译原则的一个体现。汉语统计学术语系统中,吸收了许多译自欧美的西方统计学术语,而这些术语最初多采用直译的方法进入汉语语文体系。对于其中普遍存在的以人名为主的专名成分,也常常借助音译实现汉化。这样一来,在汉语统计学术语英译实践过程中,要确保术语概念准确而有效的跨语传递,回译策略的使用便至关重要。具体来说,由于西方外来汉译统计学术语的原语概念往往具有比较广泛的地理来源,除了来自英美等英语国家外,还有德国、法国等非英语国家,所以具体翻译时应注重追本溯源,遵循"名从主人"的原则,准确回译处理。具体如下表22-6所示:

表 22-6 汉语统计学术语回译举例(1)

汉语术语	术语英译
基尼指数	Gini index
吉布斯抽样	Gibb's sampling
卡普兰-迈耶估计量	Kaplan-Meier estimator
卡甘-林尼克-拉奥定理	Kagan-Linnik-Rao theorem
科尔莫戈洛夫-斯米尔诺夫分布	Kolmogorov-Smirnov distribution
科尔莫戈洛夫-斯米尔诺夫两样本方法	Kolmogorov-Smirnov two-sample method

此外,对于外来汉译术语中先前保留的西文语符成分,在回译过程中继续保留不变,即借助零翻译实现完整回译。具体示例见下表22-7:

表22-7 汉语统计学术语回译举例(2)

汉语术语	术语英译
Andrews 图	Andrews' plots
Arfwedson 分布	Arfwedson distribution
Armitage-Doll 模型	Armitage-Doll model
Bernoulli-Laplace 模型	Bernoulli-Laplace model
Bienaymé-Galton-Watson 过程	Bienaymé-Galton-Watson process

22.4 汉语统计学术语系统英译的形式特征与经济律

学科术语英译可以看作系统开展的专业概念二次命名实践。在这一过程中,构成汉语术语系统的汉语词素往往面临着语符意义的组合或分解,借助数量不等的英文单词来重新表征术语概念。例如,在 NUTerm 术语库收录的 3 852 条汉语统计学术语系统中,共含有 2 476 个汉语词素,而在相应的英译统计学术语系统中[①],用以传达这一概念系统的英文单词数量有所减少,共计 2 422 个。也就是说,经过术语翻译形成的英译统计学术语系统在经济指数方面有微弱变化,具体如表22-8所示。

表22-8 统计学术语汉英翻译的系统经济指数

系统参数	汉语术语系统	英译术语系统
术语总数	3 852	3 852
汉语词素/英语单词数量	2 476	2 422
经济指数	1.56	1.59

表22-9 汉语统计学术语及其英译术语长度类型与比例统计

术语类型	汉语术语	英译术语
单词型	4.96%	6.13%
常见词组型[②]	82.87%	84.45%
多词词组型	12.18%	9.42%

汉英术语系统经济指数之间的差值大小,是术语系统形式特征变化程度的

---

① 此处是指由 3 852 条汉语术语分别对应的最常见译名形成的英译统计学术语系统。
② "常见词组型术语"是指长度值为 2 或 3 的统计学术语;"多词词组型术语"是指长度值大于或等于 4 的统计学术语。

一个直观体现。由表22-9可知,汉英统计学术语系统的经济指数只有0.03的差值。这能够侧面说明,汉英统计学术语系统在形式分布特征上具有较高程度的相似性。从现阶段基于NUTerm术语库的统计结果来看,确实如此。如前文所述,绝大部分汉语统计学术语是由两个或两个以上的汉语词素构成的词组型术语,所占比例合计高达95.04%;在其对应的英译统计学系统中,词组型术语同样占据相当大的比重,多达3 616条(93.87%)。其中,不同形式类型术语的比例分布情况如表22-9所示。

不难看出,术语翻译后形成的英译统计学术语系统在形式特征上未有显著变化。这一点,显然不同于其他大多数人文社科的英译数据情况。表22-8所呈现的汉英统计学术语系统的经济律,其实是基于我国统计学学科话语构建渊源与现状特征的一个量化表征,或具体而言,是对汉语统计学术语英译方法特征的再次体现。前文已提及,我国统计学的学科化发展,始于并依附于对国外相关学术话语体系的系统译介。这样一个话语状貌也就直接导致在当代汉语统计学英译实践中,术语回译成为主流的翻译策略。而统计学学科话语本身具有非常显著的理性化叙述逻辑,其中的统计学术语同自然科学领域中的科技术语具有非常相似的类型特征,大多遵从科学性、透明性与单一性的命名原则。这样一来,回译过程中,直译法自然也成为一种常态,进而使得汉语术语系统的经济指数在跨语情境中保持一定的稳定性。

22.5　小结

相比于人文社科领域中其他学科的术语,统计学术语的特殊性在于术语概念突出的专业化程度,以及术语概念义同术语符号字面义的高度统一。相应地,在统计学话语体系中,由术语概念的人文性引起的意义不确定性与语境依赖性等其他学科中常见的诸多复杂问题则明显弱化。归根结底,统计学话语的特殊性是由其知识本体类型特征决定的。统计学术语在汉英语文体系的往复传播与系统构建过程中,自始至终受到这种学科话语特殊性的直接影响。本文对汉语统计学话语体系构建之历史钩沉的概述,以及对其中部分统计学术语概念在当代学术全球化大环境下二次跨语传播所作的英译描述,均体现了这一点。

与此同时,通过观察NUTerm术语库中现有的统计学术语数据能够发现,汉语统计学的使用规范是现阶段汉语统计学话语体系构建中需逐步重视并思考予以合理解决的重要问题。报告中初步论述的外来统计学术语的译写规范是其中尤为突出的一个方面。在汉语统计学话语体系构建的初期阶段,某种程度上,多元的译写方式以及汉英并存的语文生态其实是反映学术话语生态活跃程度的一个积极信号。但是,在汉语统计学话语构建的现阶段,这种"活跃程度"更应体现在知识概念层面的话语创新方面,而这需以译者的语文自主与自觉以及术语使用的规范统一为前提。鉴于统计学术语固有的外源特殊性,这种面向统计学术语译写规范化的需求尤为迫切,在中国当代学术话语构建实践中或许应引起足够的重视。

参考文献

ABERCROMBIE N, HILL S, and TURNER B S. The Penguin Dictionary of Sociology[M]. 3rd ed. New York: The Penguin Group, 1994.

GIBBON D, MERTINS I, and MOORE R K. (eds.). Handbook of Multimodal and Spoken Dialogue Systems: Resources, Terminology and Product Evaluation[M]. New York: Springer Science + Business Media, 2012.

GREGORY D, JOHNSTON R, PRATT G, et al. The Dictionary of Human Geography[M]. 5th ed. Chichester: John Wiley & Sons, 2011.

HENRIKSEN L, POVLSEN C, and VASILJEVS A. Euro TermBank: A Terminology Resource Based on Best Practice[C]//Proceedings of LREC 2006, the 5th International Conference on Language Resources and Evaluation, 2005: 243-246.

HOFFMAN E. Stages in the Life Cycle of LEXIS[C]//SNELL B. (ed.). Proceedings of the Translating and the Computer Conference (11-12 November 1982). London: Aslib, 1983: 186-191.

KOCKAERT H J, and STEURS F. (eds.). Handbook of Terminology[M]. Amsterdam: John Benjamins Publishing Company, 2015.

KOONTZ H. The Management Theory Jungle Revisited[J]. Academy of Management Journal. 1980, 5(2).

KOONTZ H. The Management Theory Jungle[J]. Academy of Management Journal. 1961, 4(3).

MOREIRA A. A Methodology for Building a Translator-and Translation-Oriented Terminological Resource[S]. TRAlinea: Online Translation Journal 16 (Special Issue: Translation & Lexicography), 2014.

NKWENTI-AZEH B. Information Mediation: The Interface between Terminology and Translation[C]//Kent A. (ed.). Encyclopedia of Library and Information Science (Volume 62). New York: Marcel Dekker, Inc., 1998: 157-170.

TRUMBLE W. R. and STEVENSON A. Shorter Oxford English Dictionary[M]. 上海：上海外语教育出版社, 2004.

安伦. 摆脱"西方中心论"及重建本土宗教学[J]. 华东师范大学学报(哲学社会科学版), 2012(5).

贝尔, 克里斯托尔. 经济理论的危机[M]. 陈彪如, 唐振彬, 等译. 上海：译文出版社, 1985.

蔡铭泽. 新闻传播学[M]. 广州：暨南大学出版社, 2003.

蔡绍京,梁素华,税青林.医学遗传学[M].上海:第二军医大学出版社,2004

常宁生.艺术学的建构与整合:近百年来的西方艺术学理论与方法及其与中国艺术史研究[J].艺术百家,2009(5).

车玉玲.西方马克思主义的当代转向[J].江西社会科学,2013(3).

陈安槐,陈萌生.体育大辞典[M].上海:上海辞书出版社,2000.

陈壁生.经学与中国哲学:对中国哲学学科建构的反思[J].哲学研究,2014(2).

陈淳."民族考古学"的译法、涵义及其他[J].东南文化,1992(S1).

陈淳.考古学的范例变更与概念重构[J].南方文物,2011(2).

陈海珠,包平.图书馆学情报学的重大变革及其路径和影响:基于范式理论的视角[J].情报杂志,2013(10).

陈慧琳.人文地理学[M].北京:科学出版社,2001.

陈家鼎,郑忠国.许宝騄先生的学术成就:谨以此文纪念许宝騄先生诞辰100周年[J].数学进展,2010(6).

陈嘉映.何为良好生活:行之于途而应于心[M].上海:上海文艺出版社,2015.

陈静,史明明.我国民族学研究热点知识图谱分析:基于CSSCI(2000—2011)[J].西南民族大学学报(人文社会科学版),2014(2).

陈来.中国哲学话语的近代转变[J].文史哲,2010(1).

陈来.中华文明的核心价值:国学流变与传统价值观[M].北京:生活·读书·新知三联书店,2015.

陈力丹.当前中国新闻传播学学科发展的特点与问题[J].国际新闻界,2004(1).

陈少明.做中国哲学:一些方法论的思考[M].北京:生活·读书·新知三联书店,2001.

陈星灿.试论中国考古学的人类学传统[J].云南社会科学,1991(4).

陈星灿.中国古代金石学及其向近代考古学的过渡[J].河南师范大学学报(哲学社会科学版),1992(3):37-42.

陈兆福,陈应年.一词之译 七旬 半世纪之四(下)异化:外来术语 本土译名 术语社会学个案笔记(之三)[J].博览群书,2001(12).

陈振明.20世纪西方政治学:形成、演变及最新趋势[J].厦门大学学报(哲学社会科学版),1999(1).

程波.中国近代法理学:1895—1949[M].北京:商务印书馆,2012.

程恩富,胡乐明.中国马克思主义理论研究60年[J].马克思主义研究,2010(1).

程乐松.从语义困境到理论潜力:中国本土宗教学理论建构的"术语"问题[J].北京大学学报(哲学社会科学版),2016(1).

戴叔清.文学术语辞典[M].上海:上海文艺书局,1931.

戴炜栋.新编英汉语言学词典[M].上海:上海外语教育出版社,2007.

丹尼尔.考古学一百五十年[M].黄其煦,译.北京:文物出版社,1987.

邓伟志.社会学辞典[M].上海:上海辞书出版社,2009.

丁国顺.图书馆学学科建设如何本土化[J].图书情报工作,1999(4).

丁和根."媒介经济学"还是"传媒经济学"[J].新闻与传播研究,2015(5).

丁宏,臧颖.社会转型过程中的俄罗斯民族学[J].民族研究,2014(3).

杜书瀛.对中国文艺学学术史的百年回顾与反思[J].甘肃社会科学,2000(2).

杜书瀛,钱竞.中国20世纪文艺学学术史[M].上海:上海文艺出版社,2001.

段平,郑守志.汉英英汉武术词典[M].北京:人民体育出版社,2007.

范丽珠.西方宗教理论下中国宗教研究的困境[J].南京大学学报(哲学·人文科学·社会科学版),2009(2).

方汉奇.新闻传播学必须与时俱进[J].华中科技大学学报(社会科学版),2003(6).

方立天,何光沪,赵敦华,等.中国宗教学研究的现状与未来:宗教学研究四人谈[J].中国人民大学学报,2002(4).

方新普,黄文仁.体育理论与体育实践相互作用的再认识[J].天津体育学院学报,2007(2):146-148.

冯建军.构建教育学的中国话语体系[J].高等教育研究,2015(8).

冯其庸.中国艺术百科辞典[M].北京:商务印书馆,2003.

冯天瑜.侨词来归与近代中日文化互动:以"卫生""物理""小说"为例[J].武汉大学学报(哲学社会科学版).2005(1).

冯友兰.中国现代哲学史[M].广州:广东人民出版社,1999.

冯友兰.中国哲学史(上)[M].上海:华东师范大学出版社,2000.

冯志伟. 现代语言学流派[M].西安:陕西人民出版社,1987.

冯志伟.术语形成的经济律:FEL公式[J].中国科技术语,2010(2).

冯志伟.现代术语学引论[M].增订本.北京:商务印书馆,2011.

冯志伟.自然语言处理简明教程[M].修订版.上海:上海外语教育出版社,2012.

福柯.知识考古学[M].谢强,马月,译.北京:生活·读书·新知三联书店,1999.

傅洁,谢祖全.关于混合语术语的定义问题[J].四川师范学院学报(哲学社会科学版),1995(4).

甘惜分.新闻学大辞典[M].郑州:河南人民出版社,1993.

高恒.论中国古代法学与名学的关系[J].中国法学,1993(1).

高觉敷.中国心理学史的对象和范畴[J].南京师大学报(社会科学版),1985(1).

高楠.中国文艺学的世纪转换[J].文艺研究,1999(2).

格里尼奥夫.术语学[M].郑述谱,等译.北京:商务印书馆,2011.

葛鲁嘉.中国本土传统心理学术语的新解释和新用途[J].山东师范大学学报(人文社会科学版),2004(3).

龚鉴尧.二十世纪统计学的新发展[J].统计研究,1995(4).

辜正坤.外来术语翻译与中国学术问题[J].北京大学学报(哲学社会科学版),1998(4).

辜正坤.序言[M]//彭发胜.翻译与中国现代学术话语的形成.杭州:浙江大学出版社,2011:序2-3.

古特曼.从仪式到纪录:现代体育的本质[M].花勇民,钟小鑫,蔡芳乐,编译.北京:北京体育大学出版社,2012.

顾文涛,李东红,王以华.中国传统管理思想的逻辑层次[J].经济管理,2008(7).

郭贵春.隐喻、修辞与科学解释:一种语境论的科学哲学研究视角[M].北京:科学出版社,2007.

国务院学位委员会第六届学科评议组.学位授予和人才培养一级学科简介[M].北京:高等教育出版社,2013.

哈伯兰.民种学[M].林纾,魏易,译.北京:北京大学堂官书局,1903.

韩丹.国际规范性体育与运动的基本概念解说[J].体育与科学,1999(3).

韩德信.历史的脚步与文艺学的变迁:文艺学发展的历史回顾[J].江淮论坛,2007(5).

韩巍.学术探讨中的措辞及表达:谈《创建中国特色管理学的基本问题之管见》[J].管理学报,2005(4).

郝时远.中文"民族"一词源流考辨[J].民族研究,2004(6).

何光沪.宗教学小辞典[M].上海:上海辞书出版社,2002.

何光沪.中国宗教学百年[J].学术界,2003(3).

何九盈,王宁,董琨.辞源[M].3版.北京:商务印书馆,2015.

何九盈.中国古代语言学史[M].新增订本.北京:北京大学出版社,2006.

何九盈.中国现代语言学史[M].修订本.北京:商务印书馆,2008.

何勤华.汉语"法学"一词的起源及其流变[J].中国社会科学,1996(6).

何勤华.中国古代法学的死亡与再生:关于中国法学近代化的一点思考[J].法学研究,1998(2).

何勤华.法的移植与法的本土化[J].中国法学,2002(3).

何勤华.法科留学生与中国近代法学[J].法学论坛,2004(6).

何勤华.法律翻译在中国近代的第一次完整实践:以1864年《万国公法》的翻译为中心[J].比较法研究,2014(2)

何星亮.关于人类学与民族学的关系问题[J].民族研究,2006(5).

何兆武.对历史学的若干反思[J].史学理论研究,1996(2).

黑田鹏信.艺术学纲要[M].俞寄凡,译.南京:江苏美术出版社,2010.

胡适.胡适谈国学 谈哲学 谈人生[M].北京:中国华侨出版社,2014.

胡叶,魏向清.语言学术语翻译标准新探:兼谈术语翻译的系统经济律[J].中国翻译,2014(4).

胡翼青.传播研究本土化路径的迷失:对"西方理论,中国经验"二元框架的历史反思[J].现代传播,2011(4).

胡有清.文艺学论纲[M].2版.南京:南京大学出版社,2013.

胡最,刘沛林,陈影.传统聚落景观基因信息图谱单元研究[J].地理与地理信息科学,2009(5).

花建.文化软实力:全球化背景下的强国之道[M].上海:上海人民出版社,2013.

华勒斯坦,等.开放社会科学:重建社会学报告书[M].刘锋.译.北京:生活·读书·新知三联书店,1997.

黄旦.整体转型:关于当前中国新闻传播学科建设的一点想法[J].新闻大学,2014(6).

黄辉.新闻传播学:理论、方法与实务[M].上海:同济大学出版社,2013.

黄惠焜.回到民族学:中国民族学的学科特征和学科优势[J].云南民族学院学报(哲学社会版),1996(S1).

黄群慧,刘爱群.经济学和管理学:研究对象与方法及其相互借鉴[J].经济管理,2001(2).

黄晓鹏,刘瑞兴.图书情报工作理论与实践[M].北京:中国科学技术出版社,1994.

黄燕生.中国宗教学学科体系建设的新成就——评吕大吉新著《西方宗教学说史》[J].云南社会科学,1994(6).

黄友义.坚持"外宣三贴近"原则,处理好外宣翻译中的难点问题[J].中国翻译,2004(6).

黄仲盈.新中国民族理论研究特色论:构建中国民族理论话语体系研究系列之一[J].广西民族研究,2010(1).

黄宗忠.图书馆学的过去、现在与未来[J].图书情报工作,2009(23).

黄宗忠,郭玉湘,陈冠忠.关于图书馆学的对象和任务[J].中国图书馆学报,1960(5).

惠蜀.关于体育哲学的一些问题[J].成都体育学院学报,1985(4).

惠弋.浅析体育术语译名混乱现象[J].体育科技文献通报,2013(2).

惠弋.影响体育术语译名规范化的因素分析[J].体育科技文献通报,2016(2).

吉登斯.社会学[M].5版.李康,译.北京:北京大学出版社,2009.

汲智勇.试论武术术语体现的文化精神[J].体育与科学,1995(2).

贾洪伟.西方语言学典籍汉译(1906～1949)及其对中国语言学的影响[D].北京外国语大学博士论文,2011.

蒋晓丽,张放.中国新闻传播学研究为何缺乏原创理论[J].新闻与写作,2016(1).

金其铭,等.人文地理概论[M].北京:高等教育出版社,1994.

津田良成.图书馆情报学概论[M].楚日辉,毕汉忠,译.北京:科技文献出版社,1986.

卡西尔.人论:人类文化哲学导引[M].甘阳,译.上海:上海译文出版社,2013.

康戈武.中国武术实用大全[M].北京:今日中国出版社,1990.

劳思光.新编中国哲学史[M].桂林:广西师范大学出版社,2005.

劳思光.虚境与希望:论当代哲学与文化[M].刘国英,编.香港:香港中文大学出版社,2003.

李百玲.从翻译看马克思主义在中国的早期传播[J].上海翻译,2009(1).

李本纲,冷疏影.二十一世纪的环境科学:应对复杂环境系统的挑战[J].环境科学学报,2011(6).

李贵连.二十世纪初期的中国法学[J].中外法学,1997(2).

李贵连.二十世纪初期的中国法学(续)[J].中外法学,1997(5).

李晖.《汉英英汉武术词典》翻译得失论[J].体育科学,2012(2).

李金昌.一级学科背景下社会经济统计学的发展[J].统计研究,2013(3).

李俊文.百年来西方哲学在中国的发展[J].江西社会科学,2014(10).

李农.何谓"图书情报学"?[J].图书馆杂志,2003(3).

李申申,李志刚.中国古代"即身而道在"教育的基本特征:一种具身性教育的永恒魅力[J].河南大学学报(社会科学版),2016(4).

李醒民.知识的三大部类:自然科学、社会科学和人文学科[J].学术界,2012(8).

李泽厚,刘绪源.该中国哲学登场了?:李泽厚2010年谈话录[M].上海:上海译文出版社,2011.

李长林.中国武术术语汉译英浅谈[J].中国翻译,1993(5).

李真.早期来华耶稣会士对汉语官话语法的研究与贡献:以卫匡国,马若瑟为中心[J].或问,2011(20).

李铮.关于本土心理学若干问题商榷[C]//杨鑫辉编.心理学探新论丛.南京:南京师范大学出版社,1999.

梁漱溟.东西文化及其哲学[M].北京:商务印书馆,1999.

廖圣清,申琦,柳成荫.中国大陆新闻传播学研究十五年:1998—2012[J].新闻大学,2013(6).

林彬,王文韬.对当代中国社会学经验研究及研究方法的分析与反思:90年代社会学经验研究论文的内容分析[J].社会学研究,2000(6).

林甘泉.二十世纪的中国历史学[J].历史研究,1996(2).

林默彪.略述20世纪西方政治学的发展及其特点[J].理论学习月刊,1994(11).

林毅夫,胡书东.中国经济学百年回顾[J].经济学(季刊),2001(1).

凌斌.中国人文社会科学三十年(1978—2007):一个引证研究[J].清华大学学报(哲学社会科学版),2009(1).

刘海龙.重访灰色地带:传播研究史的书写与记忆[M].北京:北京大学出版社,2015.

刘佳,韩毅.中外图书情报学研究热点的可视化及对比分析[J].情报科学,2014(12).

刘进.对外文化传播翻译策略研究[M].学术界,2010(12).

刘君德.中国转型期"行政区经济"现象透视:兼论中国特色人文:经济地理学的发展[J].经济地理,2006(6).

刘克明.宋代金石学著作中的图学成就:读《考古图》和《宣和博古图》等[J].江汉考古,1989(3).

刘梦溪,夏晓虹.中国现代学术经典·梁启超卷[M].石家庄:河北教育出版社,1996.

刘润泽,魏向清."中国梦"英译研究再思考:兼论政治术语翻译的概念史研究方法[J].中国外语,2015(6).

刘少杰.中国社会学的双重发端[J].江苏社会科学,2009(1).

刘盛佳.《禹贡》:世界上最早的区域人文地理学著作[J].地理学报,1990(4).

刘式今.中国考古学小史[J].河北大学学报(哲学社会科学版),1993(4).

刘卫东.新闻传播学概论[M].天津:天津社会科学院出版社,1999.

刘先刚.直译:术语翻译的主要手段:世界银行贷款财务报表术语的翻译[J].中国科技翻译,1993(2).

刘笑敢."反向格义"与中国哲学研究的困境:以老子之道的诠释为例[J].南京大学学报(哲学·人文科学·社会科学),2006(2).

刘迎,朱平.人类基因图谱的发展现状及应用[J].中国优生与遗传杂志,1997(4).

刘月蕾,段聚宝.遗传与基因[M]3版.太原:山西教育出版社,2012.

刘重德.Literal Translation and Free Translation[J].外国语,1990(4).

陆林.人文地理学[M].北京:高等教育出版社,2004.

罗伯逊.社会学[M]. 黄育馥,译.北京:商务印书馆,1990.

吕斌.中介交流论:图书馆学、情报学、档案学的共同理论[J].情报学刊,1988(5).

吕大吉.宗教学纲要[M].北京:高等教育出版社,2003.

吕大吉.当代中国宗教研究精选丛书宗教学理论卷[M].北京:民族出版社,2008.

马尔霍兹.文艺史学与文艺科学[M]. 李长之,译.北京:商务印书馆,1943.

马克垚.编写世界史的困境[J].全球史评论,2008(1).

马启成.前进中的中国民族学:对新中国民族学发展历程的回顾[J].民族学研究,1998(1).

毛传清.马克思主义传入中国的三条渠道之比较[J].武汉交通科技大学学报(社会科学版),2000(4).

梅汝莉.中国古代教育思想的现代价值[J].中小学管理,2009(9).

牟复礼.中国思想之渊源[M].王立刚,译.北京:北京大学出版社,2009.

牟宗三.中国哲学的特质[M].上海:上海古籍出版社,1997.

倪依克,胡小明.论民族传统体育文化遗产保护[J].体育科学,2006(8).

聂翔雁.中国古代教育思想对当代大学生思想教育的启迪[J].中国成人教育,2012(4).

潘菽.中国心理学的现状和发展趋向[J].心理学报,1958(1).

彭发胜.翻译与中国现代学术话语的形成[M].杭州:浙江大学出版社,2011.

彭吉象 等.中国艺术学[M].2版.北京:北京大学出版社,2014.

彭健伯.创新的源头工具:思维方法学[M].北京:光明日报出版社,2010.

彭修银,李颖.日本作为输入西方文艺思想的"中间人"对中国现代文艺学的影响[J].文艺理论研究,2007(4).

彭修银,皮俊珺.近代中日文艺学话语的转型及其关系之研究[M].北京:人民出版社,2009.

彭彦琴.从心理学两个主义看中国心理学本土化[C]//杨鑫辉编.心理学探新论丛.南京:南京师范大学出版社,1999.

戚珩.中西方政治学方法论历史及特征考察[J].苏州大学学报(哲学社会科学版),1993(1).

钱穆.现代中国学术论衡[M].北京:九州出版社,2011.

钱穆.现代中国学术论衡[M].北京:生活·读书·新知三联书店,2001.

秦正为.斯大林的马克思主义观探析[J].理论导刊,2008(5).

邱大平,胡静.潜艇专业术语翻译问题探析[J].中国科技翻译,2016(1).

邱均平,余厚强.跨学科发文视角下我国图书情报学跨学科研究态势分析[J].情报理论与实践,2013(5).

裘娟萍,钱海丰.生命科学概论[M].2版.北京:科学出版社,2008.

屈文生.汉译法律术语的渊源、差异与融合:以大陆及台港澳"四大法域"的立法术语为主要考察对象[J].学术界,2011(11).

瞿林东.中国史学史纲[M].北京:北京出版社,1999.

瞿林东,瞿林东:探索中国史学的理论研究话语体系[N].中国社会科学报,2009-12-1(003).

瞿林东.关于当代中国史学话语体系建构的几个问题[J].中国社会科学,2011(2).

瞿林东.中国史学上第五次反思的特点和理论意义[J].当代中国史研究,2015(2).

任保平,岳永.中国经济学话语体系二元冲突与现代转型[J].学术界,2011(2).

任继愈.宗教大辞典[M].上海:上海辞书出版社,1998.

萨缪尔森,诺德豪斯.经济学[M].18版.萧琛,等译注.北京:人民邮电出版社,2007.

沙雷尔,阿什莫尔.考古学:发现我们的过去[M].余西云,等译注.上海:上海人民出版社,2008.

商传.传统史学、新史学与社会性别史[J].历史研究,2002(6).

尚忆初.我国环境科学研究工作发展的水平和特点[J].环境与可持续发展,1986(10).
邵汉明.论马克思主义与中国民族文化的结合[J].新长征,1999(4).
邵敬敏,方经民.中国理论语言学史[M].上海:华东师范大学出版社,1991.
舍勒.知识社会学问题[M].艾彦,译.北京:华夏出版社,1999.
沈群英.术语翻译的直接法和间接法[J].中国科技术语,2015(4).
施琳.论西方民族学方法论发展的历史轨迹[M].黑龙江民族丛刊,2001(1).
宋家泰,金其铭.人文地理学词典[M].武汉:湖北教育出版社,1990.
宋蜀华.中国民族学的回顾、现状与前瞻[J].中央民族大学学报(社会科学版),1998(1).
宋蜀华.中国民族学的回顾与前瞻[J].中央民族大学学报(哲学社会科学版),2003(1).
宋豫秦,曹淑艳,杨殊影,等.关于我国环境科学学科体系的思考[J].环境教育,2002(6).
苏春景.教育学[M].北京:高等教育出版社,2010.
苏勇.当代西方管理学流派[M].上海:复旦大学出版社,2007.
苏勇.中国管理学发展进程:1978—2008[M].上海:复旦大学出版社,2011.
孙寰.从语言功能主义角度看术语的功能[J].中国俄语教学,2010(3).
孙寰.术语的功能[J].术语学研究,2011(1).
孙咏.东欧新马克思主义对斯大林主义批判的再认识[J].理论探讨,2007(4).
谭必友,李臣玲.中国民族学的学术渊源、整合历程与当代开展[J].西北第二民族学院学报(哲学社会科学版),2004(3).
谭必友,陆群.民族学中国化的历史进程与当代任务[J].西北第二民族学院学报(哲学社会科学版),2003(3).
谭荣波."源"与"流":学科,专业及其关系的辨析[J].教育发展研究.2002(11).
谭晓风,张志毅.林业生物技术[M].北京:中国林业出版社,2008.
唐君毅.中国文化之精神价值[M].桂林:广西师范大学出版社,2005.
田成有,陈令华.法治现代化的启动与传统法文化的创造性转化[J].现代法学,1998(6).
童兵.理论新闻传播学导论[M].2版.北京:中国人民大学出版社,2001.
童光荣,卢铁庄.在争论中不断发展与完善的统计学[J].统计研究,2010(1).
童庆炳.文学理论教程[M].3版.北京:高等教育出版社,2004.
涂纪亮.现代欧洲大陆语言哲学:现代西方语言哲学比较研究[M].武汉:武汉大学出版社,2007.
万斌.传统法学的改革与马克思主义法学的发展[J].社会科学,1986(4).
汪刘生.教育学原理[M].杭州:浙江大学出版社,2007.
汪信砚.马克思主义中国化思想的源流[J].武汉大学学报(人文科学版),2008(6).
王承东.由基因图谱产生的联想[J].飞碟探索,2008(3).
王恩涌,等.人文地理学[M].北京:高等教育出版社,2000.
王庚.体育学与体育教学[J].中华教育界,1923(12).
王国维.静庵文集[M].沈阳:辽宁教育出版社,1997.
王国席.人文科学概论[M].合肥:合肥工业大学出版社,2007.
王宏.中欧体育哲学思想比较[M].武汉:湖北人民出版社,2014.

王辉.现代科学技术进展概论[M].杭州:浙江大学出版社,2005.
王惠岩.王惠岩文集(第4卷)[M].北京:中国大百科全书出版社,2007.
王建民.学术规范化与学科本土化:中国民族学学科百年回眸[J].民族研究,2000(1).
王昆.晚清政治学学科发展研究:1899—1905年[J].湖南师范大学社会科学学报,2014(2).
王力.汉语史稿[M].北京:中华书局,1980.
王力.中国语言学史[M].太原:山西人民出版社,1981.
王丽燕,王爱杰,任南琪,等.有机废气(VOC)生物处理研究现状与发展趋势[J].哈尔滨工业大学学报,2004(6).
王明甫.民族研究术语摭谈[J].民族研究,1988(4).
王琪.西方体育科学起源与形成问题新探[J].西安体育学院学报,2014(1).
王绍光.中国政治学三十年:从取经到本土化[J].中国社会科学,2010(6).
王士舫,董自励.科学技术发展简史[M].4版.北京:北京大学出版社,2015.
王树荫,温静.论马克思主义在中国早期的传入与传播[J].思想政治教育研究,2011(6).
王威海.政治社会学:范畴、理论与基本面向[M].上海:上海人民出版社,2008.
王学典.翦伯赞与中国历史科学的理论建设[J].历史研究,1990(3).
王学典.近五十年的中国历史学[J].历史研究,2004(1).
王学典.从"历史理论"到"史学理论":新时期以来中国史学理论研究的回顾与展望[J].江西社会科学,2005(6).
王学典.良史的命运[M].北京:生活·读书·新知三联书店,2013.
王雨辰.加强经典西方马克思主义研究:观念与方法[J].河北学刊,2009(4).
王圆圆.近代以来中国管理学发展史[M].北京:清华大学出版社,2014.
王云五.国学小丛书[M].北京:商务印书馆,1931.
王章留,张元福.社会学概论[M].郑州:中州古籍出版社,2007.
王知津.中国图书情报学教育20年评述[J].中国图书馆学报,2001(2).
王子舟.我国图书馆学研究的走向[J].图书情报知识,2000(1).
韦伯.社会科学方法论[M].韩水法,莫茜,译.北京:中央编译出版社,1999.
韦森.语言的经济学与经济学的语言[J].东岳论丛,2009(11).
魏向清.人文社科术语翻译中的术语属性[J].外语学刊,2010(6).
魏向清.语言研究"第四范式"之思[J].外语研究,2014(4).
温波.论马克思主义中国化的文化来源[J].江海学刊,2009(5).
翁光明.马克思主义原理(绪论和哲学篇)[M].杭州:浙江人民出版社,2005.
乌东峰.论中国传统农业生态观与治理[J].求索,2005(2).
吴传钧.发展具有中国特点的人文地理学[J].人文地理,1988(2).
吴俊,史明明.基于CSSCI(2000—2011)的我国民族学学科知识图谱研究[J].图书与情报,2014(1).
吴克礼.《回译研究》序言[C]//王正良.回译研究.大连:大连海事大学出版社,2007.
吴启富.中国统计学课程建设发展沿革及存在问题[J].统计与决策,2012(3).
吴润,薛襄稷.统计学:数据分析方法的SPSS应用[M].西安:西安交通大学出版社,2015.

吴慰慈.图书馆学学科建设要本土化[J].图书情报工作,1998(1).

吴文藻.战后西方民族学的变化[J].中国社会科学,1982(2).

吴衍发.中国艺术学史上的第一个里程碑:黑田鹏信"一般艺术学"思想述略[J].美与时代(下),2012(7).

吴兆祥.体育百科全书(全四十册)36:学校,军队,民俗体育[M].合肥:安徽人民出版社,1998.

武建奇.构建现代管理学领域的"中国理论":兼评"中国现代管理理论"新学科[J].河北经贸大学学报,2015(1).

武树臣,武建敏.中国传统法学实践风格的理论诠释:兼及中国法治实践学派的孕育[J].浙江大学学报(人文社会科学版),2013(5).

夏燕靖.20世纪前半叶中国艺术学史发展路径考察[J].艺术学界,2013(1).

萧家成.论民族学术语及其体系[C]//中国民族学研究会编.民族学研究(第九辑).北京:民族出版社.

谢无量.中国哲学史[M].台湾:中华书局,1967.

信娜,黄忠廉.术语翻译[M]//刘青主编.中国术语学概论.北京:商务印书馆,2015.

徐大同.政治学学科发展史略:兼论中西传统政治学的差异[J].政治学研究,2007(1).

徐复观.中国思想史论集续篇[M].上海:上海书店出版社,2004.

徐玲.留学生与中国考古学[M].天津:南开大学出版社,2009.

徐玲.民国时期的考古学教育与人才培养[J].史学月刊,2009(4).

徐玲.留学生与西方考古学知识在中国的传播[J].徐州师范大学学报(哲学社会科学版),2010(4).

徐秋慧.中美大学经济学教材比较[J].高等财经教育研究,2011(1).

徐小鸽.新闻传播学原理与研究[M].桂林:广西师范大学出版社,1996.

许崇信.从现代翻译实践重新认识直译与意译问题[J].外国语,1981(6).

许冠三.新史学九十年[M].长沙:岳麓书社,2003.

许蓉.列宁在苏俄农村建设过程中对马克思主义理论的创新[J].社会主义研究,2010(6).

许慎.说文解字(第一册)[M].北京:九州出版社,2016.

许苏民.论王国维的中西哲学比较研究:普世哲学定义观照下的中西慧境[J].哲学研究,2009(9).

闫志.金石学在现代中国考古学中的表达[J].华夏考古,2005(4).

严复.天演论·译例言[M].北京:商务印书馆,1981.

严庆,姜术容.当代中国民族政治学发展述评[J].民族研究,2015(5).

阎书昌.颜永京对西方心理学引入及其汉语心理学术语创制[J].南京师大学报(社会科学版),2012(4).

燕国材.中国心理学史[M].北京:开明出版社,2012.

杨灿,董海龙.基于国家标准学科分类的统计学科体系研究[J].统计研究,2010(1).

杨德志.法学基础与宪法[M].2版.北京:清华大学出版社,2014.

杨恩寰,梅宝树.艺术学[M].北京:人民出版社,2001.

杨国枢.中国人的心理与行为:本土化研究[M].北京:中国人民大学出版社,2004.

杨匡汉.海外华文文学:学科之名与学理之弦[J].暨南学报(哲学社会科学版),2012(6).

杨念群.中国史学表述"西学化"的源起及其演进[J].中国书法,2016(8).
杨念群,黄兴涛,毛丹.新史学:多学科对话的图景[M].北京:中国人民大学出版社,2003.
杨普春.建设"中国宗教学":意指、概念与问题意识[J].宗教学研究,2016(1).
杨圣敏.近年来国内民族学研究的回顾与展望[J].中南民族大学学报(人文社会科学版),2005(6).
杨圣敏.中国民族学的百年回顾与新时代的总结[J].西北民族研究,2009(2).
杨圣敏.民族学是什么[J].新疆师范大学学报(哲学社会科学版),2012(1).
杨圣敏.新中国民族学之路:从研究部起始的60年[J].中央民族大学学报(哲学社会科学版),2013(5).
杨守森.学术人格与20世纪中国文艺学[J].文学评论,2000(1).
杨文炯.民族学的本土发展:基于杨建新先生的学术人生与民族学理论的思考[J].青海民族大学学报(社会科学版),2014(1).
杨鑫辉.研究中国心理学史刍议[J].心理学报,1983(3).
杨鑫辉.中国心理学思想发展的脉络[J].江西师范大学学报(哲学社会科学版),1994(4).
杨鑫辉.心理学探新论丛[C].南京:南京师范大学出版社,1999.
杨鑫辉,赵莉如.心理学通史(第2卷):中国近现代心理学史[M].济南:山东教育出版社,2000.
杨志峰,刘静玲.环境科学概论[M].北京:高等教育出版社,2004.
叶嘉国,风笑天.我国社会学"学派"的现状与展望:以此谈谈我国社会学存在的几个问题[J].学术界,2000(1).
叶其松.术语及其特性[C]//刘青主编.中国术语学概论.北京:商务印书馆,2015.
尹文.艺术学理论与美学、文学、文艺学理论关系之辨析[J].东南大学学报(哲学社会科学版),2014(4).
应星,吴飞,赵晓力,等.重新认识中国社会学的思想传统[J].社会学研究,2006(4).
于沛.外国史学理论的引入和回响[J].历史研究,1996(3).
于述胜.改革开放三十年中国的教育学话语与教育变革[J].教育学报,2008(5).
余来明.在历史中理解"文学"概念[N].中国社会科学报,2014-3-28(A08).
余立.中国古代大学教育思想探析[J].高等教育研究,1995(2).
余也鲁.在中国进行传播研究的可能性[J].新闻学会通讯,1982(17).
喻丰,彭凯平,郑先隽.大数据背景下的心理学:中国心理学的学科体系重构及特征[J].科学通报,2015(5—6).
袁旦.时代呼唤人文体育价值观:工具理性体育价值观批判(1)[J].天津体育学院学报,2011(1).
袁卫.机遇与挑战:写在统计学成为一级学科之际[J].统计研究,2011(11).
曾繁仁.新时期西方文论影响下的中国文艺学发展历程[J].文学评论,2007(3).
曾宪义,马小红.中国传统法的结构与基本概念辨正:兼论古代礼与法的关系[J].中国社会科学,2003(5).
查晓英.20世纪末关于中国考古学走向的争论:以俞伟超和张忠培的观点为中心[J].四川大学学报(哲学社会科学版),2003(1).

翟有龙,李传永.人文地理学新论[M].成都:西南交通大学出版社,2004.
张超.从"群学"到"社会学":近代中国社会学学科的形成与演变[J].中山大学研究生学刊(社会科学版),2012(1).
张春兴.现代心理学:现代人研究自身问题的科学[M].上海:上海人民出版社,2005.
张岱年.马克思主义在中国的传播与中国传统哲学的背景[J].中国社会科学院研究生院学报,1987(3).
张岱年.中国哲学大纲[M].南京:江苏教育出版社,2005.
张岱年.张岱年全集(第四卷)[M].石家庄:河北人民出版社,2007.
张法.中国现代哲学语汇从古代汉语型到现代汉语型的演化[J].中国政法大学学报,2009(1).
张法.艺术学:复杂演进与术语纠缠[J].文艺研究,2011(3).
张法.三个关键词与一个学科的演进:文艺学、文学理论与文化研究[J].文艺争鸣,2012a(1).
张法."文艺"一词的产生、流衍和意义[J].文艺研究,2012b(5).
张舸.现代汉语程度副词研究的回顾、问题与展望[J].思想战线,2008(1).
张光直.考古学和中国历史学[J].陈星灿,译.考古与文物,1995(3).
张乃根.论西方法的精神:一个比较法的初步研究[J].比较法研究,1996(1).
张乃英.中国传统文化与现代管理学[J].社会科学,1998(6).
张庆中,龙久顺.对我国传统法学研究的反思:兼论法学研究方法[J].当代法学论坛,2011年(第2辑).
张汝伦.中国哲学的自主与自觉:论重写中国哲学史[J].中国社会科学,2004(5).
张森,季蕊.中国传统武术术语英译的问题与对策探究[J].当代外语研究,2016(4).
张涛甫.新闻传播学:话语生产与话语权力[J].全球传媒学刊,2015(3).
张伟仁.中国传统的司法和法学[J].现代法学,2006(5).
张卫兵,武林芝,张志勇.分子生物学原理与应用研究[M].修订版.北京:中国水利水电出版社,2014.
张文显.法哲学范畴研究[M].修订版.北京:中国政法大学出版社2001.
张晓宁,赵永明.体育的语源与语义演化轨迹[J].体育文化导刊,2014(7).
张岩.什么是体育学:兼与《体育学》和《体育方法论的思考》等作者的商榷[J].体育与科学,2004(5).
张勇,等.国家基因库概述[J].转化医学研究,2014(4).
张宇.关于构建中国经济学体系和学术话语体系的若干思考[J].学习与探索,2015(4).
张之恒.中国考古通论[M].南京:南京大学出版社,2009.
张志刚.创建有中国特色的宗教理论[J].中国宗教,2012(11).
章辉.西方知识与本土经验:中国文艺学三十年[J].人文杂志,2008(6).
章清."采西学":学科次第之论辩及其意义:略论晚清对"西学门径"的探讨[J].历史研究,2007(3).
赵坤,王辉,张林.心理学导论[M].北京:中国传媒大学出版社,2009.
赵莉如.心理学在中国的发展及其现状(上)[J].心理科学进展,1996(1).
赵梅春.从"'梁启超式'的输入"到当代史学话语体系的建构[J].天津社会科学,2012(4).
赵宇翔.数字悟性:基于数字原住民和数字移民的概念初探[J].中国图书馆学报,2014(6).

赵玉明,庞亮.从新闻学到新闻传播学的跨越:近十年来中国新闻传播学教育和研究新进展评述[J].现代传播,2008(5).

郑传坤.中西古代政治学特点的比较及其借鉴价值[J].政治学研究,2001(4).

郑杭生,王万俊.论社会学本土化与社会学的西方化、国际化、全球化[J].湘潭大学社会科学学报,2000(1).

郑师渠.晚清国粹派与社会学[J].近代史研究,1992(5).

中国大百科全书总编辑委员会体育编辑委员会.中国大百科全书·体育卷[M].北京:中国大百科全书出版社,1982.

中国武术大辞典编委会.中国武术大辞典[M].北京:人民体育出版社,1990.

中华人民共和国国家标准:信息处理用现代汉语分词规范(GB/T 13715—92).

钟泰.中国哲学史[M].沈阳:辽宁教育出版社,1998.

周旺生.法理学[M].北京:北京大学出版社,2006.

周文骏.概论图书馆学[J].图书馆学研究,1983(3).

周西宽,等.体育学[M].成都:四川教育出版社,1988.

周星.试论民族政治学[J].天府新论,1988(5).

周有光.文化传播和术语翻译[J].外语教学,1992(3).

朱家存,王守恒,周兴国.教育学[M].北京:高等教育出版社,2010.

卓新平.改革开放三十年来的宗教学研究[J].中国宗教,2008(10).

左玉河.简述马克思主义传入中国的渠道[J].毛泽东思想研究,1991(1).

左玉辉,华新,柏益尧,等.环境学原理[M].北京:科学出版社,2010.

主要著者简介

魏向清，南京大学外国语学院英语系教授，博士生及博士后合作导师。南京大学翻译硕士专业学位 MTI 教育中心主任，双语词典研究中心主任，南京大学术语与翻译跨学科研究基地主任。现任中国辞书学会副会长、中国辞书学会双语词典专业委员会副主任、全国语言与术语标准化技术委员会术语学理论与应用分技术委员会副主任委员、两岸语言文字交流与合作协调小组成员、江苏省翻译协会常务理事及南京市翻译协会副会长等职务。先后主持完成多项国家级重点和省部级科研项目，主持研发了国内首个大型汉英人文社会科学术语库（NUTerm 双语术语库），受中国国家外文局当代中国与世界研究院委托，主持研发了"中国特色话语对外翻译标准化术语库数据标准"；主持国家文化产业发展专项资金重大项目委托项目"基于引文索引数据库的人文社会科学术语库建设"等。担任国内外多种核心期刊审稿人和编委，出版学术专著、编著和译著多部，在国内外核心学术期刊发表研究论文百余篇。曾先后荣获教育部和江苏省政府多项优秀科研成果奖。2022 年荣获南京大学首届"十佳研究生导师"称号。2022 年 11 月受聘为"南京大学——江苏省人民政府外事办公室对外话语创新研究基地"首批特约研究专家。主要研究方向为双语词典学、术语与翻译跨学科研究。

刘润泽，博士，南京大学外国语学院副教授，维也纳大学翻译研究中心访问学者。中外语言文化比较学会话语译介与传播研究专业委员会理事，南京大学术语与翻译跨学科研究基地副主任。主持教育部人文社科青年基金项目和江苏省社科基金项目各一项。在《中国翻译》《中国外语》《南京社会科学》《外语与外语教学》、*Terminology*、*Chinese Semiotic Studies* 等国内外核心期刊发表学术论文十余篇，出版专著《中国译学话语构建：知识路径与术语学方法》，担任《术语·知识·话语——跨学科视阈下的术语翻译研究新探索》主编、《世界运河辞典》（简明英汉对照版）副主编。研究方向为术语与翻译跨学科研究、非物质文化遗产译介、中西译论比较等。

王东波，南京农业大学信息管理学院教授，博士生导师，兼任南京大学术语与翻译跨学科研究基地研究员。在数字人文与古籍智能信息处理的研究上，带领团队制定了体系化的中国古代典籍标注规范和标准，构建了大规模的中国古代典籍跨语言语料库，推出了首个繁体版中国古代典籍预训练模型 SikuBERT，搭建了中国古代典籍跨语言知识库平台。主持国家社科基金重大项目、国家自然科学基金面上、国家自然科学基金青年、国家社科基金重大项目子课题及其他省部级项目共计 12 项。以第一作者身份出版专著和教材六部。发表 SCI、SSCI、EI、CSSCI 检索论文 120 篇。先后获得江苏省哲学社会科学优秀成果奖一等、二等和三等奖四次，高等学校科学研究优秀成果奖（人文社会科学）二等奖和三等奖各一次。主要研究方向为古籍智能信息处理、科技文本知识挖掘研究。